D1727091

Historisch-Kritische Gottfried Keller-Ausgabe
HKKA
Band 7
Das Sinngedicht
Sieben Legenden

Gottfried Keller
Sämtliche Werke

Historisch-Kritische Ausgabe

Stroemfeld Verlag

Verlag Neue Zürcher Zeitung

Gottfried Keller
Sämtliche Werke

Historisch-Kritische Ausgabe

Herausgegeben unter der Leitung von
Walter Morgenthaler
im Auftrag der
Stiftung Historisch-Kritische Gottfried Keller-Ausgabe

Band 7
Das Sinngedicht
Sieben Legenden

Herausgegeben von

Walter Morgenthaler
Ursula Amrein
Thomas Binder
Peter Villwock

Stroemfeld Verlag
Verlag Neue Zürcher Zeitung

Erstellt und veröffentlicht mit Unterstützung durch
den Schweizerischen Nationalfonds
zur Förderung der wissenschaftlichen Forschung,
den Kanton Zürich,
die Bank Hoffmann AG, Zürich,
die Jubiläumsstiftung der Zürich Versicherungs-Gruppe

Mitarbeit: Peter Stocker
Beratung: Dominik Müller

Eine Gemeinschaftsproduktion von
Stroemfeld Verlag, Basel und Frankfurt am Main
Verlag Neue Zürcher Zeitung, Zürich

Die Deutsche Bibliothek – CIP-Einheitsaufnahme

Keller, Gottfried:
Sämtliche Werke / Gottfried Keller.
Hrsg. unter der Leitung von Walter Morgenthaler
im Auftr. der Stiftung Historisch-Kritische Gottfried Keller-Ausgabe. –
Historisch-Kritische Ausg. –
Basel ; Frankfurt am Main : Stroemfeld ;
Zürich : Verl. Neue Zürcher Zeitung
NE: Morgenthaler, Walter [Hrsg.]; Keller, Gottfried: [Sammlung]

Bd. 7. Das Sinngedicht; Sieben Legenden / hrsg. von Walter Morgenthaler ... 1998
ISBN 3-87877-707-8 (Stroemfeld)
ISBN 3-85823-684-5 (NZZ)

Copyright © 1998

Stiftung Historisch-Kritische Gottfried Keller-Ausgabe
CH-8000 Zürich

Stroemfeld Verlag
CH-4027 Basel, Altkircherstrasse 17
D-60322 Frankfurt am Main, Holzhausenstraße 4

Verlag Neue Zürcher Zeitung
CH-8021 Zürich, Falkenstrasse 11

Satz: Marco Morgenthaler, CH-8005 Zürich
Druck: NZZ Fretz, CH-8952 Schlieren
Einband: Buchbinderei Burkhardt, CH-8617 Mönchaltorf

Inhalt

Das Sinngedicht

Novellen.

Sieben Legenden

von

Gottfried Keller.

Inhalts-Verzeichnis.

6

Das Sinngedicht.

Erstes Kapitel.

Ein Naturforscher entdeckt ein Verfahren und reitet über Land, dasselbe zu prüfen.

Vor etwa fünfundzwanzig Jahren, als die Naturwissen-
schaften eben wieder auf einem höchsten Gipfel standen, obgleich
das Gesetz der natürlichen Zuchtwahl noch nicht bekannt war,
öffnete Herr Reinhart eines Tages seine Fensterläden und ließ
den Morgenglanz, der hinter den Bergen hervorkam, in sein
Arbeitsgemach, und mit dem Frühgolde wehte eine frische
Sommermorgenluft daher und bewegte kräftig die schweren
Vorhänge und die schattigen Haare des Mannes.

Der junge Tagesschein erleuchtete die Studierstube eines
Doctor Fausten, aber durchaus ins Moderne, Bequeme und
Zierliche übersetzt. Statt der malerischen Esse, der ungeheuerlichen Kolben und Kessel, gab es da nur feine Spirituslampen
und leichte Glasröhren, Porzellanschalen und Fläschchen mit
geschliffenem Verschlusse, angefüllt mit Trockenem und Flüssigem
aller Art, mit Säuren, Salzen und Krystallen. Die Tische
waren bedeckt mit geognostischen Karten, Mineralien und hölzernen Feldspathmodellen; Schichten gelehrter Jahrbücher in
allen Sprachen belasteten Stühle und Divans, und auf den

9

Spiegeltischchen glänzten physikalische Instrumente in blankem
Messing.   Kein ausgestopftes Monstrum hing an räucherigem
Gewölbe, sondern bescheiden hockte ein lebendiger Frosch in
einem Glase und harrte seines Stündleins, und selbst das
üblich Menschengerippe in der dunkeln Ecke fehlte, wogegen
eine Reihe von Menschen- und Tierschädeln so weiß und
appetitlich aussah, daß sie eher den Nippsachen eines Stutzers
glichen, als dem unheimlichen Hokuspokus eines alten Labo-
ranten.   Statt bestaubter Herbarien sah man einige feine Bogen
mit Zeichnungen von Pflanzengeweben, statt schweinslederner
Folianten englische Prachtwerke in gepreßter Leinwand.

Wo man ein Buch oder Heft aufschlug, erblickte man nur
den lateinischen Gelehrtendruck, Zahlensäulen und Logarithmen.
Kein einziges Buch handelte von menschlichen oder moralischen
Dingen, oder, wie man vor hundert Jahren gesagt haben
würde, von Sachen des Herzens und des schönen Geschmackes.

So wollte also Reinhart sich wieder an eine stille, subtile
Arbeit begeben, die er schon seit Wochen betrieb.   In der
Mitte des Zimmers stand ein sinnreicher Apparat, allwo ein
Sonnenstrahl eingefangen und durch einen Krystallkörper ge-
leitet wurde, um sein Verhalten in demselben zu zeigen und

womöglich das innerste Geheimnis solcher durchsichtigen Bau-
werke zu beleuchten.   Schon viele Tage stand Reinhart vor
der Maschine, guckte durch eine Röhre, den Rechenstift in der
Hand, und schrieb Zahlen auf Zahlen.

Als die Sonne einige Spannen hoch gestiegen, verschloß
er wieder die Fenster vor der schönen Welt mit allem, was
draußen lebte und webte, und ließ nur einen einzigen Licht-
strahl in den verdunkelten °Raum durch ein kleines Löchlein,
das er in den Laden gebohrt hatte.   Als dieser Strahl sorgfältig auf die Tortur gespannt war, wollte Reinhart ungesäumt
sein Tagewerk beginnen, nahm Papier und Bleistift zur Hand

29   Raum] Raum, *H1–E5*

und guckte hinein, um da fortzufahren, wo er gestern stehen geblieben.

Da fühlte er einen leise stechenden Schmerz im Auge; er rieb es mit der Fingerspitze und schaute mit dem andern durch
05 das Rohr, und auch dieses schmerzte; denn er hatte allbereits angefangen, durch das anhaltende Treiben sich die Augen zu verderben, namentlich aber durch den unaufhörlichen Wechsel zwischen dem erleuchteten Krystall und der Dunkelheit, wenn er in dieser seine Zahlen schrieb.

10 Das merkte er jetzt und fuhr bedenklich zurück; wenn die Augen krank wurden, so war es aus mit allen sinnlichen Forschungen, und Reinhart sah sich dann auf beschauliches Nachdenken über das zurückgeführt, was er bislang gesehen. Er setzte sich betroffen in einen weichen Lehnstuhl, und da es
15 nun gar so dunkel, still und einsam war, beschlichen ihn seltsame Gedanken.

Nachdem er in munterer Bewegung den größten Teil seiner Jugend zugebracht und dabei mit Aufmerksamkeit unter den Menschen genug gesehen hatte, um von der Gesetzmäßig-
20 keit und dem Zusammenhange der moralischen Welt überzeugt zu werden, und wie überall nicht ein Wort fällt, welches nicht Ursache und Wirkung zugleich wäre, wenn auch so gering wie das Säuseln des °Grashalms auf einer Wiese, war die Erkundung des Stofflichen und Sinnlichen ihm sein All' und
25 Eines geworden.

Nun hatte er seit Jahren das Menschenleben fast vergessen, und daß er einst auch gelacht und gezürnt, thöricht und klug, froh und traurig gewesen. Jetzt lachte er nur, wenn unter seinen chemischen Stoffen allerlei Komödien und uner-
30 wartete °Entwicklungen spielten; jetzt wurde er nur verdrießlich, wenn er einen Rechnungsfehler machte, falsch beobachtete oder ein Glas zerbrach; jetzt fühlte er sich nur klug und froh, wenn

23   Grashalms] Grashalmes *H1–E5*
30   Entwicklungen] Entwickelungen *J1–E5*

er bei seiner Arbeit das große Schauspiel mit genoß, welches
den unendlichen Reichtum der Erscheinungen unaufhaltsam auf
eine einfachste Einheit zurückzuführen scheint, wo es heißt, im
Anfang war die Kraft, oder so was.

Die moralischen Dinge, pflegte er zu sagen, flattern
ohnehin gegenwärtig wie ein entfärbter und heruntergekommener
Schmetterling in der Luft; aber der Faden, an dem sie flattern,
ist gut angebunden und sie werden uns nicht entwischen, wenn
sie auch immerfort die größte Lust bezeigen, sich unsichtbar zu
machen.

Jetzt aber war es ihm, wie gesagt, unbehaglich zu Mut
geworden; in der Besorgnis um seine Augen stellte er sich alle
die guten Dinge vor, welche man mittelst derselben sehen
könne, und unvermerkt mischte sich darunter die menschliche
Gestalt, und zwar nicht in ihren °zerlegbaren Bestandteilen,
sondern als Ganzes, wie sie schön und lieblich anzusehen ist
und wohllautende Worte hören läßt. Es war ihm, als ob er
sogleich viel gute Worte hören und darauf antworten möchte,
und es gelüstete ihn plötzlich, auf das durchsichtige Meer des
Lebens hinauszufahren, das Schifflein im reizenden Versuche
der Freiheit da °und dorthin zu steuern, wo liebliche Dinge
lockten. Aber es fiel ihm nicht der geringste Anhalt, nicht das
kleinste Verhältnis ein zur Uebung menschlicher °Sitte: er hatte
sich vereinsamt und festgerannt, es blieb still und dunkel um
ihn her, es ward ihm schwül und unleidlich und er sprang
auf und warf die Fensterläden wieder weit auseinander, damit
es hell würde. Dann eilte er in eine Bodenkammer hinauf,
wo er in Schränken eine verwahrloste Menge von Büchern
stehen hatte, die von den halbvergessenen menschlichen Dingen
handelten. Er zog einen Band hervor, blies den Staub
davon, klopfte ihn tüchtig aus und sagte: Komm, tapferer
Lessing! es führt Dich zwar jede Wäscherin im Munde, aber

---

15   zerlegbaren] zerlegten *H1*
21   und] oder *H1–E2*
23   Sitte:] Sitte; *H1–E2*

ohne eine Ahnung von Deinem eigentlichen Wesen zu haben,
das nichts Anderes ist, als die ewige Jugend und Geschicklichkeit zu allen Dingen, der unbedingte gute Wille ohne Falsch
und im Feuer vergoldet!

Es war ein Band der Lachmann'schen Lessingausgabe und
zwar der, in welchem die Sinngedichte des Friedrich von Logau
stehen, und wie Reinhart ihn aufschlug, fiel ihm dieser Spruch
in die Augen:

> Wie willst du weiße Lilien zu roten Rosen machen?
> Küß eine weiße Galathee: sie wird errötend lachen.

Sogleich warf er das Buch weg und rief: Dank Dir, Vor-
trefflicher, der mir durch den Mund des noch älteren Toten
einen so schönen Rat giebt!   O, ich wußte wohl, daß man Dich
nur anzufragen braucht, um gleich etwas Gescheites zu hören!

Und das Buch wieder aufnehmend, die Stelle nochmals
laut lesend, rief Reinhart: Welch' ein köstliches Experiment!
Wie einfach, wie tief, klar und richtig, so hübsch abgewogen
und gemessen!   Gerade so muß es sein: errötend lachen!   Küß
eine weiße Galathee, sie wird errötend lachen!

Das wiederholte er beständig vor sich her, während er
Reisekleider hervorsuchte und seinen alten Diener herbeirief,
daß er ihm schleunig helfe, den Mantelsack zu packen und das
erste beste Mietpferd bestelle auf mehrere Tage.   Er anbefahl
dem Alten die Obhut seiner Wohnung und ritt eine Stunde
später zum Thore hinaus, entschlossen, nicht zurückzukehren,
bis ihm der lockende Versuch gelungen.

Er hatte die artige Vorschrift auf einen Papierstreifen geschrieben, wie ein Recept, und in die Brieftasche gelegt.

Zweites Kapitel.

Worin es zur einen Hälfte gelingt.

Als Reinhart eine Weile in den tauigen Morgen hineingezogen, wo hier und da Sensen blinkten und frische Heuerinnen die Mahden auf den Wiesen ausbreiteten, kam er an eine lange und breite, sehr schöne Brücke, welche der Frühe wegen noch still und unbegangen war, und wie ein leerer Saal in der Sonne lag. Am Eingange stand ein Zollhäuschen von zierlichem Holzwerk, von blühenden Winden bedeckt, und neben dem Häuschen klang ein klarer Brunnen, an welchem die Zöllnerstochter eben das Gesicht gewaschen hatte und sich die Haare kämmte. Als sie zu dem Reiter herantrat, um den Brückenzoll zu fordern, sah er, daß es ein schönes blasses Mädchen war, schlank von Wuchs, mit einem feinen, lustigen Gesicht und kecken Augen. Das offene braune Haar bedeckte die Schultern und den Rücken, und war wie das Gesicht und die Hände feucht von dem frischen Quellwasser.

„Wahrhaftig, mein Kind!" sagte Reinhart, „Ihr seid die schönste Zöllnerin, die ich je gesehen, und ich gebe Euch den Zoll nicht, bis Ihr ein wenig mit mir geplaudert habt!"

14

Sie erwiderte: „Ihr seid bei Zeiten aufgestanden, Herr, und schon früh guter Dinge. Doch wenn Ihr mir noch einige Mal sagen wollt, daß ich schön sei, so will ich gern mit Euch plaudern, so lang es Euch gefällt, und Euch jedesmal antworten, daß Ihr der verständigste Reiter seid, den ich je gesehen habe!"

„Ich sage es noch ein Mal; der diese schöne neue Brücke gebaut und das kunstreiche Häuschen dazu erfunden, muß sich erfreuen, wenn er solche Zöllnerin davor sieht!"

„Das thut er nicht, er haßt mich!"

„Warum haßt er Euch?"

„Weil ich zuweilen, wenn er in der Nacht mit seinen zwei Rappen über die Brücke fährt, ihn etwas warten lasse, eh' ich herauskomme und den Schlagbaum aufziehe; besonders wenn es regnet und kalt ist, ärgert ihn das in seiner offenen Kalesche."

„Und warum zieht Ihr den Schlagbaum so lang nicht auf?"

„Weil ich ihn nicht leiden kann!"

„Ei, und warum kann man ihn nicht leiden?"

„Weil er in mich verliebt ist und mich doch nicht ansieht, obgleich wir miteinander aufgewachsen sind. Ehe die Brücke gebaut war, hatte mein Vater die Fähre an dieser Stelle; der Baumeister war eines Fischers Sohn da drüben, und wir fuhren immer auf der Fähre mit, wenn Leute übersetzten. Jetzt ist er ein großer Baumeister geworden und will mich nicht mehr kennen; er schämt sich aber vor mir, die ich hübsch bin, weil er immer eine buckelige, einäugige Frau im Wagen neben sich hat."

„Warum hat er, der so schöne Werke erfindet, eine so häßliche Frau?"

„Weil sie die Tochter eines Ratsmannes ist, der ihm den

Brückenbau verschaffen konnte, durch den er groß und berühmt geworden. Jener sagte, er müsse seine Tochter heiraten, sonst solle er die Brücke nicht bauen."

„Und da hat er es gethan?"

„Ja, ohne sich zu besinnen; seitdem muß ich lachen, wenn er über die Brücke fährt; denn er macht eine sehr traurige Figur neben seiner Buckligen, während er nichts als schlanke Pfeiler und hohe Kirchtürme im Kopfe hat."

„Woher weißt Du aber, daß er in Dich verliebt ist?"

„Weil er immer wieder vorüberkommt, auch wenn er einen Umweg machen muß, und dann mich doch nicht ansieht!"

„Habt Ihr denn nicht ein wenig Mitleid mit ihm oder seid Ihr am Ende nicht auch in ihn verliebt?"

„Dann würde ich Euch nichts erzählen! Einer, der eine Frau nimmt, die ihm nicht gefällt, und dann Andere gern sieht, die er doch nicht anzuschauen wagt, ist ein Wicht, bei dem nicht viel zu holen ist, meint Ihr nicht?"

„Sicherlich! Und um so mehr, als dieser also recht gut weiß, was schön ist; denn je länger ich Euch und diese Brücke betrachte, desto lauter muß ich gestehen, daß es zwei schöne Dinge sind! Und doch nahm er die Häßliche nur, um die Brücke bauen zu dürfen!"

„Aber er hätte auch die Brücke fahren lassen und mich nehmen können, und dann hätte er auch etwas Schönes gehabt, wie Ihr sagt!"

„Das ist gewiß! Nun, er hat den Nutzen für sich erwählt, und Ihr habt °Eure Schönheit behalten! Hier seid Ihr gerade an der rechten Stelle; viele Augen können Euch da sehen und sich an dem Anblick erfreuen!"

„Das ist mir auch lieb und mein größtes Vergnügen! Hundert Jahre möchte ich so vor diesem Häuslein stehen und

28 Eure] euere *H1;* Euere *J1–E5*

immer jung und hübsch sein! Die Schiffer grüßen mich,
wenn sie unter der Brücke durchfahren, und wer darüber geht,
dreht den Hals nach mir. Das fühl' ich, auch wenn ich den
Rücken kehre, und weiter verlang' ich nichts. Nur der Herr
Baumeister ist der Einzige, der mich nie ansieht, und es doch
am liebsten thäte! Aber nun gebt mir endlich den Zoll und
zieht Euere Straße, Ihr wißt nun genug von mir für die
schönen Worte, die Ihr mir gegeben!"

„Ich gebe Dir den Zoll nicht, feines Kind, bis Du mir
einen Kuß gegeben!"

„Auf die Art müßte ich meinen Zoll wieder verzollen und
meine eigene Schönheit versteuern!"

„Das müßt Ihr auch, wer sagt etwas Anderes? Würde
bringt Bürde!"

„Zieht mit Gott, es wird nichts daraus!"

„Aber Ihr müßt es gern thun, Allerschönste! So ein
bißchen von Herzen!"

„Gebt den Zoll und geht!"

„Sonst thu' ich es selbst nicht; denn ich küsse nicht eine
Jede! Wenn Du's recht artig vollbringst, so will ich das
Lob Deiner Schönheit verkünden und von Dir erzählen, wo
ich hinkomme; und ich komme weit herum!"

„Das ist nicht °nötig, alle guten Werke loben sich selbst!"

„So werde ich dennoch reden, auch wenn Ihr mich nicht
küßt, °liebe Schöne! Denn Ihr seid zu schön, als daß man
davon schweigen könnte! Hier ist der Zoll!"

Er legte das Geld in ihre Hand; da hob sie den Fuß
in seinen Steigbügel, er gab ihr die Hand und sie schwang sich
zu ihm hinauf, schlang ihren Arm um seinen Hals und küßte
ihn lachend. Aber sie errötete nicht, obgleich auf ihrem weißen
Gesicht der bequemste und anmutigste Platz dazu vorhanden

23   nötig,] nöthig; *J1–E2*
25   liebe] böse *H1;* beste *J1–E1*

war. Sie lachte noch, als er schon über die Brücke geritten war und noch einmal zurückschaute.

Fürs Erste, sagte er zu sich selbst, ist der Versuch nicht gelungen; die notwendigen Elemente waren nicht beisammen. Aber schon das Problem ist schön und lieblich, wie lohnend müßte erst das Gelingen sein!

Drittes Kapitel.

Worin es zur andern Hälfte gelingt.

Hierauf durchritt er verschiedene Gegenden, bis es Mittag wurde, ohne daß ihm eine weitere günstige Gelegenheit auf-
gestoßen wäre. Jetzt erinnerte ihn aber der Hunger daran, daß es Zeit zur Einkehr sei, und eben, als er das Pferd zu einem Wirtshause lenken wollte, fiel ihm der Pfarrherr des Dorfes ein, welcher ein alter Bekannter von ihm sein mußte, und er richtete seinen Weg nach dem Pfarrhause. Dort erregte er ein großes Erstaunen und eine unverhehlte Freude, die alsobald nach Schüsseln und Tellern, nach Töpfchen und Gläsern, nach Eingemachtem und Gebackenem auseinander lief, um das gewöhnliche Mittagsmahl zu erweitern. Zuletzt erschien eine blühende Tochter, deren Dasein Reinhart mit den Jahren
vergessen hatte; überrascht erinnerte er sich nun wohl des artigen kleinen Mädchens, welches jetzt zur Jungfrau heran-gewachsen war, deren Wangen ein feines Rot schmückte und deren längliche Nase gleich einem ernsten Zeiger andächtig zur Erde wies, wohin auch der bescheidene Blick fortwährend ihr
folgte. Sie begrüßte den Gast, ohne die Augen aufzuschlagen, und verschwand dann gleich wieder in die Küche.

Nun unterhielten ihn Vater und Mutter ausschließlich von den Schicksalen ihres Hauses und verrieten eine wundersame Ordnungsliebe in diesem Punkte; denn sie hatten alle ihre kleinen Erfahrungen und Vorkommnisse auf das genaueste eingereiht und abgeteilt, die angenehmen von den betrübenden abgesondert und jedes Einzelne in sein rechtes Licht gesetzt und in reinliche Beziehung zum andern gebracht. Der Hausherr gab dann dem Ganzen die höhere Weihe und Beleuchtung, wobei er merken ließ, daß ihm die berufliche Meisterschaft im Gottvertrauen gar wohl zu statten käme bei der Lenkung einer so wunderbarlichen Lebensfahrt. Die Frau unterstützte ihn eifrigst und schloß Klagen wie Lobpreisungen mit dem Ruhme ihres Mannes und mit dem gebührenden Danke gegen den lieben Gott, der in dieser kleinen, friedlich bewegten Familie ein °besonderes, fein ausgearbeitetes Kunstwerk seiner Weltregierung zu erhalten schien, durchsichtig und klar wie Glas in allen seinen Teilen, worin nicht ein dunkles Gefühlchen im Verborgenen stürmen konnte.

Dem entsprachen auch die vielen Glasglocken, welche mannigfache Familiendenkmale vor Staub schützten, sowie die zahlreichen Rähmchen an der Wand mit Silhouetten, Glückwünschen, Liedersprüchen, Epitaphien, Blumenkränzen und Landschaften von Haar, alles symmetrisch aufgehängt und mit reinlichem Glase bedeckt. In Glasschränken glänzten Porzellantassen mit Namenszügen, geschliffene Gläser mit Inschriften, Wachsblumen und Kirchenbücher mit vergoldeten Schlössern.

So sah auch die Pfarrerstochter aus, wie wenn sie eben aus einem mit Spezereien durchdufteten Glasschranke käme, als sie, sorgfältig geputzt, wieder eintrat. Sie trug ein himmelblau seidenes Kleidchen, das knapp genug einen rundlichen Busen umspannte, auf welchen die liebe, ernsthafte Nase immerfort hinab zeigte. Auch hatte sie zwei goldene Löcklein ent-

15   besonderes, fein] besonders fein *H1*

fesselt und eine schneeweiße Küchenschürze umgebunden; und sie
setzte einen Pudding so sorgfältig auf den Tisch, wie wenn sie
die Weltkugel hielte. Dabei duftete sie angenehm nach dem
würzigen Kuchen, den sie eben gebacken hatte.

05 Ihre Eltern behandelten sie aber so feierlich und gemessen,
daß sie ohne sichtbaren Grund oftmals errötete und bald wieder
wegging. Sie machte sich auf dem Hofe zu schaffen, wo Reinharts Pferd angebunden war, und in eifriger Fürsorge fütterte sie
das Tier. Sie rückte ihm ein Gartentischchen unter die Nase
10 und setzte ihm in ihrem Strickkörbchen einige Brocken Haus-
brot, halbe Semmeln und Zwiebäcke vor, nebst einer guten
°Hand voll Salatblätter; auch stellte sie ein grünes Gießkännchen
mit Wasser °daneben; streichelte das Pferd mit zager Hand und
trieb tausend fromme Dinge. Dann ging sie in ihr Zimmer-
15 chen, um schnell die unverhofften Ereignisse in ihr Tagebuch
einzutragen; auch schrieb sie rasch einen Brief.

Inzwischen ging auch Reinhart hinunter, um das Pferd
vorläufig bereit zu machen. Dieses hatte sich das Gießkännchen
an die Nase geklemmt und am Gießkännchen hing das Strick-
20 körbchen, und beide Dinge suchte das verlegene Tier unmut-
voll abzuschlenkern, ohne daß es ihm gelingen wollte. Reinhart lachte so laut, daß die Tochter es augenblicklich hörte und
durch das Fenster sah. Als sie das Abenteuer entdeckte, kam
sie eilig herunter, nahm sich ein Herz und bat Reinhart bei-
25 nahe zitternd, daß er ihren Eltern und niemand etwas davon
sagen möchte, da es ihr für lange Zeit zum Aufsehen und zur
Lächerlichkeit gereichen würde. Er beruhigte sie höflich und so
gut er konnte, und sie eilte mit Körbchen und Kanne wie ein
Reh davon, sie zu verbergen. Doch zeigte sie sich bald wieder
30 hinter einem Fliederbusche und schien ein bedeutendes Anliegen
auf dem Herzen zu haben. Reinhart schlüpfte hinter den Busch;
sie zog einen sorgfältig versiegelten, mit prachtvoller Adresse

latente Gewalt

12   Hand voll] Handvoll *H1–E5*
13   daneben;] daneben, *H1–E1 E5*

versehenen Brief aus der Tasche, den sie ihm mit der ge-
flüsterten Bitte überreichte, das Schreiben, welches einen Gruß
und wichtigen Auftrag enthielte, doch ja unfehlbar an eine
Freundin zu bestellen, die unweit von seinem Reisepfade wohne.

Ebenso flüsternd und bedeutsam teilte ihr Reinhart mit,
daß er sie infolge eines heiligen Gelübdes ohne Widerrede
küssen müsse. Sie wollte sogleich entfliehen; allein er hielt sie
fest und lispelte ihr zu, wenn sie sich widersetze, so °würde er
das Geheimnis von der Gießkanne unter die Leute bringen,
und dann sei sie für immer im Gerede. Zitternd stand sie
still, und als er °sie umarmte, erhob sie sich sogar auf die
Zehen und küßte ihn mit geschlossenen Augen, über und über
mit Rot begossen, aber ohne nur zu lächeln, vielmehr so ernst
und andächtig, als ob sie das Abendmahl nähme. Reinhart
dachte, sie sei zu sehr erschrocken, und hielt sie ein kleines
Weilchen im Arm, worauf er sie zum zweiten Male küßte.
Aber ebenso ernsthaft wie vorhin küßte sie ihn wieder und
ward noch viel röter; dann floh sie wie ein Blitz davon.

Als er wieder ins Haus trat, kam ihm der Pfarrherr
heiter entgegen und zeigte ihm sein Tagebuch, in welchem sein
Besuch bereits mit erbaulichen Worten vorgemerkt war, und
die Pfarrfrau sagte: „Auch ich habe einige Zeilen in meine
Gedenkblätter geschrieben, lieber Reinhart, damit uns Ihre Begegnung ja recht frisch im Gedächtnisse bleibe!"

Er verabschiedete sich aufs freundlichste von den Leuten,
ohne daß sich die Tochter wieder sehen ließ.

Wiederum nicht gelungen! rief er, nachdem er vom Pfarr-
hofe weggeritten, aber immer reizender wird das Kunststück, je
schwieriger es zu sein scheint!

---

08   würde] werde *H1*
11   sie] sie nun *H1–E5*

Viertes Kapitel.

Worin ein Rückschritt vermieden wird.

Da das Pferd noch hungrig sein mußte, stieg er unweit des Dorfes nochmals ab, vor einem einsamen Wirtshause, welches am Saume eines großen Waldes lag und ein goldenes Waldhorn im Schilde führte. Aus dem Walde erhob sich ein schöner, grün belaubter Berg, hinein aber führte die breite Straße in weitem Bogen.

Unter der schattigen Vorhalle des Wirtshauses saß ein stattliches Frauenzimmer und nähte. Sie war nicht minder hübsch, als die Pfarrerstochter und die Zöllnerin, aber ungleich handfester. Sie trug einen schwarzen, fein gefalteten Rock mit roten Säumen und blendend weiße Hemdärmel, deren gestickte weitläufige Ränder offen auf die Handknöchel fielen. In den Flechten des Haares glänzte ein silberner Zierat, dessen Form zwischen einem Löffel und einem Pfeile schwankte.

Sie grüßte lächelnd den Reisenden und fragte, was ihm gefällig wäre.

„Etwas Hafer für das Pferd," sagte er, „und da es sich hier kühl und lieblich zu leben scheint, auch ein Glas Wein für mich, wenn Ihr so gut sein wollt!"

„Ihr habt recht," sagte sie, „es ist hier gut sein, still
und angenehm und eine schöne Luft!   So laßt's Euch gefallen
und nehmt Platz!"

Als sie den Wein zu holen ging und mit der klaren
Flasche wieder kam, bewunderte Reinhart ihre schöne Gestalt
und den sicheren Gang, und als sie rüstig ein Maß Hafer
siebte und dem Pferde aufschüttete, ohne an Reiz zu verlieren,
sagte er sich: Wie voll ist doch die Welt von schönen Ge-
schöpfen und sieht keines dem andern ganz gleich! – Die
Schöne setzte sich hierauf an den Tisch und nahm ihre Arbeit
wieder zur Hand.   „Wie ich sehe," sagte Reinhart, „seid Ihr
allein zu Haus?"

„Ganz allein," erwiderte sie voll Freundlichkeit, blanke
Zahnreihen zeigend, „unsere Leute sind alle auf den Wiesen,
um Heu zu machen."

„Giebt es viel und gutes Heu dies Jahr?"

„So ziemlich; wenn das Frühjahr nicht so trocken gewesen wäre, so gäbe es noch mehr; man muß es eben nehmen,
wie's kommt, alles kann nicht geraten!"

„So ist es!   Der schöne Frühling war dagegen für andere
Dinge gut, zum Beispiel für die Obstbäume, die konnten °vor-
trefflich verblühen."

„Das haben sie auch redlich gethan!"

„So wird es also viel Obst geben im Herbst?"

„Wir hoffen es, wenn das Wetter nicht ganz schlecht
wird."

„Und was das Heu betrifft, was gilt es denn gegenwärtig?"

„Jetzt, °ehe das neue Heu gemacht ist, steht es noch hoch
im Preise, denn das letzte Jahr war es unergiebig; ich glaube,
es hat vor acht Tagen noch über einen Thaler gekostet.   Es
muß aber jetzt abschlagen."

21   vortrefflich] trefflich *H1*
29   ehe] eh' *H1–E2*

„Verkauft Ihr auch von Euerem Heu, oder braucht Ihr es
selbst, oder müßt Ihr noch kaufen, da Ihr ein Gasthaus führt?"

„In der Wirtschaft wird kein Heu, sondern fast nur Hafer
verfüttert; für unser Vieh aber brauchen wir das Heu, und
da ist es verschieden, das eine Jahr kommen wir gerade aus,
das andere müssen wir dazu kaufen, das dritte reicht es so
gut, daß wir etwas auf den Markt bringen können; dies
hängt von vielen Umständen ab, besonders auch, wie die
anderen Sachen und Kräuter geraten."

„Das läßt sich denken! Das läßt sich denken! Und also
über einen Thaler hat der Zentner Heu noch vor acht Tagen
gekostet?"

„Quälen Sie sich nun nicht länger, mein Herr!" sagte
die Schöne lächelnd, „und sagen Sie mir die drolligen Dinge,
die Ihnen auf der Zungenspitze sitzen, ohne Umschweif! Ich
kann einen Scherz ertragen und weiß mich zu wehren!"

„Wie meinen Sie das?"

„Ei, ich seh' es Ihren Augen die ganze Zeit an, daß
Sie lieber von anderm sprechen, als von Heu, und mir ein
wenig den Hof machen möchten, bis Ihr Pferd gefressen hat!
Da ich einmal die °arme Wirtstochter hier vorstelle, so wollen
wir die wundervollen Dinge nicht verschweigen, welche man
sich unter solchen Umständen sagt, und der Welt den Lauf
lassen! Fangen Sie an, Herr! und seien Sie witzig und vor-
laut, und ich werde mich zieren und spröde thun!"

„Gleich werd' ich anfangen, Sie haben mich nur überrascht!"

„Nun, lassen Sie hören!"

„Nun also – beim Himmel, ich bin ganz verblüfft und
weiß nichts zu sagen!"

„Das ist nicht °viel: Sollen wir etwa gar die verkehrte
Welt spielen und soll ich Ihnen den Hof machen und Ihnen

21   arme] einsame *H1–E5*
31   viel:] viel! *H1 E4–E5*

angenehme Dinge sagen, während Sie sich zieren?   Gut denn!
Sie sind in der That der hübscheste Mann, welcher seit langem
diese Straße geritten, gefahren oder gegangen ist!"

„Glauben Sie etwa, ich höre das ungern aus Ihrem
Munde?"

„Das befürchte ich nicht im geringsten!   Zwar, wie ich
Sie vorhin kommen sah, dacht' ich: Gelobt sei Gott, da nahet
sich endlich einer, der nach was Rechtem aussieht, ohne daran
zu denken!   Der reitet fest in die Welt hinein und trägt gewiß
keinen Spiegel in der Tasche, wie sonst die Herren aus der
Stadt, denen man kaum den Rücken drehen darf, so holen sie
den Spiegel hervor und beschauen sich schnell in einer Ecke!
Wie Sie aber das Heugespräch führten und dabei Augen
machten wie die Katze, die um den heißen Brei herum geht,
dacht' ich: es ist doch ein Schulmeister von Art!"

„Sie fallen ja aus der Rolle und sagen mir Unhöflich-
keiten!"

„Es wird gleich wieder besser kommen!   Sie haben eine so
tüchtige Manier, daß man froh ist, Sie zu nehmen, wie Sie
sind, da wir armen Menschen uns ja doch unser Leben lang
mit dem Schein begnügen müssen, und nicht nach dem Kern
fragen dürfen.   So betrachte ich Sie auch als einen schönen
Schein, der vorüber geht und sein Schöppchen trinkt, und ich
benutze sogar recht gern diesen Scherz, um Ihnen in allem
Ernste zu sagen, daß Sie mir recht wohl gefallen!   Denn so
steht es in meinem Belieben!"

„Daß ich Ihnen gefalle?"

„Nein, daß ich es sagen mag!"

„Sie sind ja der Teufel im Mieder!   Ein starker Geist
mit langen Haaren?"

„Sie glaubten wohl nicht, daß wir hier auch geschliffene
Zungen haben?"

„Ei, als Sie vorhin den Hafer siebten, sah ich, daß Sie eine handfeste und zugleich anmutige Dame sind! Ihre Ausdrucksweise dagegen kann ich nicht mit den ländlichen Kleidern zusammen reimen, die Ihnen übrigens vortrefflich stehen!"

„Nun, ich habe vielleicht nicht immer in diesen Kleidern gesteckt – vielleicht auch doch! Jeder hat seine Geschichte und die meinige werde ich Ihnen bei dieser Gelegenheit nicht auf die Nase binden! Vielmehr beliebt es mir, Ihnen zu sagen, daß Sie mir °wohlgefallen, ohne daß Sie wissen, wer ich bin, wie ich dazu komme, dies zu sagen, und ohne daß Sie einen Nutzen davon haben. So setzen Sie Ihren Weg fort als ein Schein für mich, wie ich als ein Schein für Sie hier zurückbleibe!"

Diese Grobheiten und seltsamen Schmeicheleien sagte die Dame nicht auf eine unangenehme Weise, sondern mit großem Liebreiz und einem fortwährenden Lächeln des roten Mundes, und Reinhart enthielt sich nicht, endlich zu sagen: „Ich wollte, Sie blieben nun ganz bei der Stange und es beliebte Ihnen, Ihr schmeichelhaftes Wohlgefallen auch mit einem Kusse zu bestätigen!"

„Wer weiß!" sagte sie, „in Betracht, daß ich in vollkommenem Belieben Sie küssen würde und nicht Sie mich, könnte es mir vielleicht einfallen, damit Sie zum Dank für die angenehme Unterhaltung mit dem Schimpf davon reiten, geküßt worden zu sein, wie ein kleines Mädchen!"

„Thun Sie mir diesen Schimpf an!"

„Wollen Sie still halten?"

„Das werden Sie sehen!"

Sie machte eine Bewegung, wie wenn sie sich ihm nähern wollte; in diesem Augenblicke wallte aber ein kalter Schatten über sein Gesicht, die Augen funkelten unsicher zwischen Lust und Zorn, um den Mund zuckte ein halb spöttisches Lächeln, so daß sie mit fast unmerklicher Betroffenheit die angehobene

09   wohlgefallen] wohl gefallen *H1–E1*

Bewegung nach dem Pferde hin ablenkte, um dasselbe zu
tränken. Reinhart eilte ihr nach und rief, er könne nun nicht
mehr zugeben, daß sie sein Pferd bediene! Sie ließ sich aber
nicht abhalten und sagte, sie würde es nicht thun, wenn sie
nicht wollte, und er solle sich nicht darum kümmern.

Sie war aber in einiger °Verlegenheit, denn die Sachen
standen nun so, daß sie doch warten mußte, bis Reinhart ihr
wieder Anlaß bot, ihn zu küssen, daß sie aber beleidigt war,
wenn es nicht geschah. Er empfand auch die größte Lust
dazu; wie er sie aber so wohlgefällig ansah, befürchtete er,
sie möchte wohl lachen, allein nicht rot werden, und da er diese
Erfahrung schon hinter sich hatte, so wollte er als gewissenhafter Forscher sie nicht wiederholen, sondern nach seinem Ziele
vorwärts streben. Dieses schien ihm jetzt schon so wünschenswert, daß er bereits eine Art Verpflichtung fühlte, keine unnützen Versuche mehr zu unternehmen und sich des lieblichen
Erfolges im voraus würdig zu machen.

Er stellte sich daher, um auf gute Manier wegzukommen,
als ob er den höchsten Respekt fühlte und von der Furcht beseelt wäre, mit zu °weitgehenden Scherzen ihr zu mißfallen.
In dieser Haltung bezahlte er auch seine Zeche, verbeugte sich
höflich gegen sie und sie that das Gleiche, ohne daß etwas
Weiteres vorfiel. Sie nahm alles wohl auf und entließ den
Reiter in guter Fassung.

Auf diesem Waldhörnchen wollen wir nicht blasen! sagte
er zu sich selbst, als ihm beim Wegreiten das Schild des
Hauses in die Augen fiel: Vielleicht führt uns der Auftrag
der Pfarrerstochter auf eine gute Spur, wie das Gute stets
zum Bessern führt! Ich will den schalkhaften Seitenpfad aufsuchen, der irgend hier herum zu jenem Schloß oder Landsitz
führen soll, wo die unbekannte Freundin haust!

06   Verlegenheit,] Verlegenheit; *H1–E1*
20   weitgehenden Scherzen] weit gehendem Scherze *H1;* weitgehendem Scherze *J1–E2*

Fünftes Kapitel.

Herr Reinhart beginnt die Tragweite seiner Unternehmung zu ahnen.

Er fand bald diesen Seitenpfad; es war aber wirklich
ein schalkhafter; denn kaum hatte er ihn betreten, so verlor er
sich in einem Netze von Holzwegen und ausgetrockneten Bach-
betten, bald auf und ab, bald in düsterer Tannennacht, bald
unter dichtem Buschwerke. Er geriet immer höher hinauf und
sah zuletzt, daß er an der Nordseite des ausgedehnten Berges
umher irre. Stundenlang schlug er sich im wilden Forste
herum und sah sich oft genötigt, das Pferd am Zügel zu
führen.

Was mir in dieser Wildnis erspießen wird, rief er un-
mutig aus, muß wohl eher eine stachlichte Distel, als eine
weiße Galathee sein!

Aber unvermerkt entwirrte sich zugleich das Wirrsal in
ersichtlich künstliche Anlagen, welche auf die Westseite des Berges
hinüberführten. Der Weg ging zwar immer noch durch den
Wald, auf und nieder, enger oder weiter, hier einen Blick in
die Ferne erlaubend, dort in dunkle Buchengänge führend.
Allein immer deutlicher zeigten sich die Anlagen und verrieten

[handwritten margin note: Tritt über unsichtbare Schwelle aus Wildnis in gepflegten Garten]

eine feine kundige Hand; da er aber durchaus nicht wußte, wo er war und nirgends einen Ueberblick gewinnen konnte, mußte er nun auch befürchten, als ein Eindringling und Park-verwüster zum Vorschein zu kommen. Das Pferd zerriß un-barmherzig mit seinen Hufen den fein geharkten Boden, zertrat Gras und wohlgepflegte Waldblumen und zerstörte die Rasen-stufen, die über kleine Hügel führten. Indem er sich sehnte, der traumhaften Verwirrung zu entrinnen, fürchtete er zugleich das Ende und verwünschte die Stunde, die ihn in solche Not gebracht.

Plötzlich lichteten sich die Bäume und Laubwände, ein schmaler Pfad führte unmittelbar in einen offenen Blumen-garten, welcher von dem jenseitigen Hofraume nur durch ein dünnes vergoldetes Drahtgitter abgeschlossen war. Gern hätte er sich über Garten und Zaun mit einem Satze hinweggeholfen; da dies aber nicht möglich war, so ritt er mit dem Mute der Verzweiflung und trotzig, ohne abzusteigen, zwischen den Zier-beeten durch, die Schneckenlinien verfolgend, deren weißen Sand der Gaul lustig stäuben ließ.

Endlich war er hinter dem leichten Gitterchen angelangt, das den Garten verschloß, und das Pferd anhaltend übersah er sich zuerst den Platz, gleichgültig, ob er in dieser barbarischen Lage entdeckt wurde oder nicht; denn sich zu verbergen schien unmöglich.

Er befand sich auf einer großen Terrasse am Abhange des Berges, auf welcher ein schönes Haus stand; vor demselben lag ein geräumiger, gevierter Platz, durch steinerne Balustraden gegen den jähen Abhang geschützt. Der Platz war mit einigen gewaltigen Platanen besetzt, deren edle Aeste sich schattend über ihn ausbreiteten. Unter den Platanen und über das Stein-geländer hinweg sah man auf einen in Windungen sich weithin ziehenden breiten Fluß und in ein Abendland hinaus, das im

---

23   entdeckt] nun entdeckt   *H1*

27   geräumiger,] geräumiger   *H1–E5*

Glanze der sinkenden Sonne schwamm.   An den zwei übrigen
Seiten war der Platz von Blumengründen begrenzt, auf deren
einem der verlegene Reinhart hielt.   Er sah nun zu seinem
Verdrusse, daß vorn an der Balustrade zwei stattliche Auffahrten
05 auf den Hof mündeten.

Unter den Platanen aber erblickte er einen Brunnen von *Liebes-*
weißem Marmor, der sich einem viereckigen Monumente gleich *Allegorie*
mitten auf dem Platze erhob und sein Wasser auf jeder der
vier Seiten in eine flache, ebenfalls gevierte, von Delphinen
10 getragene Schale ergoß.   Teils auf dem Rande einer dieser
Schalen, teils auf dem klaren Wasser, das kaum handtief den
Marmor deckte, lag und schwamm ein Haufen Rosen, die zu
reinigen und zu ordnen eine weibliche Gestalt ruhig beschäftigt
war, ein schlankes Frauenzimmer in weißem Sommerkleide, das
15 Gesicht von einem breiten Strohhute überschattet.

Die untergehende Sonne bestreifte noch eben diese Höhe
samt der Fontäne und der ruhigen Gestalt, über welche die
Platanen mit ihren saftgrünen Laubmassen ihr durchsichtiges
und doch kräftiges Helldunkel hernieder senkten.

20 Je ungewohnter der Anblick dieses Bildes war, das mit
seiner Zusammenstellung des Marmorbrunnens und der weißen
Frauengestalt eher der idealen Erfindung eines müßigen Schön-
geistes, als wirklichem Leben glich, um so ängstlicher wurde
es dem gefangenen Reinhart zu Mut, der wie eine Bildsäule
25 staunend zu Pferde saß, bis dieses, ein gutes Unterkommen
witternd, urplötzlich aufwieherte.   Stutzend forschte die schlanke
Dame nach allen Seiten und entdeckte endlich den verlegenen
Reitersmann hinter dem goldenen Gewebe des leichten °Gitter-
pförtchens.   Er bewegte sich nicht, und nachdem sie eine Weile
30 verwunderungsvoll hingesehen, eilte sie zur Stelle, wie um zu
erfahren, ob sie wache oder träume.   Als sie sah, daß sich alles
in bester Wirklichkeit verhielt, öffnete sie mit unmutiger Be-

28   Gitterpförtchens] Gitterthörchens *H1–E1*

wegung das Gitter und sah ihn mit fragendem Blick an, der ihn einlud: ob es ihm vielleicht nunmehr belieben werde, mit den vier Hufen seines Pferdes aus dem mißhandelten Garten herauszuspazieren? Zugleich aber zog sie sich eilig an ihren Brunnen zurück, eine Handvoll Rosen erfassend und der Dinge gewärtig, die da kommen sollten.

Endlich stieg Reinhart ab, und seinen Mietgaul demütig hinter sich herführend, überreichte er der reizvollen Erscheinung, sie fortwährend anschauend, ohne zu reden mit einer Verbeugung den Brief der Pfarrerstochter.

Oder vielmehr war es nicht der Brief, sondern der Zettel, auf welchen er das Sinngedicht geschrieben:

Wie willst Du weiße Lilien zu roten Rosen machen?
Küß eine weiße Galathee: sie wird errötend lachen.

Den Brief hielt er samt der Brieftasche in der Hand und entdeckte sein Versehen erst, als die Dame das Papier schon ergriffen und gelesen hatte.

Sie hielt es zwischen beiden Händen und sah den ganz verwirrten und errötenden Herrn Reinhart mit großen Augen an, während es zweifelhaft, ob bös oder gut gelaunt, um ihre Lippen zuckte. Stumm gab sie den Papierstreifen hin und nahm den Brief, den der um Nachsicht Bittende oder Stammelnde dafür überreichte. Als sie das große Siegel erblickte, verbreitete sich eine Heiterkeit über das Gesicht, welches jetzt in der Nähe wie ein schönes Heimatland aller guten Dinge erschien. Ein kluger Blick ihrer dunklen Augen blitzte auf, und als sie rasch gelesen, lachte sie und sagte mit schalkhaft bewegter Stimme:

„Ich muß gestehen, mein Herr, das ist mir das seltsamste Ereignis! Ein Unbekannter fällt, Mann und Pferd, vom Himmel und fängt sich wie eine Drossel an den schwachen Gitterchen meines Gartens, Beete und Wege zerwühlend! Er überbringt mir ein Schreiben, das mit dem Amtssiegel eines ehrwürdigen

Geistlichen, mit Bibel, Kelch und Kreuz gesiegelt ist und in
welchem mich meine Freundin im Thale, die Pfarrerstochter,
in den flehendsten Ausdrücken beschwört, ja nicht zu vergessen,
ihr von dem diesjährigen Rettigsamen zu senden! Wenn Sie in
einiger Verfassung sind, sich zu verteidigen, und Ihre wunder-
bare Herkunft zu erklären, so sollen Sie in dieser hochgelegenen
Behausung willkommen sein, und ich, die ich zur Zeit das Wort
führe, da mein gichtkranker Oheim das Zimmer hütet, will ernst
und weise mit Ihnen zu Rat gehen über die fernere Entwick-
lung Ihres merkwürdigen Lebenspfades!"

Nicht nur vom Abglanz der Abendsonne, sondern auch von
einem hellen inneren Lichte war die ziervolle Dame dermaßen
erleuchtet, daß der Schein dem überraschten Reinhart seine
Sicherheit wiedergab. Aber indem er sich sagte, daß er hier
oder nirgends das Sprüchlein des alten Logau erproben möchte,
und erst jetzt die tiefere Bedeutung desselben völlig empfand,
merkte er auch, mit welch' weitläufigen Vorarbeiten und Schwierigkeiten der Versuch verbunden sein dürfte.

Sechstes Kapitel.

Worin eine Frage gestellt wird.

Er verbeugte sich abermals mit aller Ehrerbietung und sagte:
„Ich bin über mein Geschick nicht weniger erstaunt, als
Sie, mein Fräulein! nur daß ich °in ungalanter Weise im Vorteil und auf das angenehmste betroffen bin, während ich auf
Ihrem Gebiete bis jetzt nichts als Schaden und Unheil ange-
richtet habe. Seit heute früh im Freien, um einer natur-
wissenschaftlichen Beobachtung nachzugehen, habe ich den Tag
damit zugebracht, einen Brief von einer Dame zur andern zu
tragen, worin, wie Sie sagen, um Rettigsamen gebeten wird;
ich habe mich an diesem Berge verirrt, Gärten verwüstet und
mich zuletzt da gefangen gesehen, wo ich schon freiwillig habe
hingehen wollen! Welcher Meister hat diese schönen und witzigen
Anlagen gebaut?"

„Ich selbst habe sie erfunden und angegeben, es sind eben
Mädchenlaunen!" sagte die Dame.

„Alle Achtung vor Ihrem Geschmack! Da Sie aber so
kunstreiche Netze ausbreiten, so haben Sie es sich selbst zuzuschreiben, wenn Sie einmal einen groben Vogel fangen, auf
den Sie nicht gerechnet haben!"

„Ei man muß nehmen, was kommt! Zudem freue ich
mich zu sehen, daß meine Anlagen zu was gut sind; denn
hätten Sie sich nicht darin gefangen, so wären Sie viel früher
angekommen und wahrscheinlich längst wieder weggeritten; so
aber, da es spät und weit bis zur nächsten Gastherberge ist,
habe ich das Vergnügen Ihnen eine Unterkunft anzubieten.
Denn Sie sind mir angelegentlich empfohlen von meiner
Freundin und sie schreibt, Sie seien ein sehr beachtenswerter
und vernünftiger Reisender, welcher mit ihren Eltern die er-
baulichsten Gespräche führe!“

„Das wundert mich! Ich habe kaum zwei- oder dreimal
das Wort ergriffen und einige Minuten lang geführt!“

„So muß das Wenige, das Sie sagten, um so herrlicher
gewesen sein, und ich hoffe dergleichen auch mit Bescheidenheit
zu genießen!“

„O mein Fräulein, es waren im Gegenteil zuletzt solche
Dummheiten, die ich besonders der jungen Dame sagte, daß sie
den gütigen Empfehlungsbrief schwerlich mehr geschrieben hätte,
wenn es nicht schon geschehen wäre!“

„So scheint es denn bei Ihnen in keiner Weise mit rechten
Dingen zuzugehen! Wenn ich meinen Zweck erreichen will, Sie
hier zu behalten, muß ich am Ende, da alles verkehrt bei Ihnen
eintrifft, Sie vom Hofe jagen, damit Sie uns um so sicherer
von der °anderen Seite wieder zurückkommen!“

„Nein, schönstes Fräulein, ich möchte jetzo mit Ihrer Hülfe
versuchen, der Dinge wieder Meister zu werden! Weisen Sie
mir meinen Aufenthalt an, und ich werde ohne Abweichung
stracks hinzukommen trachten und mich so fest halten wie eine
Klette!“

„Das will ich thun! Aber dann halten Sie sich ja tapfer
und lassen sich weder rechts noch links verschlagen, und wenn
Sie sich nicht recht sicher trauen, so bleiben Sie lieber auf einem

24   anderen] andern *H1–E1*

Stuhle sitzen, bis ich Sie rufen lasse! Auf keinen Fall entfernen Sie sich vom Hause, und wenn Ihnen dennoch etwas
Ungeheuerliches oder Verkehrtes aufstoßen sollte, so rufen Sie
mich gleich zu Hülfe! Läuft es aber glücklich ab und halten
Sie sich gut über Wasser, so sehen wir uns bald wieder."

Mit diesen Worten grüßte sie den Gast und eilte mit ihrem
Rosenkorbe in das Haus, um Leute ˚zu senden. Es erschien
bald darauf ein alter Diener mit weißen Haaren, der, als er
das Pferd gesehen, einen Stallknecht aus dem weiter rückwärts-
gelegenen Wirtschaftshofe herbeiholte. Dann kamen zwei Mädchen in der malerischen Landestracht, die er schon im Waldhorn
gesehen, und führten ihn in das Haus. Als Reinhart in dem
ihm angewiesenen Zimmer einige Zeit verweilt und sein Aeußeres
in Ordnung gebracht hatte, erschien das eine der Mädchen
wieder mit einer breiten Schale voll Rosen, im Auftrage der
Herrschaft die Herberge etwas freundlicher zu machen, und das
andere folgte auf dem Fuße mit einer schönen Krystallflasche,
die mit einem dunkeln südlichen Wein halb gefüllt war, einem
Glase und einigen Zwiebäcken, alles auf einem Brette von alt-
modig geformtem Zinn tragend.

Ueberrascht von dem Anblick der Gruppe, sowie auch
etwas übermütig von den fortgesetzt anmutigen Begegnissen
dieses Tages, verhinderte er die Mädchen, ihre Gaben auf den
Tisch zu setzen, und führte sie mit wichtiger Miene vor einen
großen Spiegel, der den Fensterpfeiler vom Boden bis zur
Decke bekleidete. Dort stellte er sie, den Rücken gegen das
Glas gewendet, auf, und die Jungfrauen ließen ihn einige
Augenblicke gewähren, da sie nicht wußten, worum es sich
handelte. Mit Wohlgefallen betrachtete er das Bild; denn er
sah nun vier Figuren, statt zweier, indem der Spiegel den
Nacken und die Rückseite der schmucken Trägerinnen wiedergab.
Um sie festzuhalten, fragte er sie nach dem Taufnamen ihrer

07   zu senden] herzusenden   *H1–J1*

Gebieterin, obschon er denselben bereits kannte, und beide
sagten: „Sie heißt Lucia!" Zugleich aber verspürten die
Mägde den Mutwillen, stellten die Sachen auf den Tisch und
liefen errötend aus dem Zimmer; draußen ließen sie ein kurzes
os schnippisches Gelächter erschallen, das gar lustig durch die ge-
wölbten Gänge erklang. Bald aber guckten ihre zwei Gesichter
wieder zu einer °anderen Thüre des Zimmers herein, und die
eine verkündigte mit so ziemlichen Worten, als ob sie nicht
eben laut gelacht hätte: noch sollen sie dem °Herrn sagen, daß
ro er unbedenklich in den nächsten Zimmern herumspazieren möge,
falls ihm die Zeit zu lang werden sollte; es seien Bücher und
dergleichen dort zu finden. Dann verschwanden sie, indem sie
einen Thürflügel halb geöffnet ließen.
      Reinhart that ihn ganz auf und trat in das anstoßende
rs Gemach, das jedoch außer einer gewöhnlichen Zimmerausstattung
nichts enthielt; er öffnete daher die °nächste bloß angelehnte
Thüre und entdeckte einen geräumigen Saal, welcher eine Art
Arbeitsmuseum der Dame Lucia zu bilden schien. Ein Bücher-
schrank mit Glasthüren zeigte eine stattliche Bibliothek, die
zo indessen durch ihr Aussehen bewies, daß sie schon älteren Herkommens war. An anderen Stellen des Saales hing eine
Anzahl Bilder oder war zur bequemen Betrachtung auf den
Boden gestellt. Es schienen meistens gut gedachte und gemalte
Landschaften oder dann einzelne schöne Portraitköpfe, beides
zs aber nicht von °und nach bekannten Meistern, sondern von
solchen, deren Gestirn nicht in die Weite zu leuchten pflegt
oder wieder vergessen wird. Oefter sieht man in alten Häusern
derlei Anschaffungen vergangener Geschlechter; kunstliebende
Familienhäupter unterstützten landsmännische Talente, oder
jo brachten von ihren Reisen dies oder jenes löbliche, durchaus
tüchtige Gemälde nach Hause, von dessen Urheber nie wieder
etwas vernommen wurde. Denn wie viele sterben jung, wie

07   anderen] andern *H1–E5*
09   Herrn] Herren *H1–E1*
16   nächste] nächste, *H1–E1*
25   und] oder *H1*

manche bleiben bei allem Fleiß und aller Begabung ihr Leben
lang ungesucht und ungenannt.   Um so achtenswerter erschien
die Bildung des Fräuleins, da sie ohne maßgebende Namen
diese unbekannten Werke zu schätzen wußte und so eifrig um
sich sammelte.   Die weiß, wie es scheint, sich an die Sache zu
halten, dachte er, als er bemerkte, daß alle die älteren °und
neueren Schildereien entweder durch den Gegenstand oder durch
das Machwerk einem edleren Geiste zu gefallen geeignet waren.
Einige große Stiche nach Niclaus Poussin und Claude Lorrain
hingen in schlichten hölzernen Rahmen über einem Schreib-
tisch; auf diesem lag eine Schicht trefflicher Radierungen von
guten Niederländern friedlich neben einem Zusammenstoße von
Büchern, welche flüchtig zu besehen Reinhart keinen Anstand
nahm.   Nicht eines that ein Haschen nach °unnötigen nur Staat
machenden Kenntnissen kund; aber auch nicht ein gewöhnliches
sogenanntes Frauenbuch war darunter, dagegen manche gute
Schrift aus verschiedener Zeit, die nicht gerade an der großen
Leserstraße lag, neben edeln Meisterwerken auch ehrliche Dummheiten und Sachlichkeiten, an denen dies Frauenwesen irgend
welchen Anteil nahm als Zeichen einer freien und großmütigen
Seele.

      Was ihm jedoch am meisten auffiel, war eine besondere
kleine Büchersammlung, die auf einem Regale über dem Tische
nah zur Hand und von der Besitzerin selbst gesammelt und
hochgehalten war; denn in jedem Bande stand auf dem °Titel-
blatte ihr Name und das Datum des Erwerbes geschrieben.
Diese Bände enthielten durchweg die eigenen Lebensbeschreibungen oder Briefsammlungen vielerfahrener oder ausgezeichneter
Leute.   Obgleich die Bücherreihe nur °ging so weit das Gestelle
nach der Länge des Tisches reichte, umfaßte sie doch viele
Jahrhunderte, überall kein anderes als das eigene Wort der
zur Ruhe gegangenen Lebensmeister oder Leidensschüler ent-

---

06   und] oder *H1–E1*

14   unnötigen] unnöthigen, *H1–E1 E3–E5*

25   Titelblatte] Titelblatt *H1*

29   ging] ging, *H1–E1 E3–E5*

haltend. Von den Blättern des heiligen Augustinus bis zu
Rousseau und Goethe fehlte keine der wesentlichen Bekenntnis-
fibeln, und neben dem wilden und prahlerischen Benvenuto
Cellini duckte sich das fromme Jugendbüchlein Jung Stillings.
05 Arm in Arm rauschten und knisterten die Frau von Sevigné
und der jüngere Plinius einher, hinterdrein wanderten die
armen Schweizerburschen Thomas Platter und Ulrich Bräcker,
der arme Mann °in Toggenburg, der eiserne Götz schritt klirrend
vorüber, mit stillem Geisterschritt kam Dante, sein Buch vom
10 neuen Leben in der Hand. Aber in den Aufzeichnungen des
lutherischen Theologen und Gottesmannes Johannes Valentin
Andreä rauchte und schwelte der dreißigjährige Krieg. Ihn
bildeten Not und Leiden, hohe Gelahrtheit, Gottvertrauen und
der Fleiß der °Widersacher so trefflich durch und aus, daß er
15 zuletzt, auf der Höhe kirchlicher Aemter stehend, ein nur in
Latein würdig zu beschreibendes Dasein gewann. In seinem
Hause verkehrten Herzoge, Prinzessinnen und Grafen; er mehrte
und verzierte das gedeihlichste Hauswesen trotz der Bosheit,
mit welcher eine neidische Verwaltung stets seine Besoldungen
20 verkürzen wollte. Endlich kaufte er sogar zwei kostbare Uhren,
„die der Künstler Habrecht gemacht hatte", und einen herrlichen
silbernen Pokal, welchen vordem der Kaiser Maximilian der
Zweite seinem Großvater zum Gnadenzeichen geschenkt und die
Ungunst der Zeiten der Familie geraubt. Aber dem hoch-
25 würdigen Prälaten °erlaubt das Wohlergehen, das Ehren-
denkmal wieder an sich zu bringen und aufzurichten. Als er
zu sterben kam, empfahl er seine Seele inmitten von sieben
hochgelehrten, glaubensstarken Geistlichen in die Hände Gottes.
Unlang vorher hatte er freilich den letzten Abschnitt seiner Selbst-
30 biographie mit den Worten geschlossen: „Was ich übrigens
durch die tückischen Füchse, meine treulosen Gefährten, die
Schlangenbrut, litt, wird das Tagebuch des nächsten Jahres,

08   in] im *H1–E1 E3–E5*
14   Widersacher] Widersächer *H1–E1 E3–E5*
25   erlaubt] erlaubte *H1*

so Gott will, erzählen." Gott schien es nicht gewollt zu haben.

Diese ergötzliche Wendung mußte der Besitzerin des Buches gefallen; denn sie hatte neben die Stelle ein zierliches Ver-
05 gißmeinnicht an den Rand gemalt. Aus allen Bänden ragten zahlreiche Papierstreifchen und bewiesen, daß jene fleißig gelesen wurden.

Auf einem andern °Tisch lagen in der That die Pläne zu den Anlagen, in welchen Reinhart sich verirrt hatte, und andere
10 neu angefangene.

Diese Pläne waren nicht etwa auf kleine ängstliche Blätter, sondern mit fester Hand auf große Bogen von dickem Pack-papier gezeichnet, und Reinhart wurde von allem, was er sah, zu einer unfreiwilligen Achtung und Verwunderung gebracht.
15 Noch mehr verwunderte er sich, als er in einer Fensterecke noch einen kleineren Tisch gewahrte, wiederum mit Büchern und Schriften bedeckt, nämlich mit °Sprachlehren und Wörterbüchern und geschriebenen Heften, die mühselig mit Vokabeln und Ueber-setzungsversuchen angefüllt waren. Sie schien nicht nur Alt-
20 deutsch und Altfranzösisch, sondern auch Holländisch, Portu-giesisch und Spanisch zu betreiben, Dinge, die Reinhart nur zum kleineren Teile verstand und °da auch mangelhaft; und die Sache berührte ihn um so seltsamer, als es sich in dieser vornehmen Einsamkeit schwerlich um den Gewerbefleiß eines
25 sogenannten Blaustrumpfes handelte.

Wie er so mitten in dem Saale stand, beinah eifersüchtig auf all' die ungewöhnlichen und im Grunde doch anspruchs-losen Studien, ungewiß, wie er sich dazu verhalten solle, trat Lucie herein und entschuldigte sich, daß sie ihn so lange allein
30 gelassen. Sie habe seine Gegenwart dem kranken Oheim ge-meldet, der bedaure, ihn jetzt nicht sehen zu können, jedoch die Versäumnis noch gut zu machen hoffe. Als Reinhart die

08   Tisch] Tische *H1–E5*
17   Sprachlehren und] Sprachlehren, *H1*
22   da auch] auch das *H1;* auch da *J1–E5*

schön gereifte und frische Erscheinung wieder erblickte, trat ihm
unwillkürlich die Frage, die sein Inneres neugierig bewegte,
auf die Lippen, und er rief bedachtlos, indem er sich im Saale
umsah: „Warum treiben Sie alle diese Dinge?"

Die Frage schien keineswegs ganz grundlos zu sein, obgleich sie ihm keine Antwort eintrug. Vielmehr sah ihn das
schöne Fräulein groß an und errötete sichtlich, worauf sie ihn
mit etwas strengerer Höflichkeit einlud, sie zu begleiten. Reinhart that es nicht ohne Verlegenheit und ebenfalls mit einiger
Röte im Gesicht.

Siebentes Kapitel.

Von einer thörichten Jungfrau.

Denn er fühlte jetzt, als er sie am Arme dahin führte, daß seine Frage eigentlich nichts Anderes sagen wollte, als: Schönste, weißt du nichts Besseres zu thun? oder noch deutlicher: Was hast du erlebt? darum schritt das sich gegenseitig unbekannte Paar in gleichmäßiger Verblüffung nach dem Speisezimmer, und jedes wünschte meilenweit vom andern entfernt zu sein, wohl fühlend, daß sie sich unvorsichtig in eine kritische Lage hinein gescherzt hatten.

Doch verlor sich die Verlegenheit, als sie in das bereits erleuchtete Zimmer traten, wo die zwei Mägde mit dem Auftragen des Abendessens beschäftigt waren. Man setzte sich zu Tisch und die Mägde, nachdem sie ihren Dienst vorläufig gethan, nahmen desgleichen Platz, versahen sich ohne weiteres mit Speise und aßen mit Fleiß und gutem Anstand.

„Sie sehen," sagte Lucia zu ihrem Gast, „wir leben hier ganz patriarchalisch, und hoffentlich werden Sie sich durch die Gegenwart meiner braven Mädchen nicht beleidigt fühlen!"

„Im Gegenteil," erwiderte Reinhart, „sie trägt dazu bei, meine Kur zu befördern!"

11   verlor] verzog *H1–J1*

42

„Welche Kur?" fragte Lucie, und er antwortete:

„Die Augenkur! Ich habe mir nämlich durch meine Arbeit die Augen geschwächt und nun in einem alten ehrlichen Volksarzneibuche gelesen: kranke Augen sind zu stärken und gesunden durch fleißiges Anschauen schöner Weibsbilder, auch durch öfteres Ausschütten und Betrachten eines Beutels voll neuer Goldstücke! Das letztere Mittel dürfte kaum stark auf mich einwirken; das erstere hingegen scheint mir allen Ernstes etwas für sich zu haben; denn schon schmerzt mich das Sehen fast gar nicht mehr, während ich noch heute früh es übel empfand!"

Diese Worte äußerte Reinhart durchaus ernsthaft und ebenso ehrlich, als jenes Heilmittel in dem alten Arzneibuche gemeint war. Indem er daher an nichts weniger als an eine Schmeichelei dachte, war es umsomehr eine solche und zwar eine so wirksame, daß die Frauensleute des Spottes vergaßen. Fräulein Lucie wurde aufs neue verlegen und wußte nicht, was sie aus dem wunderlichen Gaste machen sollte, und die Mägdlein beäugelten ihn heimlich als eine kurzweilige und zuträgliche Abwechslung in diesem klosterartigen Hause. In der That war es ihm so wenig um grobe Schmeicheleien zu thun, daß er das Gesagte schon bereute und, um es zu mildern und davon abzulenken, hinzufügte, er habe auch einen glücklichen Tag gehabt und mancherlei Schönes gesehen. So erzählte er auch von der hübschen Wirtstochter °in Waldhorn und fragte, °welches Bewandtnis es mit dieser eigentümlichen Person habe?

Zugleich jedoch berichtete er mit der unklugen Aufrichtigkeit, welche ihn seit seiner Ankunft plagte, den vollständigen Hergang und die Beschaffenheit seines Ausfluges, die Entdeckung des weisen Sinngedichtes, die Begegnung mit der Zöllnerin und diejenige mit der °Pfarrerstochter sowie endlich mit

---

05   gesunden] werden gesunden *H1*

25   in] im *H1–J1 E4–E5*

26   welches] welche *H1–J1 E4–E5*

32   Pfarrerstochter] Pfarrerstochter, *H1–E5*

der Waldhornstochter.   Denn so lange er unter den Augen seiner
jetzigen Gastherrin saß oder stand, trieb es ihn wie ein Zauber
zur Offenherzigkeit, und wenn er die ärgsten Teufeleien begangen, so würde ihm das Geständnis derselben über die Lippen
05 gesprungen sein.

Allein obgleich diese Wirkung Lucien nur zum Ruhme
gereichte, schien sie sich dennoch nicht geschmeichelt zu fühlen.
Sich des Zettels erinnernd, den ihr Reinhart erst statt des
Briefes in die Hand gegeben hatte, rötete sich ihr Gesicht in
10 anmutigem Zorn, und plötzlich stand sie auf und sagte mit ver-
dächtigem Lächeln:

„So gedenken Sie wohl Ihre eleganten Abenteuer in
diesem Hause fortzusetzen, und sind nur in dieser schmeichel-
haften Absicht gekommen?"

15 Worauf sie anfing, ziemlich rasch im Gemach auf und
nieder zu gehen, während die zwei Mädchen, als erboste
Schleppträgerinnen ihres Zornes, ebenfalls aufsprangen und
ihr folgten, höhnische Blicke nach dem unglücklich Aufrichtigen
schleudernd.   Reinhart säumte nicht, sich gleichermaßen auf die
20 Beine zu stellen, und nachdem er mit Bestürzung eine kleine
Weile dem Spaziergange zugesehen, sagte er:

„Mein Fräulein, wenn Sie es befehlen, so werde ich
ohne Verzug das Haus verlassen und mit höflichstem Danke
auch für kurzen aber denkwürdigen Aufenthalt augenblicklich
25 meinen Weg fortsetzen!"

Ohne still zu stehen erwiderte die Schöne:

„Es ist zwar Nacht und kein Unterkommen für Sie in
der Nähe; aber dennoch geht es unter den bewußten Umständen nicht an, daß Sie hier bleiben, in allem Frieden sei
30 es gesagt!   Auch kann die nächtliche Fahrt Ihrem unternehmenden Geiste nur willkommen sein, und überdies werde
ich Ihnen einen Wegleiter samt Laterne mitgeben."

Demnach blieb ihm nichts Anderes übrig, als sich zu entfernen; bescheiden ging er der Dame entgegen, und im Begriff, sich ehrerbietig zu verbeugen, besann er sich aber eines Besseren, richtete sich auf und sagte höflich:

„Ich überlege soeben, daß ich für Sie und für mich am besten thue, wenn ich mich doch nicht so schimpflich hier fortjagen lasse! Denn während ich durch mein Bleiben meine eigene Würde bewahre, gebe ich Ihnen Gelegenheit, auf die herrlichste Weise Ihre weibliche Glorie zu behaupten. Denn auch vorausgesetzt, daß ich irgend einen ungehörigen, wenn auch harmlosen Scherz im Schilde geführt hätte, so würde ich gewiß am empfindlichsten gestraft, wenn ich bei aller Freundschaft so respektvoll werde abziehen müssen, wie ein junger Chorschüler, und ohne im entferntesten jenen frechen Versuch gewagt zu haben! Aber fern seien von mir alle unbotmäßigen Gedanken! Doch von Ihnen, meine gnädige Wirtin! ebenso fern der bedenkliche Schein, sich mit offener Gewalt und Wegweisung gegen einen ungefährlichen Abenteurer schützen zu wollen!"

Er bot ihr hiermit den Arm und führte sie wieder an ihren Platz, was sie ruhig und schweigend geschehen ließ. Sie setzten sich abermals °gegenüber, dann reichte sie ihm die Hand über den Tisch und sagte:

„Sie haben recht, machen wir Frieden! Und zum Zeichen der Versöhnung will ich Ihnen erzählen, was es mit der Waldhornjungfrau für eine Bewandtnis hat. Vorher aber liefern Sie mir als Beweis Ihrer redlichen Gesinnung jenen ruchlosen Reimzettel aus, den Sie bei sich führen! Und Ihr Mädchen nehmt °Eure Rädchen und spinnt Eueren Abendsegen!"

Die Mädchen holten zwei leichte Spinnräder und setzten sich herzu; Reinhart suchte das Sinngedicht hervor und gab es °Lucie; diese zeigte den Zettel den °Mädchen und sagte:

21   gegenüber,] gegenüber; *H1–E5*
28   Eure] euere *H1*; Euere *J1–E1*
32   Lucie] Luzien *H1*; Lucien *J1–E5*
32   Mädchen] Mägden *H1–J1*

„Da seht, welche Thorheiten ein ernsthafter Gelehrter in der Tasche trägt!" worauf sie das arme Papierchen unter dem Gekicher der Mädchen an eine der Kerzen hielt, verbrannte und die Asche in die Luft blies. Dann begann sie, während das sanfte Schnurren der Spinnräder für Reinharten eine ebenso neue wie trauliche Begleitung bildete, ihre Mitteilungen.

„Was nun die hübsche Wirtin vor dem Walde betrifft," sagte sie, „so ist sie allerdings eine eigentümliche Erscheinung. Schon als Kind zeichnete sie sich sowohl durch Schönheit und

10 frisches Wesen, als auch durch eine ganz eigene Gescheitheit und Witzigkeit oder Zungenfertigkeit aus, oder wie man es nennen will, und je mehr sie heranwuchs, desto glänzender schienen diese äußern und innern Eigenschaften sich auszubilden. Mit der äußern Schönheit schien es nicht nur, sondern °es war

15 auch wirklich der Fall; denn so hübsch sie auch jetzt noch aussieht, so ist sie für die, so sie früher gesehen, doch beinahe nur noch ein Abglanz im Vergleich zu dem, was sie vor einigen Jahren gewesen. Die innere Schöne oder vermeintliche Weisheit des Mädchens dagegen erwies sich als ein arger Schein;

20 sie hat zwar jetzt noch ein so schlagfertiges Redewerk, als es sich nur wünschen läßt, allein es steckt eitel Thorheit und Finsternis dahinter. Nicht nur wurde sie von den Eltern, welches roh gleichgültige Wirts- und Landleute sind, niemals dazu angehalten, etwas zu lernen und in ihre Seele hinein-

25 zuthun, sondern sie empfand auch selber nicht den kleinsten Antrieb und blieb zu rechten Dingen so dumm, daß sie kaum mühselig schreiben lernte, und man sagt, daß ihr sogar das Lesen ziemlich schwer falle. Aber auch in Hinsicht des natürlichen Verstandes, an irgend einem Verstehen des Erheblichen

30 und Besseren im menschlichen Leben fehlte es ihr so sehr, daß sie als ein vollständiges Schaf in der dunkelsten Gemütslage verharrte, indessen sie doch durch ihre Zungenkünste in lächer-

14   es war] war es H1–E5

lichen Dingen und durch eine große Gewandtheit in Kindereien
stets den Ruf eines durchtrieben klugen Wesens behielt. Doch
nur in zahlreicher Umgebung, wo die Leute kamen und gingen
und es auf kein Stichhalten auslief, bewährte sich ihre Weisheit; sobald sie mit einer halbwegs verständigen Person allein
war, so dauerte die Herrlichkeit keine Stunde und sie geriet
aufs Trockene. Da erklärte sie dann die Leute für langweilige
Einfaltspinsel, mit denen nichts anzufangen sei. Befand sie
sich aber mit Menschen ihres eigenen Schlages allein, so entstand aus lauter Dummheit zwischen ihnen die trostloseste
Stichelei und Zänkerei.

Dennoch hielt sie sich für einen Ausbund, strebte von
jeher nach großen Dingen, worunter sie natürlich vor allem
das Einfangen eines recht glänzenden jungen Herrn verstand.
Da sie aber, wie gesagt, nur im großen Haufen ihre Stärke
fand, so wollte es ihr nicht gelingen, ein einzelnes Verhältnis abzusondern und ordentlich auf ein Spülchen zu
wickeln.

Als meine Großeltern noch lebten, gab es zuweilen viel
junge Leute hier, die sich nicht übel belustigten und die Gegend
unsicher machten. Vorzüglich gefielen sich die Herren darin,
in Verbindung mit den Bewohnern und Gästen umliegender
Häuser, das Waldhorn zum Sammelplatz auf Jagd- und
Streifzügen zu wählen, dort Tage und Nächte lang zu liegen
und der schönen Wirtstochter den Hof zu machen. Die wußte
sich denn auch unter ihnen zu bewegen, daß es eine Art
hatte und die Eltern vor Bewunderung außer sich gerieten.

Da war nun auch ein junger Städter oft bei uns, ein
hübsches aber durchaus unnützes Bürschchen, das von ein wenig
Schule und Schliff °abgesehen, beinah so thöricht war, wie die
Dame im Waldhorn. Reich, übermütig und ein ganz ver-
zogenes Muttersöhnchen, gab er, so leer sein Kopf an guten

30   abgesehen,] abgesehen *J1–E1*

Dingen war, um so vorlauter in allen Narrheiten den Ton
an und war hauptsächlich im Waldhorn der erste und der
letzte. Dies zu sein, war ihm auch Ehrensache, und wenn er
einen Streich nicht angegeben hatte oder in den Zusammen-
künften nicht die Hauptrolle spielte, so fragte er nichts darnach
und that, als sähe er nichts, statt mit zu lachen. Am meisten
machte er sich mit der Salome zu schaffen, belagerte sie unaufhörlich, behauptete, sie sei in ihn verliebt und er wolle sich
besinnen, ob er um sie anhalten wolle, was selbstverständlich
alles nur °im Scherz sein sollte. Sie widersprach ihm ebenso
unaufhörlich mit spitzigen Spottreden, die mehr grob als launig
ausfielen, versicherte, sie könne ihn nicht ausstehen, und war
inzwischen begierig, wie sie ihn an sich festbinden werde, woran
sie nicht zweifelte; denn sie wünschte keinen herrlicheren Mann
zu bekommen. Allein es wollte sich lange nicht fügen, daß
die geringste ernsthafte Beziehung sich bildete; der Meister
Drogo (wie ihn seine Eltern närrischer Weise hatten taufen
lassen) trieb immer nur Komödie, und sie desgleichen, da sie
nichts Anderes anzufangen wußte, bis seine eigene Narrheit ihr
plötzlich zu einem verzweifelten Einfall verhalf.

    Im Garten hinter dem Hause gab es eine dichte Laube,
die außerdem noch von Gebüschen umgeben war. Dorthin
verlockte Drogo eines Abends, als schon die Sterne am Himmel
glänzten, die mutwillige Gesellschaft, indem er sich stellte, als
ob er vorsichtig der Salome nachschliche und eine geheime Zu-
sammenkunft mit ihr ins Werk setzte. Er °glaubte sie sei
schmollend schlafen gegangen, da sie sich den ganzen Abend
derb geneckt hatten, und wußte es nun so gut zu machen, daß
die Leute wirklich getäuscht wurden und meinten, er wolle sich
unbemerkt nach der Laube hinstehlen. Sie winkten einander
listig und schlichen ihm ebenso pfiffig nach, als er voranhuschte,
und als er in die dunkle Laube schlüpfte, umringten sie sachte

---

das grüne Gezelt, um das Liebespaar zu belauschen und zu
überfallen; denn es pflegte eben nicht sehr zartsinnig zuzugehen.

Als Junker Drogo nun drin saß und merkte, daß die
os Lauscher sich nach Wunsch aufgestellt hatten, begann er, dieselben zu äffen und neidisch zu machen, indem er ein trau-
liches Geflüster nachahmte, wie wenn zwei Liebende heimlich
zusammen wären; er nannte wiederholt ihren Namen mit
seiner eigenen halblauten Stimme, und dann den seinigen mit
10 verstelltem Lispeln; die süßesten Wörtchen ertönten, Seufzer,
und endlich fiel ein deutlicher Kuß, welchem bald ein zweiter
folgte, dann mehrere, die sich zuletzt in einen förmlichen Küsse-
regen verloren, von zärtlichen Worten unterbrochen, so daß
die Lauscher sich anstießen, vor Kichern ersticken wollten und
15 dann wieder aufmerksam horchten, wie die Sperber.

Nun saß der gute Herr Drogo mit seinen Possen keineswegs allein in der Laube; vielmehr saß niemand anders, als
die Salome, auch darin, in eine Ecke °gedrückt. Sie war
nämlich nicht zu Bett, sondern hieher gegangen, um sich ein
20 wenig zu grämen, da die dämliche Unbestimmtheit ihres Schicksals sie doch zu quälen begann, und sie weinte sogar ganz ge-
linde, eben als der Possenreißer ankam. Sie konnte nicht erkennen, wer es war, und saß bewegungslos im Winkel, um
sich nicht zu verraten. Als jedoch die Komödie anfing, erriet
25 sie bald ihren Widersacher und hörte auch gar wohl die
Uebrigen heranschleichen; kurz, da es sich um eine Nichtsnutzigkeit handelte, vermerkte sie endlich den Sinn des ganzen Auf-
trittes, während sie etwas Ernsthaftes nicht erraten hätte, und
sie verfiel stracks auf den Gedanken, den Spötter in seinem
30 eigenen Garne zu fangen, jetzt oder °nie.

Als er am eifrigsten dabei war, mit vieler Kunst in die
Luft zu küssen, als ob er die roten Lippen der Salome küßte,

18   gedrückt] geduckt *H1*
30   nie.] nie! *H1-E5*

fühlte er sich unversehens von zwei Armen umfangen, und
seine Küsse begegneten denjenigen eines leibhaftigen Mundes.
Erschreckt hielt er inne und wollte aufspringen; allein Salome
ließ ihn nicht, sondern erstickte ihn fast mit Küssen und rief
laut: Sieh, Liebster, so viel Küsse ich Dir jetzt gebe, so viel
Blitze sollen Dich treffen, wenn Du mir nicht treu bleibst!

Zugleich brach jetzt das lauschende Volk los, bereitgehaltene
Lichter wurden rasch angezündet und damit in die Laube ge-
leuchtet, und unter rauschendem Gelächter und lauten Glückwünschen wurde das Paar entdeckt und umringt. Aber auch
die Eltern des Mädchens kamen herbei, ein aus dem mehr-
jährigen Militärdienst heimgekehrter Bruder, der nicht heiter
aussah, Ackerknechte und ländliche Gäste, die noch in der Wirts-
stube gesessen. Diese alle °machten unheimliche Gesichter; das
Pärchen wurde an der Spitze der ganzen Schar in das Haus
begleitet, wo die Eltern Erklärung verlangten. Salome weinte
wieder und ihr war sehr bang; Drogo wollte sich sachte aus
der Verlegenheit ziehen und sich abseits drücken, seine Freunde
selbst jedoch verlegten ihm den Weg und mochten ihm aus
Neid und Schadenfreude sein Schicksal gönnen; sie beredeten
ihn ebenso ernsthaft, wie die Verwandten des Mädchens, sich
zu erklären, während dieses, wie gebändigt, hold und traurig
da saß und der junge Mensch noch das frische Gefühl ihrer
Liebkosungen empfand. So verlobte er sich denn feierlich mit
ihr und versprach ihr vor allen Zeugen die Ehe.

Es fiel ihm nun nicht schwer, die Zustimmung der Seinigen zu erlangen, die von jeher thun mußten, was ihm beliebte, und so wurde diese Mißheirat, die eigentlich nur äußer-
lich eine solche war, allseitig beschlossen. Aber, o Himmel! es
wäre zehnmal besser gewesen, wenn es innerlich eine solche und
die beiden Brautleute sich nicht °vollkommen gleich an Narrheit
gewesen wären! Die Braut wurde jetzt modisch gekleidet und

14　　machten] machten jetzt *H1–E5*
31　　vollkommen] so vollkommen *H1*

ein halbes Jahr vor der Hochzeit in die Stadt gebracht, wo
sie die sogenannte feinere Sitte und die Führung eines Haus-
wesens von gutem Ton erlernen sollte.   Damit war sie aber
auf ein Meer gefahren, auf welchem sie das Steuer ihres
05 Schiffleins aus der Hand verlor.   Eine ihren künftigen Schwie-
gereltern befreundete Familie nahm sie aus Gefälligkeit bei sich
auf.   Diese Leute lebten in großer Ruhe und voll Anstand
und machten nicht viel Worte; °schnelle unbedachte Reden und
Antworten waren da nicht beliebt, sondern es mußte alles, was
10 gesagt wurde, gediegen und wohlbegründet erscheinen; im Stillen
aber wurden nicht liebevolle Urteile ziemlich schnell flüssig.
Salome wollte es im Anfang recht gut machen; da sie aber
einen durchaus unbeweglichen Verstand besaß, so geriet die
Sache nicht gut.   Ihre Gebahrungen und Manieren, welche
15 sich in der freien Luft und im Wirtshause hübsch genug ausgenommen, waren in den Stadthäusern viel zu breit und zu
hart, und ihre Witze wurden urplötzlich stumpf und ungeschickt.
Sie patschte herum, wollte nach ihrer Gewohnheit immer sprechen
und wußte es doch nicht anzubringen; bald war sie demütig
20 und höflich, bald warf sie sich auf und wollte sich nichts vergeben, genug, sie arbeitete sich so tief als möglich in das Un-
geschick hinein und wurde von den feinen Leuten, die sie von
vornherein scheel angesehen hatten, unter der Hand nur das
Kamel genannt, welcher Titel sich behende verbreitete und be-
25 sonders in den Häusern beliebt wurde, wo man für die
Töchter auf ihren Verlobten gerechnet hatte.   Denn obgleich
der auch kein Kirchenlicht vorstellte, so war er im bewußten
Punkte doch ein unentbehrlicher Gegenstand, den man nur mit
Verdruß durch die Bauerntochter aus der Berechnung gezogen
30 sah.   Die weibliche Gesellschaft versäumte nicht, die Miß-
achtung sichtbar zu machen, in welche die Arme geriet, und
sorgte dafür, daß der Ehrentitel dem Bräutigam zeitig zu Ge-

08   schnelle] schnelle, H1–E5

hör kam, während sie gegen diesen selbst ein zartgefühltes, schonendes Bedauern heuchelte, wie wenn er als das edelste Kleinod der Welt auf schreckliche Weise einer Unwürdigen zum Opfer gefallen wäre. Selbst die Herren, welche der Salome auf dem Lande schön gethan und nicht verschmäht hatten, ihr Tage lang den Hof zu machen, wollten sich jetzt nicht bloß stellen und ließen sie schmählich im Stich.

So kam es dazu, daß der Bräutigam, wenn die Braut nicht gegenwärtig war, sich für einen armen unglücklichen Tropf hielt, der sein Lebensglück leichtsinnig vernichtet habe, und er bedauerte sich selbst; sobald sie sich aber sehen ließ, schlug ihre Schönheit solche Gedanken aus dem Felde, da er mit seinem leeren Kopfe nur dem Augenblick lebte. Salome aber, die sich überall verkauft und verraten sah und nichts Gutes ahnte, suchte sich um so ängstlicher an die Hauptsache, nämlich an den Bräutigam zu halten und ihn mit vermehrten Liebkosungen zu fesseln; denn sie hatte keine andere Münze mehr auszugeben, und sobald sie aufhörten, sich zu schnäbeln, stand die Unterhaltung still zwischen diesen Leutchen, die sonst so rüstig an der Spitze gestanden hatten.

Salome verspürte keine Ahnung, daß die °Beschaffenheit ihres Geistes, °ihrer Klugheit in Frage gestellt °war; sie schrieb den obwaltenden Unstern einzig ihrer ländlichen Herkunft und dem übeln Willen der Städter zu. Sie hüllte sich daher in ihr Bewußtsein, dachte, wenn sie nur erst Frau wäre, so wollte sie ihre Trümpfe schon wieder ausspielen, und hielt sich inzwischen an den Liebsten, um seiner Neigung sicher zu bleiben.

Da saßen sie nun eines schönen Nachmittags auch auf einem seidenen Sofa oder °Divan. Salome in einem kirschroten Seidenkleide, das sie selbst gekauft, mit dicken goldenen Armspangen, die ihr Drogo geschenkt, und in echten Spitzen, die von °ihrer Schwiegermutter herrührten, Drogo aber im

21 Beschaffenheit] gute Beschaffenheit *H1*
22 ihrer] ihre *H1*
22 war] waren *H1–J1*
29 Divan.] Divan, *H1–E5*
32 ihrer] der *H1*

neuesten Aufputz eines °Modeherrn.   Dergestalt hielten sie sich
umfangen und gaben so dem Ansehen nach ein Bild irdischen
Glückes ab; denn so jung, so schön und so hübsch gekleidet,
wie beide waren, als Brautleute, denen ein langes sorgloses
Leben lachte, der lieblichsten Muße genießend in einem stillen
Empfangssaale, den sie zur Ruhe gewählt, schien ihnen nichts
zu fehlen, um sich im Paradiese glauben zu können.   Sie
waren über ihrem Kosen sänftlich eingeschlafen und erwachten
jetzt wieder, gemächlich eines nach dem andern; der Bräutigam
gähnte ein weniges, mit Maß, und hielt die Hand vor; die
Braut aber, als sie ihn gähnen sah, sperrte, unwiderstehlich
gereizt, den Mund auf soweit sie konnte und wie sie es auf
dem Lande zu thun pflegte, wenn keine Fremden da waren,
und begleitete diese Mundaufsperrung mit jenem trost-, hoffnungs-
und rücksichtslosen Weltuntergangsseufzer oder Gestöhne, womit
manche Leute, in der behaglichsten Meinung von der Welt, die
gesundesten Nerven zu erschüttern und die frohsten Gemüter
einzuschüchtern verstehen.

°„Sie müssen sich nicht wundern," unterbrach sich Lucie,
„daß ich diese Einzelheiten so genau kenne: ich habe sie sattsam
von beiden Seiten erzählen hören, und es scheint außerdem, daß
jenes unglückliche Gähnduett gleich einem unwillkürlichen, ver-
hängnisvollen Bekenntnisse die Wendung herbeiführte. Wenigstens
verweilten beide wiederholt bei diesem merkwürdigen Punkte.
Der Bräutigam wurde auf einmal ganz verdrießlich und rief:
„O Gott im Himmel!   Ist das nun alles, was Du zu erzählen weißt?"

Salome wollte ihn küssen; allein er hielt sie ab und
sagte: „Laß doch, und sage lieber etwas Feines!"

Da wurde die Abgewiesene von Röte übergossen; sie
sprach aber schnell: „Wie man in den Wald ruft, so tönt es
heraus!   Sag' mir etwas Feines vor, so werde ich antworten!"

„Ach, die Kamele sprechen nicht!" erwiderte Drogo unbesonnen mit einem Seufzer.   Da wurde sie bleich, lehnte sich
zurück und sagte: „Wer ist ein Kamel, mein Schatz?"

„O Liebchen," sagte er, „die ganze Stadt nennt Dich so!"

05   „Und Du hältst mich also auch für eines?" fragte sie
und er antwortete, indem er sie wieder an sich ziehen wollte:
„Sicherlich, und zwar für das reizendste, das ich je gesehen!"

Da fühlte sich Salome von dem schärfsten Pfeil getroffen,
den es für sie geben konnte; denn sie hielt ihre vermeintliche
10 Klugheit für ihre eigentliche Ehre, für ihr Palladium und ihre
Hauptsache.   Aber das war gut für sie, weil sie dadurch eine
Wehr und einen Halt gewann, sich vom Verderben rettete und
ihre Schwäche gut machte.

Ohne ein ferneres Wort zu sagen, riß sie sich los, löste
15 die Spangen von den Knöcheln, die Spitzen vom Halse, warf
sie dem herzlosen Bräutigam vor die Füße und augenblicklich
lief sie aus dem Hause, spuckte wie ein Bauer auf die Schwelle
desselben und lief, wie sie war, ohne Hut und Handschuhe, aus
der Stadt.   Vor dem Thor erst brach sie in Thränen aus,
20 und in einemfort weinend und schluchzend wanderte und eilte
sie, mit dem seidenen Prachtkleide die Augen trocknend (denn
sogar ein Taschentuch hatte sie nicht an sich genommen) durch
Feld und Forst, bis sie tief in der Nacht im elterlichen Hause
anlangte, mehr einer entsprungenen Zigeunerin ähnlich, als
25 einer Braut.   Sie gab den bestürzten Verwandten keine
Antwort, sondern verschloß sich in ihre Kammer.   Darin blieb
sie mehrere Tage und erschien, als sie wieder hervortrat, in
der alten Landtracht.   Wo sie jenes rote Seidenkleid hinge-
bracht, hat man nie erfahren.   Einige sagen, sie habe es ver-
30 brannt, andere, es sei vergraben worden, wieder andere, sie
habe es einem Juden verkauft.

Als sie eine Zeitlang zu Haus geblieben, schickte ihr die

Stadtfamilie, bei der sie gewohnt, ihre Sachen zu ohne jegliche
Nachricht oder Anfrage, und noch fernere Zeit verging, ohne
daß der Bräutigam oder sonst jemand nach ihr fragte. Die
Ihrigen wollten einen Rechtshandel mit dem Junker Drogo
05 anheben; doch sie verwehrte es zornig, und so ist die Braut-
schaft der schönen Salome in nichts verlaufen und die Jungfrau noch vorhanden, wie Sie dieselbe gesehen haben, teilweise etwas klüger und besser geworden, als früher, teilweise
noch thörichter. Ihre Lieblingslaune ist, die Männer zu ver-
10 achten und mit solchen zu spielen, wie sie wähnt, während sie
ihre Gesellschaft doch allem andern vorzieht. Aber ich glaube
nicht, daß sie nochmals zu einer Verlobung zu bringen wäre."

Waldhorn (Phallus) - Instrukt wo viele Männer landen,
um Salome zu bestimmen
Natur zur Kultur : auf Hügel umgeben v.
Wald

Umkehrung Farben Sinngedicht
Rot ⟶ Weiss
Frau ⟶ Jungfrau

Achtes Kapitel.

Regine.

Als Lucia schwieg, wußte Reinhart nicht sogleich etwas
zu sagen, da eine gewisse Nachdenklichkeit ihn zunächst befangen
os und verlegen machte. Des Fräuleins ausführliche und etwas
scharfe Beredtsamkeit über die Schwächen einer Nachbarin und
Genossin ihres Geschlechtes hatte ihn anfänglich befremdet und
ein fast unweiblich kritisches Wesen befürchten lassen. Indem
er sich aber der Lieblingsbücher erinnerte, die er kurz vorher
10 gesehen, glaubte er in dieser Art mehr die Gewohnheit zu
erkennen, in der Freiheit über den Dingen zu leben, die
Schicksale zu verstehen und jegliches bei seinem Namen zu
nennen. Bedachte er dazu die Einsamkeit der Erzählerin, so
wollte ihn von neuem die neugierige und warme Teilnahme
15 ergreifen, die ihn schon zu einer unzeitigen Frage verleitet
hatte. Dann aber, als Lucia von dem thörichten Küssen und
Kosen in so überlegen heiterer Weise und mit einem Anfluge
verächtlichen Spottes erzählte, war er geneigt, das als eine
strafende Anspielung auf die Thorheit zu empfinden, mit der
20 er selbst heute ausgezogen war. Solchen Angriff von sich abzuwehren, schritt er zum Widerspruche und sogar zu einer
Art Schutzrede für die verunglückte Salome, indem er begann:

„Die stolze Resignation, zu welcher sie so unerwartet gelangte, scheint mir fast zu beweisen, daß auch Vorzüge, die nur in der Einbildung vorhanden sind, wenn sie beleidigt oder in Frage gestellt werden, die gleiche Wirkung zu thun vermögen, wie wirklich vorhandene Tugenden, so daß z. B. die Thorheit, wenn ihre eingebildete Klugheit angegriffen wird, in ihrem Schmerze darüber zuletzt wahrhaft weise und zurückhaltend werden kann. Uebrigens ist es doch schade, daß die arme Schöne nicht einen Mann hat!"

„Sie ist nun zwischen Stuhl und Bank gefallen," erwiderte Lucia; „denn mit den Herren war es nichts und mit den Bauern geht es auch nicht mehr, und doch hätte sie einen Mann ihres Standes sogar noch beglücken können, der bei gleichen Geisteskräften und täglicher harter Arbeit ihrer Unklugheit nicht so inne geworden wäre und vielleicht ein köstliches Kleinod in ihr gefunden hätte."

„Gewiß," sagte Reinhart, „mußte es irgend einen Mann für sie geben, dem sie selbst mit ihren Fehlern wert war; doch scheint mir die Gleichheit des Standes und des Geistes nicht gerade das Unentbehrlichste zu sein. Eher glaube ich, daß ein derartiges Wesen sich noch am vorteilhaftesten in der Nähe eines ihm wirklich überlegenen und verständigen Mannes befinden würde, ja sogar, daß ein solcher bei gehöriger Muße seine Freude daran finden könnte, mit Geduld und Geschicklichkeit das Reis einer so schönen Rebe an den Stab zu binden und gerade zu ziehen."

„Edler Gärtner!" ließ sich hier Lucia vernehmen; „aber die Schönheit geben Sie also nicht so leicht preis, wie den Verstand?"

„Die Schönheit?" sagte er; „das ist nicht das richtige Wort, das hier zu brauchen ist. Was ich als die erste und letzte Hauptsache in den bewußten Angelegenheiten betrachte, ist ein gründliches persönliches Wohlgefallen, nämlich daß das Gesicht des einen dem andern ausnehmend gut gefalle. Findet dies Phänomen statt, so kann man Berge versetzen und jedes Verhältnis wird dadurch möglich gemacht."

„Diese Entdeckung," versetzte Lucia, „scheint nicht übel, aber nicht ganz neu zu sein und ungefähr zu besagen, daß ein wenig Verliebtheit beim Abschluß eines Ehebündnisses nicht gerade etwas schade!"

Durch diesen Spott wurde Reinhart von neuem zur Unbotmäßigkeit aufgestachelt, so daß er fortfuhr: „Ihre Mutmaßung ist sogar richtiger, als Sie im Augenblick zu ahnen belieben; dennoch erreicht sie nicht ganz die Tiefe meines Gedankens. Zur Verliebtheit genügt oft das einseitige Wirken der Einbildungskraft, irgend eine Täuschung, ja es sind schon Leute verliebt gewesen, ohne den Gegenstand der Neigung gesehen zu haben. Was ich hingegen meine, muß gerade gesehen und kann nicht durch die Einbildungskraft verschönert werden, sondern muß dieselbe jedesmal beim Sehen übertreffen. Mag man es schon Jahre lang täglich und stündlich gesehen haben, so soll es bei jedem Anblick wieder neu erscheinen, kurz, das Gesicht ist das Aushängeschild des körperlichen wie des geistigen Menschen; es kann auf die Länge doch nicht trügen, wird schließlich immer wieder gefallen und, wenn auch mit Sturm und Not, ein Paar zusammen halten."

„Ich kann mir nicht helfen," sagte °Lucia abermals, „aber mich dünkt doch, daß wir uns immer auf demselben Fleck °herumdrehen?"

„So wollen wir aus dem Kreise hinausspringen und der Sache von einer °anderen Seite beikommen! Hat es denn nicht jederzeit gescheite, hübsche und dabei anspruchsvolle Frauen gegeben, die aus freier Wahl mit einem Manne verbunden waren, der von diesen Vorzügen nur das Gegenteil aufweisen

25   Lucia] Lucie *E1–E2*
26   herumdrehen?] herum drehen! *H1;* herumdrehen! *J1–E2*
29   anderen] andern *H1–E2*

konnte, und haben nicht solche Frauen in Frieden und Zärtlichkeit mit solchen Männern gelebt und sich vor der Welt sogar
einen Ruhm daraus gemacht? Und mit Recht! Denn wenn
auch irgend ein den anderen verborgener Zug ihre Sympathie
erregte und ihre Anhänglichkeit nährte, so war diese doch eine
Kraft und nicht eine Schwäche zu nennen! Nun kann ich nicht
zugeben, daß die Männer tiefer stehen sollen, als die Frauen!
Im Gegenteil, ich behaupte: ein kluger und wahrhaft gebildeter
Mann kann erst recht ein Weib heiraten und ihr gut sein, ohne
zu sehen, wo sie herkommt und was sie ist; das Gebiet seiner
Wahl umfaßt alle Stände und Lebensarten, alle Temperamente
und Einrichtungen, nur über eines kann er nicht hinauskommen,
ohne zu fehlen: das Gesicht muß ihm gefallen und hernach
abermals gefallen. Dann aber ist er der Sache Meister und
er kann aus ihr machen, was er will!"

„Dem Anscheine nach haben Sie immer noch nichts Außer-
ordentliches gesagt," versetzte Lucia; „doch fange ich an zu
merken, daß es sich um gewisse kennerhafte Sachlichkeiten handelt; das gefallende Gesicht wird zum Merkmal des Käufers,
der auf den Sklavenmarkt geht und die Veredlungsfähigkeit der
Ware prüft, oder ist's nicht so?"

„Ein Gran dieser böswilligen Auslegung könnte mit der
Wahrheit in gehöriger Entfernung zusammentreffen; und was
kann es dem einen und dem andern Teile schaden, wenn das
zu verhoffende Glück alsdann um so längere Dauer verspricht?"

„Die Dauer des glatten Gesichtes, das der Herr Kenner
sich so vorsichtig gewählt hat?"

„Verdrehen Sie mir das Problem nicht, grausame Gebieterin und Gastherrin! Von Vorsicht ist ja von vornherein
keine Rede in diesen Dingen."

„Ich glaub' es in der That auch nicht, zumal wenn Sie, wie
zu erwarten steht, sich eine Magd aus der Küche holen werden."

„Was mir beschieden ist, weiß ich nicht, ich geharre demütig
meines Schicksals. Doch habe ich den Fall erlebt, daß ein
angesehener und sehr gebildeter junger Mann wirklich eine
Magd vom Herde weggenommen und so lange glücklich mit
ihr gelebt hat, bis sie richtig zur ebenbürtigen Weltdame geworden, worauf erst das Unheil eintraf."

„Der würde ja gerade gegen Ihre orientalischen Anschauungen zeugen!"

„Es scheint allerdings so, ist aber doch nicht der Fall,
abgesehen von dem abscheulichen Titel, mit dem Sie meine
harmlose Philosophie bezeichnen!"

„Und ist Ihre Geschichte ein Geheimnis, oder darf man
dieselbe vernehmen?"

„So gut ich vermag, will ich sie gern aus der Erinnerung
zusammenlesen mit allen Umständen, die mir noch gegenwärtig
sind, wobei ich Sie bitten muß, das Ergänzungsvermögen, das
den Begebenheiten selbst innewohnt, wenn sie wiedererzählt
werden, mit gläubiger Nachsicht zu beurteilen!"

Da die zwei spinnenden Mädchen die Räder anhielten und
ihre vier Aeuglein neugierig auf den Erzähler richteten, sagte
Lucia zu ihnen: „Fahrt nur fort zu spinnen, Ihr Mädchen,
damit der Herr, durch das Schnurren verlockt und unterstützt,
den Faden seiner Erzählung um so weniger verliert! Ihr
könnt Euch die Lehre, die sich ergeben wird, dennoch merken
und lernen, die Gefahr zu meiden, wenn die furchtbaren Frauen-
fänger ihre Netze bis in die Küchen spannen!"

Reinhart begann somit, da die Rädchen wieder surrten,
folgendes zu erzählen:

„In Boston lebt eine Familie deutscher Abkunft, deren
Vorfahren vor länger als hundert Jahren nach Nordamerika
ausgewandert sind. Die Nachkommen bilden ein altangesehenes
Haus, wie wenige in der ewigen Flut der Bewegung sich er-

07   Der] Das H1
14   vermag] es vermag H1–E2
27   da] als H1

halten; und selbst das Haus im °wirklichen Sinne, Wohnung und Geräte, sollen bereits einen Anstrich alt vornehmen Herkommens aufweisen, insofern während eines kurzen Jahrhunderts dergleichen überhaupt erwachsen kann.   Die deutsche Sprache erlosch niemals unter den Hausgenossen; insbesondere einer der letzten Söhne, Erwin Altenauer, hing so warm an allen geistigen Ueberlieferungen, deren er habhaft werden konnte, daß er dem Verlangen nicht widerstand, das Urland selbst wieder kennen zu lernen, und zwar um die Zeit, da er sich schon dem dreißigsten Lebensjahre näherte.

Er entschloß sich also, nach der alten Welt und Deutschland auf längere Zeit herüber zu kommen; weil er aber, bei einigem Selbstbewußtsein, sich in bestimmter Gestalt und auf alle Fälle als Amerikaner zu zeigen wünschte, bewarb er sich in Washington um die erste Sekretärstelle bei einer Gesandtschaft, deren Sitz in einer der größeren Hauptstädte war.   Mit nicht geringer Erwartung segelte er anher, vorzüglich auch auf das schönere Geschlecht in den deutschen Bundesstaaten begierig; denn wenn wir germanischen Männer uns mit Eifer den Ruf ausgezeichneter Biederkeit beigelegt haben, so versahen wir wiederum unsere Frauen mit dem Ruhm einer merkwürdigen Gemütstiefe und reicher Herzensbildung, was in der Ferne gar lieblich und Sehnsucht erweckend °funkelt, gleich den Schätzen des Nibelungenliedes.   Von dem Glanze dieses Rheingoldes angelockt, war Erwin überdies von seinen Verwandten scherzweise ermahnt worden, eine recht sinnige und mustergültige deutsche Frauengestalt über den Ocean zurückzubringen.

Er fühlte sich auch bald so heimisch, wie wenn sein Vater schon ein Jenenser Student gewesen wäre; doch begab sich das nur in der Männerwelt, und sobald die Gesellschaft sich aus beiden Geschlechtern mischte, haperte das Ding.   Sei es nun, daß, wie in sonst gesegneten Weinbergen es gewisse Schatten-

stellen giebt, wo die Trauben nicht ganz so süß werden wie
an der Sonnenseite, er in eine etwas ungünstige Gegend geraten war, oder sei es, daß der Fehler an ihm lag, und er
nicht die rechte Traubenkenntnis mitgebracht, genug, es schienen
ihm zusammengesetzte Gebräuche zu walten, die zu entwirren
er sich nicht ermuntert fand.   Erwin sowohl wie die übrigen
°Gesandtschaftsmitglieder waren von einfachen Sitten, klar und
bestimmt in ihren Worten und ohne Umschweife.   Sie stellten
noch die ältere echte Art amerikanischen Wesens dar und gingen
den geraden Weg, ohne um die hundert kleinen Hinterhalte
und Absichtlichkeiten sich zu kümmern oder sie auch nur zu bemerken; sie ließen es bei Ja und Nein bewenden und sagten
nicht gern eine Sache zweimal.

Nun erstaunte Erwin, von dieser oder jener °Schönen dann
sich plötzlich den Rücken zugewendet zu sehen, wenn er auf eine
Frage oder Behauptung nach seinem besten Wissen ein einfaches
Ja oder Nein erwidert hatte; noch weniger konnte er sich erklären, warum eine andere das selbst begonnene Gespräch nach
zwei Minuten °abbrach in dem Augenblicke, wo er demselben
durch eine ehrliche Einwendung festeren Halt gab; unbegreiflich
erschien ihm eine dritte, die wiederholt seine Vorstellung verlangt, ihn dann nach dem Klima seiner Heimat °befragt und
ohne die Antwort abzuwarten, mit andern ein neues Gespräch
eröffnete.   Diese Schneidigkeit war allerdings mehr nur der
Mantel für innere Unfreiheit, wie die Zurückhaltung überhaupt,
mit welcher er mit seinen Gefährten behandelt wurde, wo er
hinkam, während sie gelegentlich entdeckten, daß in ihrer Abwesenheit das breiteste Studium ihrer Personen stattfand.   Wenn
in diesen Gärten °auch hie und da eine Pflanze blühte, die unbefangener und freundlicher dreinschaute, so war auch diese
überwacht und sie hütete sich ängstlich, nicht durch die Hecke zu
wachsen.

07   Gesandtschaftsmitglieder] Gesandtschaftsglieder H1–J1
14   Schönen dann] Dame H1
19   abbrach] abbrach, H1–E5
22   befragt] befragte H1
29   auch hie und da] hie und da auch H1

Erwin gab es daher auf, ein Meer von Putz zu befahren, in welchem so wenig persönliche Gestaltung auftauchen wollte, und um sich von den bestandenen Fährlichkeiten zu erholen, machte er längere Ausflüge.   Er hielt sich bald in einer der schön gelegenen Universitätsstädte auf, um zugleich die berühmtesten Gelehrten kennen zu lernen und einige gute Studien mitzunehmen; bald machte er sich mit den Orten bekannt, wo vorzüglich die Kunst ihre Pflege fand, und schulte Sinn und Gemüt an dem festlichen Wesen der Künstler.   Auf allen diesen Fahrten sah er sich in eine veredelte bürgerliche Welt versetzt, welche, die besseren Güter des Lebens wahrend, sich dieses Lebens mit ungeheucheltem Ernst erfreute.   Hier wurden die Kenntnisse und Fähigkeiten mit Fleiß und Ehren geübt, schwärmten und glühten die Frauen wirklich für das, was sie für schön und gut hielten, pflegte jedes Mädchen seine Lieblingsneigung und baute dem Ideal sein eigenes Kapellchen; und weit entfernt, ein aufrichtiges Gespräch darüber zu hassen, wurden sie nicht müde vom Guten und Rechten zu hören.   Dazu brachte der Wechsel der Jahreszeiten mannigfache Festfreuden, die bei aller Einfachheit von altpoetischem Zauber belebt waren.   Die schönen Flußthäler, Berghöhen, Waldlandschaften wurden als traute Heimat mit dankbarer Zufriedenheit genossen, wobei °sich die Frauen Tage lang in freier Luft und guter Laune bewegten; der Waldduft schien ihnen von den Urmüttern her noch wohl zu behagen, und selbst die Bescheidenste scheute sich nicht, einen grünen Kranz zu winden und sich aufs Haupt zu setzen.

Das gefiel dem wackern Erwin nun ungleich besser.   Das nähert sich, dachte er, schon eher den Meinungen, die ich herübergebracht habe; es ist nicht möglich, daß diese frohherzigen, sinnigen Wesen inwendig schnöd' und philisterhaft beschaffen seien!   Auch geriet er °zweimal dicht an den Rand eines Verhältnisses, wie man gemein zu sagen pflegt.   Aber o weh! nun

22   sich die Frauen] die Frauen sich   *H1*

31   zweimal] ein oder zwei Mal   *H1*

zeigte sich °auch hier eine Art von Kehrseite. Es herrschte
nämlich durch einen eigenen Unstern, wo er hinkam, eine solche
Oeffentlichkeit und gemeinschaftliche Beaufsichtigung in diesen
Dingen, daß es unmöglich war, auch nur die ersten Regungen
°5 und Blicke ohne allgemeines Mitwissen auszutauschen, geschweige
denn zu einem Bekenntnisse zu gelangen, welches zuerst das
süße Geheimnis eines Pärchens gewesen wäre. Man schien
nur in °großen Gesellschaften zu lieben und zu freien und durch
die Menge der Zuschauer dazu aufgemuntert zu werden. So-
10 bald ein junger Mann mehrmals mit dem gleichen Mädchen
gesprochen, wurde das Verhältnis festgestellt und zur öffentlichen °Verlobung gewaltsam in Beschlag genommen. Diese
Art war aber für Erwin wie ein Gift. Was nach seinem Gefühle das geheime Uebereinkommen zweier Herzen sein mußte,
15 das sollte gleich im Beginn der allgemeinen Teilnahme zur
Verfügung gestellt und das Hausrecht des Herzens, der früheste
Goldblick des Liebesfrühlings dahin gegeben sein. So wurde
er °schon vor dem ersten Kapitel seiner Romane zurückgeschreckt
und trug nichts davon, als den Verdruß °einiger Klatschereien.
20 Das beweist freilich, daß er eine ordentliche Leidenschaft nicht
erfahren hatte; sonst hätte er sich durch solche Schwächen, die
dem braven Bürgertum hie und da ankleben, nicht vertreiben
lassen. Nichts desto minder empfand er Verdruß und setzte
sich, alles aus dem Sinn schlagend, im ausschließlichen Um-
25 gange mit Männern fest, die sich auf einander angewiesen sahen.
    Um diese Zeit, es mögen etwa zwölf Jahre her sein,
sah ich Erwin Altenauer in meiner damaligen Heimatstadt,
wenn man den Sitz einer Hochschule so nennen darf, wo der
Vater als Lehrer hinberufen worden ist, sich ein Haus gekauft
30 und die Tochter des Ortsbanquiers geheiratet hat. Ich selbst
war kaum zwanzig Jahre alt, obgleich schon seit zwei Jahren
Student, so daß ich die Gesellschaft des Deutsch-Amerikaners

01   auch] unversehens auch H1
08   großen Gesellschaften] großer Gesellschaft H1
12   Verlobung] Verlebung H1–E1
18   schon] denn schon H1
19   einiger] von einigen H1

im Hause meiner Eltern und anderwärts zuweilen genoß. Es war ein nicht kleiner fester Mann mit einem blonden Kopf und trug nur neue Hüte, aber stets so, als ob es alte Hüte wären. Nur ein paar Sommermonate wollte er in unserer Stadt zubringen, um namentlich eine gewisse Partie älterer Geschichte anzuhören, die ein berühmter Historiker vortrug, und unter dessen Aufsicht die Urkunden zu studieren.

In einem stattlichen Hause, das indessen nur zwei Familien bewohnten, hatte er bei der einen derselben einige Zimmer gemietet, in denen er nicht ermangelte, von Zeit zu Zeit seine Bekannten in der Weise der Junggesellen zu bewirten; sonst aber verbrachte er die Abende gern im fröhlichen Umgange mit gereifteren jungen Leuten verschiedener Nationalität, wie sie mit Bürgerssöhnen aus gutem Hause vermischt in solchen Orten sich zusammenzuthun pflegen und von der Mützen tragenden Jugend leicht zu unterscheiden sind, wiewohl sie nicht verschmähen, bei derselben zuweilen vorzusprechen.

In jenem Hause, das noch mit weitläufigen Treppen und Gängen versehen war, fiel ihm seit einiger Zeit bei Ausgang und Rückkehr eine Dienstmagd auf von so herrlichem Wuchs und Gang, daß das ärmliche, obgleich saubere Kleid das Gewand eines Königskindes aus alter Fabelzeit zu sein schien. Ob sie das Wassergefäß auf dem Haupte oder den gefüllten Holzkorb vor sich her trug, immer waren Glieder und Bewegung von der gleichen geschmeidigen Kraft und gelassenen Schönheit; alles aber war beherrscht und harmonisch zusammengehalten durch ein Gesicht, dessen ruhige Regelmäßigkeit von einem Zug leiser unbewußter Schwermut veredelt wurde, einem Zug so leicht und rein, wie der Schatten eines durchsichtigen Krystalles. Erwin begegnete der schönen Person nicht oft; jedesmal aber, wenn sie mit bescheiden gesenktem Blick still vorüberging, blieb die Erscheinung ihm stundenlang im Sinne

haften, ohne daß er jedoch besonders darauf achtete. Eines Tages
indessen, als sie auf den Stufen der unteren Treppe kniete
und scheuerte und er eben herunterstieg, richtete sie sich auf und
lehnte sich an das Geländer, um ihn vorbei zu lassen; er
05 konnte sich nicht versagen, guten Tag zu wünschen und eine
kleine flüchtige Entschuldigung vorzubringen, ohne sich aufzuhalten. Aber in diesem Augenblicke schlug sie ihr Auge so
groß und schön auf und ein so mildes halbes Lächeln schwebte
wie verwundert um die ernsten Lippen, daß das Bild der
10 armen Magd nicht mehr aus seinen Sinnen verschwand, so
zwar, wie wenn einer etwas Gutes weiß, zu dem seine Gedanken jedesmal ruhig zurückkehren, sobald sie nicht zerstreut
oder beschäftigt sind. Sonst begab oder änderte sich weiter
nichts, als daß er sie gelegentlich nach ihrem Namen frug, der
15 auf Regine lautete.

Eines schönen Sonntags, den er im Freien zugebracht,
kehrte er spät in der Nacht nach seiner Wohnung heim, mit
langsamen Schritten und wohlgemut die Sommerluft genießend.
Da und dort schwärmten singende Studenten durch die Gassen,
20 in welche der helle Vollmond schien; vor dem Hause aber, das
er endlich erreichte, befand sich ein ganzer Trupp dieses mut-
willigen Volkes und umringte eine einsame Frauensperson, die
sich an die Hausthüre drückte. Ich kann den Auftritt beschreiben, denn ich stand selber dabei. Es war Regine, die
25 auf der runden Freitreppe, drei bis vier Stufen hoch, mit dem
Rücken an die °Thür gelehnt, dastand und lautlos auf die sehr
angeheiterte Schar herabschaute. Sie hatte von ihrer Herrschaft die Erlaubnis erhalten, die Eltern in dem mehrere
Stunden entfernten Heimatdorfe zu besuchen, bei der Rückkehr
30 aber die Fahrgelegenheit verfehlt und den Weg in die Nacht
hinein zu Fuß zurücklegen müssen. Allein auch die Herrschaft
war auf eine Landpartie gegangen und noch nicht zurück, und

26   Thür] Thüre H1–E5

da Regine keinen Hausschlüssel bei sich führte und überhaupt niemand im Gebäude auf die Glocke zu hören schien, die sie schon mehrmals gezogen, so fand sie sich ausgeschlossen und mußte die Ankunft anderer Hausbewohner abwarten. So fiel sie ihrer Gestalt wegen den jungen Taugenichtsen auf, die nicht säumten, sie zu umringen und mit mehr oder weniger feinen Artigkeiten zu belagern. Der eine nannte sie Liebchen, der andere Schätzchen, dieser Gretchen, jener Mariechen; dann brachten sie ihr ein halblautes Ständchen, und was solcher Kindereien mehr waren; sowie aber einer die Stufen hinan-sprang, um eine Liebkosung zu wagen, lehnte sie den Angriff mit einer ruhigen Bewegung des freien Armes ab; denn mit der anderen Hand hielt sie den von ihr selbst blankgefegten Thürknopf gefaßt. Wenn nun einer nach dem andern die Stufen rückwärts hinab stolperte, so lachte der Haufen mit großem Geräusch, ohne daß die Bedrängte darüber ein Ver-gnügen empfand; vielmehr stieg sie jetzt selbst hinunter und suchte zu entkommen. Aber die Studenten riefen: Die Löwin will hinaus! Laßt sie nicht durchbrechen! und schlossen den °Weg nur um so dichter.

In diesem Augenblicke drang Erwin, der dem Spiel schon ein Weilchen ganz erstaunt zugesehen, durch die Leute, ergriff die zitternde Magd bei der Hand und führte sie in das Haus, das er mit einer Drehung seines Schlüssels rasch öffnete und ebenso rasch wieder verschloß. Das war so schnell geschehen, daß die Nachtschwärmer ganz verblüfft dastanden und nichts Besseres thun konnten, als ihres Weges zu ziehen.

Auf dem Flur, wo jederzeit des Nachts Leuchter bereit standen, zündete Erwin sein Licht an und teilte das Flämm-chen mit der aufatmenden Magd, welche froh war, sich ge-borgen zu wissen und die Herrschaft gebührlicher Weise in der Küche erwarten zu können. Und wie es der Welt Lauf ist,

wurde sie von der Sprödigkeit verlassen, die sie soeben noch
vor der Thüre aufrecht gehalten, und sie litt es, als Erwin
ihr mehr schüchtern als unternehmend Hand und Wange
streichelte und dies nur einen Augenblick lang; denn obgleich
05 ihr Sonntagskleid fast so dürftig war, wie der Werktagsanzug,
vom billigsten Zeuge und der ärmlichsten Machenschaft, so ver-
boten doch Form und Ausdruck des Gesichtes die unzarte Be-
rührung jedem, der nicht eben zu den angetrunkenen Gesellen
gehörte, und dennoch schien dies Gesicht die Demut selber zu sein.

10 Von diesem Abend an nahm die stille Erscheinung Erwins
Gedanken schon häufiger in Anspruch, und statt ihnen zum
bloßen Ruhepunkt zu dienen, zog sie dieselben an sich, auch
wenn sie anderwärts verpflichtet waren. Das verspürte er in
wenigen Tagen, als er am Fuße der Treppe einen baumlangen
15 Reiterkorporal bei ihr stehen sah, der auf den schweren Pallasch
gestützt mit Reginen sprach, während sie nachdenklich an einem
Postamente des Geländers lehnte. Erwin merkte im Vorübergehen, daß ein leichtes Rot über ihr Gesicht ging, und schloß
daraus auf eine Liebschaft. Das aber störte ihm so alle Ruhe,
20 daß er nach einer halben Stunde das Haus wieder verließ,
obgleich niemand mehr im Flur stand, und dermaßen in steter
Bewegung den Tag zubrachte. Vergeblich sagte er sich, es sei
ja der prächtigen Person nur von Herzen zu gönnen, wenn
sie einen so stattlichen Liebsten besitze, der auch ein ernster
25 Mann zu sein schien, wie er in der Schnelligkeit gesehen. Der
Umstand, daß es in der Stadt keine Garnison gab und der
Reitersmann also von auswärts gekommen sein mußte, ließ
das Bestehen eines ernstlichen Liebesverhältnisses noch gewisser
erscheinen. Aber nur um so trauriger ward ihm zu Mut.
30 Umsonst fragte er sich, ob er denn etwas Besseres wisse für
das Mädchen, ob er sie selbst heimführen würde? Er wußte
keine Antwort darauf. Dafür wurde die schöne Gestalt durch

das Licht einer Liebesneigung, die er sich recht innig und tief,
so recht im Tone deutscher Volkslieder vorstellte, von einem
romantischen Schimmer übergossen, der die erwachende Trauer
des Ausgeschlossenseins noch dunkler machte. Denn an einem
offenen Paradiesgärtlein geht der Mensch gleichgültig vorbei
und wird erst traurig, wenn es verschlossen ist.

Früher als gewöhnlich verließ er am Abend seine Gesellschaft und suchte seine Wohnung auf. Da holte er vor der
Thüre, die zu seinen Zimmern führte, unversehens die Regine
ein, welche zu ihrer Schlafkammer in den Dachräumen hinauf-
stieg. Sie hielt neben dem Lichte einen kleinen Bogen Brief-
papier in der Hand. Der war ihr soeben auf den Boden gefallen, dabei leicht beschmutzt und auch etwas zerknittert worden,
und sie besah sich den Schaden, fügte aber sogleich noch einen
Oelfleck hinzu von dem Küchenlämpchen her, das ihr von der
Herrschaft gegönnt war.

„Was haben Sie da für einen Verdruß, gute Regine?"
fragte Erwin, indem er die Thüre aufschloß.

„Ach Gott," sagte sie, „ich soll einen Brief schreiben und
habe mir ein Blatt Papier dazu erbeten; und jetzt ist es schon
verdorben, eh' ich nur oben bin!"

„Kommen Sie mit mir herein, ich geb' Ihnen ein
anderes!" versetzte er, und sie ging °mit gutem Vertrauen mit
ihm, blieb aber bescheiden an der Zimmerthür stehen, während
er ein Büchlein des schönsten Papieres zurecht machte. „Haben
Sie denn auch Tinte und Federn?"

„Etwas Tinte habe ich in einem Fläschchen, freilich halb
eingetrocknet, und eine kratzliche Stahlfeder ist auch noch da!"
erwiderte sie.

„So nehmen Sie hier von diesen Federn mit und holen Sie
sich Tinte oder nehmen Sie gleich die Flasche, die Sie ja °wieder-
bringen können. Haben Sie auch einen Tisch zum Schreiben?"

23   mit] in *H1–J1*
31   wiederbringen] wieder bringen   *H1–E4*

„Leider nein, nur °eine Kleiderkommode!"

„Ei, so schreiben Sie hier an diesem Tisch! Ich werde
Sie nicht stören und Sie haben sich keineswegs zu scheuen!
Oder mögen Sie am Pult schreiben, so sind Sie °gerade noch
05 groß genug dazu."

Er zündete gleichzeitig eine Lampe an, die helles Licht
verbreitete und wendete sich dann wieder zu der schweigenden
Person, deren Gesicht, wie am Tage schon einmal, die leichte
Röte überflog, mit den Worten: „Sagen °Sie Regine, der
10 schöne Dragoner, der heute bei Ihnen war, ist natürlich Ihr
Schatz? Da ist Ihnen wahrhaftig Glück zu wünschen!" Welche
Worte er mit veränderter, etwas unsicherer Stimme hervor-
brachte, wie wenn er in Herzensangelegenheiten vor einer
großen Weltdame stände.

15 Das Rot in ihrem Gesichte wurde tiefer und spiegelte sich
in dem seinigen, das trotz seiner acht- oder neunundzwanzig
Jahre ebenfalls rötlich anlief. Zugleich aber blitzten ihre
Augen nicht ohne einige Schalkheit der harmlosesten Art zu
ihm hinüber, als sie antwortete: „Das war ein Bruder von
20 mir!" Ob sie im übrigen einen Schatz besitze oder nicht, vergaß
sie zu sagen. Auch verlangte Erwin diesmal nichts Weiteres zu
erfahren, sondern schien mit dem Bruder so vollkommen zufrieden, daß seine anbrechende Heiterkeit unverkennbar war und
auch dem Mädchen das Herz leicht machte. Ehe sie sich dessen
25 versah, stand sie an dem Stehpulte und schrieb ihren Brief.
Sie schrieb, ohne sich zu besinnen, in schönen geraden Zeilen
eine Seite herunter und faltete das Blatt, ohne das Geschriebene
nochmals anzusehen. Erwins Vergnügen, ihr von einem Sofa
aus gemächlich zuzuschauen, war daher schon vorbei. Er gab
30 ihr einen Umschlag und sie schrieb, wie er nun in der Nähe
sah, mit regelmäßigen sauberen Zügen die Adresse an ihre
Mutter.

01   eine] meine *H1–E5*
04   gerade] grade *H1–E4*
09   Sie] Sie, *H1–E5*

„Wollen Sie gleich siegeln?" fragte er, was sie dankbar
bejahte. Er bot ihr eine Achatschale hin, worin ein Siegel-
ring und mehrere Petschafte lagen mit fein geschnittenen
Wappen, Namenszügen oder antiken Steinen, und lud sie ein,
sich ein Siegel zu wählen. Nach Jahren, als sich das Zukünftige begeben hatte, erinnerte er sich mit Wehmut des zart-
sinnigen Zuges, wie das unwissende junge Weib sich scheute, eines
von den kostbaren fremden Siegeln zu gebrauchen, und wünschte
mit dem zinnernen Jackenknopfe zu petschieren, den sie zu
diesem Zwecke aufbewahre. Es sei ein kleiner Stern darauf
abgebildet.

„Damit kann ich auch dienen!" rief er und zog seinen
goldenen Bleistifthalter aus der Tasche; das obere Ende desselben war wirklich mit einem runden Plättchen versehen, das
einen Stern zeigte und zum Versiegeln eines Briefes tauglich
war. Das ließ sich Regine gefallen. Erwin erwärmte das
hochrote Wachs und brachte es auf den Brief; Regine drückte
den Stern darauf, und als das schwierige Werk vollbracht
war, atmete sie bedächtig auf und sah ihn mit einem treuherzigen Lächeln an.

Den Brief in der Hand haltend, konnte sie jetzt füglich
gehen; doch wußte der junge Mann sie mit einer Frage aufzuhalten, an die sich eine andere und eine dritte reihte, und
so stand Regine an derselben Stelle, bis eine gute Stunde
verflossen war, und plauderte mit ihm, der an seinem Arbeits-
tische lehnte. Er frug nach ihrer Heimat und nach den Ihrigen
und sie beantwortete die Fragen ohne Rückhalt, erzählte auch
manches freiwillig, da vielleicht noch niemand, seit sie unter
Fremden ihr Brot verdiente, sich so teilnehmend nach diesen
Dingen erkundigt hatte. Sie war das Kind armer Bauers-
leute, die einen Teil des Jahres im Tagelohn arbeiten mußten.
Nicht nur die acht Kinder, Söhne und Töchter, sondern auch

die Eltern waren °wohlgestaltet große Leute, ein Geschlecht, dessen ungebrochene Leiblichkeit noch aus den Tiefen uralten Volkstumes hervorgegangen.　Nicht so verhielt es sich mit dem Seelenwesen, der Beweglichkeit, der moralischen Widerstands-
05 kraft und der Glücksfähigkeit der großwüchsigen Familie.　In Handel und Wandel wußten sie sich nicht zeitig und aufmerksam zu kehren und zu drehen, den Erwerb vorzubereiten und zu sichern, und statt der Not gelassen aus dem Wege zu gehen, ließen sie dieselbe nahe kommen und starrten ihr ratlos ins
10 Gesicht.　Der Vater war durch einen fallenden Waldbaum verstümmelt, die lange Mutter voll bitterer Worte und nutzloser Anschläge; zwei Söhne standen im Militärdienste, der dritte half zu Hause, und die fünf Töchter lebten meistens zerstreut als Dienstmägde und mit verschiedenen Schicksalen, die nicht
15 alle erfreulich oder kummerlos waren für sie und die Angehörigen.
　　Ungefähr so °gestaltet sich das Bild, das Erwin den Worten der Magd entnahm, beinahe das Bild verfallender Größe, welche ihre Sterne verlassen haben, eines Geschlechtes,
20 das im Laufe der Jahrhunderte vielleicht seine Freiheit dreimal verloren und wieder gewonnen hatte, zuletzt aber nichts mehr damit anzufangen wußte, da es über den Leiden des Kampfes das Geschick verloren.　Oder war es zu vergleichen mit einem verkommenen Adelsgeschlechte, das sich in die Lebensart des
25 Jahrhunderts nicht finden kann?　Aus den unzusammenhängenden Mitteilungen schloß er aber auch, daß Regine, obgleich das jüngste der Kinder, gewissermaßen das beste, nämlich der stille, anspruchslose Halt der Familie war, an welchen sich alle wendeten, und das deshalb so ärmlich gekleidet ging, weil
30 es alles hergab, was es aufbrachte, während die andern Schwestern nicht ermangelten sich aufzuputzen, so gut sie es vermochten.

01　　wohlgestaltet] wohlgestaltete　*H1*
17　　gestaltet] gestaltete　*H1*

Auch heute war sie wieder in Anspruch genommen worden.
Erst neulich hatte sie fast ihren ganzen Vierteljahrslohn den Eltern
gebracht, da eine der Töchter in übeln Umständen heim gekommen.   Jetzt wurde der Vater von einer nicht eben großen,
aber dringenden Schuld geplagt und hatte durch die Mutter
dem Dragoner schreiben lassen, daß er entweder selbst etwas
Geld zu entlehnen trachten, oder aber °zu Regine gehen solle,
daß diese helfe.   Natürlich konnte der Soldat nichts thun, denn
der hatte genug zu schaffen, mit kümmerlichen Entlehnungen
seinen Sold zu ergänzen.   Darum war er zur Schwester
herübergekommen, und diese empfand zur übrigen Sorge den
Verdruß über die fruchtlosen Reisekosten des Bruders, so klein
sie waren, weil sie im Augenblicke auch nicht helfen konnte.
Sie hatte darum der Mutter geschrieben, man müsse unter
allen Umständen einige Wochen Frist zu erlangen suchen; vorher dürfe sie ihre Herrschaft nicht schon wieder um Geld an-
gehen.   Auch hatte sie bei diesen Aussichten bereits seit dem
heutigen Vormittage auf den kühnen Plan verzichtet, sich im
Herbst einmal ein wollenes Kleid machen zu lassen, wie andere
ordentliche Mädchen es im Winter trugen.

Als Erwin sie zum erstenmal so viel hinter einander sprechen
hörte, wurde er von der weichen Beweglichkeit ihrer Stimme
angenehm erregt, da die traulichen Worte, je mehr sie in
Fluß gerieten, immer mehr einen der schönen Gestalt entsprechenden Wohlklang annahmen, den vielleicht noch niemand
im Hause kannte.   Aber noch wärmer erregte ihn der Gedanke,
daß der Not des guten Wesens so leicht zu steuern sei; um
sie jedoch nicht allfällig sofort zu verscheuchen oder argwöhnisch
zu machen, unterließ er für einmal jedes Anerbieten einer
Hülfe und begnügte sich mit ein paar leichthin tröstenden
Worten: das sei ja alles nicht so betrüblich, wie es aussehe,
und werde sich schon ein Ausweg finden, sie solle nur so gut

07   zu] zur H1–E5

und brav bleiben u. s. w.   Ihr düster gewordenes Angesicht
hellte sich auch zusehends auf, so freundlich wirkte der ungewohnte Zuspruch auf ihr einsames Gemüt, und gewiß zehnmal
wohlthuender, als wenn er sofort die Börse gezogen und sie
₀₅ gefragt hätte, wie viel sie bedürfe.

Es lief indessen doch nicht °ohne Bedenklichkeiten ab; denn
als sie, über die so schnell verflossene Stunde erschreckend, sich
entfernen wollte und die Zimmerthüre öffnete, hörte man von
°der Treppe her ein Geräusch von Weiberstimmen.   Es waren
₁₀ die übrigen Dienstboten des Hauses, die ihre Schlafstellen aufsuchten, und es schien allerdings nicht geraten, daß Regine in
diesem Augenblicke aus der Thüre des fremden Herrn und
Hausgenossen trat.   Sie drückte ängstlich die Thüre wieder
zu und blickte dabei den Herrn Erwin Altenauer leicht er-
₁₅ blassend an, ungefähr wie wenn es an einem Frühlings-
abende schwach wetterleuchtet, und Erwin half ihr wortlos
auf das Verhallen der Mädchenstimmen lauschen.   In diesem
Augenblicke sahen sie sich an und wußten, daß sie allein zusammen seien und ein Geheimnis hatten, wenn auch ein un-
₂₀ schuldiges.   Als man nichts mehr hörte, öffnete Erwin sachte
die äußere Thüre und entließ die schöne große Jungfrau mit
ihrem Lämpchen.   Mit milden klugen Augen, ein wenig traurig
wie immer, nickte sie ihm gute Nacht; etwas Neuartiges lag
in ihrem Blicke, das ihr wohl selbst nicht bewußt war; doch
₂₅ flackerte das Flämmchen ihrer bescheidenen Lampe hell und
tapfer in der Zugluft, welche durch das Treppenhaus wehte,
weil die Vorgängerinnen wahrscheinlich die Bodenthüre offen
°gelassen.   Es vergingen nicht viele Tage, bis es Erwin gelang,
das Mädchen mit seinem Lämpchen abermals in °sein Zimmer
₃₀ zu locken, und bald stellte sich die Gewohnheit ein, daß Regine
jeden Abend ein halbes oder auch °ein ganzes Stündchen bei
ihm eintrat, bald vor dem Aufstieg der anderen Mägde, bald

---

06   ohne] ohne alle *H1–E5*
09   der Treppe] den Treppen *H1*
28   gelassen.] *Absatzende* *H1–E5*
29   sein] seine *H1*
31   ein ganzes] ganzes *H1–E5*

nach demselben; wahrscheinlich war das bewahrte Geheimnis, die Heimlichkeit der vorzüglichste Anreiz, welcher der guten Freundschaft und dem Wohlgefallen der jungen Leute den Charakter einer Liebschaft gab. Regine war aber so ganz von Vertrauen zu dem stets besonnenen und an sich haltenden Manne erfüllt, daß sie alle Bedenken aus den Augen setzte und sich rückhaltlos °den Vergnügen hingab, die kurzen Stunden eines besseren Daseins zu genießen. Sie war, mit Verlaub zu sagen, Weib genug, um von ihrer günstigen Erscheinung zu wissen; aber mit um so größerer Dankbarkeit empfand sie zum erstenmal die Ehre, die ein gesitteter Mann ihrer Schönheit anthat, ohne daß sie wie eine gescheuchte Katze sich zu wehren brauchte. Erwin aber that ihr die Ehre an, weil er bereits den Gedanken groß zog, sich hier aus Dunkelheit und Not die Gefährtin zu holen.

Also lebten sie in rein menschlicher Lebensluft so beglückt, wie zwei ebenbürtige Wesen in stiller Heimlichkeit es nur sein konnten; Regine nur die Gegenwart genießend, ohne Hoffnung für die Zukunft, Erwin zugleich von frohen Ahnungen dessen bewegt, was noch kommen mochte. Als er sie eines Abends bei guter Gelegenheit überredete, °nur der Eltern wegen der ersehnten Hülfe zu gedenken, und sie zwang, zu schreiben und sogleich die nötige Barschaft zu verpacken, die ihm lächerlich klein erschien, da fügte sie sich mit geheimer Zärtlichkeit des Herzens nicht aus Eigennutz, sondern weil es von ihm und nicht von einem andern kam. Diesmal las er den Brief, den sie schrieb, und sah, daß die Sätze allerdings kurz und mager waren, wie eben das Volk schreibt; allein er entdeckte nicht einen einzigen Fehler gegen Rechtschreibung und Sprachlehre und auch keinen gegen Sinn und Gebrauch der Sprache.

„Sie schreiben ja wie ein Actuarius!" sagte er, indem ein Strahl von Freude seine Augen erhellte.

07   den] dem *H1–E1 E3–E5*
21   nur] nun *H1*

„O wir hatten einen guten Schulmeister!" erwiderte sie
froh über sein Lob; „aber das ist nichts, ich habe eine
Schwester, die schreibt im Umseh'n ganze Briefe voll Thorheiten ohne alle Fehler; wenn sie nur sonst recht thäte!"
schloß sie mit einem Seufzer.   Wie sich später erwies, reiste
nämlich die Schwester auf Liebschaften herum und stellte ihre
Schönheit nicht unter den Scheffel.   Auch war sie schon einmal mit einem kleinen °Kinde heimgekommen.

Zum Schreiben hatte Regine jetzt gesessen, was sie in
Erwins Zimmer noch nie gethan.   Sie nahm eine amerikanische
Zeitung in die Hand, die auf dem Tische lag, und versuchte
zu lesen.

„Das ist englisch!" sagte Erwin, „wollen Sie's lernen?
Dann können Sie mit mir nach Amerika kommen und einen
reichen Mann heiraten!"

Sie errötete stark.   „Lernen möcht' ich es schon," sagte
sie, „vielleicht fahr' ich doch einmal hinüber, wenn es hier zu
arg wird."

Erwin sprach ihr einige Worte vor; sie lachte, bemühte
sich aber, in den Geist der wunderbaren Laute einzudringen,
und es gelang ihr noch am gleichen Abend, eine Reihe von
Worten richtig zu wiederholen und das Alphabet englisch aus-
zusprechen.   Ernstlich schlug er ihr nun vor, jeden Abend
eine förmliche Unterrichtsstunde bei ihm durchzumachen.   Sie
that es mit ebenso viel Eifer als Geschick; kaum waren zwei
Wochen verflossen, so sah Erwin, daß dieses höchst merkwürdige
Wesen, das sich selbst nicht kannte, alles zu lernen imstande
war, ohne einen Augenblick die demütige Ruhe zu verlieren.
Er schlug plötzlich das Buch zu, über welchem sie zusammen
saßen, ergriff ihre Hand und sagte:

„Liebe Regine, ich will nicht länger warten und säumen!
Wollen Sie meine Frau sein und mit mir gehen?"

08   Kinde] Kind *H1*

Sie zuckte zusammen, erbleichte und starrte ihn an, wie eine Tote.

„Nun ist es aus," sagte sie endlich, indem sie den Kopf auf die Hände stützte; „und ich war so vergnügt!"

05 „Wie so? was will das sagen, liebes Kind? Bin ich Dir zuwider, oder ist sonst etwas im Wege, das Dich bedrängt und hindert?" rief Erwin und legte unwillkürlich den Arm um sie, wie um sie zu schützen und aufrecht zu halten. Aber sie legte seinen Arm leidvoll und entschieden weg und 10 fing an zu weinen.

Sei es nun, daß sie in ihrer geringen und aus °trüben Quellen geschöpften Weltkenntnis den Augenblick gekommen wähnte, wo ein geliebter Mann sich mit einem Heiratsversprechen versündigte, das ja niemals ernst gemeint sein konnte; sei es, 15 daß sie es für ihre Pflicht hielt, einem ernsten Antrag zu widerstehen, indem sie sich als Gattin eines vornehmen Herrn unmöglich dachte; oder sei es endlich, daß sie schon um ihrer Familienverhältnisse willen, die schlimmer waren, als sie bisher geoffenbart, sich scheute, den fremden Mann, der so glücklich 20 lebte, an sich zu binden: sie wußte sich nicht zu helfen und schüttelte nur den Kopf.

„Ich glaubte, Du seiest mir ein wenig gut!" sagte Erwin °kleinlaut betroffen.

„Es war nicht recht von mir," rief sie schluchzend, „es 25 auch einmal ein bißchen gut haben und etwa ein Stündchen ungestraft bei Einem sitzen zu wollen, den ich so gern habe! Mehr wollte ich ja nicht! Nun ist es vorbei und ich muß gehen!"

Sie stand gewaltsam auf, zündete das Lämpchen an und 30 ohne sich halten zu lassen, eilte sie hinaus und so stürmisch die Treppe hinauf, daß das Flämmchen verlöschte und sie im Dunkeln verschwand. Am andern Tage, als er ihr zu be-

---

11   trüben] dunklen *H1*

23   kleinlaut] kleinlaut und *H1–E5*

gegnen suchte, war sie auch aus dem Hause verschwunden.   Da
er vorsichtig nachforschte, hörte er, sie sei plötzlich aufgebrochen
und in ihre Heimat gegangen, und als sie nach mehreren
Tagen noch nicht zurückgekehrt war, nahm er einen Wagen
os und fuhr hinaus, sie °aufzusuchen.   Er traf sie auch in der
ärmlichen Behausung der Ihrigen und zwar in großer Trauer
sitzend.   Gleich einem Türken bestaunten ihn die großen Leute,
Weiber und Männer; aber er erklärte sich sogleich und verlangte die Tochter Regina zur Frau.   Und um zu beweisen,
10 wie er es meine, begehrte er den Stand ihrer häuslichen Angelegenheiten zu erfahren und versprach, ohne Verzug zu helfen.
Nachdem die Leute sich erst etwas gesammelt und seine Meinung verstanden hatten, beeiferten sie sich, alles offen darzu-
legen, wobei aber der Alte die Weiber, mit Ausnahme Reginens,
15 °hinausschieben mußte, da sie alles vermengten und verdrehten.
Auch der Sohn benahm sich neben dem einbeinigen Alten ver-
nünftig und schien doch nicht ohne Hoffnung.   Es zeigte sich,
daß das kleine Gütchen verschuldet war; allein die Auslösung
erforderte eine Summe, die für Erwins Mittel nicht in Be-
20 tracht kam; es waren eben kümmerlich kleine Verhältnisse.   Ließ
er obenein noch eine ähnliche oder geringere Summe da, so
geriet das reckenhafte Völklein in einen ungewohnten kleinen
Wohlstand, und die fernere Vorsorge war ja nicht benommen.
Ueberdies versprach Erwin, seinen Einfluß dafür zu verwenden,
25 daß die beiden im Dienste stehenden Söhne, deren Entlassung nahe
bevorstand, ein gutes Unterkommen fänden, wo sie sich empor-
bringen könnten, bis er besser für sie zu sorgen vermochte, und
was die Töchter betraf, so mischte er sich nicht in deren Geschäfte, sondern empfahl dieselben in seinem Innern der lieben
30 Vorsehung.   Kurz, es begab sich alles auf das zweckdienlichste
nach menschlicher Berechnung.   Regine sah zu und redete nicht
ein Wort, auch nicht, als Erwin sie in die Kutsche hob, mit

os   aufzusuchen] aufzufinden *H1–E1 E3–E5*
15   hinausschieben] hinausschicken *H1*

welcher er sie unter dem Segen der Eltern entführte. Erst
als sie drin saß und die Pferde auf der Landstraße trabten,
fiel sie ihm um den Hals und that sich nach den ausgestandenen Leiden gütlich an seiner Freude, sie nun doch zu be-
05 sitzen.

Er fuhr aber nicht in unsere Stadt zurück, sondern nach
der nächsten Bahnstation und bestieg dort mit Reginen den
Bahnzug. In einer der deutschen Städte, darin er schon gelebt, kannte er eine würdige und verständige Gelehrtenwitwe,
10 welche genötigt war, fremden Leuten Wohnung und Kost zu
geben. Er hatte selbst dort gewohnt. Dieser wackeren Frau
vertraute er sich an, ließ Reginen für ein halbes Jahr bei
ihr, damit sie gute Kleider tragen lernte und die von der
Arbeit rauhen Hände weiß werden konnten. Dann trennte er
15 sich, wenn auch ungern, von der wie im Traume wandelnden
Regine, reiste in unsere Universitätsstadt zurück, um den dortigen Aufenthalt zu beendigen, und so weiter, bis nach Ver-
fluß von weniger als sieben Monaten die brave schöne Regine als seine Gattin abermals neben ihm in einem Reise-
20 wagen saß.

Als Reinhart glücklich die Magd auf die Hochzeitreise geschickt, hielt er einen Augenblick inne und bemerkte erst jetzt,
daß das Schnurren der Spinnräder nicht mehr zu hören war;
denn die beiden Mädchen hatten über dem erfreulichen °Schick-
25 sale der Regine das Spinnen vergessen, und die Augen gespannt auf den Erzähler gerichtet, hielten sie Daum und Zeige-
finger in der Luft, ohne daß der Faden lief. Die eine mochte
sich das schöne Reisekleid der glückhaften Person vorstellen, die
andere in Gedanken die goldene Damenuhr betrachten, die ihr
30 ohne Zweifel an langer Kette hing. Hinwiederum bedachte
jene die Herrlichkeit des Augenblickes, wo sie im Fall wäre,
°selbst eigene Dienstboten anzustellen und aus einer großen

24   Schicksale] Schicksal *H1–E1*
32   selbst eigene] selbsteigene *H1–E1*

Zahl sich meldender Mädchen, auf dem Sofa sitzend, einige auszuwählen. Die andere aber nahm sich vor, an Reginens Stelle jedenfalls sofort wenigstens sechs Paar neue Stiefelchen von Zeug und von feinstem Leder machen zu lassen, und mit süßem Schauer sah sie schon den jungen, ledigen Schuhmachermeister vor sich, den sie hatte ins Haus kommen lassen, die Stiefelchen anzumessen, jedes Paar besonders, °und hielt ihm huldvoll den Fuß hin, bereit, ihm auch die Hand zu schenken, um welche der Blöde endlich anhalten würde. Aber wie ist denn das? Sie wäre ja schon verheiratet und könnte den Schuhmacher nicht mehr nehmen? Aber sie ist ja nicht die Regina, welche den Amerikaner hat, sondern das ledige Bärbchen! Aber nun ist sie ja nicht reich und kann die Stiefeletten nicht bestellen – kurz, sie verwickelte sich ganz in dem Garn ihrer Spekulationen, während Aennchen, das andere Mädchen, bereits drei Köchinnen angestellt und zwei wieder weggejagt hatte.

Da sagte Lucie: „Wenn Ihr müde seid, Ihr Mädchen, so stellt die Räder weg und geht schlafen! Die merkwürdige Regine ist jetzt versorgt und braucht wahrscheinlich nicht mehr früh aufzustehen, wie Ihr es morgen thun müßt."

Die hübschen Dienerinnen erhoben sich ohne Zögern, als sie dergestalt aus ihrer kurzen Träumerei geweckt worden, und trugen gehorsam die Spinnrädchen aus dem Zimmer.

Zu Reinhart gewendet, fuhr Lucie fort: „Ich wollte es nicht darauf ankommen lassen, daß die guten Kinder die Kehrseite oder den Ausgang Ihrer Geschichte mit anhören; denn so viel ich vermuten kann, wird es nun über die Bildung hergehen, welche an dem in Aussicht stehenden Unheil Schuld sein soll, und da wünschte ich denn doch nicht, daß die Mädchen gegen den gebildeten Frauenstand aufsätzig würden!"

„Ich überlege soeben," erwiderte Reinhart lächelnd, „daß

07   und] und sie *H1–E5*

ich am Ende unbesonnen handle und meine eigenen Lehrsätze
in bewußter Materie untergrabe, indem ich die Geschichte fertig
erzähle und deren Verlauf auseinandersetze. Vielleicht werden
Sie sagen, es sei nicht die rechte Bildung gewesen, an welcher das Schiff gescheitert. Am besten thu' ich wohl, wenn
ich Sie mit dem Schlusse verschone!"

„Nein, fahren Sie fort, es ist immer lehrreich, zu vernehmen, was die Herren hinsichtlich unseres Geschlechtes für
wünschenswert und erbaulich halten; ich fürchte, es ist zuweilen
nicht viel tiefsinniger, als das Ideal, welches unsern Roman-
schreiberinnen bei Entwerfung ihrer Heldengestalten oder ersten
Liebhaber vorschwebt, wegen deren sie so oft ausgelacht
werden."

„Sie vergessen, daß ich keine eigene Erfindung offenbare,
sondern über fremdes Schicksal berichte, das mich persönlich
wenig berührt hat."

„Um so gewissenhafter halten Sie sich an die Wahrheit,
damit wir den Fall dann prüfen und reiflich beraten können!"
sagte °Lucie, und Reinhart erzählte weiter:

„Erwin Altenauer hatte seine Verheiratung so geheim betrieben, daß in unserer Stadt niemand darum wußte; selbst
die Herrschaft der ehemaligen Magd und die übrigen Hausgenossen ahnten nichts von dem Vorgange, und jedermann
glaubte, er habe einfach seinen Aufenthalt bei uns beendigt
und sei abgereist, wie man das an solchen Gästen ja gewohnt
war. Etwa anderthalb Jahre später lebte ich in der Hauptstadt, in welcher jene amerikanische Gesandtschaft residierte.
Ich benutzte die dortigen Anstalten zur Fortsetzung meiner
etwas willkürlichen und ungeregelten Studien, dünkte mich
übrigens schon über das Studententum hinaus zu sein, und
ging nur mit Leuten um, die alle einige Jahre älter waren,
als ich.

19 Lucie] Lucia *E1 E3–E5*

Auf einmal tauchte Herr Erwin wieder auf. Als ich
ihm irgendwo begegnete, lud er mich ein, ihn zu besuchen.
Ich fand ihn in wohleingerichteter Wohnung, die von gutem
Geschmacke förmlich glänzte und zwar in tiefer, stiller Ruhe.
05 Zu meiner Ueberraschung wurde ich der Gemahlin vorgestellt,
einer vornehm gekleideten, allerschönsten Dame von herrlicher
Gestalt. Das reiche Haar war modisch geordnet, die nicht zu
kleine, aber wohlgeformte Hand ganz weiß und mit altertüm-
lichen bunten Ringen geschmückt, den Geschenken aus den
10 Familienschätzen des Hauses in Boston. Ich hatte die Regine
nur jenes einzige Mal in der Nacht gesehen, wo ich dabei
stand, als sie von den Studenten bedrängt wurde; ihre Gesichtszüge waren mir kaum erkennbar geworden, doch auch
sonst hätte ich jetzt nicht vermuten können, daß die arme Magd
15 vor mir stand, weil die kleine Begebenheit mir vollkommen aus
dem Gedächtnis verschwunden war. Ein Anflug von Schwer-
fälligkeit in den Bewegungen, der sich erst mit der eleganten
Bekleidung eingestellt, war schon im Verschwinden begriffen und
schien eher ein Zeichen fremdartigen Wesens als etwas Anderes
20 zu sein. Sie sprach ziemlich geläufig Englisch und auch etwas
Französisch, wie sich im Verlaufe zeigte, letzteres sogar besser,
als die meisten Damen bei den amerikanischen Legationen.
Als sie hörte, woher ich sei, sah sie ihren Mann flüchtig an,
wie wenn sie ihn über ihr Verhalten °fragen wollte; er rührte
25 sich aber nicht und so ließ sie sich auch weiter nichts merken.
Dennoch schämte er sich nicht etwa ihres früheren °Standes,
sondern wollte denselben nur so lange geheim halten, bis sie
°die völlige Freiheit und Sicherheit der Haltung und damit
eine Schutzwehr gegen Demütigungen erworben habe.
30 Da er indessen das Bedürfnis offener Mitteilung an irgend
einen nicht ganz unterdrücken konnte, schon um dem Geheimnisse jeden verdächtigen Charakter zu nehmen, wählte er mich

24   fragen] befragen *H1–E5*
26   Standes] niedern Standes *H1*
28   die] *gestrichen H1*

bald zum Mitwisser, und ich war nicht wenig verwundert, in der eigentümlichen Staatsdame die arme Magd wiederzufinden, die jetzt allmählich in meinem Gedächtnisse lebendig ward, wie sie wortlos die Bedränger von sich abwehrte. Auch der Frau geschah damit ein Gefallen; denn sie hatte wenigstens außer ihrem Manne noch einen Menschen, mit welchem sie ohne Rückhalt von sich sprechen konnte.

Ich erfuhr nun auch, in wie seltsamer Art Erwin die Ausbildung der Frau bis anhin durchgeführt hatte. Vor allem war er mit ihr nach London gegangen, da es ihm zuerst um die englische Sprache zu thun gewesen; und damit sie vor jeder häuslichen Arbeit bewahrt blieb, wohnte er, wie später in Paris, nur in Gasthäusern, und auch dort mußte er fortwährend aufpassen und dazwischen treten, daß sie nicht die Zimmer selbst aufräumte und die Betten machte, oder gar zu den Dienstboten und Angestellten in die Küche ging, um ihnen zu helfen. Ebenso kostete es ihn einige Mühe, sie an größere Zurückhaltung gegenüber den Dienenden und Geringen zu gewöhnen, so zwar, daß sie, ohne der menschlichen Freiheit Abbruch zu thun, die zu große Vertraulichkeit vermeiden lernte, um einst leichter befehlen zu können. Dieser Punkt soll für beide Personen nicht ohne etwelche Bekümmernis erledigt worden sein; denn während Regine sich immer wieder vergaß und schwer begriff, warum sie nicht mit ihres Gleichen °und über alles plaudern sollte, was diese freute oder °betrübte, dachte Erwin fortwährend nur an den gemessenen Ton, der in seinem elterlichen Hause herrschte, und an die Rangstufe, welche Regine dort einzunehmen berufen war. Die Heimführung, die noch bevorstand, beherrschte alle seine Gedanken; in Reginen hoffte er ein Bild verklärten deutschen Volkstumes über das Meer zu bringen, das sich sehen lassen dürfe und durch ein außergewöhnliches Schicksal nur noch idealer geworden sei. Wollte

24   und] *fehlt* H1–E5
25   betrübte] bedrückte H1

er aber diesen Erfolg nicht nur einem Glücksfunde, sondern
auch seiner liebevoll bildenden Hand verdanken, so war ihm
°nur um so mehr daran gelegen, daß auch in Nebendingen das
Werk so vollkommen als möglich sei und sein Triumph durch
keine kleinste Unzukömmlichkeit gestört werde.   Man kann
°eben sagen, daß er bei aller Humanität und Freisinnigkeit,
die ihn beseelte, hierin um so geiziger, ja ängstlicher war,
als er sich in allen wesentlichen und wichtigen Dingen ganz
sicher fühlte.

Ein zweifelloser Erfolg seiner Erziehungskunst blühte ihm
fast unerwartet auf einem anderen Gebiete.   Während des
Aufenthaltes in England war ein berühmter deutscher Männer-
chor dorthin gekommen, um in einer Reihe von Concerten sich
mit großem Aufsehen hören zu lassen.   Erwin, der keine Gelegenheit versäumte, seiner Frau alle bildenden Genüsse zugänglich zu machen, führte Reginen ebenfalls in die weite Halle, wo
Tausende von Menschen als Zuhörer versammelt waren.   Sie
wagte sich kaum zu rühren, mitten in dem Heere von reichen
und geschmückten Leuten sitzend, und vernahm nicht eben viel
Einzelnes von den Gesängen.   Da hoben die neunzig bis
hundert Sänger so deutlich und ausdrucksvoll, wie wenn sie
nur ein Mann wären, die Weise eines altdeutschen Volksliedes
an, daß Regine jedes Wort und jeden Ton augenblicklich erkannte, denn sie hatte das Lied als halbwüchsiges Mädchen
einst selber gesungen und es erst in der Dienstbarkeit und
Mühsal des Lebens vergessen.   Unverwandt lauschend blickte
sie nach dem Häuflein der schwarzgekleideten Männer hin, das
wie eine dunkle Klippe aus dem schweigenden und schimmernden Menschenmeere ragte, und was sie hörte, war und blieb
das Lied aus ihren Jugendtagen, die so schwermütig waren,
wie das Lied.   Der brausende Beifall, der dem letzten Tone
folgte, weckte sie aus der traumartigen Versenkung, und erst

jetzt schaute sie erstaunt zu ihrem Manne hinüber, als ob sie
fragen wollte, was das gewesen sei. Der wies auf den Text
in dem Hefte hin, das sie in der Hand hielt, ohne es bis
jetzt gebraucht zu haben, und wahrlich, da stand das Lied zu
05 lesen, Wort für Wort.
Beim Nachhausefahren fing sie es im Dunkel des Wagens
an zu singen, und als Erwin über die anmutige Regung erfreut ihre Hand faßte, frug sie, was das nur sei, daß ein
schlichtes Liedchen armer Landleute so fern von der Heimat
10 gesungen werde und einer vornehmen Menschheit so gut °ge-
falle. Noch mehr vergnügt über diese Frage erwiderte er,
Grund und Ursache der Erscheinung seien die gleichen, warum
auch sie, das Kind des Volkes, ihm so wohl gefalle und so
sehr von ihm geliebt werde. Dann sagte er ihr vor der Hand
15 das Nötigste über die Sache; schon am nächsten Tage aber
suchte er einen deutschen Buchhändler auf, der, wie er gehört,
auch alte Sachen kaufte und wieder verkaufte, und bei diesem
fand er die bekannte Sammlung, welche des Knaben Wunderhorn heißt. Er lehrte sie das kleine Lied in den stattlichen
20 Bänden °aufzufinden, und sie erblickte und las es mit einem
gewissen Stolze zwischen den Hunderten von ähnlichen und noch
schöneren Liedern. Aber auch diese las sie und legte das Buch
nicht aus der Hand, bis sie es durchgelesen hatte, manches
Lied zwei- und dreimal. So ereignete sich das Seltene, daß
25 ein ungeschultes Volkskind ein starkes Buch Gedichte mit Aufmerksamkeit und Genuß durchlas in einem Zeitalter, wo Gebildete dergleichen fast nie mehr über sich bringen. Da sie
liebte, so fühlte sie erst jetzt noch das schöne Glühen der
Leidenschaft mit, wie es in jenen Liedern zum °Ausdruck kommt,
30 und sie empfand dies Glühen um so glückseliger, als sie selbst
ja in sicheren Liebesarmen ruhte.
Jetzt aber nahm Erwin den Augenblick wahr und holte

---

10   gefalle.] gefalle? *H1–E5*
20   aufzufinden,] auffinden *H1*
29   Ausdruck] Ausdrucke *H1–E5*

die Goetheschen Jugendlieder herbei. °Zugleich zeigte er ihr
diejenigen, die der Dichter dem Volkstone abgelauscht und
nachgesungen; dann las er mit ihr eins ums andere der aus
dem eigenen Blute entstandenen, indem er der wohlig an ihn
os gelehnten Frau die betreffenden Geschichten dazu erzählte.
Wie °eine leichte Regenbogenbrücke ging sie vom Wunderhorn
in dieses lichte Gehölz maigrüner Ahornstämmchen hinüber,
oder einfacher gesagt, es dauerte nicht lange, so regierte sie
das Büchlein selbständig, und es lag auf ihrem Tisch, wie
10 wenn sie die erinnerungsreiche und wählerische Matrone einer
vergangenen Zeit gewesen wäre, und doch lebte sie alles, was
darin stand, mit Jugendblut durch, und Erwin küßte die er-
wachenden Spuren eines neuen Geistes ihr von Augen und
Mund.
15   Es kann natürlich nicht jeder Pfad und jedes Brücklein
aufgezeigt werden, auf denen Altenauer nun dem holden Weibe
das Bewußtsein zuführte, nicht als ein Schulmeister, sondern
mehr als ein aufmerksamer und dankbarer Finder von allerlei
kleinen Glücksfällen. In Paris, wohin er sie nachher führte,
20 galt es vorzugsweise, durch das Auge zu lernen, und da er
selbst vieles zum ersten Male sah, so lernte er mit ihr gemeinsam und erklärte ihr gemächlich, was er soeben erfahren. Sie
nahm ihm die Neuigkeiten begierig vom Munde, und sammelte
sie so geizig auf, wie ein junges Mädchen die Blumen ihres
25 Liebhabers. Und die kleinen Dinge, die ein solches etwa in
der Schule gelernt hat, wie das Verständnis der Landkarte
und dergleichen, wurden ganz nebenbei, ohne allen Zeitverlust,
betrieben. Nur wollte einstweilen kein rechter Zusammenhang
in die Sachen kommen; auch beschäftigte es zuweilen Erwins
30 Gedanken, daß Regine wohl allerlei °Lebhaftes aus seinem
Munde hören, nie aber solches für sich allein lesen wollte.
Sie brachte es nicht über sich, nur einige Seiten Geschichtliches

01   Zugleich] Zuerst *H1–E1 E3–E5*
06   eine] über eine *H1–E5*
30   Lebhaftes] Lehrhaftes *H1–E5*

oder Beschauliches hintereinander in sich aufzunehmen, und
legte jedes Buch dieser Art bald weg. Doch hoffte er nun,
nachdem über alles Erwarten es bis jetzt so herrlich gegangen,
die Hauptsache eben in Deutschland zu erreichen, und er stellte
sich, in seinem Glücke immer begieriger auf einen glänzenden
Abschluß seines Bildungswerkes geworden, nunmehr kühnere
Anforderungen, als er früher je gewagt haben würde. In
diesem Zustande war es, daß ich das merkwürdige Ehepaar
vorfand, und als ich dann das unschuldige Geheimnis desselben
erfuhr, nahm ich den wärmsten Anteil an seinem Schicksal und
Wohlergehen. Die Frau war bei all' dem Außergewöhnlichen
ihres Lebensganges und trotz der Glücksumstände, in die sie
geraten, die Bescheidenheit selbst, einfach, liebenswert und dabei
so ehrlich, wie ein junger Hund.

Wie ein Blitz aus heiterm Himmel traf eine Nachricht aus
Boston ein, infolge welcher Erwin ohne einen Tag zu verziehen nach Amerika abreisen mußte, um bei der Ordnung gewisser Verhältnisse hilfreich zu sein, von denen das Wohl der
ganzen Familie abhing. Er entschloß sich augenblicklich zur
Reise, entschied aber nach einigem Schwanken, daß Regine über
die paar Monate seiner Abwesenheit hier zurückbleiben sollte.
Die Herbststürme hatten eben begonnen und schon waren
Nachrichten von auf der See stattgehabten Unglücksfällen und
vermißten Schiffen eingetroffen. Um keinen Preis wollte er
das Leben und die Gesundheit seiner Frau den Gefahren der
Meerfahrt aussetzen; umsonst fiel sie ihm fast zu Füßen und
flehte wie ein Kind, sie mitzunehmen, damit sie bei ihm sei:
sobald er nur einen Blick auf ihre Gestalt und ihr Gesicht
warf, graute es ihm, dieses schöne Geschöpf sich auf einem
untergehenden Schiffe zu denken, und so bitter ihm die zeit-
weilige Trennung auch war, so zog er sie doch der offenbaren
Gefährdung des teuersten Wesens vor.

„Siehst Du, mein Kind," sagte er, indem er ihre Wange
sanft streichelte, „es gehört auch zum Leben, sich einer schweren
Notwendigkeit unterziehen zu lernen und von der Hoffnung zu
zehren!   Solches wird uns noch mehr widerfahren und so
05 wollen wir guten Mutes den Anfang machen!"

Im geheimen freilich bestärkte ihn noch der Gedanke, um
jeden Preis die letzte Hand an sein Bildungswerk legen zu
können, °ehe er die Gattin in das Vaterhaus mitbringe; die
menschliche Eitelkeit vermengt sich ja mit den edelsten Ideeen
10 und verleiht ihnen oft eine Hartnäckigkeit, die uns sonst fehlen
würde.

Erwin verreiste also ohne Verzug, um den nächsten
Dampfer nicht zu versäumen, und er reiste um so gefaßter,
als er Ursache zu haben glaubte, seine Frau in gutem Um-
15 gange zurückzulassen, so wie auch das Haus mit erfahrenen
und ordentlichen Dienstboten versehen war.   Er langte wohl-
behalten in der Heimat an; allein die Geschäfte wickelten sich
nicht so rasch ab, wie er gehofft, und es dauerte gegen drei
Vierteljahre, bis er nach Europa zurückkehren konnte.   Während
20 der Zeit genoß Regine allerdings einer hinreichenden Gesellschaft.   Da waren voraus drei Damen, deren Umgang ihrem
Manne zweckmäßig für sie geschienen hatte, da sie im Rufe
einer großen und schönen Bildung standen; denn überall, wo
es etwas zu sehen und zu hören gab, waren sie in der vordersten
25 Reihe zu finden, und sie °verehrten, beschützten alles und jedes,
das von sich reden machte.   Erst später erfuhr ich freilich,
daß man sie in manchen Kreisen schon um diese Zeit die drei
Parzen nannte, weil sie jeder Sache, deren sie sich annahmen,
schließlich den Lebensfaden abschnitten.   Sie waren immer in
30 Geräusch, Bewegung und Unruhe; denn sie besaßen alle drei
selbstzufriedene und gleichgültige Männer, die sich nicht um die
Frauen kümmerten.   Obgleich diese nicht eben sehr jung waren,

08   ehe] eh' *H1*

25   verehrten,] verehrten u⟨nd⟩ *H1*

umarmten sie sich doch mit stürmischer Leidenschaft, wenn sie
sich trafen, küßten sich lautschallend und nannten sich Kind und
süßer Engel; auch hatten sie einander liebliche Spitznamen gegeben, und eine hieß die Sammetgazelle, die andere das Rotkäppchen, die dritte das Bienchen; die erste, weil sie das
Sammetauge des genannten Tieres habe, die zweite, weil sie
einst in einem lebenden Bilde jene Märchenfigur vorgestellt,
die letzte, weil sie in Gärten oder Gewächshäusern keine Blume
sehen konnte, ohne sie zu betasten und zu erbetteln. Trotz
dieser harmlosen Schwärmerei gab es böse Leute, welche behaupteten, die Parzen führten unter sich eine Sprache wie mit
allen Hunden gehetzt und von allen Teufeln geritten, ungefähr wie alte Studenten, besonders seit sie als Wahrzeichen
ihres Geniewesens eine junge Malerin in ihren Verband aufgenommen hatten, die schon in allen Schulen gewesen. Eigentlich war es ein junger Maler, denn sie schneuzte wie ein kleines
Kätzchen, wenn man sie Malerin nannte. Die schöne wohl-
klingende Endsilbe, mit welcher unsere deutsche Sprache in jedem
Stande, Berufe und Lebensgebiete die Frau °bezeichnet und
damit dem Begriffe noch einen eigenen poetischen Hauch und
Schimmer verleihen kann, war ihr zuwider wie Gift und sie
hätte die verhaßten zwei Buchstaben am liebsten ganz ausge-
reutet. War man dagegen gezwungen, den männlichen Artikel
d e r und e i n mit ihrem Berufsnamen zu verbinden, so tönte
ihr das wie Musik in die Ohren. Sie trug stets ein schäbiges
Filzhütchen auf dem Kopfe und ließ das Kleid so einrichten,
daß sie ihre Hände zu beiden Seiten in die Taschen stecken
konnte, wie ein Gassenjunge. Diese Art Verirrung mahnt mich
immer an die mittelalterliche Sage vom Kaiser Nero. Die
wirklich verübten Tollheiten desselben fand sie nicht abscheulich
und verrückt genug, und um das denkbar Schmählichste hinzuzufügen, ersann sie die Geschichte von seinem Gelüste nach der

19 bezeichnet] bezeichnen *H1*

Geschlechtsänderung. Er habe wollen guter Hoffnung werden und ein Kind gebären und zweiundsiebenzig Aerzten bei Todesstrafe befohlen, ihm dazu zu verhelfen. Die hätten keinen andern Ausweg gewußt, als dem Scheusal einen Zaubertrank zu brauen. Weil aber der Teufel nichts Wirkliches, sondern nur Blendwerke schaffen könne, so sei Nero allerdings schwanger geworden, zu seiner großen Zufriedenheit, und habe aber dann eine dicke Kröte aus dem Munde zu Tage gefördert. Auch für das Tierlein sei er dankbar gewesen und habe sich voll Eitelkeit Domina und Mutter nennen lassen. Dann habe er ein großes Freudenlager errichtet, um das Geburtsfest zu begehen. Die Amme des Kindleins, in grünen, mit goldenen Vögeln gestickten Atlas gekleidet, sei mit dem Kind auf dem Schoße auf einen silbernen Wagen gesetzt worden, welchem hundert fremde Könige hätten folgen müssen nebst unendlichen Würdenträgern, Priestern und Kriegern. Und so sei der Zug unter dem Schalle der Posaunen, Flöten und Pauken hinaus gegangen nach dem Lager. Als jedoch der Wagen über eine Brücke gefahren sei, unter der sich eine trübe Lache befunden, habe die Kröte das schöne Sumpfwasser gewittert und sei vom Schoße der Amme hinuntergesprungen und nicht mehr gesehen worden. Auf diese Art dachte die Sage den Nero am allerärgsten zu brandmarken, und sie knüpfte an das Märchen unmittelbar den Untergang des Tyrannen.

In der That hat die Wut, sich die Attribute des andern Geschlechts anzueignen, immer etwas Neronisches; möge jedesmal die Kröte in den Sumpf springen!

Die Malerin besaß mehr Männer- als Frauenkleider; wenn sie jene auch nicht am Tage tragen durfte, so zog sie dieselben um so häufiger des Nachts an und streifte so in der Stadt herum, und es hieß, daß bald die Gazelle, bald das Rotkäppchen oder das Bienchen trotz ihrer allmählich eintretenden größeren Korpulenz sich zuweilen in einen derartigen Anzug hineinzwängten und zu einem geheimen Streifzug verleiten ließen, um als freie Männer unter das Volk zu gehen und die unauslöschliche Neugierde zu befriedigen.

Als einst ein junger Gelehrter in öffentlichem Saale eine Reihe geistvoller Vorträge hielt, hatte Erwin seine Frau hingeführt, in der Hoffnung, daß für ihr Verständnis doch einige Brosamen abfallen und die Pforten der Bildung immerhin sich etwas weiter aufthun würden, wenn auch nur durch ahnende Einblicke. In den Saal tretend fanden sie unter dem bescheideneren allgemeinen Publikum keinen Platz mehr und sahen sich genötigt, immer weiter nach dem Vordergrunde in der Gegend der Kanzel zu dringen, wo diejenigen saßen, die überall die gleichen sind und zuvorderst zu sitzen pflegen. Da glänzten und schimmerten dicht unter den Augen des Redners richtig die drei Renommistinnen, die jedoch liebenswürdig und gefällig der schönen Fremden sogleich einen Platz zwischen sich ermöglichten, so daß Erwin froh war, die Regine untergebracht zu sehen, und sich in eine Fensternische zurückzog. Seit geraumer Zeit hatten die Parzen schon die ebenso eigenartige, als geheimnisvolle Frau ins Auge gefaßt; sie benutzten jetzt die Gelegenheit, aufs freundlichste und bethulichste mit ihr Bekanntschaft, ja Freundschaft zu schließen, denn zu ihren Renommistereien gehörte unter anderen auch, für schöne oder sonst interessante Frauen ganz besonders zu schwärmen und solche Kreaturen mit neidloser Huldigung geräuschvoll vor aller Welt zu umgeben. Erwin sah von seinem Standorte aus mit Befriedigung, wie seine Frau so gut aufgehoben war, und als er sie nach dem Schlusse des Vortrages wieder in Empfang nahm, erwiderte er die Einladungen der Damen zu baldigem Besuche mit dankbarer Zusage. Als nicht lange hernach seine Abreise notwendig wurde, hielt er es, wie schon gesagt, für einen glücklichen Um-

stand, daß Regine einen so bildend anregenden Verkehr gefunden habe, und er anempfahl ihr, denselben fleißig zu
suchen; mit arglosem Vertrauen gehorchte sie, obschon die
wortreichen, lauten und unruhigen Auftritte und Lebensarten
ihr wenigstens im Anfang nichts weniger als wohl zu behagen
schienen.

Indessen verlor ich sie aus den Augen, wenigstens für
den persönlichen Umgang.　Ich war meinem Versprechen gemäß nach Erwins Abreise noch zwei- oder dreimal hingegangen,
um zu sehen, ob ich etwas nützen könne.　Schon das erste
Mal waren zwei von den Renommistinnen dort anwesend; ich
hörte zu, wie sie die Regine bereden wollten, auf dem im
Wurfe liegenden Wohlthätigkeitsbazar eine Verkaufsstelle zu
übernehmen, und wie sie das Kostüm berieten.　Es gelang
ihnen jedoch diesmal noch nicht, ihre Bescheidenheit zu hinter-
gehen.　Später traf ich sie nicht mehr zu Hause.　Die ältere
Dienerin klagte, daß die Damen sie immer häufiger hinweg-
holten, und doch müsse man gewissermaßen jede Zerstreuung
willkommen heißen, denn wenn die Frau allein sei, so sehne
sie sich unaufhörlich nach ihrem Manne und weine, wie wenn
sie ihn verloren hätte.

Eines Tages geriet ich zufällig in die sogenannte perma-
nente Gemäldeausstellung.　Was sah ich gleich beim Eintritt?
Reginens Bildnis als phantastisch angeordneten Studienkopf,
über Lebensgröße, mit theatralisch aufgebundenem Haar und
einer dicken Perlenschnur darin, mit bloßem Nacken und gehüllt in einen Theatermantel von Hermelin und rotem Sammet,
d. h. jener von Katzenpelz und dieser von Möbelplüsch, das
alles mit einer scheinbaren Frechheit gemalt, wie sie von gewissen Kunstjüngern mit °unendlichem, mühevollem Salben und
Schmieren und ängstlicher Hand zuweilen erworben oder wenigstens geheuchelt wird.

Natürlich war der „Studienkopf" das Werk der Malerin und Regine von den Parzen beschwatzt worden, derselben in ihrem Atelier aus Gefälligkeit zu sitzen. Ob sie wußten, daß die Künstlerin das Bild ausstellen und verkaufen wollte, kann
05 ich nicht sagen; Regine wußte es jedenfalls nicht, wie mich ihre Haushälterin versicherte, als ich hinging, um jene zu sprechen, aber nur diese antraf. Denn ich hatte bemerkt, daß das Bild bereits von einem Händler angekauft war, der Gemäldetransporte nach Amerika lieferte. – Die Geschichte gefiel mir keineswegs und ich schwankte, ob ich dem Erwin Altenauer schreiben
10 solle oder nicht. Allein die drei Renommistinnen galten trotz ihrer wunderlichen Aufführung für ehrbare Frauen und waren es wohl auch, und sie machten nicht unansehnliche Häuser. Der Mann der Gazelle war ein großer Sprithändler, derjenige des
15 Rotkäppchens ein Justizrat, der vierzehn Schreiber beschäftigte, und der Mann des Bienchens der oberste Regent über die vierzig Töchterschulen der Provinz, der zudem eine polyglotte Riesenchrestomathie herausgab, alles bedeutende Gewährleistungen für die Ehrbarkeit, während ich selber ein unerfahrener und
20 unbedeutender °Mensch war.

Ich sah die gute Regine nun nicht mehr, als etwa in einer Theaterloge inmitten ihrer Beschützerinnen, welche vor Vergnügen glänzten, wenn sie durch die schöne Erscheinung die Augen des ganzen Hauses auf sich lenken konnten. Auch em-
25 pfingen sie °genügsamen Herrenbesuch. Regine schien mir das eine Mal traurig und gedrückt zu sein; das andere Mal schien sie aber aufzutauen und eine wachsende Sicherheit und Munterkeit des Benehmens zu zeigen. Vielleicht, dachte ich, ist das gerade, was Erwin wünscht, und die drei Gänse haben am
30 Ende nichts Böses zu bedeuten.

Ein einziges Mal vor Erwins Rückkunft sprach ich seine Frau noch näher in vertraulicher Weise und sah sie sogar

20   Mensch] junger Mensch *H1*
25   genügsamen] genugsamen *H1*

während eines ganzen Tages. Der Monat Juni war gekommen und das prächtigste Sommerwetter im Lande. Da
bat sie mich eines Tages in einem zierlichen Briefchen, bei ihr
vorzusprechen, und als ich kam, teilte sie mit, es sei von ihren
Freundinnen und deren Freunden eine große Landpartie verabredet, die zu Wagen gemacht werden sollte. Nun wolle ihr
die Sache doch nicht recht gefallen, und sie wünsche wenigstens
einen guten Freund und Bekannten ihres Mannes und ihres
eigenen Hauses dabei zu wissen, weil ihr ja manche von den
Teilnehmern weder vertraut genug noch sonst angenehm seien.
Sie glaube im Sinne Altenauers zu handeln, wenn sie so ver-
fahre; denn sie wisse, daß er etwas auf mich halte u. s. w.
Sie habe daher kurzweg angekündigt, sie werde mich als ihren
besonderen Begleiter mitbringen, und sie bitte mich nun, wenn
ich ihr den Gefallen erweisen wolle, einen Wagen zu bestellen
und sie zur bestimmten Stunde abzuholen und auf den Sammelplatz zu bringen. Man habe allerdings ihren Wunsch teilweise
dadurch gekreuzt, daß ich sofort zum Kavalier der jungen
Malerin bestimmt worden sei, wozu ich mich vortrefflich °eigene;
doch hoffe sie, die Regine, daß ich mich wohl zuweilen werde
losmachen und ein bißchen mit ihr plaudern können.

Ich sagte mit Freuden zu und nahm mir vor, den weiblichen Schmierteufel von Maler je eher je lieber hin zu setzen
und mich an die Frau Altenauer zu halten. Als ich diese
dann holte, fand ich es ehrenvoll, an ihrer Seite zu fahren;
sie war in hellfarbigen duftigen Sommerstoff gekleidet und in
jeder Beziehung einfach aber tadellos ausgerüstet. Sie räkelte
nicht in der Wagenecke herum, sondern saß mit ihrem Sonnen-
schirme in anmutiger Haltung aufrecht, während die Malerin,
die später uns beigesellt wurde, sich sofort zurückwarf und die
Beine übereinander schlug. Auch die übrigen Damen erschienen,
als wir den Sammelplatz erreichten, °in heiterer Sommertracht,

weiß oder farbig, und auch die Herren hatten sich mit Hülfe
der Mode so schäferlich als möglich gemacht.   Nur die Malerin
war wie eine Krähe; sie steckte in einem trostlos dunklen, nüch-
ternen und schlampigen Kleide, mit der beleidigenden Absicht,
05 ja keinen Anspruch auf weibliche Anmut und Frühlingsfreude
machen zu wollen.   Statt des Filzes trug sie freilich ein Stroh-
hütchen auf dem Kopfe, aber ein schwarz gefärbtes, das von
den feinen weißen Florentinerhüten der anderen Frauenzimmer
schustermäßig abstach.   Von einer freien Locke oder Haarwelle
10 war nichts zu sehen; gleich einem Kranze von Schnittlauch trug
sie das gestutzte Haar um Ohren und Genick.   Was werden
das für traurige Zeiten sein, wenn es so kommt, daß mit den
lichten Kleidern und den fliegenden Locken der jungen Mädchen
und Frauen die Frühlingslust aus der Welt flieht!
15   Ich wurde von der Gesellschaft nicht unartig aufgenommen;
da aber durch den von mir mitgebrachten Wagen °überflüssiger
Raum gewonnen war, setzte man uns, wie bemerkt, die Malerin
°herein, mit der Anzeige, daß das meine Schutzbefohlene sei.
Als man abfuhr und die Kutschen im Freien rollten, zog der
20 Künstler ungesäumt ein Stück Brot und ein paar Aepfel aus
der Tasche und biß hinein; denn er hatte noch nicht gefrüh-
stückt, wie er sagte, und er genoß immer nur rohes Obst und
Brot des Morgens, weil es das billigste war.   Das that er
nicht aus Armut, sondern aus Geiz; denn er verstand es sehr
25 wohl, gehörig Geld zu verdienen, und studierte auch nichts
mehr, seit das Geld einging.   Beim Erwerbe aber wußte sie,
um ihrem Geschlecht jetzt wieder die Ehre zu geben, sich sehr
unschüchtern überall vorzudrängen, und hier nahm sie urplötzlich die Rücksichten auf das Geschlecht von jedermann in An-
30 spruch.   Der rohe °Apfelschmaus, wobei sie Kerne und Hülsen-
stücke über die Wagenwand hinausspuckte, ärgerte mich dergestalt, daß ich beschloß, sie jetzt schon zu verscheuchen.   Ich begann

16   überflüssiger] überschüssiger *H1–E1*
18   herein,] herein *H1–E1 E3–E5*
30   Apfelschmaus] Aepfelschmaus *H1–E5*

ein Gespräch über die Künstlerinnen im allgemeinen und einige
merkwürdige Erscheinungen im besonderen, und ich lobte vorzüglich diejenigen, welche neben ihrem Rufe in den schönen
Künsten zugleich des unvergänglichen Ruhmes einer idealen
Frauengestalt mit heiterem oder tragischem Schicksale genossen.
Zuletzt schilderte ich den lieblichen Eindruck, den das Bildnis
der Angelika Kaufmann, von ihr selbst gemalt, auf mich gemacht
habe, den blühenden Kopf mit den vollen reichen Locken von
einem grünen Epheukranze umgeben, der Körper in weißes
Gewand gehüllt, und ich vervollständigte die Gestalt, indem ich
sie begeistert an die Glasharmonika setzte, das Auge emporge-
hoben, und rings um sie her die edelste römische Gesellschaft
gruppierte, welche den ergreifenden Tönen lauschte.

„Das sind tempi passati," unterbrach mich die Malerin,
„jetzt haben wir Künstler anderes zu thun, als Glasglocken zu
reiben und mit Epheukränzchen zu kokettieren!"

„Das seh'n wir wohl!" sagte ich mit einem Seufzer,
„aber es war doch eine schönere Zeit!"

Sobald nun die Wagen den ersten Halt machten, stieg,
um ein stattliches Masculinum zu gebrauchen, der Unhold aus
und mischte sich unter die Gesellschaft, ohne mich weiter anzusehen.   Damit war es freilich noch nicht gethan.   Eben als
Frau Regine sich freute, von der Malerin erlöst zu sein, gegen
die sie einen unerklärlichen Widerwillen empfinde, kamen die
Parzen herbei und stellten den für heute ihr bestimmten Cavalier
vor, einen jungen °Herrn von der brasilianischen Gesandtschaft
mit einem langen, aus vielen Wörtchen bestehenden Grafen-
titel, er selbst lang und schlank, wie ein alter Ritterspeer, pech-
schwarz und blaß, mit der schönsten graden Nase und glühenden Augen.   Er war die neueste Schwärmerei der drei Parzen,
und weil er gewünscht hatte, mit der schönen Regine bekannt
zu werden, brachten sie ihn unverzüglich mit ihr zusammen,

26   Herrn] Herren *H1–E1*

womit sie zu erreichen hofften, daß beide interessante Erscheinungen zugleich in ihrer Umgebung gesehen würden.

Als Wirt des Wagens mußte ich dem Herrn natürlich den guten Sitz neben meiner Dame einräumen, die eigentlich nun seine Dame wurde. Er benahm sich übrigens durchaus artig und ernst, ja nur zu ernsthaft nach meiner Meinung, da dies auf weitgehende verwegene Absichten deuten konnte. Regine war still, so viel an ihr lag; sie beantwortete aber seine Anreden mit freiem Anstande, und da der Brasilianer nicht deutsch und nicht viel mehr englisch oder französisch verstand, als sie, so blieb die Unterhaltung von selbst in bescheidenen Schranken. Das Ziel der Fahrt war der neben einem fürstlichen Lustschlosse liegende Meierhof, wo eine gute Wirtschaft für Stadtleute betrieben wurde und die unbenutzten Räume, die Rasengründe, Gehölze und Alleeen der anstoßenden Gärten zur Verfügung standen. Nachdem das gemeinschaftliche Frühstück eingenommen, zerstreute sich die Gesellschaft für den übrigen Teil des Vormittages zum freien Ausschwärmen und verlor sich nach allen Seiten in den reizenden Gärten. Allein Regine ließ mich keineswegs von ihrer Seite; immer wußte sie mich für irgend etwas in Anspruch zu nehmen und herbeizurufen, und da zuletzt die Absicht offenbar wurde, daß nicht der Südländer, sondern ich als ihr dienstbarer Geist gelten und genannt werden sollte, so zog sich der Graf mit der besten Art von der Welt ein wenig zurück, ohne Aufsehen zu erregen; er schloß sich anderen Gruppen an, deren Wege °die unsrigen kreuzten, kam zuweilen wieder, um einige artige Worte zu wechseln und sich abermals zu entfernen, als ob er es eilig hätte, auch anderswo gewärtig zu sein. Es gab auch zu thun für ihn; so mußte er einen scheltenden Gärtner beschwichtigen, als Bienchen aus einem Treibhause schon ein paar prächtige Blumen ohne weiteres hervorgeholt hatte, obgleich die freie Luft von

26   die] den *H1*

Blütenduft geschwängert war und der Boden von Farben
glänzte.

Mich aber ergriff jetzt Regine unversehens beim Arme
und zog mich raschen Schrittes bei Seite, bis wir auf ein-
samere Schattenwege gelangten.   Jetzt öffnete sie auf einmal
ihr Herz: sie habe sich auf diesen Tag gefreut, um sich von
Erwin satt sprechen zu können.   Die andern Frauen sprächen
nie von ihren Männern und auch von dem ihrigen, nämlich
Erwin, thäten sie es nur, um alles Mögliche auszufragen
und ihre Neugierde nach Dingen zu befriedigen, die sie nichts
angingen.   Da schweige sie lieber auch.   Mit mir aber, der
ich ein guter Freund und ja ein Landsmann sei, wolle sie
nun reden, was sie freue.   Sie fing also an zu plaudern,
wie sie auf seine baldige Ankunft hoffe, wie gut und lieb er
sei, auch in den Briefen, die er schreibe; was er für Eigen-
tümlichkeiten habe, von denen sie nicht wisse, ob sie andere gebildete oder reiche Herren auch besitzen, die sie aber nicht um
die Welt hingeben möchte; ob ich viel von ihm wisse aus der
Zeit, ehe sie ihn gekannt?   Ob ich nicht glaube, daß er glück-
licher gewesen sei, als jetzt, und tausend solcher Dinge mehr.
Sie redete sich so in die Aufregung hinein, daß sie schneller
zu gehen und zu eilen begann, wie wenn sie ihn gleich jetzt
zu finden gedächte, und so gelangten wir unerwartet auf einen
freien sonnigen Platz, der einen kleinen Teich umgab.   In
der Mitte des letzteren erhob sich eine flache goldene Schale,
aus welcher das Wasser über ein großes Bouquet frischer
Blumen so sanft und gleichmäßig herabfiel, und so ohne jedes
Geräusch, daß es vollkommen aussah, als ob die schönen
Blumen unter einer leise fließenden Glasglocke ständen, die
von der Sonne durchspielt war.   Regine hatte diese Wasser-
kunst noch niemals gesehen.   „Wie schön!“ rief sie, stillstehend;
„wie ist es nur möglich, das hervorzubringen?“

Unwillkürlich setzte sie sich auf eine Bank, dem artigen
Wunder gegenüber, und schaute unverwandt hin. Ein seliges
Lächeln spielte eben so leis um den Mund, wie das Wasser
um die Blumen, und ich sah wohl, daß die lebendige Krystall-
glocke, die so treu die Rosen schützte, die Gedanken der Frau
nur wieder auf den Mann zurückgewendet hatte. Wie ich so
neben ihr stand und sie meinerseits voll Teilnahme betrachtete,
ohne daß sie dessen inne ward, fühlte ich mich innig bewegt.
Ich hätte vormals nie geglaubt, daß es eine so reine Freude
geben könnte, wie diejenige ist, in die Liebe einer holden Frau
zu einem Dritten hinein zu sehen und ihr nur Gutes zu
wünschen!

Aber unvermerkt nahm ich wahr, wie die stille Heiterkeit
sich wandelte, leise, leis! und einer immer dunkler werdenden
Schwermut Raum zu geben schien. Die Lippen blieben leicht
geöffnet, wie sie es im Lächeln gewesen, aber mit bekümmertem
Ausdruck. Das Haupt senkte sich ein weniges, wie von tiefem
Nachdenken, und endlich fielen schwere Thränen ihr aus den Augen.

Betroffen weckte ich sie aus diesem Zustande, indem ich
mir erlaubte, die Hand leicht auf ihre Schulter zu legen und
zu fragen, was ihr so Trauriges durch den Sinn fahre? Sie
schrak zusammen, suchte sich zu fassen, und aus den paar
Worten, die sie stammelte, ahnte ich, daß erst das Heimweh
nach dem Manne sie ergriffen und dann der Zweifel an der
Rechtmäßigkeit und Dauer ihres Glückes sie beschlichen hatte.
Ich bestrebte mich, sie durch einige zuversichtliche Scherzworte
aus der verzwickten Stimmung herauszubringen. Sie wurde
auch wieder ruhig und unbefangen, und als wir weiter gehend
bald darauf dem Brasilianer begegneten, der uns suchte, um
uns zur Mittagstafel zu holen, die unter Bäumen schon bereit
stehe, empfing sie ihn mit Freundlichkeit. Von dem bescheiden
dienstfertigen Wesen des hübschen Ritters bestochen schien sie

ihre frühere Härte gutmachen zu wollen und nahm seinen
Arm an für den kurzen Weg, den wir bis zum Orte des
Speisevergnügens noch zurückzulegen hatten und sie duldete
sogar seine Gesellschaft und Bedienung bei Tische, was er in
tadellosester Weise benutzte.   Dagegen entzog sie sich den °üblen
Lauf-, Spring- und Lärmspielen, welche später beliebt wurden,
und nahm mich unverhohlen abermals in Anspruch, was mich
bei aller Teilnahme und guten Freundschaft, die ich für sie
empfand, doch nachgerade ein wenig zu demütigen begann, da
ich mir beinahe wie ein unbedeutendes junges Vetterlein vorkam, das ein stolzes Mädchen als Bedeckung mit sich führt.
An dem großen Kaffeekränzchen, das dann unter erneuter
Lustbarkeit abgehalten wurde, nahm sie wiederum Teil und
versorgte jetzt den immer gleichen Südländer selbst mit Kaffee
und Kuchen.   Als es dann zur Heimfahrt ging, mußte ich
natürlich den Herrn wieder in unsern Wagen bitten, zumal
unter den übrigen Gruppen verschiedene Spannungen entstanden
waren.   Insbesondere die Renommistinnen schmollten alle drei
etwas mehr oder weniger, aus welcher Ursache, blieb mir unbekannt; ich hörte nur das halblaute Wort eines Fahrtgenossen,
es pflege so das gewöhnliche Ende aller Landpartieen zu sein,
die jene anstellten.   Indessen glaubte ich mehr als einmal
während des Tages das Phänomen bemerkt zu haben, daß
eine gewisse innere Unruhe und Unzufriedenheit durch alle
Lustigkeit ging, wie ein heimlicher Lufthauch im welkenden
Laube zittert und raschelt, oder wie es im Liede von einer
Gesellschaft von Männern und Frauen heißt, die in einer
Lustgondel auf stillem Wasser fahren:

> Die Herzen schlagen unruhvoll,
> Kein Auge blickt wohin es soll!

und die einzige Regine schien die ruhigste Person von allen
zu sein.

05   üblen] üblichen H1–E5

Doch machte ihr die sinkende Sonne, die wir vom Wagen aus so schön niedergehen sahen, und die mählich eintretende Dämmerung, welche die Kinder und °Volksfrauen gern gesprächig und munter macht, viel Vergnügen; sie plauderte ordentlich und in einer Stunde mehr, als sie seit dem Vormittage gesprochen hatte, und erst als es vollends dunkel wurde und die Sterne nach einander aufgingen, wurde sie stiller und schwieg zuletzt ganz.

Der Graf flüsterte mir auf französisch zu, er glaube, daß Madame schlafe. Sie sagte aber ganz vergnügt: „Ich schlafe nicht!" Und als wir endlich an ihrem Hause vorfuhren, nachdem die Gesellschaft ziemlich ohne Abschied auseinander gerasselt war, und sie von ihrer kleinen Dienerschaft, die mit Lichtern im Thorwege stand, empfangen wurde, schüttelte sie uns beiden ganz herzhaft die Hände zum Abschied, so gutes Vertrauen schien sie jetzt wieder zur Weltordnung gefaßt zu haben.

Der Brasilianer und ich waren nicht minder zufrieden als vernünftige und ordentliche Leute, die einen guten Eindruck davontrugen, und wir wurden einig, zusammen noch eine wohlberufene Weinstube zu besuchen und uns bei einer ruhigen Cigarre etwas Gutes zu gönnen. Wir stießen auf das Wohl der schönen Frau mit einigen lobenden Worten an, der Graf wie ein ruhiger und anständiger Kenner, und ich machte ihm es großartig nach, worauf wir nicht mehr davon sprachen, sondern uns der Betrachtung des nächtlich angeheiterten Weltlaufes überließen. Doch sprach der des Trinkens nur mäßig gewöhnte Südländer dem Weine nicht eifrig zu; ich mußte das Beste thun, und so trennten wir uns nach ausgerauchter Cigarre schon vor zehn Uhr. Der schwarzäugige Graf suchte seine Wohnung auf; ich aber verfügte mich, zur Schande meiner Jugendjahre sei es gestanden, schleunig noch in eine neun Schuh hohe Bierhalle, wo junge deutsche Männer saßen, die

03   Volksfrauen] die Volksfrauen *H1–E5*

einst Studenten gewesen und sich langsam und vorsichtig der
braunen Studentenmilch entwöhnten.

Ich hielt es am andern Tage für schicklich, der Frau
Regine einen Besuch abzustatten. Als ich an ihrer Thüre
die Glocke zog, öffnete mir die ältere Dienerin oder Haushälterin oder wie man die Person nennen will, die von allem
etwas vorstellte und versah. Zu meiner Verwunderung betrachtete sie mich mit einem unheimlich ernsten Gesichte, das
zugleich von quälender Neugierde eingenommen schien. Sie
besah mich vom Fuß bis zum Kopfe und ließ den Blick über
diesen hinaus noch weiter in die Höhe gehen, als ob sie in
dem Luftraume über mir °noch etwas suchte. Sie schüttelte unbewußt den Kopf, brach aber das Wort, das sie zu sagen im
Begriffe war, ab und wies mich kurz in das Zimmer, wo
die Frau sich aufhielt. Hier befiel mich ein neues Erstaunen,
ja ein völliger Schrecken. Im Vergleich mit dem blühenden
Zustande, in welchem ich die Regine am vorigen Tage gesehen,
saß sie jetzt in einer Art Zerstörung am Fenster und vermochte sich kaum zu erheben, als ich eintrat; sie ließ sich aber
gleich wieder auf den Stuhl fallen. Das Antlitz war toten-
bleich, überwacht und erschreckt, beinahe gefurcht; die Augen
blickten unsicher und scheu, auch fand sie kaum die Stimme,
als sie meinen Gruß erwiderte. Besorgt und fast eben so
tonlos fragte ich, ob sie sich nicht wohl befinde? „Allerdings
nicht zum besten," antwortete sie mit einem müden und erzwungenen Lächeln, das aus einem rechten Elende hervorkam;
aber sie versuchte kein Wort der Erklärung hinzuzufügen, und
nachdem sie in einem kurzen richtungslosen Gespräche sich und
mich furchtsam überwacht hatte, begab ich mich in der sonder-
barsten Verfassung von der Welt wieder nach Hause. Denn
ich war so verdutzt und unbehaglich im Gemüte, ohne mir
irgend eine Rechenschaft darüber geben zu können, daß ich

12   noch] *gestrichen H1;* nach *J1–E1 E3–E5*

vorzog, allein zu bleiben. Kaum saß ich aber eine kleine
Stunde bei meinen Büchern, so klopfte es an die Thüre, die
Altenauersche Haushälterin kam herein, stellte einen Korb mit
Markteinkäufen neben die Thür und setzte sich, kurz um Er-
laubnis bittend, auf einen Stuhl, der unweit davon an der
Wand stand.

„Sie sind noch ein junger Mann," sagte sie, „aber Sie
kennen meine Herrschaft von früher her, und ich weiß, daß
der Herr etwas auf Sie hält. Da kann ich mir nicht anders
helfen und muß mich Ihnen anvertrauen, ob Sie einen Rat
wissen in der schwierigen Sache, die mich bedrückt!"

Immer mehr betroffen und verwirrt fragte ich, was es
denn sei und was denn vorgehe?

Nachdem sie sich etwas verschnauft und sich zögernd besonnen, sagte sie: „Gestern nachts, als ich in meinem Schlafzimmer, das außerhalb unserer abgeschlossenen Wohnung in
einem Zwischengeschosse liegt, noch wach war und eine zerrissene
Schürze flickte, es mochte schon zehn Uhr vorüber sein, hörte
ich an der Flurthüre sachte klingeln, so daß die Glocke nur
einen einzigen Ton von sich gab. Ich horchte auf; dann
hörte ich, wie der inwendig steckende Schlüssel umgedreht und
die Thüre geöffnet, zugleich aber ein halbunterdrückter Ausruf
oder Schrei ausgestoßen wurde. Da ging ich, immer horchend,
nach meiner Thüre und machte sie auf, um zu sehen, was es
denn so spät noch gebe. In diesem Augenblicke aber sah ich
einen Lichtschein verschwinden und die Flurthüre sich schließen,
und der Schlüssel wurde zweimal gedreht. Ich eilte hin, um
wieder zu horchen, da ich doch einigermaßen besorgt war. Ich
hörte nur noch ein kleines Getrappel von Schritten und darauf
eine der inneren Thüren zugehen, worauf ich nichts mehr
vernehmen konnte. Endlich dachte ich, es müsse die Köchin
oder das jüngste Mädchen gewesen sein, das noch einen Auftrag

13   denn] fehlt H1–J1

oder ein Anliegen gehabt. Ich ging also wieder in mein
Zimmer und bald darauf schlafen. Vor Tagesanbruch erwachte ich über einem kurzen Gebell des großen Hundes,
welchen die über uns wohnende Herrschaft auf ihrem Flur
o5 liegen hat. Wieder hörte ich eine Thüre °gehen, ernstlich beunruhigt, stellte ich mich schnell auf die Füße, öffnete ein
weniges meine Thüre und sah hinaus. Ein großer Mann,
höher als Sie sind, Herr Reinhart, ging nach der Treppe zu,
mit schwerem Gange, obgleich er so behutsam als möglich
10 auftrat. Ich konnte aber nichts Deutliches von ihm sehen,
es war eben nur wie ein riesiger Schatten, da meine Frau,
wie mir °schien, auf zitternden Füßen, mit dem Nachtlämpchen
vor ihm herschwankte und das Licht mit der Hand so bedeckte,
daß nach rückwärts kein Schein fallen konnte. So ging's die
15 Treppe hinunter, das Hausthor wurde geöffnet und geschlossen,
die Frau kam wieder heraufgestiegen, vor ihrer Thüre hielt
sie einen Augenblick an und that einen tiefen Seufzer; dann
verschwand sie und alles ward wieder still. Dann schlug es
zwei Uhr auf den Türmen. Die Frau war, so viel ich sehen
20 konnte, in ihrem Nachtgewande.

Begreiflich fand ich keinen Schlaf mehr. Die Laterne
in unserem Treppenhaus wird punkt zehn Uhr gelöscht und
das Thor geschlossen; der Mensch oder was es °war mußte
also sich vor dieser Zeit ins Haus geschlichen haben oder dann
25 einen Hausschlüssel besitzen. Als ich um die fünfte Morgen-
stunde schellte, that mir die Frau die Thüre auf, nach der
während der Abwesenheit des Herrn eingeführten Ordnung;
denn wenn er da ist, so wird der Flurschlüssel nicht inwendig
umgedreht, damit ich des Morgens selbst öffnen kann und
30 nicht zu läuten brauche. Die Frau zog sich aber wie ein Geist
sogleich wieder in ihr Schlafzimmer zurück. In den von der
Sonne erhellten Zimmern bemerkte ich wenig Unordnung.

o5   gehen,] gehen; *H1–E1 E5*
12   schien,] schien *H1–E1*
23   war] war, *E1–E5*

Einzig in dem Eßzimmer stand das Büffet geöffnet; eine
Karaffe, in der sich seit Wochen ungefähr eine halbe Flasche
sicilianischen Weines fast unverändert befunden hatte, war geleert, das vorhandene Brot im Körbchen verschwunden und
ein Teller mit Backwerk säuberlich abgeräumt. Auf dem Tische
sah ich den vertrockneten Ring von einem überfüllten Wein-
glase, auf dem Boden einige Krumen; der Teppich vor dem
Sofa war von unruhigen Füßen verschoben, von bestäubten
Schuhen befleckt.

Als die Frau später zum Vorschein kam, war sie verändert, wie Sie ja wohl selbst gesehen haben. Nicht ein
Wort hat sie verlauten lassen, und ich habe bis jetzt noch nicht
gefragt und weiß nicht, was ich thun soll; ich weiß, es ist
ein fremder Mann über Nacht dagewesen und heimlich wieder
fort. Ich kann das Geheimnis nicht aufdecken und doch dem
braven Ehemanne gegenüber nicht die Mitwisserin und Hehlerin
eines Verbrechens sein! Und ich kann das arme schöne Geschöpf auch nicht ohne weiteres zu Grunde richten. Was
denken Sie nun hiervon, Herr Reinhart, was zu thun sei?"

Ich war wie erstarrt. Sorge und Entrüstung für Erwin
Altenauer, aber zugleich auch tiefes Mitleid mit dem Weibe,
wenn es wirklich schuldig sein sollte, durchstürmten mich, als
ich mich einigermaßen besann. Ich dachte unwillkürlich an den
Brasilianer und fragte die ganz verstörte Haushälterin, wie
denn der Fremde gekleidet gewesen sei, ob fein oder gewöhnlich? Sie beharrte aber darauf, daß sie nichts habe erkennen
können; nur einen breiten, tief ins Gesicht hängenden Schlapp-
hut glaube sie gesehen zu haben.

Ich grübelte und schwieg einige Zeit, während die redliche
Person verschiedene Male merklich stöhnte, so nahe ging ihr
die Sache, und ich konnte daraus ersehen, wie sehr sie an
der Frau gehangen hatte, die jetzt so unglücklich war. Diese

Erkenntnis verstärkte meine eigene Teilnahme. Endlich sagte
ich: „Wir müssen uns, glaube ich, in den Fall versetzen, wo
in einem Hause gebildeter Leute ein Gespenst gesehen worden
ist, oder gar eine fortgesetzte Spuk- und Geistergeschichte rumort
hat. Die schreckhaften Dinge, Erscheinungen, Poltertöne sind
nicht mehr zu leugnen, weil vernünftige und nüchterne Personen Zeugen waren und sie zugeben müssen. Allein obgleich
keine natürliche Erklärung, kein Durchdringen des Geheimnisses
für einmal möglich ist, so bleibt doch nichts Anderes übrig,
als an dem Vernunftgebote festzuhalten und sich darauf zu
verlassen, daß über kurz oder lang die einfache Wahrheit ans
Tageslicht treten und jedermann zufrieden stellen wird. So
müssen auch wir den unerklärlichen Vorgang auf sich beruhen
lassen, überzeugt oder wenigstens hoffend, die Rechtlichkeit der
Frau werde sich so unwandelbar herausstellen, wie ein Natur-
gesetz.“
    Die gute Dienerin, die mehr an Gespenster als an Natur-
gesetze glauben mochte, schien durch meine Worte nicht aufgerichtet zu werden; doch gelobte sie mir auf mein °Andringen
gegen jedermann ohne Ausnahme das Geheimnis zu wahren
und schweigend zu erwarten, wie es mit der Frau weiter
gehen wolle.
    Ich selbst war keineswegs beruhigt. Immer fiel mir der
lange Brasilianer wieder ein, wie ein Dolchstich. Sollte doch
gestern ein rasches Einverständnis stattgefunden haben, als
Abschluß längeren Widerstandes und fortgesetzter Verführungs-
künste? Und wenn der Verführer vielleicht wirklich ins Haus gedrungen ist, muß er denn wirklich gesiegt haben? Aber seit wann
trinken feine Herren, wenn sie auf solche Abenteuer ausgehen,
so viel süßen Wein, und seit wann frißt ein vornehmer Don
Juan so viel Brot dazu? Und warum nicht, wenn er Hunger
hat? Der erst recht!

Kurz, ich wurde nicht klug daraus. Nach Tisch wollte ich den schwarzen Grafen in einem Gartencafé aufsuchen, in welchem jüngere Leute °in seiner Gesellschaftsklasse sich eine Stunde aufzuhalten pflegten. Ich dachte wenigstens zu beob-
05 achten, was er für ein Gesicht machte. Allein ich kam von der Idee zurück, sie widerte mich an, und was hatte ich mich darein zu mischen? Dafür traf ich ihn von selbst auf einer Promenade mit °anderen Herren. Er grüßte mich genau so ruhig, gesetzt und unbefangen, wie er mich gestern verlassen.
10 Nach der Regine getraute ich mir vor der Hand nicht mehr zu sehen. Das sind Dinge, die Du am Ende nicht zu behandeln verstehst, noch zu verstehen brauchst! sagte ich mir. Einige Tage später ging ich in das Theater und sah Reginen in der Loge der drei Parzen sitzen und hinter ihr den Grafen.
15 Die Parzen spiegelten sich offenbar in dem Bewußtsein, aller Augen auf sich gerichtet zu sehen. Der Graf saß ruhig und unterhielt sich höflich mit den Damen; Regine war blaß und schien unzweifelhaft mehr hergeschleppt worden, als freiwillig gekommen zu sein. Es wurde Maria Stuart gegeben. Gegen
20 den Schluß des °Trauerspiels betrachtete ich die Loge von meinem dunkeln Winkel aus durch das Glas, während die Augen des ganzen Hauses auf die Bühne gerichtet waren, wo Leicester die Hinrichtung der Maria belauschte, die unter seinen Füßen vor sich ging. Der Schauspieler war ein dummer Geck,
25 der in seinem weißen Atlaskleide die kümmerlichsten Faxen machte, weshalb ich auch meine Blicke von ihm abgewendet hatte. Aber Regine, welche bis dahin, wie ich gut gesehen, der Handlung nur mit mühseliger Teilnahme gefolgt war, blickte jetzt mit einer wahren Seelenangst hin, und als der
30 Schauspieler das Fallen des Hauptes mit einem ungeschickten Umpurzeln anzeigte, zuckte sie schrecklich zusammen, so daß der Graf sie einen Augenblick lang aufrecht halten mußte.

03   in seiner] seiner *H1–E5*
08   anderen] andern *H1–E1*
20   Trauerspiels] Trauerspieles *H1–E1*

Endlich kam die Nachricht, Erwin sei auf der Rückreise
begriffen. Ich will, was noch zu erzählen ist, so folgen lassen,
wie es sich teils für ihn entwickelt hat, teils mir durch ihn
später bekannt wurde. Die Geschäfte hatten ihn zuletzt nach
New-York geführt, wo er sich dann einschiffte. Dort war er in
die Verkaufsräume eines Kunsthändlers getreten, der nebenbei
ein Lager von amerikanischen Gewerbserzeugnissen eleganter
Art hielt; er wollte nur schnell nachsehen, ob sich etwas für
Reginen Geeignetes und Erfreuliches fände. Indem er das
auf einem Tische ausgebreitete glänzende Spielzeug musterte,
wurde sein Blick durch ein starkfarbiges Bild seitwärts gezogen, das an der Wand unter andern Sachen hing, die alle
mit der Bezeichnung „neue deutsche Schule" versehen waren.
Sobald er nun hinsah, kam es ihm vor, als ob das seine
Frau wäre. Die rechte Persönlichkeit und Seele fehlten zwar
dem Bild, und der fremdartige Aufputz machte die zweifelhafte
Aehnlichkeit noch fraglicher; es konnte sich um einen allgemeinen
Frauentypus, um ein Spiel des Zufalls handeln. Allein Regine hatte ihm ja geschrieben, daß sie einer talentvollen Künstlerin zum Studium gesessen sei; hier stand der Name der
Malerin mit großen Buchstaben auf dem Bilde geschrieben, der
Vorname freilich in einer Abkürzung, die ebenso wohl einen
männlichen wie einen weiblichen Vornamen bedeuten konnte;
hingegen war die Stadt und die ˳Jahreszahl zutreffend. Erwin
fühlte sich, trotz dem blitzartigen Eindruck von Lust, den ihm
der unerwartete Anblick verursacht hatte, gleich darauf ganz
widerwärtig berührt. Nicht nur, daß das Bildnis seiner
Gattin als Verkaufsgegenstand herumreiste, auch die komödien-
hafte Tracht und die Aufschrift „Studienkopf", als ob es sich
um ein käufliches Malermodell handelte, kurz, der ganze Vorgang verursachte ihm, je länger er darüber dachte, den größten
Aerger. Doch verschluckte er den, so gut er konnte, und er-

24 Jahreszahl] Jahrzahl *H1–E5*

handelte das Bild mit möglichst gleichgültiger Miene, ohne ahnen zu lassen, wie nah' ihm das Original stehe. Er ließ es verpacken und sandte es nach Boston, eh' er zu Schiffe ging, nicht ohne den Vorsatz, ein wenig nachzuspüren, wer
05 eigentlich an der begangenen Taktlosigkeit die Schuld trage. Denn diese maß er keineswegs der Regine bei, obgleich er bei dem Anlaß einen kleinen Seufzer nicht unterdrücken konnte, ob diese höhere, diese Taktfrage der Bildung (oder wie er die Worte sich stellen mochte) sich bis zu der immer näher rücken-
10 den Heimführung auch noch vollständig lösen werde?

Nun, er kam also eines schönen °Junimorgens an. Er war die Nacht über gefahren, um schneller da zu sein. Als er den Thorweg betrat, sah er durch eine offene Thüre die Hausdienerschaft auf dem Hofe um einen Milchmann ver-
15 sammelt und freute sich, seine Frau unversehens überraschen zu können. Die Wohnung stand offen und ganz still und er ging leise durch die Zimmer. Verwundert fand er im Ge-sellschaftssaal eine große Neuigkeit: auf eigenem Postamente stand ein mehr als drei Fuß hoher Gipsabguß der Venus
20 von Milo, ein Namenstagsgeschenk der drei Parzen; jede von ihnen besaß einen gleichen Abguß, der zu Dutzenden in Paris bestellt wurde; denn es war eine eigentümliche Muckerei im Cultus dieses ernsten Schönheitsbildes aufgekommen; allerlei Lüsternes deckte sich mit der Anbetung des Bildes, und manche
25 Damen feierten gern die eigene Schönheit durch die heraus-fordernde Aufrichtung desselben auf ihren Hausaltären.

Erwin betrachtete einige Sekunden die edle Gestalt, die übrigens in ihrem trockenen Gipsweiß die Farbenharmonie des Saales störte. Aber wie überrascht stand er eine Minute
30 später unter der Thüre des Schlafzimmers, das er leise ge-öffnet, als er eine durchaus verwandte, jedoch °von farbigem Leben pulsierende Erscheinung sah. Den herrlichen Oberkörper

11   Junimorgens] Julimorgens *H1–E5*
31   von farbigem] vom farbigen *H1*

entblößt, um die Hüften eine damascierte Seidendraperie von
blaßgelber Farbe geschlungen, die in breiten Massen und gebrochenen Falten bis auf den Boden niederstarrte, stand Regine vor dem °Toilettenspiegel und band mit einem schwer-
mütigen Gesichtsausdrucke das Haar auf, nachdem sie sich eben
gewaschen zu haben schien.   Welch' ein Anblick! hat er später
noch °immer gesagt.   Freilich weniger griechisch, als venezia-
nisch, um in solchen Gemeinplätzen zu reden.

Aber auch welche Gewohnheiten!   Wie kommt die einfache
Seele dazu, auf solche Weise die Schönheit zu spiegeln und
die Venus im Saale nachzuäffen?   Wer hat sie das gelehrt?
Woher hat sie das große Stück unverarbeiteten Seidendamast?
Ist sie mittlerweile so weit in der Ausbildung gekommen, daß
sie so üppige Anschaffungen macht, wie ein solcher Stoff ist,
nur um ihn des Morgens um die Lenden zu schlagen während
eines kleinen Luftbades?   Und hat sie diese Künste für ihn
gelernt und aufgespart?

Diese Gedanken jagten wie ein grauer Schattenknäuel
durch sein Gehirn, nur halb kenntlich; sie zerstoben jedoch
gänzlich, als er den Ausdruck ihres Gesichtes im Spiegel sah
und sie ungesäumt beim Namen rief, um den Kummer zu verscheuchen, den er erblickte.   Das war seine nächste treue Regung.   Sie lag nun glückselig in seinen Armen und alles
ging in den ersten paar Stunden, bis sie sich etwas ausge-
plaudert, gut von statten, auch das kleine Verhör wegen des
Aufzuges, in welchem er sie getroffen.   Errötend und mit verfinsterten Augen erzählte sie, man habe ihr nicht Ruhe gelassen, bis sie der bewußten Malerin für eine Studie hinge-
standen; das sei eine wahre Pflichterfüllung, eine Gewissens-
sache und durchaus unverfänglich und alles bleibe unter ihnen,
d. h. den Freundinnen, von welchen eine der Malstunde bei-
gewohnt habe.   Nun, da man ein solches Wesen von ihrem

Wuchse gemacht und sie den Damast einmal gekauft und bezahlt, habe sie gedacht, das erste Anrecht, sie so zu sehen,
wenn es denn doch etwas Schönes sein solle, gehöre ihrem
Mann, und darum habe sie sich schon seit ein paar Tagen
daran zu gewöhnen gesucht, das Tuch ohne die Malerin in
gehöriger Weise umzuschlagen und festzumachen. Es sei auch
nur ein kleines Bildchen gemacht worden.

Aber wo es denn sei? fragte der Mann, seinerseits errötend. Ei, die Malerin habe es mitgenommen, es sei ja ein
Frauenzimmer, erwiderte Regine betreten. Ueberdies wolle es
eine der drei Freundinnen als Andenken in Anspruch nehmen.
Erwin sah die Unerfahrenheit und Unschuld der guten Regine
oder glaubte jetzt wenigstens daran, nahm sich aber doch vor,
die seltsamen Damen aufzusuchen und sich das Bild zu verschaffen. Den ersten Tag blieb er zu Hause; eh' es Abend
wurde, war Regine mehr als einmal von neuem in Trauer
und Angst verfallen, wenn sie sich auch immer wieder zusammen-
raffte oder über °den Besitz des Mannes ihr Gemüt sich auf-
hellte. Genug, Erwin fühlte, daß sie nicht mehr die Gleiche
sei, die sie gewesen, daß irgend ein etwas sich ereignet haben
müsse. Ohne die verhoffte Ruhe brachte er die Nacht zu,
während die Frau schlief; er wußte aber nicht, ob sie zum
ersten Male wieder den Schlaf fand oder stets geschlafen hatte.

Am zweiten Tage nach seiner Ankunft ging er auf seine
Gesandtschaft, um einige Verrichtungen zu besorgen, die man
ihm in Washington zur mündlichen Abwickelung übertragen.
Unter anderem gab es da obschwebende seerechtliche Interessen,
wegen welcher mit den brasilianischen Diplomaten Rücksprache
zu nehmen war, eh' bei den europäischen Staaten vorgegangen
wurde; übrigens handelte es sich weder um ein entscheidendes
Stadium, noch um eine sehr große Bedeutung der Sache.
Erwin trug seinem Gesandten dasjenige vor, was sich auf

unsern Ort, wo wir lebten, bezog. Der Herr hatte Zahnweh
und ersuchte ihn, nur selbst zu den Brasilianern zu gehen und
in seinem Namen das Nötige zu verhandeln. Erwin ging hin,
traf aber bloß einen Sekretär. Der Gesandte sei in Karlsbad,
hieß es; doch habe der Attaché Graf So und So die bezüg-
lichen Akten an sich genommen und studiere sie soeben; er sei
ohne Zweifel in der Lage, Aufschluß zu erteilen und entgegen-
zunehmen und Vorläufiges anzuordnen. Um keine weitere
Zeit zu verlieren, begab sich Erwin ohne Aufenthalt zu dem
Grafen, welcher eben der uns'rige war. Die beiden Männer
hatten sich noch nie gesehen, weil der Brasilianer erst während
Erwins Abwesenheit an die Stelle gekommen war. Der Süd-
amerikaner begrüßte den nördlichen Mann unbefangen, sagte,
er habe das Vergnügen, dessen Gemahlin zu kennen, und fragte
nach ihrem Befinden. Dann ging die geschäftliche Unterredung
vor sich, welche etwa eine halbe Stunde dauerte. Erwin war
nicht, was man im gemeinen Sinne eifersüchtig nennt; daher
war ihm die Bekanntschaft des Grafen mit seiner Frau nicht
aufgefallen, trotz der schwarzäugigen Romantik; er hatte seine
Häuslichkeit über der gemächlichen Verhandlung vergessen und
ging jetzt vollkommen ruhig an der Seite des Grafen, der ihn
hinaus begleitete. Wieder, wie in New-York, leuchtete plötzlich ein Bild auf, das er vorher nicht gesehen. Neben der
Zimmerthüre, welcher er bisher den Rücken gekehrt, stand ein
Ziertischchen und auf demselben, an die Wand gelehnt, ein
kleines Oelbild in breitem, krausgeschnitztem Goldrahmen. Es
war die Figur von Erwins Frau, wie er sie bei seiner Rückkunft im Schlafzimmer angetroffen. Die Malerin hatte doch
die Rücksicht genommen, das Gesicht unkenntlich zu machen,
d. h. dasjenige eines andern Modells hinzumalen; allein Erwin
erkannte den Seidenstoff und die ganze Erscheinung auf den
ersten Blick. Die dämonische Malerin hatte ihr zum Ueber-

fluß beide Hände an das Hinterhaupt gelegt, wie Erwin sie
mit dem Haar beschäftigt zuerst gesehen.

Er trat mit einem Schritte vor das Tischchen und ließ
die Augen an dem Bild haften, indessen es vor denselben in
einen Nebel zerfloß und sich wieder herstellte, abwechselnd, man
könnte sagen, wie Aphrodite aus dem Dunst und °Schaum des
Meeres. Er wagte nicht wegzublicken, noch den Grafen anzusehen, und doch war es ihm zu Mut wie einem Ertrinkenden.
Aber zum Glück jagten sich die Vorstellungen ebenso schnell,
als es bei einem solchen geschehen soll. Es war immer eine
Möglichkeit, daß der Graf nicht wußte, was er besaß; warum
also am unrechten Orte sich selbst und die Frau verraten?
Nötigenfalls konnte er ja wiederkommen und den Feind seiner
Ehre im Angesicht des Bildes niederstoßen. Aber müßte nicht
das Weib vorher gerichtet, vielleicht vernichtet sein? Denn ein
böser Zusammenhang wird immer deutlicher, woher sonst das
elende Wesen im Hause? Was ist indessen mit einer solchen
Vernichtung gewonnen, und wer ist der Richter? Ich, der
ich ein junges, ratloses Geschöpf fast ein Jahr lang allein lasse?

So war vielleicht eine Minute vergangen, eine von den
scheinbar zahllosen und doch so wenigen, die wir zu leben
haben. Plötzlich faßte er sich gewaltsam zusammen, sah den
Grafen flüchtig an und sagte, ohne den Mund zu verziehen:
„Sie haben da ein hübsches Bildchen!"

„Ich habe es in einem hiesigen Atelier gekauft," sagte
der andere, „es soll nach dem Leben gemalt sein!"

Sie schüttelten sich mit der bei Diplomaten üblichen Herz-
lichkeit die Hand und Erwin zog seines Weges. Er ging aber
nicht in seine Behausung, auch nicht zu der Malerin oder zu
den Parzen, wie er früher willens gewesen, noch auch zu mir
oder sonst zu jemandem, sondern er lief eine Stunde weit auf
der heißen Landstraße vor das Thor hinaus, genau bis zum

06   Schaum] Schaume *H1*

ersten Stundenzeiger, und von da wieder zurück. In dieser
Zeit wollte er mit seinem Entschlusse im reinen sein und dann
um kein Jota davon abgehen; kein Fremder sollte davon wissen
oder darein reden.

05   In der Mittagshitze, im Staube der Straße, unter den
Wolken des Himmels, im Angesichte mühseliger Wandersleute,
die ihres Weges zogen, müder Lasttiere, heimwärts eilender
Feldarbeiter ließ er die Frau unsichtbar neben sich gehen, um
die traurige Gerichtsverhandlung so zu sagen unter allem Volke
10 mit ihr zu führen. Es bedünkte ihn in der That beinahe,
als °seh' er sie mühsam an seiner Seite wandeln, nach Antwort
auf seine Fragen suchend, und seine Bitterkeit wurde °von Mitleiden umhüllt, aber nicht versüßt.

        Als er an das Stadtthor zurückkam, war sein Beschluß
15 fertig, wenn auch nicht das Urteil. Er wollte nicht den Stab,
sondern die ganze Geschichte überm Knie brechen, die Frau
übers Meer entführen und der Zeit die Aufklärung des Un-
heils überlassen. Auch gegen Reginen wollte er schweigen,
gewärtig, ob sie Recht und Kraft zur freien Rede aus sich
20 selber schöpfe, und je nach Beschaffenheit würde sich dann das
Weitere ergeben. Unterdessen sollte die stumme Trennung, die
zwischen sie getreten, ihr nicht verborgen bleiben und sie fühlen,
daß die Entscheidung nur aufgeschoben sei.

        Mit diesem Vorsatze trat er wieder in sein Haus, wo er
25 Reginen nicht fand. Ihr war erst seit Erwins Ausgang das
Bedenkliche und Unzulässige des Vorfalls mit dem Bilde
schwer ins Gewissen gefallen; Blick und Wort Erwins hatten
sie getroffen und die Dämmerung ihres Bewußtseins plötzlich
erleuchtet. Von Angst erfüllt war sie fortgeeilt, zunächst zur
30 Malerin, das Bild von ihr zu fordern. °Sie suchte Ausflüchte,
versprach es zu schicken oder selbst zu bringen, und gedrängt
von der Flehenden, sagte sie endlich, das Bild müsse bei einer

11   seh'] säh' *H1*
12   von] vom *H1*
30   Sie] Die *H1*

der drei Damen sein (der Parzen nämlich), jedenfalls sei es
gut aufgehoben und in °sichern Händen.   Regine lief zum sogenannten Bienchen, zur Sammetgazelle, zum Rotkäppchen, keine
wollte etwas von dem Bilde wissen, jede lächelte zuerst verwundert und jede erhob dann einen dummen Lärm und wollte
durchaus die Aermste auf der Jagd nach ihrem Bildnis geräuschvoll weiter begleiten.

Unverrichteter Sache, aber mit doppelter Last beladen
kehrte sie heim und traf ihren Mann in Geschäften mit einem
Agenten, dem er, wie sie trotz der Erschöpfung allmählich bemerkte, den Verkauf der ganzen hausrätlichen Einrichtung, das
Verpacken und Spedieren der mitzunehmenden Gegenstände
und ähnliche Dinge auftrug.   Als der Agent fort war, sagte
Erwin zu Reginen, welche bleich und stumm in einer Ecke saß:
„Du kommst gerade recht und kannst die Dienstboten aus-
zahlen und entlassen; es schickt sich das besser für die Frau!
Wir reisen nämlich heut' Abend weg und sind in zwei Tagen
auf der See; denn wir gehen zu meinen Eltern!"

Kein Wort mehr noch weniger sagte er zu ihr und sie
wagte nicht ein einziges zu sprechen.   Nur tief aufatmen hörte
er sie, wie wenn sie sich durch die Aussicht, über das Meer zu
kommen, erleichtert fühlte.

Am selben Tage noch wurden also Koffer gepackt, Rechnungen bezahlt und alle °Dinge verrichtet, die mit einer plötzlichen Abreise verbunden sein mögen.   Erwin brachte dann
noch eine halbe Stunde auf der Gesandtschaft zu, sonst nahm
er von niemandem Abschied.   Ich vernahm von alledem das
erste Wort durch die entlassene Haushälterin, die mich wenige
Tage später nochmals aufsuchte, um ihr Gewissen zu beschwichtigen, indem sie mir gestand, sie habe im Tumulte des letzten
Nachmittags während eines stillen Augenblickes dem Erwin
mit wenig Worten leise gesagt, es sei ein einziges Mal in

02   sichern] sicheren H1–E5
24   Dinge] die Dinge H1–E5

der Nacht ein fremder Mann da gewesen und von da an sei die Verstörung im Hause. Sie wisse nicht, wer und was es gewesen sei, glaube aber, es ihm nicht verschweigen zu dürfen, damit er in seiner Sorge nicht zu viel und nicht zu wenig sehe. Darauf habe Erwin sie mit trüben Augen angeschaut und, obgleich sie gemerkt, wie ihn die Mitteilung erschüttert, gesagt, er wisse die Sache wohl, es sei ein Geheimnis, das sie nur verschweigen solle, er habe den Mann selbst gesandt.

Unmittelbar nach der kurzen Unterredung habe er in der gleichen milden und gelassenen Weise wie vorher das Wenige mit Reginen gesprochen, was er zu sprechen hatte, und beim Verlassen des Hauses der dicht verschleierten Frau den Arm gegeben. Nun wisse sie, die Haushälterin, doch nicht, ob sie recht gethan und das Unglück vergrößert habe.

Ich fragte sie, ob sie °nicht von der Sache jemals den übrigen Bediensteten oder Hausgenossen oder sonst jemand etwas gesagt? Sie beteuerte das Gegenteil und versprach nochmals, es ferner so zu halten, und ich glaube, sie hat es auch gethan. Indessen beruhigte ich sie wegen des Geschehenen. Wenn jener geheimnisvolle Besuch übler Art gewesen sei, meinte ich, so sei nicht viel zu verderben; sei er aber unschuldiger Natur, so komme die dunkle Geschichte um so eher zur Abklärung.

Es fiel mir schwer, an das ganze Ereignis so recht zu glauben. Die plötzliche Abreise machte nicht so viel Aufsehen, da die Ankunft Erwins noch nicht einmal in weiteren Kreisen bekannt gewesen, und die Parzen schienen sich ausnahmsweise still zu halten. Ich ging nach einigen Tagen mit einer Art Heimweh durch die Straße, wo Altenauers gewohnt, und sah an das Haus hinauf. Da wurde soeben aus dem Portale ein niederes vierrädriges Kärrchen gezogen, auf welchem die Venus von Milo stand und ein wenig schwankte, obgleich sie

15　　nicht] *fehlt* H1–E5

mit Stricken festgebunden war. Ein Arbeiter hielt sie mit Gelächter aufrecht und rief: „hüh!", während der andere den Wagen zog. Ich schaute ihr lange °nach wie sie sich fort bewegte, und dachte: So geht es, wenn schöne Leute unter das Gesindel kommen! Ich glaubte, die Regine selbst dahin schwanken zu sehen.

Drei Jahre später, als Regine längst tot war, traf ich Erwin Altenauer als amerikanischen Geschäftsträger in der gleichen Stadt wieder. Er hatte die Stelle absichtlich gewählt, um durch seine Anwesenheit das Andenken der Toten zu ehren und zu schützen, und von ihm erfuhr ich den Abschluß der Geschichte; denn er liebte es, mit mir von dieser Sache zu sprechen, da ich die Anfänge kannte.

Schon die Seefahrt nach dem Westen muß ein eigenartiger Zustand von Unseligkeit gewesen sein. Die wochenlange Beschränkung auf den engen Raum bei getrennten Seelen, die doch im Innersten verbunden waren, das wortkarge, einsilbige Dahinleben, ohne Absicht des Wehthuns, die hundert gegenseitigen Hülfsleistungen mit niedergeschlagenen Augen, das Herumirren dieser vier Augen auf der unendlichen Fläche und am verdämmernden Horizonte des Oceans, in den Einsamkeiten des Himmels, um vielleicht einen gemeinsamen Ruhepunkt zu suchen, den sie in der Nähe nicht finden durften, alles mußte dazu beitragen, daß die Reise dem Dahinfahren zweier verlorenen Schatten auf Wassern der Unterwelt ähnlich war, wie es die Traumbilder alter Dichter schildern. Schon das gedrängte Zusammensein mit einer Menge fremder Menschen verhinderte natürlich den Austrag des schmerzlichen Prozesses; aber auch ohne das that Regine keinen Wank; sie schien sich vor dem Fallen einer drohenden Masse und jedes Wörtlein zu fürchten, welches dieselbe in Bewegung bringen konnte. Ebenso ängstlich wie sie ihre Zunge hütete, überwachte sie auch jedes

03 nach] nach, *H1–J1 E4–E5*

Lächeln, das sich aus alter Gewohnheit etwa auf die Lippen
verirren wollte, wenn sie unverhofft einmal Erwins Auge begegnete. Er sah, wie es um den Mund zuckte, bis die traurige
Ruhe wieder darauf lag, und er war überzeugt, daß sie damit
jeden Verdacht auch der kleinsten Anwandlung von Koketterie
vermeiden wollte, oder nicht sowohl wollte als mußte. Welch'
ein wunderbarer Widerspruch, diese Kenntnis ihrer Natur,
dieses Vertrauen, und das dunkle Verhängnis.

Erwin aber scheute sich ebenso ängstlich vor dem Beginn des
Endes; nach dem bekannten Spruche konnte er begreifen und ver-
zeihen, aber er konnte nicht wiederherstellen, und das wußte er.

Und nun erst der Einzug in das Vaterhaus zu Boston!
Statt der siegreichen Freude der Anerkennung, des Beifalls,
ein geheimnisvolles, gedrücktes Ansichhalten, ein schweigsames,
vorsichtiges Wesen und zuletzt eine allgemeine Stille im Hause
als Folge des halbwahren Vorgebens von einem plötzlichen
Zerwürfnisse, einer krankhaften Laune der jungen Frau. Nur
der Mutter anvertraute Erwin einen Teil der Wahrheit, so
weit diese nicht zu grausam, zu hart für Reginen und ganz
unerträglich auch für die Mutter gewesen wäre. Indem ihr
der erste Anblick Reginens ein hohes Wohlgefallen und ihre
ganze Haltung eine schmerzliche Teilnahme, aber freilich auch
die tiefste Sorge verursacht hatten, war sie mit einem behutsam
schonenden Vorgehen einverstanden, und sie suchte das Beispiel
zu geben, die halb Geächtete mit einer gewissen ernsten Sanft-
mut zu behandeln, wie es etwa verwirrten kranken Personen
gegenüber geschieht. Alle Familienglieder, Angestellten und
Dienstboten des Hauses hielten den gleichen Ton inne, ohne
sichtbare Verständigung; Regina hingegen sah sich mitten in
der Schar der neuen Verwandten und Hausgenossen vereinsamt,
ohne zu fragen oder zu klagen. In der entlegenen Wohnung
eines Seitenflügels lebte sie bald wie eine freiwillige Gefangene,

während Erwin gleich anfangs °auf einige Wochen verreist war, um das getrennte Leben weniger auffällig zu machen. Allein wo er ging und stand, fühlte er die Last des Elendes, in das er mit Reginen geraten, die Sehnsucht nach ihrer Gegenwart und nach den vergangenen Tagen und zugleich den Abscheu vor dem Abgrunde, den er mehr als nur ahnen und fürchten mußte. Und je unvermeidlicher ihm der Verlust erschien, um so unersetzlicher und einziger dünkte ihm die Unselige, an welche er alle die Liebe und Sorge gewendet hatte. Zuletzt überwog das Verlangen nach ihrem Anblicke so stark, daß er am achtzehnten Tage seiner Reise umkehrte, in der Absicht, die Entscheidung herbeizuführen und die Frau auf die Gefahr hin, sie sofort auf immer zu verlieren, wenigstens dies eine Mal noch zu sehen.

Während der Zeit hatte seine Mutter die einsame Regina jeden Tag besucht und ein Stündchen mit einer Arbeit bei ihr gesessen, ihr auch etwas zu thun mitgebracht und ein ruhiges Gespräch in Güte mit ihr unterhalten, wobei sie freilich das Meiste thun mußte. Jedoch vermied sie es gewissenhaft, mit Fragen und Verhören in die junge Frau zu dringen, die in aller einsilbigen Trauer Zeichen demütiger Dankbarkeit erkennen ließ, wie eine edle Natur auch in zeitweiliger Geistesabwesenheit die Spuren des Guten zeigt. An dem Tage, an welchem Erwin bereits auf dem Heimwege begriffen war, fand seine Mutter die Regina in eifrigem Schreiben begriffen. Dies erregte ihre Aufmerksamkeit und wollte ihr gar wohl gefallen; es lagen schon mehrere beschriebene Blätter da, welche Regina ruhig zusammenschob, ohne sie ängstlich zu verbergen. Den Umstand, daß sie überhaupt nie etwas zu verheimlichen suchte und ihr Zimmer stets ebenso reinlich geordnet als unverschlossen und für jedermann zugänglich hielt, hatte die Mutter überhaupt schon wahrgenommen.

01   auf] für *H1*

Erwin fuhr in peinlicher Ungeduld wieder mit einem
sausenden Nachtzuge und betrat morgens um sechs Uhr sein
Haus.   Schnell eilte er nach seinem eigenen Schlafzimmer, um
sich zu reinigen und die Kleider zu wechseln.   Kaum hörte
jedoch die Mutter von seiner Ankunft, so suchte sie ihn auf
und erzählte ihm von Reginen.   Nachdem sie, teilte sie ihm
in sichtbarer Ergriffenheit mit, die Zeit her von ihrem ganzen
Benehmen einen solchen Eindruck erhalten, daß jene eine ent-
setzliche Heuchlerin und Schauspielerin sein müßte, wenn es er-
logen wäre, habe sie in der vergangenen Nacht oder vielmehr
kurz vor Anbruch des Tages eine seltsam rührende Entdeckung
gemacht.   Von Schlaflosigkeit geplagt sei sie aufgestanden und
habe sich in der Finsternis nach dem kleinen Saale hin getappt,
welcher dem von Reginen bewohnten Seitenflügel gegenüber
liege.   Dort sei auf einem Tischchen ein kleines Fläschchen mit
erfrischender Essenz unter Nippsachen stehen geblieben, das sie
seit lange nicht mehr gebraucht.   Wie sie dasselbe nun gesucht,
habe sie über den Hof weg einen schwachen Lichtschimmer bemerkt, während sonst noch alles in der nächtlichen Ruhe gelegen.   Als sie genauer hingeschaut, habe sie gleich erkannt,
daß der Schimmer aus Reginens Fenster komme, und sodann
habe sie diese selbst gesehen vor einem Stuhle knien, mit gefalteten Händen.   Auf dem Stuhle habe ein kleines Buch gelegen, offenbar ein Gebetbuch, beleuchtet von dem daneben
stehenden Nachtlämpchen.   Das Gesicht der Frau habe sie nicht
sehen können, sie habe es tief vorn über gebeugt, und so sei
sie unbeweglich verharrt, eine Viertelstunde, die zweite und
vielleicht auch die dritte.   Lange habe die Mutter der Erscheinung zugeschaut; ein paarmal habe Regina das Blatt um-
gewendet und es dann wieder rückwärts umgeschlagen, auch
das Umwenden etwa vergessen und längere Zeit ins Leere
hinaus gebetet oder sonst Schweres gedacht; immerhin scheine

sie nur ein und dasselbe Gebet oder was es sein möge, gelesen zu haben. Jedesmal, wenn sie sich ein wenig bewegt
habe, sei das schauerlich rührend anzusehen gewesen in der
nächtlichen Stille und bei der Verlassenheit der armen Person.
Endlich, da die Mutter im leichten Nachtkleide gefröstelt, habe
sie sich nicht getraut, länger zu stehen, und gedacht, jene sei
ja wohl aufgehoben bei ihrem Gebetbuche, und sei wieder zu
Bett gegangen, allerdings ohne den Schlaf noch zu finden.
„O mein Sohn," rief die Mutter mit überquellenden Augen,
„es wäre doch ein großes Glück, wenn dieses Geschöpf gerettet werden könnte! Ich habe noch nichts Schöneres gesehen
auf dieser Welt! Wozu sind wir denn Christen, wenn wir das
Wort des Herrn das erste Mal verachten wollen, wo es sich
gegen uns selbst wendet?"
Erschüttert mit sich selber ringend rief Erwin, der mehr
wußte als die Mutter: „O Mutter, Christus der Herr
hat die Ehebrecherin vor dem Tode beschützt und vor der
Strafe; aber er hat nicht gesagt, daß er mit ihr leben würde,
wenn er der Erwin Altenauer wäre!"
Doch schon im Widerspruch mit seinen Worten ließ er
die Mutter stehen und ging wie er war, in den Reisekleidern
und vom Rauche des nächtlichen Schnellzuges geschwärzt, nach
Reginens Zimmer und klopfte sanft an die Thüre. Kein
Laut ließ sich hören; er öffnete also die unverriegelte Thüre
und trat hinein. Das Zimmer war leer; mit klopfendem
Herzen sah er sich um. Auf der Kommode lag ihr altes Gesang-
buch, das er wohl kannte mit seinen Liedern und einer Anzahl
Kirchen- und Hausgebeten. Es war geschlossen und ordentlich
an seinen Platz gelegt.
Ihr Bett stand in einem Alkoven, dessen schwere Vorhänge nur zum kleineren Teile vorgezogen waren. Er trat
näher und sah, daß das Bett leer war; nur eines der

---

23   die] der *H1–E5*
27   Anzahl] kleinen Anzahl *H1–E5*

feinen und reichverzierten Schlafhemden von der Aussteuer, die
er seiner Frau selbst angeschafft, lag auf dem Bette; es schien
getragen, lag aber zusammen gefaltet auf der Decke. Erschrocken
und noch mehr verlegen kehrte er sich um, schaute sich um, ob
05 sie nicht vielleicht dennoch im Zimmer hinter ihm stünde, allein
es war leer wie zuvor. Indem er sich nun abermals kehrte
und dabei einem der Vorhänge näherte, stieß er an etwas
Festes hinter demselben, wie wenn eine Person °sich dort verborgen hielte. Rasch wollte er den dicken Wollenstoff zurück-
10 schlagen, was aber nicht gelang; denn die Laufringe an der
Stange waren gehemmt. Er trat also, den Vorhang °sanft
lüftend, so gut es ging, hinter denselben und sah Reginens
Leiche hängen. Sie hatte sich eine der starken seidenen Zieh-
schnüre, die mit Quasten endigten, um den Hals geschlungen.
15 Im gleichen Augenblicke, wo er den edlen Körper hängen sah,
zog er sein Taschenmesser hervor, das er auf Reisen trug,
stieg auf den Bettrand und schnitt die Schnur durch; im
anderen Augenblicke saß er auf dem Bette und hielt die schöne
und im Tode schwere Gestalt auf den Knieen, verbesserte aber
20 sofort die Lage der Frau und legte sie sorgfältig auf das
Bett. Aber sie war kalt und leblos; er aber wurde jetzt rat-
und besinnungslos und er starrte mit großen Augen auf die
Leiche. Gleich aber erwachte er wieder zum Bewußtsein durch
die ungewohnte Tracht der Toten, die sein starrendes Auge
25 reizte. Regina hatte das letzte Sonntagskleid angezogen,
welches sie einst als arme Magd getragen, einen Rock von
elendem braunen, mit irgend einem unscheinbaren Muster be-
druckten Baumwollzeuge. Er wußte, daß sie ein Köfferchen
mit einigen ihrer alten Kleidungsstücke jederzeit mit sich ge-
30 führt, und er hatte diesen Zug wohl leiden mögen, der ihm
jetzt das Seelenleid verdoppelte. Endlich besann er sich wieder
auf einen Rettungsversuch; er öffnete das ärmliche Kleid, das

08   sich dort] dort sich *H1–E5*
11   sanft] sonst *H1*

nach damaliger Art solcher Mägderöcke auf der Brust °zuge-
heftet war. Unter dem Kleide zeigte sich eines der groben
Hemden ihrer Mädchenzeit, und zwischen dem Hemde und der
Brust lag ein ziemlich dicker Brief mit der an Erwin gerichteten
Ueberschrift. Hastig küßte er den Brief, warf ihn aber auf
das Bett und fing an, Reginens Brust mit der Hand zu
reiben, sprang empor, hob die Leiche wie eine leichte Puppe
in die Höhe, drückte sie an seine Brust und hielt ihr stöhnend
das Haupt aufrecht, legte sie gleich wieder hin und lief hinaus
um Hülfe zu suchen. Alles eilte herbei und ein Arzt war
bald zur Stelle; doch die arme Regina blieb leblos und der
Doktor stellte den Todesfall fest, welcher die schwermütige junge
Deutsche nach kurzem Eheglück getroffen habe. Erwin blieb
endlich allein bei der Leiche zurück und las den Brief.

Die Stätte, an welcher man den Brief finden werde,
solle beweisen, wie sie ihn bis in den Tod liebe. Mit diesen
Worten begann die Schrift. Einige weitere Sätze ähnlicher
Natur verschwieg Erwin, wie er sich ausdrückte, als heiliges
Geheimnis der Gattenliebe. Woher sie solche Töne genommen,
sei eben das Rätsel der ewigen Natur selbst, wo jegliches
Ding unerschöpflich zahlreich geboren werde und in Wahrheit
doch nur ein einziges Mal da sei.

Dann folgte die Eröffnung dessen, was sie bedrückt und
ihr Leben verdorben, ohne daß sie geahnt °habe, in welchem
Umfange. Es war freilich traurig und einfach genug, das
Geheimnis jenes nächtlichen Besuches, von dem sie nicht einmal
wußte, daß er gesehen worden. Der Zustand ihrer Verwandten
hatte sich mit der Zeit hie und da doch wieder etwas ver-
schlimmert und wiederholtes Eingreifen und Aushelfen nötig
gemacht. Jedesmal verursachte das der armen Regina, die
jetzt ihrem Mann mehr anhing als den Eltern und Geschwistern,
Kummer und Sorge. Besonders der eine der Brüder, der

---

01 zugeheftet] zugeheftelt *H1*
24 habe] hatte *H1*

Soldat gewesen, konnte sich mit dem Leben nicht zurecht
finden.   Unzufrieden und düstern Gemütes wechselte er immerfort die Stelle und den Aufenthalt, da er sich ungerecht behandelt glaubte und es zuletzt auch wurde, weil es nicht lange
dauert, bis die Menschen, die sich selbst mißhandeln, auch von
den andern mißhandelt werden, so zu sagen aus Nachahmungs-
trieb.   So war er von einer guten Zugführerstelle, die man
ihm bei einer Eisenbahn verschafft hatte, allmählich bis zum
Gehülfen oder vielmehr Knecht eines Pferdehändlers herunter
gekommen, der ihn als ehemaligen Reitersmann gut brauchen
konnte und doch schlecht behandelte.   Mit einer Anzahl Pferde
durch den Wald reitend waren sie in schweren Streit geraten;
der Meister hieb dem Knechte mit der Peitsche über das Gesicht,
und der Knecht schlug ihn hinwieder ohne Zögern tot und floh
auf einem der Pferde aus dem Walde.   Einige Meilen von
der Mordstätte entfernt verkaufte er das Tier und irrte mit
dem Erlös im Land umher, ohne den Ausweg finden zu
können.   Der erschlagene Roßhändler war von einem unbekannt gebliebenen zweiten Verbrecher, der zuerst auf den Platz
gekommen, seines Geldranzens beraubt, diese Schuld aber
natürlich dem Totschläger aufgebürdet und derselbe als Raub-
mörder verfolgt worden; so wenigstens hatte er ausgesagt und
ging nicht von seiner Aussage ab.   Dieser Bruder nun, und
niemand anders, war es, der in jener Nacht bei Reginen
Zuflucht und Hülfe gesucht, nachdem er halb verhungert sich
nur nächtlicher Weile herumgetrieben, überall von den Häschern
verfolgt.   Er war schon in einem Seehafen gewesen und hatte
seine Barschaft von dem verkauften Pferde an einen Schiffs-
platz gewendet, wurde aber im letzten Augenblicke durch erneuerte Steckbriefe wieder hinweggescheucht, ins Binnenland.
In der alleräußersten Not hatte er der Schwester Wohnung
umschlichen und war bei ihr °eingedrungen: sie hatte ihn mit

32   eingedrungen:] eingedrungen;   *H1–E1 E3–E5*

einigen Kleidungsstücken von ihrem Manne und mit Geld versehen, damit er wiederum die Flucht über die See versuchen
konnte. Aber von Stund' an war ihre Ruhe dahin; denn sie
war nur von dem einzigen Gedanken besessen, daß sie als die
Schwester eines Raubmörders ihren Gatten Erwin in ein
schmachvolles Dasein hinein gezogen und des Elendes einer
verdorbenen Familie teilhaftig gemacht habe. Und dazu kam
ja immer noch der Jammer über die Ihrigen und selbst den
unglücklichen Bruder.

Aber wie mußte sich der heimliche Jammer steigern, als
sie in einem Tageblatt, das mehr für die Dienstboten als für
sie da war, zufällig die schreckliche Nachricht las, der Raub-
mörder sei endlich gefangen worden. Niemand in der Stadt,
außer mir, kannte ihren Namen, und so achtete niemand darauf. Was mich betraf, so las ich überhaupt dergleichen
Sachen nicht und blieb somit auch in der Unwissenheit. Der
Gefangene verriet mit keiner Silbe den Besuch bei der Schwester,
obgleich er sich damit über die bei ihm gefundene Barschaft
hätte ausweisen können; es war dies bei aller Verkommenheit
ein Zug von Edelmut. So lebte sie wochenlang in der trost-
losen Seelenstimmung dahin, bis sie plötzlich die Nachricht und
Beschreibung von der Hinrichtung las und alle Geister der
Verzweiflung auf sie einstürmten. Wie sollte Erwin fernerhin
mit der Schwester eines hingerichteten Raubmörders leben?
Wie der Ertrinkende am °Grashalm, hielt sie sich an dem einzigen Gedanken, dessen sie fähig war: Nur schweigen, schweigen!

Nach diesem ward ihr Selbstvertrauen zum Ueberfluß noch
erschüttert durch den Vorfall mit der Malerin. Sie wußte
nicht, daß das Bild in den Händen eines Mannes, des °Bra-
silianers, war, und doch bekannte sie es jetzt als eine Sünde,
daß sie sich habe verleiten lassen. Sie habe daraus den Schluß
ziehen müssen, daß sie nicht die Sicherheit und Kenntnis des

25   Grashalm,] Grashalm *H1–E1*
29   Brasilianers,] Brasilianers *H1–E4*

Lebens besitze, die zur Erhaltung von Ehre und Vertrauen erforderlich sei. Allerdings hatte die Aermste ja annehmen müssen, die Malergeschichte allein habe hingereicht, Erwins Vertrauen zu untergraben; hätte sie ahnen können, daß der Besuch des Bruders gesehen und wie er ausgelegt worden, so würde sie keine Rücksicht abgehalten haben, sich vom Verdacht zu reinigen, und dann wäre alles anders gekommen. Allein das Schicksal wollte, daß die beiden Gatten, jedes mit einem andern Geheimnis, dasselbe aus Vorsorge und Schonung verbergend, an sich vorbei gingen und den einzigen Rettungsweg so verfehlten. Um auf den Brief zurückzukommen, so schloß Regina mit der Bitte, sie in dem Gewande zu begraben, in welchem sie einst als arme Magd gedient habe. Möge Erwin dann dasjenige Kleid, in welchem er sie in der schönen Zeit am liebsten gesehen, zusammenfalten und es ihr im Sarge unter das Haupt legen, so werde sie dankbar darauf ruhen.

Nach ihrem Begräbnisse war das erste, was er unternahm, die neue Versorgung der armen Angehörigen. Bei dieser Gelegenheit erfuhr er, daß der hingerichtete Bruder den erschlagenen Meister wirklich nicht ausgeplündert, indem der wahre Thäter, wegen anderer Verbrechen in Untersuchung geraten, auch dieses freiwillig gestanden hatte. Erwin Altenauer hat sich bis jetzt nicht wieder verheiratet.

Als Reinhart schwieg, blieb es ein Weilchen still; dann sagte Lucie nachdenklich: „Ich könnte nun einwenden, daß Ihre Geschichte mehr eine Frage des Schicksals als der Bildung sei; doch will ich zugeben, daß eine schlimme Abart der letzteren durch die Parzen, wie Sie die Trägerinnen derselben nennen, von Einfluß auf das Schicksal der armen Regina gewesen ist. Aber auch so bleibt sicher, daß es dem guten Herrn Altenauer eben unmöglich war, seiner Frauenausbildung den rechten Rückgrat zu geben. Wäre seine Liebe nicht von der Eitelkeit der Welt

25   Lucie] Lucia *J1–E1 E3–E5*
29   Regina] Regine *H1–E5*

umsponnen gewesen, so hätte er lieber die Braut gleich anfangs nach Amerika zu seiner Mutter gebracht und dieser das Werk überlassen; dann wäre es wohl anders geworden! Jetzt ist es aber Zeit, unsere merkwürdige Sitzung aufzuheben; ich bitte zu entschuldigen, wenn ich mich zurückziehe, obgleich ich beinahe fürchte, im Traum die schöne Person wie eine mythische Heroenfrau an der seidenen Schnur hängen zu sehen; denn trotz ihrer Wehrlosigkeit steckt etwas Heroisches in der Gestalt. Der Wahlherr hat diesmal wirklich auf Rasse zu halten gewußt!"

Sie bot dem Gaste gute Nacht und sandte gleich darauf den bejahrten Diener her, den Reinhart bei seiner Ankunft gesehen. Der freundliche Mann führte ihn nach seinem Schlafgemache, indem er ihm erzählte, der alte gichtbrüchige Herr beabsichtige, am Morgen mit dem Herrn Reinhart zu frühstücken, da nach gewissen Anzeichen der °dermalige Anfall zu weichen beginne.

Mit wunderlich aufgeregtem Gefühle legte sich Reinhart in dem fremden Hause zu Bett, unter einem Dache mit dem ziervollsten Frauenwesen der Welt. Wie es Leute giebt, deren Körperliches, wenn man es zufällig berührt oder anstößt, sich durch die Kleidung hindurch fest und sympathisch anfühlt, so giebt es wieder andere, deren Geist einem durch die Umhüllung der Stimme im ersten Hören schon vertraut wird und uns brüderlich anspricht, und wo gar beides zusammentrifft, ist eine gute Freundschaft nicht mehr weit außer Weg. Dazu kam, daß Reinhart heute mehr von menschlichen Dingen, wie die Liebeshändel sind, gesprochen hatte, als sonst in Jahren.

---

15   dermalige] diesmalige *H1*

Neuntes Kapitel.

Die arme Baronin.

Er war zwar bald und fest eingeschlafen; doch der neue Inhalt, die Schatzvermehrung seiner Gedanken weckte ihn vor Tagesanbruch, wie wenn es ein lebendiges Wesen außer ihm wäre, das freundlich seine Schulter berührte. Er mußte sich lange besinnen, wo er sei, und erst als er das von der Morgendämmerung erhellte Viereck des großen Fensters aufmerksam betrachtete, kam er seinen gestrigen Erlebnissen auf die Spur. Es wurde ihm beinahe feierlich angenehm zu Mute, und indem er in diesem Gefühle so hindämmerte, entschlief er wieder und erwachte erst, als das schöne Landgebiet, in das er hinausschaute, schon im vollen Sonnenscheine lag und der Fluß weithin schimmerte. In den Platanen war großes Vogelconcert, eine Schar dieser Musikanten flatterte und saß an den Marmorschalen des Brunnens, in dessen Nähe ein Tisch zum Frühstücke gedeckt war.

„Lux, mein Licht! wo bleibst Du?" hörte er eine alte, obwohl noch kräftige Stimme rufen und sah darauf den vermutlichen Oheim, vom Diener gestützt und mit einer Krücke versehen, hinter dem Hause hervorkommen. Der Ruf Lux galt

natürlich der Nichte, deren Namen Lucia er sich dergestalt zu-
gestutzt hatte.   Es schien ein ehemaliger Kriegsoberst zu sein,
da er einen langen grauen Schnurrbart trug, sowie einen
Rock von halbmilitärischem Zuschnitt und ein verschlissenes
05 Bändchen im Knopfloch.   Nun erschien auch das Fräulein auf
dem morgenfrischen Schauplatze, und so säumte Reinhart nicht
länger, sich fertig zu machen und auch hinunter zu gehen, wo
er den Herrn und die Dame am Tische sitzend antraf, dicht
neben dem Brunnen mit seinem klingenden krystallklaren Wasser.
10 Reinhart verhinderte rasch, daß der alte Herr sich erhob, als
er ihm von Lucien vorgestellt wurde.

Der Oheim fixierte ihn aufmerksam mit der Freiheit alter
Soldaten oder Sonderlinge, indem er nach und nach, ohne sich
zu eilen, vorbrachte, sein Name sei ihm wohlbekannt, es komme
15 nur darauf an, ob er etwa der Sohn des Professors gleichen
Namens in X sei; denn wenn er sich recht besinne, so sei ein
Freund aus jungen Jahren dort hängen geblieben und ein
berühmter Pandektenpauker geworden?

Reinhart bestätigte lachend seine Vermutung, und Lucie
20 erklärte das Ereignis für ein sehr artiges, welches sie teilweise
herbeigeführt zu haben sich etwas einbilde.   Der Oheim jedoch
fuhr fort, das Gesicht des °jungen Gastes zu studieren und
immer tiefer in seiner Erinnerung nachzugraben, indessen sein
eigenes Gesicht einen säuerlich süßen Ausdruck annahm, dann
25 in ein halb spöttisches Lächeln, dann in einen weichen Ernst
überging und zuletzt von einem vollen biederen Lachen erhellt
wurde.   Er faßte kräftig die Hand des jungen Reinhart,
schüttelte sie und fragte: „Haben denn Ihre Eltern nie von
mir gesprochen?"

30 Reinhart dachte nach und schüttelte den Kopf, sagte aber
nach einem weiteren Besinnen: „Es müßte denn sein, was
auch wahrscheinlich ist, daß Sie °erst auch ein Lieutenant gewesen

22   jungen] jüngeren *H1*
32   erst] einst *H1*

sind, ehe Sie Herr Oberst wurden.   Dunkel entsinne ich mich
aus meinen Kinderjahren, daß die Eltern, bald der Vater,
bald die Mutter, meistens diese, von einem Lieutenant sprachen,
und zwar hieß es scherzend: das hätte der Lieutenant nicht
gethan, oder was würde der Lieutenant zu dem Falle sagen u. s. w.
Dann verlor sich die Gewohnheit, wenn es eine war, und ich
habe die Sache vergessen.“

„Sehen Sie, es ist richtig!“ rief der Oberst, „der Lieutenant
bin ich!   In Ihrem angenehmen Angesicht habe ich die Spuren
von beiden verehrten Eltern herausgefunden, vom Herrn sowohl
wie von der Dame, und es geht mir fast ein Licht auf, wie
wenn meine junge Lux hier an meinem engen Altershorizont
aufgeht als meine tägliche Morgensonne! ˚Seien Sie uns
willkommen und bleiben Sie jedenfalls einige Tage, oder besser,
machen Sie Ihre Reise fertig und kommen Sie bald wieder
für länger! Spielen Sie Schach?“

„Leider nein, ich spiele überhaupt gar nichts!“

„Ei, das ist schade, warum denn nicht?“ rief der Alte.

„Ich bin zu dumm dazu!“ erwiderte Reinhart, der in
der That weder die Aufmerksamkeit noch die Voraussicht aufbrachte, welche zum ernsthaften Spielen erforderlich sind.   Lucia
sah ihn unwillkürlich mit einem dankbaren Blicke an, da sie
einen Genossen in dieser Art von Dummheit in ihm fand.

„Nun,“ sagte der alte Herr, „so lang man jung ist,
spürt man eben keine lange Weile und braucht kein Spiel.
Die hat’s auch so, die hier sitzende Jugendfigur! Später
wird sie’s wohl noch lernen; denn ich hoffe, es giebt eine
schöne alte Jungfer aus ihr, die ewig bei mir bleibt und auf
meinem Grabe fromme Rosen züchtet und oculiert.“

„Das kann geschehen,“ sagte die Nichte, „wenn über das
Heiraten solche Anschauungen aufkommen, wie ich sie aus dem
Munde des Herrn Ludwig Reinhart habe hören müssen!

13   Seien] Sei’n *H1–J1;* Sein *E1–E3*

Denke Dir, Onkel, wir haben gestern bis Mitternacht uns verunglückte Heiratsgeschichten erzählt!   Die gebildeten Männer
verbinden sich jetzt nur mit Dienstmädchen, Bäuerinnen und
dergleichen; wir gebildeten Mädchen aber müssen zur Wider-
vergeltung unsere Hausknechte und Kutscher nehmen, und da
besinnt man sich doch ein bißchen!   Sagen Sie, Herr Reinhart,
haben Sie °noch eine Treppenheirat zu erzählen?"

„Freilich hab' ich," antwortete er, „eine ganz prächtige,
eine Heirat aus reinem Mitleiden!"

„O Himmel!" rief Lucie, „wie glücklich!   Magst Du sie
auch hören, lieber Onkel?"

„Da Ihr Faulpelze nichts spielen und nur schwatzen wollt,
so ist es das Beste, was wir thun können, wenn wir uns
einige blaue Wunder vormachen!"

Der Tisch wurde abgeräumt, Lucie ließ sich einen Arbeits-
korb bringen und Reinhart suchte den Eingang seiner Geschichte
zusammen.   „Denn," sagte er, „die Personen, die es angeht,
stehen in der Blüte ihres Glückes, und um sie in keiner Weise
darin zu stören, ist es nötig, sie in eine allgemeine Form der
Unkenntlichkeit zu hüllen.   Es dürfte daher am zweckmäßigsten
sein, die Sache gleich in der Art zu erzählen, wie ein gezierter
Novellist sein Stücklein in Scene setzt.   Ich würde °zugleich damit
in meiner Erzählungskunst, die mir wie ein Dachziegel auf
den Kopf gefallen, einen Fortschritt anstreben können, man
weiß ja nie, wo man es brauchen kann.   Es würde also etwa
so lauten:

Brandolf, ein junger Rechtsgelehrter, eilte die Treppe zum
ersten Stockwerk eines Hauses empor, in welchem eine ihm befreundete Familie wohnte, und wie er so in Gedanken die
Stufen übersprang, stieß er beinah' eine weibliche Person über
den Haufen, die mitten auf der Treppe lag und Messer blank
scheuerte.   Es war ihm, als ob mit einem der Messer nach

07   noch] nicht noch   H1–E5
22   zugleich damit] damit zugleich   H1–E5

rot!

seiner Ferse gestochen würde; er sah zurück und erblickte unter sich das zornrote Gesicht eines, so viel er wegen des umgeschlagenen Kopftuches sehen konnte, noch jugendlichen Frauenzimmers, welches er für ein Dienstmädchen hielt.   Grollend,

05 ja böse blickte sie nieder auf ihre Arbeit, und Brandolf trat unangenehm betroffen in die Wohnung seiner Freunde.   Dort untersuchte er den Absatz seines Stiefels und fand, daß wirklich eine kleine Schramme in das glänzende Leder °gestoßen war.

10   „Es ist doch ein Elend mit uns Menschen!" rief er aus; „täglich sprechen wir von Liebe und Humanität und täglich beleidigen wir auf Wegen, Stegen und Treppen irgend ein Mitgeschöpf!   Zwar nicht mit Absicht; aber muß ich mir nicht selbst gestehen: wenn eine Dame im Atlaskleide auf den

15 Stufen gelegen hätte, so würde ich sie sicherlich beachtet haben! Ehre dieser wehrbaren scheuernden Person, die mir wenigstens ihren rächenden Stachel in die Ferse gedrückt hat, und wohl

Achill

mir, daß es keine Achillesferse war!"
Er erzählte den kleinen °Vorgang.   Alle riefen: das ist

20 die Baronin! und der Hausvater sagte: „Lieber Brandolf! diesmal hat Ihre humane Düftelei den Gegenstand gänzlich verfehlt!   Die Dame auf der Treppe ist eine wahrhafte Baronin, die aus reiner Bosheit, um den Verkehr zu hemmen, und aus Geiz, statt ihre Innenräume zu brauchen, die gemeinsame Treppe

25 mit Hammerschlag beschmutzt und Messer blank fegt und dabei aus Adelstolz uns Bürgerliche weder grüßt noch auch nur ansieht!"
Verwundert über diese seltsame Aufklärung, ließ sich Brandolf das Nähere berichten.   Die Baronin war vor einigen

30 Wochen in das Haus gezogen, in die jenseitige kleinere Hälfte des Stockwerkes, und hatte allsobald ihren prunkenden Namen an die Thüre geheftet, zugleich aber einen Zettel vor das

08   gestoßen] gestochen *H1*
19   Vorgang] Vorfall *H1*

Fenster gehängt, welcher eine möblierte Wohnung zum Ver-
mieten ausbot.   Schon waren einige Fremde dagewesen, aber
keiner hatte es länger als ein paar Tage ausgehalten, und
sie waren mittelst Bezahlung einer tüchtigen Rechnung ent-
05 flohen.   Wer in die aufgestellte Falle dieser Miete ging, der
durfte in seiner Stube nicht rauchen, nicht auf dem prunkhaften
Sofa liegen, nicht laut umhergehen, sondern er mußte die
Stiefeln ausziehen, um die Teppiche zu schonen; er durfte nicht
im Schlafrock oder gar in Hemdsärmeln unter das Fenster
10 liegen, um die freiherrliche Wohnung nicht zu entstellen, und
überdies befand er sich wie ein hülfloser Gefangener, weil die
Baronin keinerlei Art von Bedienung hielt, sondern alles selbst
besorgte und daher jede Dienstleistung rundweg verweigerte,
welche nicht in der engsten Grenze ihrer Pflicht lag.   Sie
15 stellte alle Morgen eine Flasche frischen Wassers hin und
füllte am Abend das °Waschgeschirr, sonst aber reichte sie nie
ein Glas Wasser, und wenn der Mietsmann am Verschmachten
gewesen wäre.   Das alles begleitete sie mit unfreundlichen, oder
vielmehr meistens mit gar keinen Worten.   Niemand kannte
20 ihre Verhältnisse und woher sie kam; mit niemandem ging sie
um, und wenn ihre häuslichen Beschäftigungen sie an den
Brunnen, in den Hof, unter die Mägde und Dienstleute
führten, so fuhr sie wie ein böser Geist schweigend unter ihnen
herum.
25   Kurz, man war übereingekommen, daß sie ein ausgemachter
Teufel und Unhold sei, welcher sein menschenfeindliches und
räuberisches Wesen auf eigene Faust betreibe und hauptsächlich
den Plan gefaßt habe, durch sein Benehmen einen häufigen
Wechsel der Mieter zu veranlassen, um solchergestalt viele kleine,
30 aber dennoch übertriebene Rechnungen ausstellen und über-
schüssige Mietgelder einziehen zu können, wenn die Verunglückten
vor der Zeit wegzogen.   Und dieser Plan, wenn er wirklich

16   Waschgeschirr,] Waschgeschirr; E1

bestand, war allerdings nicht übel, da das Haus in einer lebhaften und schönen Straße lag, welche immer aufs neue anständige und wohlhabende Fremde herbeilockte, die dann froh waren, sich bald loszukaufen und andern Platz zu machen.

Als diese Schilderung, verwebt mit noch vielen absonderlichen Zügen, beendigt war, fühlte Brandolf eher ein geheimes Mitleid mit der bösen Baronin, als Zorn und Verachtung, und als die Freunde ihn scherzweise fragten, ob er nicht ihr Hausgenosse werden und bei der wunderlichen Nachbarin einziehen wolle, erwiderte er ernsthaft: „Warum nicht? Es käme nur darauf an, die Dame in ihrem eigensten Wesen an der Kehle zu packen und ihr den Kopf zurechtzusetzen!"

Da er aber sah, daß die Frau des Hauses nicht geneigt war, des weitern auf diesen Scherz oder Gedanken einzugehen, so schwieg er, kam aber für sich darauf zurück, als er auf der Straße bemerkte, daß die Vermietungsanzeige eben wieder vor dem Hause hing.

Brandolf konnte gar nicht begreifen, wie man bösen und ungerechten oder tollen Menschen gegenüber in Verlegenheit geraten und den °kürzeren ziehen könne. So gutmütig und friedfertig er im Grunde war, empfand er doch stets eine rechte Sehnsucht, sich mit schlimmen Käuzen herumzuzanken und sie ihrer Tollheit zu überführen. Wo er von erlittenem Unrecht hörte, wurde er noch zorniger über die, welche es duldeten, als über die Thäter, weil durch das ewige Nachgeben diese Unglücklichen nie aus ihrer Verblendung herauskämen. Nur die offene Gewalt ließ er unbekämpft, weil sie sich selbst brandmarke und weiter keiner Beleuchtung bedürfe, um in ewiger Jämmerlichkeit und Selbstzerstörung dazustehen. Er besaß ein tiefes Gefühl für menschliche Zustände und vertraute so sehr auf das Menschliche in jedem Menschen, daß er sich vermaß, auch im Verstocktesten diesen Urquell zu wecken oder wenigstens

20   kürzeren] Kürzern H1–E1

dem Sünder das Bewußtsein beizubringen, daß er durchschaut und von der Uebermacht des Spottes umgarnt sei. Allein sei es, daß die Argen seine sieghafte Sicherheit von weitem ausspürten, sei es das irdische Schicksal, welches uns das, was man wünscht, selten erreichen läßt, Brandolf bekam fast nie so recht wohlbegründete Händel, und wo eine ausgesuchte üble Existenz blühte, kam er immer zu spät, die Blume zu brechen.

Daher ging er an der Pforte der Baronin wie an einem verschlossenen Paradiese vorbei, in welches einzudringen und mit dem hütenden Drachen zu streiten er sich herzlich sehnte.

Als im September die Freundesfamilie samt Kindern und Dienstboten, mit Kisten und Koffern im Wagen untergebracht war, um die Reise nach Italien anzutreten, wo ein Winter verlebt werden sollte, als die schwerfällige Maschine endlich unter den Seufzern der Haus- oder hier der Reisefrau fortrollte, da hatte Brandolf, der den Schlag zugemacht, im Hause eigentlich nichts mehr zu thun, und er hätte füglich nach seiner eigenen Wohnung gehen können. Er stieg aber wieder die Treppe hinauf, klingelte bei der Baronin und wünschte ihre Zimmer zu besehen. Sie erkannte ihn als denjenigen, der sie auf der Treppe gestoßen, und als den täglichen Besucher der Nachbarherrschaft. Mißtrauisch und mit großen Augen sah sie ihn an, ohne ein Wort zu sprechen, und hielt die Thüre so, als ob sie ihm dieselbe vor der Nase zuschlagen wollte; doch konnte sie das nicht wagen und ließ ihn mit knappen Worten eintreten.

Mit saurer Höflichkeit führte sie ihn zu den Zimmern; sie waren höchst anständig und solid eingerichtet, und Brandolf erklärte nach flüchtiger Besichtigung, die er mehr zum Scheine vornahm, daß er die Wohnung miete und gleich am nächsten Tage einziehen werde. Ohne die mindeste Freudenbezeugung verbeugte sich die Baronin ein bißchen, von der er übrigens

nicht viel sah, weil sie wieder das verhüllende Tuch um Kopf
und Hals geschlagen hatte, einer Kapuze ähnlich, und eine Art
grauen Ueberwurfes trug, der sowohl einen Mantel wie einen
Hausrock vorstellen konnte. Er eilte, die Veränderung seinen
05 bisherigen Wirtsleuten anzuzeigen. Die waren sehr betrübt
darüber, da sie noch nie einen so guten und liebenswürdigen
Mieter bei sich gesehen hatten, und da sie selbst ordentliche und
wohlgesinnte Leute waren, so nahm sich Brandolfs Entschluß
doppelt unbegreiflich aus. Sie konnten sich denselben auch nur
10 dadurch erklären, daß der Herr als ein reicher und unverhei-
rateter studierter Mensch seine Launen und keine Sorgen habe,
und also sich nach Belieben den Hafer könne stechen lassen.

Erst als Brandolf seine Habseligkeiten in das neue Losa-
ment gebracht hatte und sich dort einhaus'te, sah er sich ge-
15 nötigt, genauer auf die für solche Mietzimmer ungewöhnliche
Ausstattung zu achten. Es waren überhaupt nur drei nach
der Straße gelegene Stuben; diese schienen aber mit dem Haus-
rate einer ganzen Familie angefüllt zu sein und alles von
teuren Stoffen und Holzarten gearbeitet. Der Boden war mit
20 bunten Teppichen überall belegt, an manchen Stellen doppelt;
in jedem Zimmer standen Sekretäre, feine Schränke, Luxus-
möbel, Spieltische und Spiegelgebäude, Sofas und weiche
Polsterstühle im Ueberfluß; prächtige Vorhänge bekleideten die
Fenster, und sogar an den Wänden drängte sich eine Bilder-
25 ware von Gemälden, Kupferstichen und allem Möglichen zusammen, wie wenn der °Wandschrank eines weitläufigen Hauses
da zur Auktion aufgestapelt worden wäre. Erschien der Raum
der sonst ziemlich großen Zimmer °hierdurch beengt, so wurde
der Umstand noch bedenklicher durch einige Eckgestelle, auf
30 deren schwank aufgetürmten Stockwerken eine Menge bemalten
oder vergoldeten °Porzellans und unendlich dünner Glassachen
stand und zitterte wie Espenlaub, wenn ein fester Tritt über

26   Wandschrank] Wandschmuck H1–E1 E3–E5
28   hierdurch] hiedurch H1–E1
31   Porzellans] Porzellanes H1–E1

die Teppiche ging.   An allen diesen Zerbrechlichkeiten war das
gleiche Wappen gemalt oder eingeschliffen, welches auch auf
der Karte an der Eingangsthüre prangte über dem Namen
der Baronin Hedwig von Lohausen.   Als er später schlafen
ging, bemerkte Brandolf, daß die Freiherrenkrone nicht minder
auf die Leinwand des prachtvollen Bettes gestickt war, welches
das eine der beiden Hauptstücke einer ehemaligen Brautaus-
steuer zu sein schien.   Alles aber, trotz der durch die drei
Zimmer herrschenden Fülle, war in tadellosem Stande gehalten
und nirgends ein Stäubchen zu erblicken, und Brandolf wunderte sich nur, ob der Mieter für sein teures Geld eigentlich
zum Hüter der Herrlichkeit bestellt sei und ihm ehestens ein
Reinigungswerkzeug mit Staublappen und Flederwisch anvertraut werde?   Denn wenn jemand anders die Arbeit besorgte,
so mußte ja fast den ganzen Tag dieser Jemand sich in den
Zimmern aufhalten.   Es ist aber schon jetzt zu sagen, daß
keines von beiden der Fall war; alles wurde in Abwesenheit
des °Mietsmannes gethan wie von einem unsichtbaren Geiste,
und selbst die Glas- und Porzellansachen standen immer so
unverrückt an ihrer Stelle, wie wenn sie keine Menschenhand
berührt hätte, und doch war weder ein Stäubchen noch ein
trüber Hauch daran zu erspähen.

Nunmehr begann Brandolf aufmerksam die bösen Thaten
und Gewohnheiten der Wirtin zu erwarten, um den Krieg der
Menschlichkeit dagegen zu eröffnen.   Allein sein altes Mißge-
schick schien auch hier wieder zu walten; der Feind hielt sich
zurück und witterte offenbar die Stärke des neuen Gegners.
Leider vermochte ihn Brandolf nicht mit dem Tabaksrauche aus
der Höhle °hervorzulocken, denn er rauchte nicht, und als er
zum °besonderen Zwecke ein kleines Tabakspfeifchen, wie es die
Maurer bei der Arbeit gebrauchen, nebst etwas schlechtem Tabak
nach Hause brachte und anzündete, um die Baronin zu reizen,

18   Mietsmannes] Miethmannes *H1–E2*
29   hervorzulocken,] hervor^zu^locken; *H1*; hervorzulocken; *J1–E1*
30   besonderen] besondern *H1–E2*

da mußte er es nach den ersten drei Zügen aus dem Fenster
werfen, so übel bekam ihm der Spaß. Teppiche und Polster
zu beschmutzen ging auch nicht an, da er das nicht gewöhnt
war; so blieb ihm vor der Hand nichts übrig, als die Fenster
aufzusperren und einen Durchzug zu veranstalten. Dazu zog
er eine Flanelljacke an, setzte eine schwarzseidene Zipfelmütze
auf und legte sich so breit unter das Fenster als möglich.
Es dauerte richtig nicht lange, so trat die Freiin von Lohausen
unter die offene Thüre, rief ihren Mietsmann wegen des
Straßengeräusches mit etwas erhöhter Stimme an, und als er
sich umschaute, deutete sie auf eine große Roßfliege, die im
Zimmer herumschwirrte. Es sei in der Nachbarschaft ein
Pferdestall, bemerkte sie kurz. Sogleich nahm er selbst die
Zipfelmütze vom Kopf, jagte die Fliege aus dem Zimmer und
schloß die Fenster. Dann setzte er die Mütze wieder auf, zog
sie aber gleich abermals herunter, da die Dame noch im
Zimmer stand und ihn, wie es schien, statt mit Entrüstung,
eher mit einem schwachen Wohlgefallen in seinem Aufzuge betrachtete. Ja so viel von ihrem ernsten und abgehärmten Gesichte zu sehen war, wollte beinah' ein kleiner Schimmer von
Heiterkeit in demselben aufzucken, der aber bald wieder verschwand, sowie auch die Frau sich zurückzog.

Zunächst wußte Brandolf nichts weiter anzufangen; er
hüllte sich in seinen schönen Schlafrock, that Jacke und Zipfelmütze wieder an ihren Ort und nahm Platz auf einem der
Divans. Dort gewahrte er ein Klingelband von grünen und
goldenen Glasperlen und zog mit Macht daran. Wie ein
Wettermännchen erschien die Baronin auf der Schwelle, immer
in ihrem grauen Schattenhabit mit dem kapuzenähnlichen Kopf-
tuche. Brandolf wünschte seinem Schneider, der viele Straßen
weit wohnte, eine Botschaft zu senden. Die Baronin errötete;
sie mußte selbst gehen, denn sie hatte sonst niemanden. Ob es

so dringlich sei oder bis Nachmittag Zeit habe? fragte sie nach
einem minutenlangen Besinnen.   Allerdings sei es dringlich,
meinte Brandolf, es müsse ein Knopf an den Rock genäht
werden, den er gerade heut tragen wolle.   Sie sah ihn halb
an und war im Begriff, die Thüre zuzuschlagen, drehte sich aber
doch nochmals und fragte, ob sie den Knopf nicht ansetzen
könne?   „Ohne Zweifel, wenn Sie wollten die Güte haben,"
sagte Brandolf, „er hängt noch an einem Faden; allein das
darf ich Ihnen nicht zumuten!"

„Aber eine halbe Stunde weit zu laufen?" erwiderte sie
und ging ein kleines altes Nähkörbchen zu holen, in welchem
ein Nadelkissen und einige Knäulchen Zwirn lagen.   Brandolf
brachte den Rock herbei, und die vornehme Wirtin nähte mit
spitzen Fingerchen den Knopf fest.   Da sie mit der Arbeit ein
wenig ins hellere Licht stehen mußte, sah Brandolf zum ersten
Mal etwas deutlicher einen Teil ihres Gesichtes, ein rundlich
feines Kinn, einen kleinen aber streng geformten Mund, darüber eine etwas spitze Nase; die tief auf die Arbeit gesenkten
Augen verloren sich schon im Schatten des Kopftuches.   Was
aber sichtbar blieb, war von einer fast durchsichtigen weißen
Farbe und mahnte an einen Nonnenkopf in einem altdeutschen
Bilde, zu welchem eine etwas gesalzene und zugleich kummer-
gewohnte Frau als Vorbild diente.

Es blieb aber nicht viel Zeit zu dieser Wahrnehmung;
denn sie war im Umsehen fertig und wieder verschwunden.

Für den ersten Tag war Brandolf nun zu Ende, und so
vergingen auch mehrere Wochen, ohne daß sich etwas ereignete,
das ihm zum Einschreiten Ursache gegeben hätte.   Er mußte
sich also aufs Abwarten, Beobachten und Erraten des Geheimnisses beschränken; denn ein solches war offenbar vorhanden,
obgleich die Frau hinsichtlich ihrer Bösartigkeit verlästert wurde.
Da fiel ihm nun zunächst auf, daß der Teil der Wohnung,

16   Mal] Male   E1–E5

wo sie haus'te, immer unzugänglich und verschlossen blieb; es
war auch nichts weiter als eine Küche, ein einfenstriges schmales
Zimmer und ein kleines Kämmerchen.   Dort mußte sie Tag
und Nacht mutterseelenallein verweilen, da außer einem Bäcker-
jungen man niemals einen Menschen zu ihr kommen hörte.   Ein
einziges Mal konnte Brandolf einen Blick in die Küche werfen,
welche mit sauberem Geräte ausgestattet schien; aber kein Zeichen
bekundete, daß dort gefeuert und gekocht wurde.   Nie hörte er
einen Ton des Schmorens oder ein Prasseln des Holzes, oder
ein Hacken von Fleisch und Gemüse, oder den Gesang von
gebratenen Würsten, oder auch nur von armen Rittern, die
in der heißen Butter lagen.   Von was nährte sich denn die
Frau?   Hier begann dem neugierigen Mietsmann ein Licht
aufzugehen: Wahrscheinlich von gar nichts!   Sie wird Hunger
leiden – was brauch' ich so lange nach der Quelle ihres
Verdrusses zu forschen!   Ein Stück Elend, eine arme Baronin,
die allein in der Welt steht, wer weiß durch welches Schicksal!

  Er genoß im Hause nichts, als jeden Morgen einen Milch-
kaffee mit ein paar frischen Semmeln, von denen er jedoch
meistens die eine liegen ließ.   Da glaubte er denn eines Tages
zu bemerken, daß Frau Hedwig von Lohausen, als sie das
Geschirr wegholte, mit einer unbewachten Gier im Auge auf
den Teller blickte, ob eine Semmel übrig sei, und mit einer
unbezähmbaren Hast davoneilte.   Das Auge hatte förmlich ge-
leuchtet wie ein Sterngefunkel.   Brandolf mußte sich an ein
Fenster stellen, um seiner Gedanken Herr zu werden.   Was ist
der Mensch, sagte er sich, was sind Mann und Frau!   Mit
glühenden Augen müssen sie nach Nahrung lechzen, gleich den
Tieren der Wildnis!

  Er hatte diesen Blick noch nie gesehen.   Aber was für
ein schönes glänzendes Auge war es bei alledem gewesen!

  Mit einer gewissen Grausamkeit setzte er nun seine Beob-

achtung fort; er steckte das eine Mal die übrig bleibende
Semmel in die Tasche und nahm sie mit fort; das andere Mal
ließ er ein halbes Brötchen liegen, und °das dritte Mal alle
beide, und stets glaubte er an dem Auf- und Niederschlagen
der Augen, an dem rascheren oder langsameren Gang die
nämliche Wirkung wahrzunehmen und überzeugte sich endlich,
daß die arme Frau kaum viel Anderes genoß, als was von
seinem °Frühstück übrig blieb, ein paar Schälchen Milch und
eine halbe oder ganze Semmel.

Nun nahm die Angelegenheit eine andere Gestalt an;
er mußte jetzt trachten, die wilde Katze, wie er sie wegen ihrer
Unzugänglichkeit nannte, gegen ihren Willen ein bißchen zu
füttern, nur vorsichtig und allmählich.   Er gab vor, zu einem
späteren Frühstück, das er sonst außerhalb einnahm, nicht mehr
ausgehen zu wollen, und bestellte sich eine tägliche Morgen-
mahlzeit mit Eiern, Schinken, Butter und noch mehr Semmeln.
Davon ließ er dann den größeren Teil unberührt, in der
Hoffnung, die arme Kirchenmaus werde davon naschen.   Das
mochte auch während einiger Tage geschehen; dann aber schien
sie den Handel zu wittern, wurde mißtrauisch und bemerkte
eines Morgens, er möchte entweder weniger bestellen oder
über die Reste in irgend einer Weise verfügen, und zuletzt
nahm sie auch die Semmel nicht mehr, die übrig blieb.   Da
wußte er nun wieder nichts mit ihr anzufangen.

Eines Tages, als er von einem Ausgang nach Hause
kam, traf er sie auf dem Hausflur bei einer Gemüsefrau,
welche auf ihrem Kärrchen einen prächtigen Nelkenstock zu verkaufen hatte, der trotz der vorgerückten Jahreszeit noch ganz
voll von hochroten Nelken blühte.   Die Baronin nahm den
Topf in die Hand und drückte schnell ein wenig das Gesicht
in die Blumen, offenbar von einem Heimweh nach dergleichen
ergriffen; sie fragte zögernd um den Preis, schüttelte den Kopf,

03   das dritte Mal] ein drittes Mal *H1*
08   Frühstück] Frühstücke *H1–E5*

gab den Stock zurück und schlurfte eilig davon. Brandolf erstand sogleich das Gewächs, hoffend, es ihr noch auf der Treppe aufdringen zu können; sie war aber schon in ihrem Malepartus verschwunden und er trug den Nelkenstock in seine Wohnung, wo er denselben auf ein Tischlein stellte, das er nebst einem Stuhle zum Lesen an ein Fenster gerückt hatte. Sorgfältig legte er jedoch zur Schonung des Tischchens einen Quartanten unter den Topf.

Später begab er sich wieder weg, um zu Tische zu gehen, und da es zu regnen begann, versah er seine Füße mit Gummi- schuhen. Daher war sein Schritt unhörbar, als er nach einigen Stunden zurückkehrte und ins Zimmer trat. Unter der ge- öffneten °Thür stehend sah er die Frau auf dem Stuhle vor dem Nelkenstocke sitzen, einen Staubwedel in der Hand. Sie lehnte müde zurück und war eingeschlafen, die Hände mit dem Wedel im Schoße. Leise schloß er die Thüre und schlich nach dem Sofa, von wo aus er mit verschränkten Armen die schlafende Frau aufmerksam betrachtete. Man konnte nicht sagen, daß es gerade ein ausdrücklicher Gram war, der auf dem Gesichte lagerte; °er glich so zu sagen mehr einer Ab- wesenheit jeder Lebensfreude und jeder Hoffnung, einer Ver- sammlung vieler Herrlichkeiten, die nicht da waren. Einzig an den geschlossenen Wimpern schienen zwei Thränen zu trocknen, aber ohne Weichmut, wie ein paar achtlos verlorene Perlen.

Desto weichmütiger wurde Brandolf von dem Anblick; je länger er hinsah, um so enger schloß er ihn ans Herz; er wünschte dies unbekannte Unglück sein nennen zu dürfen, wie wenn es der schönste blühende Apfelzweig gewesen wäre oder irgend ein anderes Kleinod. Er hatte sein Leben lang etwas Närrisches an sich und soll es jetzt noch haben, insofern man das närrisch nennen kann, was einem nicht jeder nachthut. Plötzlich erschütterte sich die Schläferin wie von einem un-

13   Thür] Thüre *H1–E1*
20   er] es *H1–E1 E3–E5*

willigen oder ängstlichen Traume und erwachte.   Verwirrt sah
sie °sich um, und als sie den Mann mit dem teilnehmenden
Ausdruck im Gesichte wahrnahm, raffte sie sich auf und bat
mit milderen Worten, als sie bisher hatte hören lassen, um
Entschuldigung.   Sie that sogar ein Uebriges und fügte zur
Erklärung bei, Nelken seien ihre Lieblingsblumen und sie habe
dem Gelüste nicht widerstehen können, ein wenig bei dem schönen
Stock auszuruhen, wobei sie leider eingeschlafen.   Einst habe
sie über hundert solcher Stöcke gepflegt, einer schöner als der
andere und von allen Farben.

„Darf ich Ihnen diesen anbieten, Frau Baronin?“ sagte
Brandolf, der sich sogleich erhoben hatte, „ich habe ihn unten
gekauft, als ich sah, daß Sie die Pflanze in die Hand genommen und mit Gefallen betrachteten.“

Das milde Wetter war aber schon vorüber.   Mit Rot
übergossen schüttelte sie den Kopf.   Bei mir ist zu wenig Licht
dafür, sagte sie, hier steht er besser!   Als ob es sie gereute,
schon so viel gesprochen zu haben, grüßte sie knapp, ging
hinaus und ließ sich die folgenden Tage kaum blicken.

Endlich brachte sie die erste Monatsrechnung, auf einen
Streifen grauen Papiers geschrieben.   Er las sie absichtlich
nicht durch; mit dem innerlichen Wunsche, sie möchte recht hoch
sein, bezahlte er den Betrag, der jedoch die Ausgabe keineswegs
überschritt, auf die er zu rechnen gewohnt war.   Während er
das Geld hinzählte, stand die sonderbare Wirtin, wie ihm
schien, eher in furchtsamer als in trotziger Haltung lautlos
da, wie wenn sie der gewohnten Aufkündigung entgegensähe.
Aber entschlossen, durchaus ein Licht in das Dunkel dieses
Geheimnisses zu bringen, ließ er sie hinausgehen, ohne die
geringste Lust zum Ausziehen zu verraten.   Neugierig, wie es
sich mit ihren Rechnungskünsten verhalte, studierte er gleich
nachher den Zettel und fand ihn nicht um einen Pfennig

02   sich um] um sich *H1–E1 E3–E5*

übersetzt; dagegen war jedesmal, wo er beim Frühstück nur
ein Brötchen gegessen, das zweite übrig gebliebene nicht auf-
geschrieben.   Nun wurde er gar nicht mehr klug aus der
ganzen Geschichte, zumal als er beim Weggehen gegen Abend
zum ersten Male von der Gegend der Küche her ein schüchternes
Knallen wie von einem brennenden Holzscheitlein hörte und
den Geruch von einer guten gebrannten Mehlsuppe empfand,
die mitzuessen ihn seltsam gelüstete.   Nun war er überzeugt,
daß die Baronin erst jetzt sich etwas Warmes zu kochen erlaubte.   Am Ende, dachte er, thut sie das alle Monat einmal,
wenn die Rechnung bezahlt wird, wie die Arbeiter am sogenannten Zahltag ins Wirtshaus zu gehen pflegen!

Und in der That war von der üppigen Kocherei schon
am nächsten Tage nichts mehr zu verspüren.

Um die Mitte des Monats Oktober kam es zu einer fast
ebenso langen Unterredung, wie die °von dem Nelkenstock war.
Die Baronin machte Brandolf aufmerksam, daß jeden Tag der
Winter eintreten und die Feuerung in den Oefen nötig werden
könne, und sie fragte, ob er Holz wolle anfahren lassen und
wie viel?   Und es kam ihm vor, als ob sie mit einiger Span-
nung auf die Antwort warte, aus welcher sie ersehen konnte,
ob er bis zum Frühjahr zu bleiben gedenke.   Er nannte ein
so großes Quantum, daß man alle Oefen der ganzen Wohnung
damit heizen und auch auf dem Herde ein lustiges Feuer bis
in den Mai hinaus unterhalten konnte.   Zugleich übergab er
ihr eine Banknote mit der Bitte, alles Nötige zu besorgen,
den Einkauf und das Kleinmachen des Holzes; sie nahm die
Note und verrichtete das Geschäft mit aller Sorgfalt und Sach-
kunde.   Es dauerte auch kaum acht Tage, so fing es an zu
schneien, und jetzt mußte die einsame Wirtin sich öfter sehen
lassen, da sie die drei Oefen ihres Mietsherrn selbst einfeuerte
und mit Holzherbeitragen und allem andern genug zu thun

16   von] vor H1

hatte. Sie bekam dabei rußige Hände und ein rauchiges Antlitz und sah bald völlig einem Aschenbrödel gleich.

Wenn Brandolf aber gehofft, sie werde nicht so dumm sein und auch ihr eigenes Wohngelaß etwas erwärmen, so hatte er sich darin getäuscht, denn so wenig als im Sommer konnte er gewahren, daß dort das kleinste Feuerchen entfacht wurde. Und doch war inzwischen die Kälte stärker und anhaltend geworden; wenn die Baronin ihre Geschäfte beendigt hatte, so mußte sie sich einsam im kalten Gemache aufhalten, und Gott mochte wissen, was sie dort that. Auch wurde sie ersichtlich immer blasser, spitziger und matter, und es schien ihm, als ob sie die Holzkörbe jeden Tag mühsamer herbeischleppe, so daß es ihm, der ohnedies ein gefälliger und galanter Mann war, ins Herz schnitt. Allein jeden Versuch, sie zum Sprechen zu bringen und eine Hülfe einzuleiten, lehnte sie beharrlich ab, wie wenn sie sich so recht vorsätzlich aufreiben wollte. Er aber war ebenso hartnäckig und wartete auf den Augenblick, der schließlich nicht ausbleiben konnte.

Indessen wurde die Zeit doch etwas lang in Hinsicht auf seine Verhältnisse. Sein verwitweter Vater war ein großer Gutsbesitzer und sehr reicher Mann, welcher wünschte, daß der einzige Sohn bei ihm lebte und die Verwaltung der Güter übernahm. Auf der andern Seite war der Sohn ein entschiedenes juristisches Talent und ein gut empfohlener junger Mann, welcher von oben dringend zum Staatsdienste aufgefordert und ermuntert wurde. Er war auch nach der Hauptstadt gekommen, um sich die Dinge näher anzusehen und sich für einstweilen zu entschließen, wenn auch nicht für immer.

Täglich einige Stunden auf dem Ministerium als Freiwilliger arbeitend und im Uebrigen ein etwas wähliger reicher Muttersohn, ließ er sich mit aller Gemächlichkeit Raum, zum Entschlusse zu kommen. Doch wurde so eben von neuem in

ihn gedrungen, da man ihn zu einer bestimmten Funktion aus-
ersehen hatte, die seinen Aufenthalt in einem entlegenen Landes-
kreise erforderte.   Er aber wollte den Abschluß seines Abenteuers in der Mietswohnung durchaus nicht fahren lassen, der
os Vater drang ebenfalls auf Erfüllung seines Wunsches, und
so lag er eines Morgens länger im Bette als gewöhnlich und
sann über den Ausweg nach, den er zu ergreifen habe.   Endlich
gelangte er zu der Meinung, daß er ja ganz füglich seine
juristischen Kenntnisse und amtlichen Beziehungen benutzen
10 könne, um im Stillen und mit aller Schonung über die Vergangenheit und Gegenwart der Baronin die wünschbaren Auf-
schlüsse zu sammeln und je nach Befund und Umständen der
verlassenen Frau eine bessere Lage zu verschaffen, oder aber
sie aus dem Sinne zu schlagen und sein Unternehmen als ein
15 verfehltes aufzugeben.

Mit diesem Vorsatz kleidete er sich an und eilte, seinen
Morgenkaffee zu nehmen, um sich ungesäumt auf den Weg zu
machen.   Allein trotz der vorgerückten Stunde war das Kaffee-
brett nicht an der gewohnten Stelle zu erblicken; die Zimmer
20 waren erkaltet und in keinem Ofen Feuer gemacht.   Verwundert
machte er eine Thüre auf und horchte °in den Flur hinaus;
es war nichts zu sehen und zu hören.   Er zog die bewußte
schöne Klingelschnur, aber es blieb totenstill in der Wohnung.
Besorgt schritt er den Gang entlang, bis er an die Küchen-
25 thüre gelangte, und klopfte dort erst sanft, dann stärker, ohne
daß ein Lebenszeichen erfolgte.   Er öffnete die Thüre, durch-
schritt die stille Küche bis zu einer andern Thüre, welche in
die Wohnstube der Baronin führen mußte.   Dort pochte er
wiederum °behutsam und lauschte und horchte, hörte aber nichts
30 als ein °ununterbrochenes heftiges Atmen und zeitweiliges
Stöhnen.   Da öffnete er auch diese Thüre und trat in das
tiefe und düstere Zimmer, dessen kahle Wände von der Kälte

21   in] auf *H1–E5*
29   behutsam] behutsam an *H1*
30   ununterbrochenes heftiges] unterbrochenes hastiges *H1*

bis zum Tropfen feucht waren; das nach dem Hofe hinaus-
gehende Fenster bedeckte ein einfacher weißer Vorhang samt
der dicken Stickerei von Eisblumen. Auf einem elenden Bette,
das aus einem Strohsacke, einem groben Leintuche und einer
jämmerlich dünnen Decke bestand, lag die Baronin. Eine
schmale, feine Gestalt zeichnete sich durch die Decke hindurch;
der blasse Kopf lag auf einem ärmlichen Kissen und das feuchte
nußbraune Haar in verworrenen Strähnen um das Gesicht
herum, das mit offenen Augen an die geweißte feuchte Decke
starrte.   Sie war mit einem dünnen Flanelljäckchen angethan;
die Arme und Hände, die auf der Wolldecke lagen, schlotterten
demnach von Kälte und Fieber zugleich und ebenso zitterte der
übrige Körper sichtbar unter der Decke.   Erschrocken trat
Brandolf an das Bett und rief die Kranke an; sie drehte
wohl die Augen nach ihm, schien ihn aber nicht zu erkennen;
doch bat sie mit schwacher Stimme hastig um Wasser.   Stracks
lief er in die Küche zurück, fand dort Wasser und füllte ein
Glas damit.   Er mußte ihr den Kopf heben, um ihr dasselbe
an den Mund zu bringen; mit beiden Händen hielt sie seine
Hand und das Glas fest und trank es begierig aus.   Dann
legte sie den Kopf zurück, sah den fremden Mann einen Augenblick an und schloß hierauf die Augen.

„Kennen Sie mich nicht? wie geht es Ihnen?" sagte
Brandolf und suchte an ihrem °dünnen und weißen Handgelenk
den Puls zu finden, der sich mit seinem heftigen Jagen bald
genug bemerklich machte.   Als sie nicht antwortete, noch die
Augen öffnete, eilte er zu der Hausmeisterin hinunter, die im
Erdgeschoß hauste, und forderte sie auf, zu der Erkrankten zu
gehen und Hülfe zu leisten, während er einen Arzt herbeihole.
Er selbst machte sich unverzüglich auf den Weg, dies zu thun;
er war dem bewährten °Vorsteher eines Krankenhauses befreundet
und suchte ihn an der Stätte seiner vormittäglichen Thätigkeit

24   dünnen und weißen] dünnen weißen *H1–J1*
31   Vorsteher] ärztlichen Vorsteher *H1*

auf. Der Arzt beendete so rasch als möglich die noch zu
verrichtenden Geschäfte und fuhr dann unverweilt mit dem
Freunde, den er in seinen Wagen nahm, nach dessen Wohnung.
„Du hast da eine wunderliche Wirtin gewählt," sagte er
os scherzend; „am Ende, wenn sie stirbt, bekommst Du noch Pflege-
kosten, Begräbnis und Grabstein auf die Rechnung gesetzt und
kannst alsdann ausziehen!"

„Nein, nein!" rief Brandolf, „sie darf nicht sterben! Ich
hab' es einmal auf dies mysteriöse Bündel Unglück abgesehen,
10 und es ist mir fast zu Mute wie einem schwachen Weibe, dem
das Kind erkrankt ist!"

Er erzählte dem Arzte, so lange der Weg es noch erlaubte, einiges von der Lebensart der Baronin. Jener schüttelte immer °verwundert den Kopf. „Lohausen!" sagte er,
15 „wenn ich nur wüßte, wo ich den Namen schon gehört habe!
Gleichviel, wir wollen sehen, was zu thun ist!"

„Das ist ja ein vertracktes Loch!" rief er dann, als er
das feuchte, kalte und finstere Zimmer betrat, in dem die Kranke
lag. Sie war jetzt bewußtlos und hatte sich nach Aussage der
20 Hausmeisterin nicht geregt, seit Brandolf fortgegangen. Nach
kurzer Betrachtung erklärte der Arzt den Zustand für den lebens-
gefährlichen Ausbruch einer tiefen Erkrankung. „Vor allem
muß sie hier weg," sagte er, „und in ein rechtes Bett in guter
Luft! In meinen Krankensälen wird sich leicht ein Platz finden,
25 wenn wir sie hinbringen; die Einzelzimmer sind freilich im
Augenblicke alle in Anspruch genommen."

„Wir können die menschenscheue Frau nicht dem Momente
aussetzen, wo sie °am unbekannten Orte und unter einer Menge
fremder Gesichter zu sich kommt," versetzte Brandolf, der das
30 Kleinod seiner Teilnahme nicht aus dem Hause lassen wollte.
„Und überdies," sagte er, „haben wir es hier sichtlich mit verborgener und arg verschämter Armut zu thun, deren Gemüts-

---

14   verwundert] verwunderter H1–E5
28   am unbekannten] an unbekanntem H1

bewegungen auch berücksichtigt sein wollen. Ich kann mein
äußerstes Zimmer ganz gut entbehren; dort bringt man sie hin,
setzt eine zuverlässige Wärterin hinein und schließt das Zimmer
nach meiner Seite her ab, so sind beide Parteien ungestört.
Hätten wir nur erst das Bett!"

„Ich habe hier neben in die Kammer ˚geguckt," berichtete
jetzt die Hausmeisterin, „und gesehen, daß die Stücke eines
vollständigen schönen Bettes dort bei einander liegen. Der
Himmel mag wissen, warum die wunderliche Dame auf diesem
Armesünderschragen schläft, während sie ein so gutes Lager
vorrätig hat!"

„Das will ich Euch sagen, Frau Hausmeisterin!" sprach
Brandolf, „sie thut es, weil sie das gute Bett spart, um
nötigenfalls zwei Mieter einlogieren zu können. So viel habe
ich gesehen, daß sie wahrscheinlich ihr Leben lang gewöhnt war,
mit dem Entbehren immer an sich selbst anzufangen, vielleicht
nicht aus Güte, sondern weil sie es für notwendig hielt. Denn
die kleine, schmale ˚Weibsgestalt unter dieser Decke ist ein wahrer
Teufel von Unerbittlichkeit gegen sich und andere."

Der Arzt aber warf ˚nur ein: „So will ich eine gute
Wärterin, die ich kenne, gleich selbst aufsuchen und hersenden."
Worauf er sich in seiner Kutsche wieder entfernte, nachdem er
noch angedeutet, er werde Verhaltungsbefehle und Anordnungen
der Wärterin mitgeben. Auch die Hausmeisterin mußte sich in
eigenen Geschäften zurückziehen und Brandolf saß allein am
Leidensbette der Fieberkranken, bis die Wärterin mit ihrem
Korbe und ihren Siebensachen anlangte, von der Hausmeisterin
begleitet. Zuerst wurde nun das bessere Zimmer eingerichtet
und das gute Bett darin aufgeschlagen und sodann die ˚Ueber-
siedelung der Baronin bewerkstelligt. Als die beiden Frauen
sich nicht recht anzuschicken wußten, nahm Brandolf das kranke
Aschenbrödel, in seine Decke ˚gewickelt kurzweg auf den Arm

---

und trug es so sorglich, wie wenn es das zerbrechliche Glück
von Edenhall gewesen wäre, hinüber und ließ hierauf die Weiber
das Ihrige thun.   Beide versorgte er mit dem nötigen Geld,
um alles Erforderliche vorzusehen und zu beschaffen, und empfahl ihnen, die treulichste Pflege zu üben.   Für sich selber
bestellte er noch eine besondere Aufwärterin, welche des Morgens
herkam und den Tag über da blieb, so daß es in der sonst
so stillen Küche auf einmal lebendig wurde.

Etwas länger als zwei Wochen blieb die Kranke bewußtlos und der Arzt versicherte mehrmals, daß in dem zarten
Körper eine gute Natur stecken müsse, wenn er sich erholen
solle.   Es geschah dennoch; die Fieberstürme hörten auf und
eines Tages schaute sie still und ruhig um sich.   Sie sah das
schöne Zimmer mit ihrem eigenen Geräte, die freundliche
Wärterin und den behäbigen Doctor, der mit tröstlichen Mienen
und Worten an ihr Lager trat; aber sie frug nicht nach den
Umständen, sondern überließ sich der schweigenden Ruhe, wie
wenn sie fürchtete, derselben entrissen zu werden.   Erst am
zweiten oder dritten Tage fing sie an zu fragen, was mit ihr
geschehen sei und wer für sie gesorgt habe.   Als sie vernahm,
daß es der Herr Mietsmann sei, schwieg sie wieder und lag
lang in stillem Nachsinnen; aber der Trotz schien gebrochen,
die Nachricht sie eher ein wenig zu beleben als zu beunruhigen.

Als Brandolf von der bessern Wendung hörte, wurde er
sehr zufrieden und empfand etwas wie das Vergnügen eines
Kindes, wenn ein lieber Gast im Hause sitzt und nun allerlei
angenehme und merkwürdige Dinge in Aussicht stehen.   „Wie
wenig braucht es doch,“ dachte er im Stillen, „um sich selber
einen Hauptspaß zu bereiten, und was für schöne Gelegenheiten liegen immer am Wegrande bereit, wenn man sie nur
zu sehen wüßte!“

Inzwischen hatte sich die Kunde von der erkrankten und

von ihm verpflegten adeligen Wirtsfrau weiter verbreitet, und er bekam in den Kreisen, die er besuchte, davon zu hören, was ihn keineswegs belästigte. Er machte sich nur darüber lustig, daß er in das Haus gezogen sei, einen ungerechten Drachen zu bändigen, und statt dessen nun den Kranken- und Armenpfleger spielen müsse. Durch das Gerede entwickelten sich dagegen ein paar dürftige Angaben über das Vorleben des Pfleglings. Als die Tochter eines im Nachbarstaate seßhaft gewesenen und verstorbenen Freiherrn von Lohausen sei sie mit einem Rittmeister von Schwendtner verheiratet worden, habe sich aber nach einer dreijährigen unglücklichen Ehe von ihm scheiden lassen, und der etc. Schwendtner sei dann in übeln Umständen verschollen. Brandolf empfand sogleich eine sonderbare Eifersucht gegen den Unbekannten und eine zornige Straflust, nicht bedenkend, daß er den Mann am Ende auch noch pflegen müßte, wenn er denselben in die Hände bekäme.

Nach ungefähr weiteren acht Tagen befand sich die Baronin entschieden auf dem Wege der Genesung, wenn keine schlimmen Einflüsse dazu kamen. Brandolf war sehr begierig, das gerettete Wesen anzusehen, und ließ durch die Wärterin ordentlich anfragen, ob die Frau Baronin seinen Besuch empfangen würde. Denn er wollte auch im Punkte der Höflichkeit zur Befestigung ihrer Gesundheit beitragen und gut machen, was sie als dienende Wirtin in ihrer Vermummung erlitten haben mochte. Kurzum, es sollte alles wohlsinnig und freundlich hergehen, so lange er die Hand im Spiele hatte.

Als er den Bericht erhielt, daß sie seinen Besuch erwarten wolle, zog er einen Ausgeherock und Handschuh' an und begab sich in das Krankenzimmer hinüber.

Er erstaunte nicht wenig, sie in ihrem hübsch zugerüsteten Bette liegen zu sehen, und hätte sie beinahe nicht wieder erkannt, angethan wie sie war mit reinlich weißem Gewande und mit dem vergeistert weißen Gesichte, das von dem leicht aber schicklich geordneten Haar umrahmt wurde. Sie richtete mit großem Ernste die Augen auf ihn, als er auf einem Stuhle Platz nahm, den die Wärterin neben das Bett gestellt hatte. Ihr Blick haftete zerstreut und aufmerksam zugleich an seinem Gesichte und schien dasselbe neugierig zu prüfen, während er nach ihrem Befinden frug und seine Zufriedenheit über ihre Wiedergenesung ausdrückte.

„Ihr Freund, der gute Herr Doctor," sagte sie leis, „meint, ich werde gesund werden."

„Er ist davon überzeugt und ich auch, denn er versteht es!" erwiderte Brandolf und sie fuhr fort:

„Sie haben es nicht gut getroffen mit Ihrer Wohnung! Statt besorgt und bedient zu werden, wie es sich gehört, mußten Sie die Wirtin versorgen und bedienen lassen, die Sie nichts angeht!"

„Ich hätte es ja nicht besser treffen können," antwortete er mit offenherzigem Vergnügen; „thun Sie uns nur den Gefallen und lassen sich ferner recht geduldig pflegen und nichts anfechten! Nicht wahr, Sie versprechen es?"

Er hielt ihr unbefangen und zutraulich die Hand hin und sie legte ihre fast wesenlose blasse Hand hinein, die nur durch die Schwäche ein kleines Gewicht erhielt. Zugleich bildete sich auf dem ernsten Munde ein ungewohntes unendlich rührendes Lächeln, wie bei einem Kinde, das diese Kunst zum ersten Male lernt; dasselbe machte aber Miene, in ein weinerliches Zucken übergehen zu wollen. Brandolf verschlang das flüchtige kleine Schauspiel mit durstigen Augen; da er sich jedoch erinnerte, daß er die Kranke nicht lang hinhalten und aufregen durfte, so drückte er sanft ihre Hand und empfahl sich.

Er eilte aber auch um seiner selbst willen davon, weil es ihn an die freie Luft drängte, ein Freudenliedchen zu pfeifen, das er schon begann, während er Mantel und Hut an sich nahm, um zum Mittagsmahl zu gehen. Fröhlich begrüßte er die tägliche Tischgesellschaft und verführte die Herren sogleich zu einem außergewöhnlichen Gütlichthun, indem er eine Flasche duftenden Rheinweins bestellte. Einer nach dem andern folgte dem Beispiel; es entstand eine bedeutende Heiterkeit, ohne daß jemand wußte, was eigentlich die Ursache sei. Schließlich wurde Brandolf als der Urheber ins Gebet genommen.

„Ei," sagte er, „meine Katze hat Junge, und als ich heut' eines der Tierchen in die Hand nahm, gingen ihm in demselben Augenblicke die Aeuglein auf und ich sah mit ihm die Welt zum ersten Mal."

Die Herren schüttelten lachend die Köpfe ob dem Unsinn; Brandolf hingegen wurde am gleichen Nachmittage noch sehr scharfsinnig; denn als er thatlustig auf sein Büreau ging, wo er die Akten eines in der Provinz hausenden höheren Justizbeamten zu prüfen hatte, arbeitete er mit so vergnüglich hellem Geiste, daß eine ausgezeichnete Kritik zustande kam, infolge welcher jener ungerechte Mann aus der Ferne erheblich beunruhigt, gemaßregelt und endlich sogar entsetzt wurde, alles wegen des jungen Kätzleins, dessen Welterblickung Brandolf gefeiert haben wollte.

Am nächsten Tage wiederholte er seinen Besuch und brachte der ˚Baronin einige zartgefärbte junge Rosen, die er im Gewächshause eines Gärtners zusammengesucht. Sie hielt dieselben in der Hand, die auf der Decke ruhte. Dergleichen Artigkeit hatte sie noch nie erlebt und vielleicht auch niemals verlangt. Es war daher wie eine erste Erfahrung in ihrem neu beginnenden Leben, und nach Maßgabe der noch nicht zu Kräften gekommenen Herzschläge verbreitete sich ein schwacher rötlicher Schimmer, gleich demjenigen auf den Rosen, über die blassen Wangen. Gleichzeitig verband sich mit dem Schimmer

24 Baronin] bleichen Baronin *H1*

ein schon lieblich ausgebildetes Lächeln, vielleicht auch zum
ersten Male in dieser Art und auf diesem Munde. Es erinnerte fast an den Text eines alten Sinngedichtes, welches
heißt: Wie willst Du weiße Lilien zu roten Rosen machen?
Küss' eine weiße Galathee, sie wird errötend lachen. Von einem
Kusse war freilich da nicht die Rede.

Brandolf sorgte jetzt jeden Tag um etwas Erquickliches
für die Augen oder den Mund, wie es der Arzt erlaubte, und
die Genesende ließ es sich gefallen, da es ja doch ein Ende
nehmen mußte. Nach Ablauf einer weiteren Woche verkündigte
die Wärterin, daß die Baronin aufgestanden sei und Brandolf
sie im Lehnstuhle finden werde. So war es auch. Sie trug
ein bescheidenes altes Taftkleid und ein schwarzes Spitzentüch-
lein um den Kopf; immerhin sah man, daß sie dem Besuch
Ehre zu erweisen wünschte. Sie blickte mit sanftem Ernste zu
ihm auf, als er Glück wünschend eintrat und auf ihren Wink
sich setzte.

„Wie ich damals mit einem Messer nach Ihrer Sohle
stach," sagte sie, „dachte ich nicht, daß ich einst so Ihnen
gegenüber sitzen werde!"

„Es war ein sehr lieber Stich; denn er ist die Ursache
unserer guten Freundschaft und ohne ihn würde ich kaum je
Ihr Zimmerherr geworden sein," antwortete Brandolf, „weil
ich kam, um Sie dafür zu strafen."

„Sie haben freilich Kohlen auf mein Haupt gesammelt,"
sagte sie traurig, „indem Sie wahrscheinlich mein Leben gerettet haben. Aber Sie griffen zugleich in dies gerettete Leben
ein, weil ich es nun ändern muß. Ich erfahre, daß ich nicht
auf die bisherige selbständige Weise bestehen kann, und will
versuchen, irgendwo als Wirtschafterin oder so was unterzu-
kommen. Ich habe mir von der Wärterin und der Hausfrau
so weit möglich die Ausgaben zusammentragen lassen, und um

die Rechnung zu bereinigen und die nötigen Mittel für die
nächste Zukunft zu gewinnen, gedenke ich nun, meinen Hausrat, das letzte, was ich besitze, zu veräußern, sobald ich vollständig hergestellt bin. Ich muß Ihnen also die Wohnung
kündigen und bitte Sie, mir das nicht ungut aufzunehmen.
Sie thun es aber nicht, denn Sie sind der erste gute Mann,
der mir vorgekommen ist, und es thut mir leid, Sie so bald
verlieren zu müssen!"

„Dieser Verlust wird Ihnen nicht so leicht gelingen!"
rief Brandolf fröhlich und ergriff ihre Hand, die er fest hielt.
„Denn Ihr Vorsatz trifft auf das beste mit dem Plane zusammen, den ich für Sie entworfen habe! Glauben Sie denn,
wir werden Sie ohne weiteres wieder so allein in die Einöde
hinauslaufen lassen?"

„Ach Gott," sagte sie und fing an zu weinen, „ich bin
so gute Worte nicht gewohnt, sie brechen mir das Herz!"

„Nein, sie werden es Ihnen gesund machen!" fuhr er
fort, „hören Sie mich freundlich an! Mein Vater lebt als verwitweter alter Herr auf seinen Gütern, während ich mich noch
einige Zeit fern halten muß. Unsere alte Wirtschaftsdame ist
vor einem halben Jahre gestorben und der Vater sehnt sich
nach einer weiblichen Aufsicht. So lassen Sie sich denn zu
ihm bringen, sobald Sie zu Kräften gekommen sind, und
machen Sie sich nützlich, so lange es Ihnen gefällt und bis
sich etwas Wünschenswerteres zeigt! Daß Sie uns nützlich
sein werden, bin ich überzeugt; denn ich halte die starre Ent-
behrungskunst, die Sie hier geübt haben, nur für die erkrankte
Form eines sonst kerngesund gewesenen haushälterischen Sinnes,
und ich weiß, daß Sie Ihren Untergebenen gerne gönnen
werden, was ihnen gehört, wenn die Sachen vorhanden sind.
Hab' ich nicht Recht?"

Ihre Hand zitterte sanft in der seinigen, als sie leise

sagte: „Es thut freilich wohl, sich so beschreiben zu hören, und ich brauche Gottlob nicht nein zu sagen!"

Sie blickte ihn dabei mit Augen so voll herzlicher Dankbarkeit an, daß ihm über diesem neuen lieblichen Phänomen die Brust weit wurde.

„Also ist es abgemacht, daß Sie kommen?" fragte er hastig, und sie sagte: „ich finde jetzt nicht mehr die Kraft, es abzulehnen, aber Sie müssen doch vorher vernehmen, wer ich bin und woher ich komme!"

„Morgen plaudern wir weiter, es eilt nicht!" rief er mit eifriger Fürsorge und stand entschlossen auf, so ungern er ihre Hand fahren ließ, als er bemerkte, daß sie angegriffen, müde und hinwieder aufgeregt wurde.

Desto besser sah sie verhältnismäßig am andern Tage aus. Sie erhob sich von ihrem Sessel und ging ihm mit kleinen Schritten entgegen, als er kam. Doch nötigte er sie sofort zum Sitzen.

„Ich habe sehr gut geschlafen die ganze Nacht", sagte sie, „und zwar so merkwürdig, daß ich fast während des Schlafes selbst die Wohlthat fühlte, wie wenn ich es wüßte."

„Das ist recht!" sagte er mit dem Behagen eines Gärtners, der ein verkümmertes Myrtenbäumchen sich neuerdings erholen und im frischen Grün überall die Blüten erwachen sieht. Denn er gewahrte mit Verwunderung, welch' anmutigen Ausdruckes dieses Gesicht im Zustande der Zufriedenheit und Sorglosigkeit fähig war. Er nahm einen kleinen Spiegel, der in der Nähe stand, und hielt ihn der Frau vor mit den Worten: „Schauen Sie einmal her!"

„Was ist's?" sagte sie leicht erschrocken, indem sie in den Spiegel sah, aber nichts entdecken konnte.

„Ich meinte nur, wie schön Sie aussehen!"

„Ich? ich war nie eine Schönheit, und bin es kaum dem Grab entronnen wohl am wenigsten!"

07   ich] Ich *H1–E1 E5*

„Nein, keine Schönheit, sondern etwas Besseres!"

Das rote Fähnchen ihres Blutes flatterte jetzt schon °etwas kräftiger °an den weißen Wangen. Sie wagte aber nicht zu fragen, was er damit sagen °wollte, und nahm ihm schweigend
05 den Spiegel aus der Hand; und doch schlug sie mit einer innern Neugierde die Augen nieder, was das wohl sein möchte, °was besser als eine Schönheit sei und doch im Spiegel gesehen werden könne. Brandolf bemerkte das nachdenkliche Wesen unter den Augdeckeln; er sah, daß es wieder Unge-
10 wohntes war, was ihr gesagt worden, und da es ihr nicht weh zu thun schien, so ließ er sie ein Weilchen in der Stille gewähren, bis sie von selbst die Augen aufschlug. Es ging ein sogenannter Engel durch das Zimmer. Um nicht eine Verlegenheit daraus werden zu lassen, ergriff die Baronin das
15 Wort und sagte: „Es ist mir jetzt so ruhig zu Mute, daß ich glaube, Ihnen meine Angelegenheit ohne Schaden kurz erzählen zu können; es ist nicht viel.

„Sie sehen in mir die Abkömmlingin eines Geschlechtes, das sich seit hundert Jahren nur von Frauengut und ohne
20 jede andere Arbeit oder Verdienst erhalten hat, bis der Faden endlich ausgegangen ist. Jede Frau, die da einheiratete, erlebte das Ende ihres Zugebrachten, und immer kam eine andere und °füllte den Krug. Ich habe meine Großmutter noch gekannt, deren Vermögen der Großvater bequemlich aufbrauchte,
25 bis der Sohn erwachsen und heiratsfähig war. Diesem verschaffte sie dann im Drange der Selbsterhaltung eine reiche Erbin aus ihrer Freundschaft, von welcher man wußte, daß ihr im Verlaufe der Zeit noch mehr als ein Vermögen zufallen würde, so daß es nach menschlicher Voraussicht endlich
30 etwas hätte klecken sollen. Diese starb aber noch in jungen Jahren, nachdem sie zwei Knaben zur Welt geboren hatte, und weil nun möglicherweise zwei Nichtsthuer mehr dem Hause

02   etwas] gestrichen H1
03   an] von H1
04   wollte] wolle H1
07   was] das H1–J1
23   füllte] füllte wieder H1

heranwuchsen, ruhte jene nicht bis sie dem Sohne, meinem
Vater, eine zweite Erbin herbeilocken konnte, von der ich sodann das Dasein empfing.   Allein ich erlebte noch, wie die
Großmutter, ehe sie starb, ihre Sorge verfluchte, mit der sie
die zwei jungen Weiber ins Unglück gebracht.

„Der Vater verschwendete das Geld auf immerwährenden
Reisen, da es ihm nie wohl zu Hause war.   Mit den zu-
nehmenden Jahren fing eine andere Thorheit an, ihn zu besitzen, indem er sich an falsche Frauen hing, denen er Geld
und Geldeswert zuwendete, was er aufbringen konnte.   Sogar
Korn und Wein, Holz und Torf ließ er vom Hofe weg und
jenen zuführen, die alles nahmen, was sie erwischen konnten.
Die heranwachsenden Söhne verachteten ihn darum, thaten es
ihm aber nach und bestahlen das Haus, wo sie konnten, um
sich Taschengeld zu machen.   Niemand vermochte sie zu zwingen,
etwas zu lernen, und als sie das Alter erreichten, wußten sie
sogar dem Militärdienste aus dem Wege zu gehen, obgleich
sie groß und gesund waren.   Der Vater haßte sie und lauerte
auf die Erbschaften, die ihrer von mütterlicher Seite her noch
warteten, um als natürlicher Vormund das Vermögen seiner
Söhne wenigstens noch während ein paar Jahren in die
Hände zu bekommen.   Allein sie wurden richtig volljährig,
ehe die Glücksfälle rasch einer nach dem andern eintraten;
und nun rafften sie ihren Reichtum zusammen und reisten mit
einander in die Welt hinaus, um zu treiben, was ihnen wohl-
gefiel, und nicht einen Pfennig ließen sie zurück.   Sie hingen
an einander wie die Kletten; während man sonst von einer
Affenliebe spricht, hielten die zwei Brüder mit einer Art von
Halunkenliebe zusammen und thun es wahrscheinlich jetzt noch,
wenn sie noch leben; denn man weiß nicht, wo sie sind.

„Der Vater wurde kränklich und starb, und nun war
die Mutter mit mir allein auf dem verarmten Stammsitze zu

Lohausen, den sie nie gesehen zu haben wünschte. Schon seit Jahren hatte sie zu retten gesucht, was zu retten war, und jetzt kämpfte sie wie ein Soldat gegen den Untergang. Von ihr lernte ich fast von nichts zu leben und das Nichts noch zu sparen. Mit wenigen Leuten hielten wir uns auf dem Hofe, obgleich er schon verschuldet war. Früh und spät schaute die Mutter zur Sache; ihr Vermögen war verloren, aber noch hatte auch sie zu erben und in dieser Hoffnung nur hielt sie sich aufrecht. Sie erlebte es aber nicht; als sie einen naßkalten Herbsttag hindurch auf dem Felde verweilte, um das Einbringen von Früchten selbst zu überwachen, trug sie eine Krankheit davon, die sie in wenigen Tagen dahinraffte.

„Nun befand ich mich allein, aber nicht lang. Die letzte Erbschaft, die in das unselige Haus kam, fiel mir zu; sie betrug volle zweihunderttausend Thaler. Mit ihr waren plötzlich auch die Brüder wieder da, scheinbar in ordentlichen Umständen, obgleich von wilden Gewohnheiten. Sie brachten einen Rittmeister Schwendter mit sich, einen hübschen und gesetzten Mann, der einen wohlthätigen Einfluß auf sie zu üben und sie förmlich im Zaume zu halten schien, wenn sie allzusehr über die Stränge schlugen. Er war mit Rat und That bei der Hand und voll bescheidener Aufmerksamkeit, ohne das Hausrecht zu verletzen. Die Dienstboten schienen froh, einen kundigen Mann sprechen zu hören, denn sie waren freilich nicht mehr von der vorzüglichsten Art und verstanden selbst nicht viel. Trotzdem blieb ein Rest von Unheimlichkeit, der mir an allem nicht recht zusagte, und ich befand mich in ängstlicher Beklemmung. Allein vielleicht gerade wegen dieser Angst und °inneren Verlassenheit fiel ich der Bewerbung des Rittmeisters, die er nun anhob, zum Opfer; ich heiratete den Mann in tiefer Verblendung, ohne ein zarteres Gefühl, das ich nicht kannte, und nun fing meine Leidenszeit an.

18   Schwendter] Schwendtner *H1–E2*
29   inneren] in meiner *H1*

„Denn alles war eine abgekartete Komödie gewesen.
Mein Vermögen wurde mir aus den Händen gespielt, ich
wußte nicht wie, und angeblich in einer hauptstädtischen Bank
sicher angelegt.   Die Brüder verschwanden wieder, nachdem sie
05 den Lohn ihres Seelenverkaufs mochten empfangen und sich
vorbehalten haben, an dem Raube ferner teil zu nehmen.
Drei Jahre brachte ich nun unter Mißhandlungen und Demütigungen zu.   Die Brüder habe ich nicht mehr gesehen.
Mein Mann war häufig oder eigentlich meistens abwesend,
10 bis er eines Tages mit einer ganzen Gesellschaft halb be-
trunkener Männer zu Pferde und zu Wagen auf dem Hofe
ankam und mir befahl, eine gute Bewirtung zuzurüsten.   Ich
that was ich vermochte, während die Männer auf das Pistolen-
schießen gerieten.   Ich hatte ein krankes Kind in der Wiege
15 liegen, welches ich einen Augenblick zu sehen ging; es war
nach langem Wimmern ein wenig eingeschlafen.   Da kam
Schwendtner mit der Pistole in der Hand und verlangte, ich
sollte „seinen Jungen“ der Gesellschaft vorweisen.   Ich machte
ihn auf den Schlaf des armen Kindes aufmerksam.   Er aber
20 rief: Ich will Dir zeigen, wie man ein Soldatenkind munter
macht! und schoß die Pistole über dem Gesichtchen los, daß
die Kugel dicht daneben in die Wand fuhr.   Es schreckte erbärmlich auf und verfiel in tödliche Krämpfe; es war auch in
drei Tagen dahin.   An jenem Tage aber zwang mich der
25 Unhold, beim Essen mit zu Tisch zu sitzen.   Um Ruhe zu
bekommen, that ich es für einige Minuten, und da insultierte
er mich vor dem ganzen Troß mit ehrlosen Worten, die nur
ein Verworfener seiner Frau gegenüber in den Mund nimmt.
Ich stand auf und schwankte °zu meinem in Zuckungen liegen-
30 den Kinde.

„Inzwischen fuhr die Gesellschaft wieder davon, wie sie
gekommen war.   Nachher starb wie gesagt das Kind; ich be-

29   zu] hinweg zu *H1*

grub es in der Stille, ohne den Mann zu benachrichtigen, und
verließ nachher das Lumpenschloß, dessen Namen mir leider
geblieben ist.   Durch den Verkauf meiner mütterlichen Schmucksachen gewann ich die Mittel, einen Advokaten zu nehmen, der
mich von dem Manne befreite und die Auseinandersetzung besorgte, die damit endete, daß ich nicht einen Thaler mehr von
dem Meinigen zu sehen bekam.   Alles war verschwunden, obschon schwerlich aufgebraucht in so wenig Jahren.   Schwendtner
wurde nicht lange nachher wegen °einer Niederträchtigkeit aus
dem Offizierstande gestoßen und soll sich eine Zeit lang mit
meinen Brüdern als Spieler herumgetrieben haben.   Zuletzt
sollen alle drei mit einander ins Gefängnis gekommen sein.
Das Gut Lohausen wurde verkauft und ich behielt nichts als
die hausrätliche Einrichtung, mit der ich, wie Sie sehen, mich
als Zimmervermieterin durchzubringen gesucht habe, freilich mit
wenig Glück.   Seit zwei Jahren ziehe ich in dieser Stadt, wo
mich niemand leiden mag, von einem Haus in das andere,
immer von der Angst gehetzt, die Miete nicht zusammenbringen
zu können.   So ist am hellen Tage das Kunststück fertig gebracht worden, daß eine schwache Frau fast verhungern mußte,
während drei baumstarke Männer unbekannt wo ihr rechtmä-
ßiges Erbe °vergeudeten.   Denn gewiß haben sie Teile davon
in Sicherheit gebracht, wie ja die Diebe auch ihren Raub zu
verbergen wissen und gemächlich hervorholen, wenn sie aus dem
Zuchthaus kommen.«
    Nicht nur weil sie mit ihrer Erzählung zu Ende war,
sondern auch weil Brandolf Zeichen der Unruhe von sich gab
und glühende Augen machte, hielt sie inne.   Ehe sie jedoch
seine Aufregung recht wahrnehmen konnte, hatte er den in ihm
aufgestiegenen Grimm schon bezwungen und °verschluckte gewaltsam die Wut, die ihn gegen das Gesindel erfüllte, damit die
genesende Frau nicht in Mitleidenschaft gerate, nachdem sie die

---

09   einer] einer andern *H1–E5*
22   vergeudeten] vergeuden *H1*
30   verschluckte] er verschluckte *H1*

Unglücksgeschichte so gelassen erzählt wie einen quälenden Traum,
von dem man erwacht ist.

„Das ist nun vorbei und wird nicht wieder kommen!"
sagte Brandolf ruhig und ergriff ihre Hand, die er sänftlich
streichelte; denn er fing ein wenig an, sie wie eine wohlerwor-
bene Sache zu behandeln oder ein anvertrautes Gut, für das
man verantwortlich ist, das man aber dafür nicht aus der
Hand läßt. So zog sich das neue Leben still und ruhig dahin,
bis im sonnigen März der Arzt die Baronin für genesen und
fähig erklärte, ohne Gefahr eine Reise anzutreten.

Jetzt wurde der ganze Hausrat, vor allem das Porzellan
und Glas mit den unzähligen Wappen, verkauft; nur was
zum Andenken an ihre Mutter dienen konnte, behielt sie, alles
andere wollte sie wo möglich aus ihrem Gedächtnisse vertilgen.

Auch ließ sie ihren bescheidenen Kleidervorrat nach neuerem
Zuschnitt umändern, suchte auf Brandolfs Bitte, da es daran
fehle, eine ordentliche Stubenjungfer aus, und reiste endlich,
mit seinen Grüßen wohl versehen, von der Jungfer begleitet
in die Provinz, wo der Vater Brandolfs hauste und zu ihrem
Empfange alles vorbereitet war.

Brandolf dagegen begab sich in eine andere Landesgegend,
wo er die Aufgabe übernommen hatte, während einiger Monate ein nicht unwichtiges Amt provisorisch zu verwalten und
gewisse in Verwirrung geratene Verhältnisse in Ordnung zu
bringen. Man gedachte hierdurch seine Kräfte zu prüfen und
ihn zu weiterem vorzubereiten; er aber behielt sich vor, nach
vollbrachter Sache in seine Freiheit zurückzukehren.

Es dauerte nicht viele Wochen, so kamen Briefe des alten
Herrn, Brandolfs Vater, die vom Lobe der Frau Hedwig von
Lohausen und von dem neuen Stande der Dinge voll waren.
Es sei, wie wenn sie eine Schar Wichtelmännchen im Dienste
hätte, so glatt und gutgeordnet gehe seit ihrer Ankunft alles

14   andere] andere aber *H1*

von statten; ein wahrer Segen liege in ihren Händen und
rührend sei ihre sichtbare stille Freude über die Fülle und
Sicherheit, in welcher sie sich bewegen könne und zweckmäßig
zu walten berufen sei. Von früh bis spät freue sie sich der
Bewegung, aber ohne alles Geräusch, und lieblich sei es, wenn
sie sich hinwieder eine Stunde der Ruhe überlasse, fast mehr
wie um °nicht bemerklich zu sein und andern auch Erholung
zu gönnen, als wie um selbst zu ruhen. Auch die Stubenjungfer habe die besten Manieren und die Küche sei vortrefflich
geworden, kurz, der Herr Vater befinde sich wie im Himmel
und fühle sich verjüngt. Fast beginge er die Thorheit, noch
zu heiraten, um die treffliche Person nicht mehr zu verlieren.

Endlich kam ein Brief, in welchem der Vater schrieb, er
habe sich den Gedanken einer Heirat wirklich überlegt und gefunden, daß der Sohn sie ins Werk setzen müsse. Denn so
liebevoll die Frau von Lohausen für ihn sorge, hänge ihr Herz
jedenfalls am Sohne, er müsse es ihr angethan haben, das
bemerke er wohl. Niemals spreche sie von ihm; aber so oft
sein Name genannt werde, erröte sie ein wenig, gleich einem
jungen Mädchen, dem sie auch in ihrer schlanken und feinen
Tournüre ähnlich sei. Darum wünsche der Vater, daß Brandolf sich entschließen könnte, den Sprung zu wagen; er hoffe
auf keine bessere Schwiegertochter für seine Verhältnisse.

Brandolf antwortete, er sei es zufrieden. Die Hedwig
sei ihm als Schützling lieb, wie wenn sie sein Kind wäre;
allein er könne sie auch als sein Frauchen lieb haben und
werde sie alsdann mit einem seidenen Faden am feinen Knöchel
anbinden, damit sie ihm nie mehr abhanden komme. Doch
müsse der Papa für ihn fragen und den Korb einheimsen, den
es allenfalls absetze.

Darauf schrieb der Alte zurück, er habe es sofort gethan
und augenblicklich ein Ja erhalten. Es sei auf dem Wege zu

07   nicht] nicht immer *H1*

dem großen Gemüsegarten geschehen, den sie in so herrlichen Stand gebracht habe. Sie sei so ehrlich und offen, daß sie sich nicht eine Sekunde lang zu zieren vermocht, sondern ihm gleich beide Hände zitternd entgegengestreckt habe, von einem ganz merkwürdig hingebenden und seelenvollen Ausdruck des schmalen Gesichtes begleitet. Ja, ja, die kleine Hexe sei nicht nur nützlich, sondern auch angenehm u. s. w.

Hierauf begann Brandolf allerhand kleine Briefchen und große Geschenke an die Erwählte zu senden. Sie antwortete ebenso kurz; aber die Buchstaben flimmerten von den Empfindungen, die darin lebten. Der Tag der Verlobung wurde in den Monat Mai verlegt und die Verwandten und Freunde geladen. Als Hauswirtin hatte Hedwig die Pflicht und Freude, alle Vorbereitungen zu treffen, und sie selbst war die Braut. Bei Brandolfs Ankunft war sie ihm allein entgegengeeilt; so hatten sie es verabredet. Er stieg aus dem Wagen und wandelte mit ihr durch einen einsamen blumigen Wiesenpfad, auf dessen Mitte er sie fest an sich drückte und sie an seinem Halse hing, von den niederhängenden Aesten der weiß blühenden °Aepfelbäume geschützt. Hier ist nun weiter nichts zu sagen, als daß eine jener langen Rechnungen über Lust und Unlust, die unsere modernen Shylocks eifrig aufsetzen und dem Himmel so mürrisch entgegenhalten, wieder einmal wenigstens ausgeglichen wurde.

Da Brandolf bis gegen den Herbst hin mit seiner amtlichen Verrichtung beschäftigt und nicht gesonnen war, auch nach der Hochzeit noch im Dienste zu bleiben, wurde die Zeit der Weinlese zu dem Feste bestimmt, um zugleich eine natürliche Lustbarkeit mit demselben zu verbinden und es zu einer gewissermaßen symbolischen Feier für die wirtliche Braut zu gestalten, die so vieles erduldet und entbehrt hatte. Es sollte auch von einer °Hochzeitsreise nicht die Rede sein, sondern das

---

20 Aepfelbäume] Apfelbäume *J1–E1*

32 Hochzeitsreise] Hochzeitreise *H1–E4*

eheliche Leben gleich im Anfange in das Arbeitsgeräusch und
den bacchischen Tumult des Herbstes untertauchen.

Zur Zeit der Kornernte reis'te Brandolf nochmals auf
ein paar Tage nach Hause; nachdem er die Braut im bittern
Winter kennen gelernt, im Lenz sich mit ihr verlobt, wollte er
sie im Glanze des Sommers sehen, ehe der Herbst die Erfüllung brachte.   Sie war jetzt vollkommen erstarkt und beweg-
lich, aber immer besonnen und still waltend, und die helle
Liebesfreude, die in ihr blühte, von der gleichen unsichtbaren
Hand gebändigt und geordnet, wie die Wucht der goldenen
Aehren, die jetzt in tausend Garben auf den Feldern gebunden
lagen.   Zwischen zwei ausgedehnten gelben Ackerflächen zog sich
ein schmaler Forst alter Eichen, deren Schatten das blendende
Licht der Felder und der Sommerwolken kräftig unterbrach;
ein klarer Bach floß überdies in diesem Schatten.   Hier hatte
Hedwig ihren Aufenthalt; sie ordnete die Ernährung der vielen
Arbeitsleute, und jedermann wollte hier speisen; auch der alte
Herr war herausgekommen.   Und obgleich die Gegenwart der
Frau von jedermann angenehm empfunden wurde, war es
doch, wie wenn sie nicht da wäre.   Nach verrichteter Mahlzeit
blieb sie allein im durchsichtigen Forste zurück, zwischen dessen
Stämmen man überall das Feld übersehen konnte.   Sie nahm
sich die Zeit, rasch die Erntekränze zu besorgen, und Brandolf
leistete ihr Gesellschaft.   Im einfachsten Sommerkleide, nur ein
dünnes Goldkettchen um den Hals, welches die Uhr trug, schien
sie eine Tochter der freien Luft zu sein und sich allein des
gegenwärtigen Augenblickes zu erfreuen, ohne ein Wissen um
Vergangenheit oder Zukunft.

„Bist Du auch schon so gewesen, wie jetzt in diesem
Augenblicke?" sagte Brandolf vertraulich, indem er ihrem Thun
und Lassen gemächlich zuschaute.

„Nein," antwortete sie, „ich habe die Erinnerung nicht!

27   gegenwärtigen] gegenwärtigsten H1

Es ist mir alles neu und darum so froh und kurzweilig.
Ich scheine mir überhaupt früher nicht gelebt zu haben.«

Auf der Rückreise nach dem Orte seiner jetzigen Thätigkeit bekam Brandolf Regenwetter und sah sich deshalb mehr
als sonst veranlaßt, bei den am Wege stehenden Herbergen abzusteigen.   So geriet er auch, schon viele Meilen unterwegs,
in eine Posthalterei, deren große Gaststube von Reisenden aller
Art angefüllt war.   Darunter befanden sich drei lange ver-
wilderte Kerle mit struppigen Bärten und elenden Kleidern,
welche verdorbene Musikinstrumente bei sich trugen.   Brandolf
bemerkte, wie die drei Menschen nach Verhältnis der fortwährend neuankommenden Gäste mit ihren Branntweingläschen
von Tisch zu Tisch weggedrängt und zuletzt ganz aus der
Stube gewiesen wurden.   Murrend aber ohne Widerstand gingen
sie auf den Hof hinaus, stellten sich dort unter das Vordach
eines Holzschuppens und nahmen, wahrscheinlich um sich zu
rächen, ihre Instrumente zur Hand.   Aber sie begannen eine
so gräßliche Musik hören zu lassen, daß in der Stube das
Publikum zu fluchen anhub und verlangte, die Kerle sollten
schweigen.   Ein gutmütiger Krämer sammelte einige Groschen
und rote Pfennige für die Unglücklichen und brachte ihnen die
kleine Ernte, worauf sie den Lärm einstellten und in einem
Winkel zusammenhockten, um das Nachlassen des Unwetters
abzuwarten.   Brandolf fragte einen Aufwärter, was das für
traurige Musikanten seien.   Ja, erwiderte der Bursche, das
seien unheimliche und wenig beliebte Gesellen.   Die zwei etwas
kürzeren nenne man die Lohäuser, und der ganz lange heiße
nur der schlechte Schwendtner.   Man munkle, es seien drei
Junker, die einst reich gewesen und dann ins Zuchthaus gekommen seien.

Hedwig war in der That im Irrtum, als sie glaubte,
das ihr abgestohlene Vermögen sei zum Teil noch vorhanden

und die Räuber erfreuten sich seiner.   Sie hatten es freilich so
im Sinne gehabt und waren, um das Geld wuchern zu lassen,
unter die Börsianer gegangen; allein die drei Spitzbuben waren
an die Unrechten geraten und in weniger als sechs Wochen
bis auf die Haut ausgezogen.   Wütend hierüber wollten sie
sich durch einen großartigen Wechselbetrug rächen und heraus-
helfen und sich alsdann aus dem Staube machen.   Es miß-
lang und sie wurden ein Jahr lang eingesperrt und mußten
gestreifte Kleider anziehen.   Als sie herauskamen, standen sie
auf der Straße; sogar ihre guten Kleider samt den seidenen
Schlafröcken hatte das Amt verkauft, und sie mußten mit den
bescheidenen Hüllen vorlieb nehmen, welche die öffentliche Wohlthätigkeit ihnen verabreichte.   So konnten sie sich nicht einmal
mehr zu der Ehrenstufe von Professionsspielern erheben, die
sie früher bekleidet, und sanken, weil sie sich immerfort schlecht
aufführten, schnell auf die Landstraße hinunter.   Dort konnten
sie erst recht nicht von einander lassen; wenn sie sich je auseinander verfügten, um besser fortzukommen, so waren sie in
zwei Wochen sicher wieder beisammen; nur ein gelegentlicher
Polizeiarrest vermochte sie im übrigen zu trennen.   Der lange
Rittmeister Schwendtner hatte in seinen jüngeren Jahren etwas
geigen gelernt und wußte mit Not noch eine Saite aufzuziehen
und darauf zu kratzen.   Die beiden Lohäuser hatten als Knaben
einst Posthorn und Klarinette lernen sollen, die Arbeit aber
frühzeitig eingestellt.

Solch' ideale Jugendbestrebungen kamen ihnen jetzt im
Unglück zu statten und liehen ihnen den Vorwand, einen
dauernden Verband zu bilden und das Land nach Brot und
Abenteuern zu durchstreifen.

Brandolf seinerseits, der an einem Fenster des Posthauses
saß und durch das an demselben herabrieselnde Regenwasser
nach den drei grauen Brüdern hinausschaute, konnte nicht im

Zweifel sein, wen er da vor sich sehe. Schrecken und Sorge
um seine Braut waren die erste Wirkung des unwillkommenen
Anblickes. Sie ahnte nicht, daß ihr böses Schicksal so nahe
um sie her schweifte. Dann stieg der Zorn mächtig in ihm
auf und er verspürte Lust, die Peitsche seines Kutschers zu
nehmen, hinauszugehen und auf die drei Menschen einzuhauen.
Je länger er aber hinsah, desto milder wurde die gewaltsame
Stimmung und verwandelte sich zuletzt in eine launige Genugthuung, als er sich doch überzeugen mußte, wie übel es den
Kumpanen erging. Er sah, wie der schlechte Schwendtner
einmal ums andere die geröteten Augen wischte und sich an
seinem durchlöcherten Schuhwerk zu schaffen machte, in welches
er ein Stückchen Birkenrinde schob, das er vor dem Schuppen
fand, während die Lohäuser aus dem Schnappsack einige Brot-
rinden hervorsuchten und daran kauten, dann aber einen weg-
geworfenen Cigarrenstummel aus dem Straßenkot holten,
reinigten und abwechselnd rauchten; denn die Halunkenliebe
zwischen ihnen schien geblieben zu sein.

Nach ungefähr einer halben Stunde, während es in
Strömen fortregnete, war in Brandolfs Gedanken ein mehr
lustiger als gewaltthätiger Rache- und zugleich Befreiungsplan
fertig, der sich um den Beschluß drehte, das Kleeblatt auf seine
Weise zur Hochzeit zu laden. Und unverweilt machte er sich
an die Vollziehung.

Er führte einen anschlägigen und getreuen Knecht vom
väterlichen Gute mit sich, der Jochel hieß und mit ihm aufgewachsen war, auch in früheren Jahren manchen närrischen
Streich mit ihm bestanden hatte. Diesen Jochel zog er jetzt
ins Vertrauen und unterrichtete ihn, wie er die drei Musikanten
sich merken und ihre Spur verfolgen müsse, damit er zur rechten
Zeit sich in geeigneter Verkleidung an sie machen und sie in
die Nähe des Gutes locken konnte, mit der Aussicht auf ordent-

lichen Gewinn und schönes Leben. Denn es handelte sich darum, sie am Tage der Hochzeit und des Winzerfestes zur Hand zu haben, ohne daß sie wußten, was vorging.

Es gelang auch der Schlauheit des guten Jochel so vortrefflich, daß er sie bis zum rechten Zeitpunkt richtig auf den Platz brachte, das heißt in ungefährliche Nähe, wo ihnen der Mund wässerte, den Jochel vor der Hand mit einem und andern Kruge Most erquickte und diesen wieder mit einem Gläschen Branntwein abwechseln ließ.

Sie übten dabei wohlmeinend ihre grausigen Harmonieen, da sie allen Ernstes glaubten eine Hauptrolle spielen zu müssen bei irgend einem dummen Teufel von Gutsbesitzer, und die Geistertöne drangen schon unheimlich über den Wald her, hinter welchem sie verborgen saßen. Inzwischen hatte die Weinlese seit einigen Tagen begonnen und nahte dem Schlusse. Außer den eigenen zahlreichen Werkleuten waren viele fröhliche Bauernjungen und Mädchen zugezogen, die Herrschaftshäuser von Köchen und Köchinnen, Aufwärtern und °anderen Dienern aus der Stadt besetzt und ein Teil der °Hochzeitsgäste auch schon eingerückt, während eine gute Ballmusik noch erwartet wurde.

So kam nun der große Festtag heran, von der goldig mildesten Oktobersonne geleitet, welche einen Duftschleier nach dem andern von der Erde hob und zerfließen ließ, bis alles Gelände mit Bäumen und Hügeln in warmem Farbenschmucke erglänzte und die Ferne ringsherum in geheimnisvollem Blau eine glückverheißende Zukunft darstellte. Im Hauptgebäude war vormittags die Trauung, bei welcher schon die feine Musik aus den offenen Fenstern tönte. Dann folgte das Festmahl der °Hochzeitsgäste, indes die Winzer und die eingeladenen Landleute im Freien tafelten und nach einer tapfern Landmusik bereits tanzten. Gegen Abend jedoch, als die Sonne immer lieblicher ihre Bahn abwärts ging, fand nun der große Aufzug der

Winzer statt, an welchem die drei Kujone mitzuwirken berufen
waren. Der Zug bestand freilich in nicht viel anderem, als
daß die Winzer und Kelterer in allen möglichen Vermummungen,
mit ihren Gerätschaften klopfend, unter dem Voraustritte ihrer
Musik an den Herrschaften vorüberzogen, die am Eingange
des Parkes auf einem erhöhten Brettergerüste standen, in dessen
Mitte ein aus Epheugeflechten errichtetes Tempelchen Braut
und Bräutigam besonders °einfaßte.

Doch entwickelte sich der Zug malerisch genug unter den
hohen Bäumen hervor, und Brandolf hatte dafür gesorgt, daß
durch allerhand buntes Zeug, ein Dutzend Thyrsusstäbe,
Schellentrommeln, Satyrmasken und vorzüglich durch eine
Anzahl artiger Kindertrachten, welche die Zeit der Trauben-
blüte vorstellten, Abwechselung und Farbe in die Sache kam.
Das Ganze drückte das Vergnügen eines guten Weinjahres
aus; der Schluß hingegen war der Verachtung vorbehalten,
die einem schlechten Weinjahre unter allen Umständen gebührt.
Die drei Teufel eines solchen: der Teufel der Säure, derjenige
der Blödigkeit und der Teufel der Unhaltbarkeit wurden rückwärts an den Schwänzen herbei und vorüber gezogen und
mußten durch ihre Musik das Gift und das Elend eines schänd-
lichen Weines ausdrücken.

Das waren °eben unsere drei Herabgekommenen. Man
hatte denselben, um ihnen jeden Argwohn zu benehmen, den
Charakter ihrer Rolle offen mitgeteilt. Sie wußten auch, daß
eine Hochzeit da war; allein Jochel hatte ihnen so unbefangen
einen falschen Namen der Braut genannt, auf den sie überdies
kaum achteten, daß sie ihre wahre Lage bis zum letzten Augenblicke nicht ahnten. Dennoch wollte ihr gutes Herkommen und
adeliges Blut sich empören, als sie eingekleidet und sozusagen
angeschirrt wurden. Man hüllte sie nämlich in grau und
schwarz gefleckte Ziegenfelle, schwärzte ihnen die Gesichter und

setzte ihnen Ziegenhörner auf den Kopf. An ihren Hinterseiten waren Kuhschwänze sehr stark befestigt, alle drei Schwänze zusammengebunden und an ein langes Heuseil geknüpft; an dieses Seil aber stellten sich links und rechts an die zwanzig
05 kräftige Jünglinge in Küfertracht mit dichten Weinlaubkränzen auf den Stirnen, und zogen das Seil an, um die drei Teufel im Triumphe rücklings über den Schauplatz zu schleppen. Wie gesagt, wollten diese sich zuerst störrisch zeigen; allein die fünf Thaler Lohn, die jedem versprochen waren, überwanden den Widerstand.
10 So kamen sie denn auch heran; immer rückwärts hopsend und stapfend, durften sie keinen Augenblick stille stehen; hinter ihrem Rücken hörten sie die vordere Musik, das Singen, Jauchzen und Trommeln der Winzer und Bacchanten, ohne zu wissen, wohin sie kamen; sie hörten das Schreien und Lachen
15 des Volkes am Wege und sahen endlich die Reihen der geschmückten °Hochzeitsgäste, welche in die Hände klatschten und Beifall riefen. Mit Schweißtropfen auf der rußigen Stirn kratzte der Herr Rittmeister von Schwendtner erbärmlich an seiner Geige und bliesen die Lohäuser in ihre gesprungenen
20 Röhren, bis sie unversehens vor dem Epheutempelchen anlangten, in dem die Braut stand, lieblich in ihrem wehenden Schleier und im Glanze der Abendsonne, die auf ihrem Diamantenschmucke funkelte. Jochel, der das Seil lenkte, hieß dasselbe ein wenig nachlassen, damit die Gehörnten stehen
25 bleiben konnten. Alle drei erkannten augenblicklich die ehemalige Frau und die Schwester; aber sie glaubten zu träumen. Sie ließen die Instrumente sinken und starrten gleich irrsinnigen Menschen hinauf, wo sie stand und ihnen lächelnd zunickte; denn sie wußte nicht, wen sie vor sich sah, und glaubte, auch
30 diese Gestalten seien bestrebt, ihren Ehrentag mit den ungeberdigen armen Späßen zu feiern. Brandolf aber klatschte fest in die Hände und rief: „Gut, gut so, Ihr Leute!"

16 Hochzeitsgäste] Hochzeitgäste *H1 E1–E3*

Wie träumend griffen sie an ihre Hörner, dann hinten
an die Schwänze, wo sie sich gebunden fühlten; dann blickten
sie wieder an das Zauberbild der verratenen Schwester, der
Gattin hinauf; das böse Gewissen ließ sie aber den Mund
nicht öffnen, und eh' sie sich besinnen konnten, ließ Jochel das
Seil wieder anziehen, daß sie die rückspringende Prozession
fortsetzen mußten.   Der Zug ging um das Haus herum, auf
dessen hinterem Balkone die Stadtmusik stand und ihn begrüßte.
Dann mündete er in den Park und erschien zum zweiten Male
vor der Herrschaft und ging vorüber.   Wieder ließ man die
drei Unholde einen Augenblick vor der Braut still stehen und
wieder mußten sie weiter stolpern und immer lauter und be-
täubender wurde der Lärm und der Jubel.   Allein Brandolf
winkte, und zum dritten Male wiederholte sich die Scene.   Die
armen Teufel merkten, daß sie abermals vorgeführt wurden,
und suchten seitwärts mit Gewalt auszubrechen.   Denn trotz
ihrer Verkommenheit empfanden sie den Verrat und Hohn, dem
sie verfallen waren, mit dem Stolze der früheren Tage.   Doch
die unbarmherzige Kraft des Seiles hielt sie fest, und sie
standen abermals vor der Braut und sie stierten abermals zu
ihr hinauf.   Sie knirschten und stöhnten und ballten die Fäuste.
Da warf Brandolf drei Louisd'ors, jeden in ein Papierchen
gewickelt, hinunter, und blitzschnell haschten sie danach wie drei
Affen, denen man Nüsse zuwirft.   Es schien ihnen jetzt doch
wahrscheinlich zu sein, daß man sie nicht kenne.

Indessen winkte Brandolf wieder, Jochel zog das Seil
an und der Spuk verschwand endlich.   Sie wurden aber nicht
losgelassen und auch nicht zu dem Volke gebracht, das sich
wieder zu Schmaus und Tanz begab, sondern Jochel führte
sie und die zwanzig Küfer nach einer entfernt gelegenen Schenke,
um die Teufelsgruppe dort extra zu bewirten.   Nur mußten
die drei Gehörnten jetzt vorwärts gehen und musicieren, in-

dessen die Küfer hinter ihnen das Seil hielten. Darüber wurde es dunkel, und als die wunderliche Gesellschaft bei der Schenke anlangte, sah man in der Gegend des Winzerfestes drüben ein herrliches Feuerwerk gen Himmel steigen. Die Teufel wurden jetzt endlich mit ihren Schwänzen losgebunden, blieben aber fortwährend von den kräftigen Burschen umringt und Jochel ging nicht von ihrer Seite, so daß sie nicht die geringste Gelegenheit fanden, ein einziges Wort unter sich zu reden. Indessen erlabten sie sich, ihre innere Zerstörung vergessend, an dem reichlichen Essen und Trinken, das aufgesetzt wurde, bis jemand das Fenster öffnete und nach dem Herrschaftshause hinwies, dessen Fenster alle von Licht strahlten, während eine prächtige Ballmusik durch die stille Nachtluft deutlich, aber fein gedämpft, herübertönte.

Ob dem Hause standen die schönsten Sterne, was freilich die Teufel nicht rühren mochte; denn wenn sie für dergleichen Gefühl gehabt hätten, so wären sie jetzt nicht hier gewesen. Nur der weiche, vornehme Klang der Violinen verletzte ihnen das Herz, weil er sie an bessere Zeiten erinnerte und sie sich die Schwester und Gattin vorstellen mußten, wie sie in diesem Augenblicke im Reigen dahinschwebte.

Um die Not ihres Inneren zu ersäufen, überließen sie sich um so gieriger dem Getränke, das ihnen Jochel rückhaltlos einschenkte. Als er sie für betrunken genug hielt, fing er an, sie zu necken und zum Zorn zu reizen; andere folgten und zerrten sie an den Schwänzen, worauf sie unverweilt um sich schlugen und eine schöne Prügelei anhuben.

In diesem Augenblicke erschienen zwei Gensdarmen, die im Hause darauf gewartet hatten, und eh' eine Viertelstunde verflossen war, saßen die drei Landstreicher festgemacht auf einem Leiterwagen, und zwei Stunden später in der Nacht im Gefängnisturme der Kreishauptstadt. Es erging ihnen jedoch nicht so übel. Vielmehr wurden sie am Morgen vorgerufen und befragt, ob sie mit Kleidern, Wäsche, Reisegeld und Schriften hinreichend versehen, unter Ueberwachung der Polizei nach der neuen Welt auswandern wollten, und drei Tage nachher reisten sie schon in Begleit eines Polizeiagenten, der Geld und Pässe auf sich trug, nach dem Seehafen. Der Agent verließ sie erst in dem Augenblicke, als das Schiff die Anker lichtete.

Hedwig erfuhr den ganzen Hergang erst, als sie eines Tages, ein schönes jähriges Knäblein auf dem Schoße haltend, die Sorge aussprach, daß das Kind einst seinen bösen Oheimen in die Hände laufen oder gar die Bekanntschaft des häßlichen Schwendtner machen könnte. Jetzt erst erzählte ihr der Mann den harten Spaß, den er sich damals mit den Herren erlaubt. Entsetzt schaute sie auf, das Kind wie zum Schutze gegen unbekannte Gefahren an sich drückend; allein er beruhigte und tröstete sie sogleich mit der Nachricht, daß laut Briefen, die er zu verschaffen gewußt, die drei Gesellen nach ihrer Ankunft in Amerika, wie umgewandelt, sich sofort getrennt hätten. Ja, der Einfall habe die merkwürdigste Wirkung auf sie gethan; jeder von den dreien sei in dem amerikanischen Wirbel aufrecht schwimmend dahin getrieben und an einem bescheidenen sichern Ufer gelandet, wo er sich halte. Einer sei ein stiller Bierzapfer in der Nähe von New-York, der andere Schulhalter in Texas und der dritte Prediger bei einer kleinen Religionsunternehmung, und allen gehe es gut.

Brandolfs Vater wurde achtundachtzig Jahre alt und versicherte, dies verdanke er nur der Lebensfreude, welche von der stillen Gesundheit der Frau Tochter ausströme. So verschieden ist es mit der Dankbarkeit des Bodens beschaffen, in welchen eine Seele verpflanzt wird.

Zehntes Kapitel.

Die Geisterseher.

„Ihr Herr Brandolf ist ja ein Ausbund von einem edlen und wohlmögenden Frauenwähler!" sagte Lucie, als Reinhart die verarmte Baronin in seiner Erzählung zu Glück und Ehren gebracht hatte; „aber sind Sie auch sicher, daß dieser Erkieser seines Weibes nicht ein wenig das Spiel des Zufalls war, oder am Ende selbst eher gewählt wurde, während er zu wählen glaubte?"

„Wie so?" fragte Reinhart.

„Ich meine nur!" erwiderte Lucie; „haben Sie auch alle Umstände ordentlich aufgefaßt und wiedergegeben, und nichts übersehen, was auf eine bescheidene Einwirkung, ein kleines Verfahren der guten Frau von Lohausen hindeuten ließe?"

„Kennen Sie die Leute, oder haben Sie sonst schon von der Geschichte gehört?"

„Ich? Nicht im mindesten! Ich höre heute zum ersten Male davon reden."

„Nun, wenn Sie also keine andere Quelle kennen, so müssen Sie sich schon an meine Redaktion halten, die ich nach bestem Wissen und Gewissen besorgt habe. Ich beteuere, daß

175

auch nicht die leiseste Spur von Koketterie und Schlauheit soll
zwischen den Zeilen zu lesen sein, und ich bitte Sie, hochzu-
verehrendes Fräulein, nichts hineinlegen zu wollen, was hinein-
zulegen ich nicht die Absicht hatte!"

„Und ich bitte den hochzuverehrenden Herrn tausendmal
um Verzeihung, wenn meine Vermutung beleidigend war,
daß der armen Frau Hedwig noch ein Rest von eigenem
Willen hätte vergönnt sein können im Punkte des Heiratens!"

„Ei, mein ungnädiges Fräulein, warum denn so gereizt?
Ich wehre mich ja lediglich für eine Frauengestalt, die durch
ihre Hülflosigkeit nur gewinnt und dem Geschlechte zur Zierde
gereicht!"

„Ei natürlich, ja! So versteh' ich es ja auch!" sagte
Lucie mit fröhlichem Lachen, welches ihre Locken anmutig be-
wegte; „ein sanftes Wollschäfchen mehr auf dem Markte!
Diesmal handelt es sich noch um die Nutzbarkeit einer guten
Wirtschafterin, und wir müssen gestehen, Sie haben das Thema
fast wie ein Kinder- und Hausmärchen herausgestrichen!"

„Aber, liebe Lux," rief jetzt der Oberst, „sei doch nicht
so zänkisch! Du hast ja, Gott sei Dank, nicht nötig, Dich
über diese Dinge zu ereifern, wenn Du doch unverheiratet
bleiben und mein Alter verschönern willst! In dieser Hoffnung
will ich Dir übrigens jetzt etwas Hülfe bringen! Mit unserer
Wahlfreiheit und Herrlichkeit, bester Freund, ist es nämlich nicht
gar so weit her, und wir dürfen nicht zu sehr darauf pochen!
Wenigstens hab' ich die Ehre, Ihnen in mir einen alten Junggesellen vorzustellen, der vor langen Jahren einst zum Gegenstande der Wahlüberlegung eines Frauenzimmers geworden,
als er nur die Hand glaubte ausrecken zu dürfen, und dabei
so schmählich unterlegen ist, daß ihm das Heiraten für immer
verging. Wenn Ihr es hören wollt, so will ich Euch das
Abenteuer, so gut ich kann, erzählen; es lächert mich jetzt und

zugleich gelüstet mich, es vor meinem Ende zum ersten Male jemandem zu erzählen oder schwatzend zu redigieren, wie unser Freund Reinhart sich ausdrückt."

Die jungen Leute bezeugten natürlich ihre Neugierde, die sie beide auch empfanden, und sie baten den Oheim, mit seinen Mitteilungen nicht zurückzuhalten.

Er warf noch einen aufmerksam forschenden Blick auf Reinharts Gesicht, blickte hierauf nachdenklich zu Boden und ließ seinen weichen silbernen Schnurrbart durch die Finger laufen, als er seine Rede begann.

*　　*　　*

Es ist bald geschehen, daß man alt wird (sagte er), so rasch, daß man beim Rückblicke auf den durchlaufenen Weg sich nur auf einzelnes etwa besinnen und sich namentlich nicht mit reumütigen Betrachtungen über die begangenen dummen Streiche aufhalten kann. Denn dieselben scheinen in der perspektivischen Verkürzung so dicht hinter einander zu stehen, wie jene Meilensteine, welche der Reiter für die Leichensteine eines Kirchhofes ansah, als er auf seinem Zauberpferde an ihnen vorüberjagte. Dennoch giebt es eine Art von Fehlern, Begehungen oder Unterlassungen scheinbar ganz unbedeutender und harmloser Art, welche ihrer Folgen wegen zehnmal schwerer im Gedächtnis haften bleiben, als die gröberen Vergehungen und Versäumnisse, und während wir diese in unserem Sinne längst genugsam bedauert und gebüßt haben, überkommt uns immer wieder Reu' und Aerger, sobald jene in der Erinnerung aufleben. Man verzögert den Besuch bei einem Kranken, und er stirbt, ohne ein letztes Wort gesagt zu haben, dessen man bedurfte. Einem guten Freunde haben wir Opfer gebracht und große Dienste geleistet; aber wir lassen ihn mit

einer kleinen Freundlichkeit im Stiche, auf die er gerechnet hat;
die Entfremdung, welche eintritt, halten wir für Undank, und
nun erst überlassen wir den Mann auf schnöde Weise seinem
Unstern und bereuen es zeitlebens.   Statt, wie wir uns vorgenommen, ruhig an der Arbeit zu sitzen, laufen wir eines
Morgens früh vom Hause weg, bleiben den ganzen Tag fort
und verfehlen einen entscheidenden Besuch, der sich nie wiederholen wird.   Wir lieben die Wahrheit und verhehlen sie aus
blödem Hochmut, oder auch aus einer Anwandlung von Mut-
losigkeit das einzige Mal, wo es notwendig für uns war, sie
zu sagen.   Gegen Lust und Willen geht einer mit Menschen
von schlechtem Rufe öffentlich spazieren und wird von einer
ihm teueren Person gesehen, die sich von ihm abwendet, und
was dergleichen Unstern mehr ist.

Wir haben schon von der westdeutschen Universitätsstadt
gesprochen, wo Sie geboren sind, Herr Reinhart.   Dort habe
ich auch einmal als Student gelebt, zur Zeit als der erste
Napoleon noch regierte und die Frauensleute unter den Armen
gegürtet waren.   Ich sollte Jura studieren, fand aber nicht
viel Muße dazu, da ich einen Anführer unter den Rauf- und
Zechbrüdern vorstellte und sonst allerlei Verworrenes zu treiben
hatte.   Von der politischen Not des Vaterlandes mit leidend,
suchte ich Erleichterung in aufgespannten Kraftgesinnungen und
verzweifelt heroischem Dasein, welches bald in ein halbkatho-
lisches Romanzentum, bald in eine grübelnde Geisteskälte hin-
überschillerte.   Ich war bald mehr ein aufgeklärter Mystiker,
bald mehr ein gläubiger Freigeist, alles natürlich ohne die
entsprechenden Kenntnisse zu pflegen, die mit solchen Richtungen
damals verbunden wurden.   Nichts verstand ich ganz, als die
körperlichen Uebungen, Fechten, Reiten und Trinken, letzteres
nicht im Uebermaß, aber doch genug, um zuweilen empfindsam
zu werden und die moralischen Leiden der Zeit in erhöhtem

Maße zu fühlen.   Da war denn ein Freund von nöten, der ohne Ueberhebung sein Herz dem Vertrauen °eröffnete und ohne Spott den gewünschten vernünftigen und kühlen Zuspruch erteilte.

Einen solchen fand ich in einem Studenten, dem wir den altdeutschen Spitznamen Mannelin gegeben, wobei wir ihn einstweilen noch lassen wollen.   Ich hatte in einem Kollegium den Platz neben ihm erhalten, und er war mir vielleicht dadurch anziehend geworden, daß er fast in allem das Gegenteil von mir zu sein schien.   Immer ruhig, meistens fleißig, war er doch kein Spielverderber, und obschon er weder focht noch ritt, noch viel trank, nahm er an den allgemeinen Versammlungen und Hauptsachen teil und sah mit einer fast gelahrten und feinen Haltung schon als Jüngling in die Welt und war gern gesehen.

Engere Bekanntschaft machte ich mit diesem Mannelin in dem Bankhause, bei welchem ich empfohlen war und auch er seine Wechsel vorzuweisen hatte.   Der Bankier pflegte auf jeden Sonntag einige Studenten zu seinen Tischgesellschaften einzuladen, und so trafen wir einstmals dort als °Tischnachbaren zusammen und unterhielten uns so gut, daß wir nachher einen langen Spaziergang zusammen machten und uns auch in der Folge öfter sahen.   Ich fühlte bald das Bedürfnis, meine Lustbarkeiten und Waffenthaten häufiger zu unterbrechen und den ruhigen Genossen aufzusuchen, dem immer eine Stunde oder mehrere zur Verfügung standen, weil er immer vorher schon etwas gethan hatte und auch nachher wieder gleichmütig arbeiten konnte, wenn es notwendig war, es mochte Tag oder Nacht sein.

Mit großer Duldsamkeit ertrug er meine Vorliebe für das Unerklärliche und Uebersinnliche, das ich fortwährend in allen Dingen herbeizog und anrief, und verteidigte ohne allen

02   eröffnete] öffnete *J1–E5*

20   Tischnachbaren] Tischnachbarn *J1–E5*

Eifer seinen Standpunkt der Vernunft, wie einer, der es besser
weiß, aber es nicht gerade fühlen lassen will. Er war schon
von seinem Vater her ein geübter Kantianer und ließ, was
darüber hinausging, sich nicht anfechten. Närrischer Weise freute
ich mich eigentlich dessen und war seiner Gesinnung und seines
Wissens froh, während ich ihn mit phantastischen Reden bekämpfte. Es war mit mir, wie wenn jemand durch einen verrufenen Wald geht und auf seine Furchtlosigkeit pocht, im
Stillen aber sich auf das gute Schießgewehr verläßt, das ein
Begleiter mit sich führt. Zuweilen wollte es mir allerdings
vorkommen, als ob ich dem Mannelin ein bißchen zum stillen
und am Ende gar spaßhaften Studium diente, wie es auf
Hochschulen ja immer solche Leimsieder giebt, die für das Geld,
das sie ihre Eltern kosten, vor allem etwas glauben lernen zu
sollen und sich allen Ernstes einbilden, ˚sich für so und so viele
Zehngroschenstücke ˚selbst Lektionen in der Menschenkenntnis geben
zu können. Die Zehngroschenstücke verwenden sie nämlich an
einige Flaschen Bier oder Wein, die sie dabei wagen müssen,
und sie bringen sie den Vätern unter der Rubrik: „Allgemeines
zur Weltbildung" extra in Rechnung. Aber ein solcher Leimsieder war Mannelin doch nicht. Er liebte wirklich in mir
das Widerspiel und den harmlosen Kerl, der ich im Grunde
war, und wenn eine kleine Spitzbüberei dabei mitwirkte, so war
es die Kunst, mit der er sich an meinen vielen Erholungen,
wenn ich sie erzählte, förmlich selber erholte, ohne sie zu
teilen.

Als unsere gute Freundschaft in dem Bankierhause bemerkt
wurde, lud man uns immer zusammen ein, wie wir auch bald
zu einer Art von Hausfreunden gediehen, deren erwartetes oder
unerwartetes Erscheinen stets gern gesehen wurde. Wegen der
Verschiedenheit unseres Wesens ging für die andern auch immer
etwas Kurzweiliges um uns vor, woran vorzüglich die einzige

Tochter Hildeburg ihr Vergnügen zu finden schien. Ohne in
der Denkweise dem einen oder andern entschieden beizustimmen,
brachte sie uns immer ins Gefecht, und wenn nicht ein besonders angesehener Gast vorhanden war, der auf die Gesellschaft der Tochter des Hauses Anspruch erhob, so nahm sie
bei Tisch unfehlbar zwischen uns beiden oder ganz in der
Nähe Platz. Als das endlich zu scherzenden Bemerkungen Anlaß gab, erklärte sie uns offen als ihre lieben und getreuen
Diener, ernannte mich zu ihrem Marschall und den Mannelin
zu ihrem Kanzler und was dergleichen Späße mehr waren.
Eine vielbegehrte reiche Erbin und in allen Dingen verständige
und, wie der Student sagt, patente Person, ein fixer Kerl,
wie sie war, setzte sie sich durch solche Freiheiten keinerlei Miß-
deutungen aus.

Das hinderte indessen nicht, daß wir beide uns in sie
verliebten, und es einander leicht anmerkten. Doch blieben
wir dabei nicht nur friedlicher Gesinnung, sondern die gemeinsame Verehrung diente sogar dazu, unsere Freundschaft zu befestigen und den Verkehr angenehm zu beleben, weil ja ohnehin
von ernsthaften Folgen für uns noch jahrelang nicht die Rede
sein konnte, auch Hildeburg uns so vollkommen unparteiisch
behandelte, daß keiner vor dem andern aufgemuntert oder gereizt wurde. Wie Mannelin im innersten dachte, wußte ich
freilich nicht; ich dagegen kann nicht leugnen, daß ich mich
heimlich für prädestiniert hielt, weil die Schöne eben so stark
brünett war, wie ich selber, Mannelin hingegen der blonden
Menschenart angehörte. In der That waren ihre wagerechten
Augenbrauen so sammetdunkel, wie der heraldische schwarze
Zobel auf den alten Wappenschilden, und über der Stirne
hing die krause Nacht eines Tituskopfes – na, ich will keine
Beschreibung zum besten geben, nur anmerken will ich noch,
daß an festlichen Tagen ein paar kleine Brillantsterne aus der

nächtlichen Wildnis funkelten wie Leuchtwürmchen. Und dennoch
fiel der Blick, der von dem Schimmer angezogen wurde, sogleich hinunter in den warmen Glanz der °dunklen Augen, die
meistens gütig ihn empfingen.   Aber trau, schau wem!

05   Doch ein heißeres Feuer entflammte sich, in welchem die
Stadt Moskau aufging und das dem Napoleon die Stiefel-
sohlen verbrannte.   Es dauerte nicht lange, so hieß es bei der
studierenden Jugend überall: heimgereist!   Mir stand schon
eine Stelle in einem kaiserlichen °Dragonerregiment offen;
10 Mannelin wollte als bescheidener Fußgänger in die preußische
Infanterie treten, und beide rüsteten wir uns zum Abzuge.
Vorher mußten wir aber nochmals im Bankierhause speisen
und wurden mit aller Freundschaft behandelt.   Der Ernst jener
Tage hinderte nicht, daß an der Sonne der Hoffnung auch
15 Fröhlichkeit und Scherz wieder aufblühten, und so wurde denn,
als man auf das Wohl der scheidenden jungen Krieger trank,
die Hildeburg ein wenig aufgezogen und gefragt, welchen von
uns sie am unliebsten verliere?

"Das weiß ich wahrhaftig selber nicht!" rief sie; "erst
20 war mir der Kanzler lieber; seit aber in seinem Umgange der
wilde Marschall so gesittet und liebenswürdig geworden ist,
verliere ich diesen auch ungern!   Und doch ist es wieder nicht
recht, wenn der andere, der die Quelle der Besserung ist, es
büßen soll!   Mag mir der Himmel helfen!"

25   Sie verbarg auf das artigste die Wehmut des Abschiedes
hinter der Miene einer komischen Verlegenheit, ergriff endlich ein
herzförmiges Zuckergebilde des Nachtisches, zerbrach es und gab
jedem von uns eine Hälfte.   Ich tauchte die meinige in das
Weinglas und verschlang sie sogleich zum Zeichen meines
30 Liebeshungers; Mannelin dagegen behielt die seinige in der
Hand und spielte scheinbar damit, bis er sie unbeachtet in die
Tasche schieben konnte.

03   dunklen] dunkeln *J1–E1 E3–E5*
09   Dragonerregiment] Dragonerregimente *J1–E1*

Nach aufgehobener Tafel wurde ein Spaziergang durch den Garten gemacht, soweit die Wege in der frühen Jahreszeit gangbar waren; denn wir befanden uns in den ersten Monaten des Jahres 1813. Ich weiß nicht wie es kam, daß wir uns mit dem Mädchen bald von den übrigen Gästen entfernten und ihr zu beiden Seiten gingen. Wir fühlten uns jetzt ernster und zugleich leidenschaftlicher gestimmt, als früher, da wir uns der Tiefe unserer Neigung zu dem schönen Wesen deutlicher bewußt wurden; nur die Ungewißheit der Zukunft und die voraussichtliche Dauer und Gefährlichkeit des bevorstehenden oder vielmehr schon begonnenen Krieges mochten verhüten, daß sich die zwischen uns beiden bisanher waltende gleichmütige Freundschaft trübte.

Hildeburg merkte wohl an unserem stillen Wesen und an der Natur unserer Atemzüge, was uns bewegte, und sie selbst wurde fühlbar erregter. Als wir unversehens vor einem Pavillon anlangten, stieß sie die Thüre auf, ging hinein und öffnete die vom Winter her noch verschlossenen Fensterläden, indem sie uns rasch mit einem Blicke überflog. Wir folgten ihr in den kleinen Saal und sie wandte sich uns zu.

„Ich bin in allem Ernste in einer so traurigen Lage, wie noch nie ein Mädchen gewesen ist; denn ich habe Euch beide lieb und kann es nicht auseinander lösen. Du, Marschall, hast mein halbes Herz verschlungen; das ist thöricht, aber es verführt mich; und Du, Kanzler, hast die andere Hälfte aufbewahrt, das ist auch thöricht, aber es ist treu und beglückt mich. Ich werde nie die Frau eines Mannes werden, es wäre denn einer von Euch beiden; dazu müßte aber der Eine fallen! Wenn beide fallen oder beide zurückkehren, werde ich ledig bleiben, als das Opfer eines heillosen unnatürlichen Naturspieles oder unvernünftigen Ereignisses, das in meiner Seele und meinen Sinnen vorgeht und das ich vor der Welt ver-

bergen muß, wenn ich mich nicht mit Schmach bedecken will!
Da ich mir aber keinen von Euch tot denken kann und will,
so lebt wohl °auf ewig, liebste Brüder!"

Nach diesen Worten fiel sie jedem von uns um den Hals
und küßte ihn heftig auf den Mund, zuerst mich und dann
den Mannelin, hierauf den Mannelin und endlich mich noch
einmal.   Wir standen wie vom Himmel gefallen und vermochten
uns nicht zu regen.   Für uns war die Situation ganz verflucht
und ich habe weder im Krieg noch im Frieden eine ähnlich
verzwickte Lage wieder erlebt.   Denn wenn, wie wir es ja
soeben erfahren hatten, ein ehrbares Frauenzimmer allenfalls
in leidenschaftlicher Wallung zwei Männer nacheinander küssen
kann, so werden diese, wenn sie das Weib lieben, niemals
dazu kommen, dasselbe nun gemeinsam anzufassen und wieder
zu küssen.   Wir brauchten uns auch nicht darüber zu besinnen,
weil sie, ehe das möglich war, uns enteilte und im Vorbeigehen die Hand auf den Mund legend ausrief: „Ihr verpfändet mir Euere Ehre, daß Ihr schweigt!"

Es war uns nicht möglich, noch länger zu weilen; wir
verabschiedeten uns, wobei Hildeburg wie alle andern unsere
Hände schüttelte und die Thränen der Rührung nicht verhehlte.

Da gingen wir nun mit unserem geteilten Glück und
Mißglück von hinnen und sprachen, nachdem wir ein gezwun-
genes Lachen bald aufgegeben, über eine Stunde lang kein
Wort miteinander, obgleich wir zusammen blieben.   Wir konnten
uns nicht sehr gehoben fühlen; denn ein Graf von Gleichen,
der zwei Frauen hat, kann dabei ein guter Ritter und Kreuz-
fahrer sein; zwei gute Gesellen aber, die der Gegenstand der
Doppelneigung eines jungen Mädchens sind, müssen sich doch
etwas zu zwiefältig, zu halbschürig vorkommen, und es ist
nicht jedermanns Sache, ein siamesischer Zwilling zu sein.
Dennoch hatte uns das seltsame Geständnis Hildeburgs und

03   auf] und auf *J1*

ihre leidenschaftliche Umarmung Herz und Sinn noch vollends gefangen genommen, und wir liebten das schöne schlanke Naturspiel unvermindert fort, zumal dasselbe ja noch tragischer als wir gestellt war, wenn es sich so mit ihm verhielt, wie es sagte.

Es half uns denn auch das Empfinden der Tragik über die gegenseitige Verlegenheit hinweg. Als wir den Versammlungsort aufsuchten, wo an die hundert junge Männer, die am nächsten Tage nach allen Seiten unter die Fahnen eilen mußten, den Abend noch zubringen wollten, da erhob sich unser Geist zu der Höhe der aufwogenden und rauschenden Vaterlands- und Kampfesfreude. Wir saßen dicht neben einander in der gedrängten Schar; und als gegen Mitternacht die Gläser unter dem donnernden Rufe: Tod °und Freiheit! in die Höhe fuhren, da hielt Mannelin mir sein Glas entgegen und sagte: „Sollte es so kommen, daß einer von uns fällt und der andere das Weib gewinnt, so soll er leben! Auf sein Glück!"

Nicht minder pathetisch stieß ich an, daß beide Gläser klirrten, indem ich rief: „Und Friede dem Toten!"

So trennten wir uns als wackere Freunde, und nach wenigen Stunden fuhren wir auf getrennten Wegen dahin, ohne daß wir für die Zukunft irgend eine Abrede oder Bestimmung getroffen hatten. Wie das Kriegsglück wollten wir auch das Schicksal unserer ungewöhnlichen Liebesgeschichte sich selbst überlassen.

Mannelin hatte hellere Sterne, als ich; während ich noch immer unter Oesterreichs zögernden Standarten harren mußte, stürmte der blonde Duckmäuser mit seiner Muskete schon von Schlacht zu Schlacht, und erst auf Leipzigs Feldern kam ich zum Tanze und atmeten wir den gleichen Pulverdampf, aber ohne uns zu sehen oder von einander zu wissen.

Ich kann dem Verlaufe des gewaltigen Feldzuges jetzt nicht weiter folgen. Auch in Paris traf ich den Freund nicht,

13 und] oder *J₁–E₅*

obgleich wir fast gleichzeitig dort einmarschiert waren. Schon zum Lieutenant vorgerückt, war er so zu sagen fast auf dem Pflaster jener Stadt noch schwer verwundet worden und lag, als ich seine Spuren suchte, unerreichbar in einem entlegenen Lazarett. Es hieß sogar, er werde bereits gestorben sein, als ich meine Nachforschungen fortsetzte; da widerstrebte es mir, mich von seinem Tode zu überzeugen, um an geweihter Stätte des Kampfes und Sieges nicht die nackte Selbstsucht in mir aufkommen zu lassen. Denn seit Streit und Mühsal aufgehört hatten und die Friedenspalmen winkten, waren auch die Gedanken an das verhexte Liebeswesen wieder stärker wach geworden, und ich blieb absichtlich im Dunkeln über Mannelins Tod, damit ich nicht gleich wie ein Wechselgläubiger vor das schöne Mädchen zu treten versucht würde, an dessen Verheißung, den Ueberlebenden zu heiraten, ich fest glaubte.

Im Monat Mai des Jahres 1814, zur Zeit wo das lange Rheinthal blühte wie ein einziger Fliederbusch, zog unser Regiment über den Strom ostwärts; es bekam aber den Befehl, in der Rheingegend Halt zu machen, um die ferneren Umstände abzuwarten, wie wir denn auch bald nachher nach der Lombardei gesandt wurden. Die Schwadron, in der ich ritt, kam aber nirgends anders hin zu stehen, als in unsere gute Universitätsstadt. Mit welchen Gedanken sah ich die Pferde in den Marstall und die Reitbahn stellen, in denen sich der Student so oft getummelt hatte! Und als ich mein Quartier im Gasthofe bezog, in welchem ich vor fünf Vierteljahren so manche Flasche ausgestochen, waren Wirt und Dienerschaft sehr verwundert über den ernsthaften Kriegsmann.

Allein auch ich verwunderte mich, da ich auf Befragen vernahm, die Bankiersfamilie befinde sich zur Zeit nicht in der Stadt, sondern auf einem Landsitze, der ungefähr eine Meile entfernt sei. Ein französischer Emigrant, der vor zwanzig

Jahren das Grundstück an sich gebracht, hatte es nämlich augenblicklich zum Verkaufe ausgeboten, als die Ordnung der Dinge in Frankreich umgestürzt war; und der Bankier hatte nicht gesäumt, das Gut auf die leichte und billige Weise zu erwerben, die in solchen Zeit- und Kriegsläufen denen möglich ist, welche baares Geld haben.

Ich konnte daher am Tage der Ankunft nicht mehr vorsprechen, ritt aber um so zeitiger am andern Morgen hinaus, von meinem Reitknechte begleitet. Es regnete ein wenig an dem Tage, weshalb ich den Kragen des weißen Reitermantels aufgestellt und die Schirmmütze etwas tief in die Augen gezogen hatte, als ich durch eine lange Allee auf das alte schloßartige Gebäude zuritt, das wenig gut unterhalten schien. Man mochte glauben, daß eine gewöhnliche Offiziers-Einquartierung angekommen sei, da auch in der Umgebung schon österreichische Reiterei erschienen war. Es trat daher nur ein Diener aus der Thüre, mich zu empfangen und nach meinen Wünschen zu fragen. Statt ihm zu antworten, sprang ich vom Pferde, überließ die Zügel meinem Burschen und betrat sogleich das einst stattlich gebaute, jetzt etwas verfallene Vestibül des Hauses. Erst als ich ihm den Mantel übergab, erkannte mich der Diener trotz des veränderten Aussehens, das der Krieg mir verliehen, und führte mich freundlich überrascht in einen Saal, wo der Herr und die Frau des Hauses die Zeitungen lasen. Auch sie erkannten mich nicht sofort, erhoben sich aber mit lebhafter Freude, als es geschah, und hießen mich willkommen. „Was wird Hildeburg sagen," riefen sie, „wenn der Marschall wieder da ist! Und wo bleibt denn der Kanzler? Wissen Sie nichts von ihm? Wie oft haben wir von beiden Herren gesprochen!"

Eh' ich antworten konnte, trat Hildeburg in den Saal, die allein mich von einem Fenster aus erkannt hatte, sobald ich nur von der Landstraße in die Allee eingebogen war.

Ich vergesse niemals die Erscheinung, wie sie mir ent-
gegentrat. Wie ein weißes Tuch so bleich war das Gesicht,
das Auge träumerisch erschreckt und auf dem Munde doch ein
Lächeln des Wiedersehens, das aus dem Herzen kam, blasse
Trauer und errötende Freude mehrere Sekunden lang sich
jagend: es war kein Zweifel, sie hielt den armen Mannelin
für tot und mich für gekommen, mein Recht geltend zu machen!

Zum Glücke waren die Eltern an allerlei wunderliche
Stimmungen gewöhnt, sonst hätten sie jetzt ihren wahren Zustand ahnen müssen, besonders als ich nicht länger vermeiden
konnte, von Mannelin zu erzählen, was ich wußte, was freilich
wenig und doch bedenklich genug war. Der Papa meinte, es
sei doch zu hoffen, daß er sich noch unter den Lebenden befinde, ansonst gewiß der eine oder andere der jüngeren Frei-
willigen, die in den letzten Wochen bereits in ihre Hörsäle
zurückgekehrt seien, eine bestimmte Todeskunde gebracht hätte.
Auch in den Verlustlisten, die er ziemlich aufmerksam durch-
laufen, sei ihm der Name so wenig vorgekommen, als der
meinige.

Allein als Hildeburg eine Viertelstunde später mit mir
zu zweit durch eine Zimmerflucht wandelte, um mir das Haus
zu zeigen, das erst neu hergestellt und eingerichtet werden
müsse, hielt sie plötzlich an und sagte mit leise hallenden Klage-
tönen: „Es ist nur zu wahr! Mein kluger, lieber Kanzler
Mannelin liegt in Frankreich unter dem grünen Rasen; sie
haben ihm die Brust durchschossen und seine treuen blauen
Augen ausgelöscht! Und Du, Marschall, bist gekommen, es
mir zu sagen!"

Und gleichzeitig sah sie mich mit tief aufflammenden
Augen an, die ebenso wohl aus Haß wie aus Liebe so er-
glüht sein konnten. Denn auf den blaß gewordenen Lippen
lag jetzt nichts als bittere Trauer. Das Du, mit dem sie

mich anredete, wagte ich nicht zu erwidern, so herrisch hatte
es geklungen, beinahe wie der Herr mit dem Diener oder der
Offizier mit dem Soldaten sprach.

    „Nein, Fräulein Hildeburg!" sagte ich, einen Schritt zu-
rücktretend, doch mit scheuer Ehrerbietung, denn sie sah gar zu
merkwürdig aus, fast wie wenn sie besessen wäre: „Ich weiß
von nichts und hoffe, er lebt noch!"

    „Den Teufel hoffst Du!" rief sie mit funkelnden Augen
und lachte jählings laut auf, indessen mich das Gewissen
Lügen strafte. Denn in diesem Augenblicke schien es mir, daß
ich nicht genug gethan hatte, um über das Schicksal Mannelins
ins Klare zu kommen, und zugleich fühlte ich mich von
brennender Eifersucht gegen den Abwesenden gepeinigt, der so
leidenschaftlich betrauert wurde. Sie hatte ihn offenbar mehr
geliebt oder liebte jetzt noch nur ihn. In dieser Beklemmung
that ich einen unfreiwilligen schweren Seufzer, worauf Hildeburg
mich bei der Hand nahm und mit veränderter Stimme sagte:
„Kommen Sie und sprechen wir vor der Hand nicht mehr
davon!"

    Ruhig ging sie neben mir in den Saal zurück, wo eine
Erfrischung aufgetragen war, und als ich gegen Abend mich
nach der Stadt begab, reichte sie mir treuherzig die Hand und
sagte: „Sie hoffe mich noch öfter zu sehen, so lange das
Regiment in der Gegend bleibe." Da die Witterung meistens
gut war, so fand sich fast täglich Ursache und Vorwand, den
Spazierritt zu wiederholen, und wenn ich ausblieb, sagte
Hildeburg am nächsten Tage sogleich: „Warum sind Sie gestern
nicht gekommen?" Sie schien sich mir wieder mehr zuzuneigen,
und das eine Mal verlor sie unversehens einen trauten Blick
an mich, das andere Mal streifte sie mich leicht mit einer Be-
rührung, kurz sie beglückte mich mit jenen kleinen Zeichen,
mit welchen Liebende anfangen, sich an den Gedanken eines

23   sagte: „Sie] sagte, sie *J1*
24   bleibe."] bleibe. *J1*

dereinstigen Beisammenseins zu gewöhnen. Dann aber blieb
sie wieder tagelang in sich gekehrt und lebte sichtlich mit
düsteren Sinnen in der Ferne. Mein eigener Zustand schwankte
daher fortwährend zwischen Hell und Dunkel hin und her, so
daß ich ungeduldig das Ende herbeiwünschte. Allerdings stand
es auch einem jungen Dragoner, der seit Jahr und Tag den
Säbel in der Faust führte und über manche Blutlache hinweg-
gesetzt hatte, nicht sonderlich gut an, um ein Frauenzimmer
herum zu schmachten, das doch nicht dicker war, als ein Spinn-
rocken, wenn auch noch so hübsch gedreht.

Als ich eines schönen Nachmittags auf den Landsitz
hinausritt und eben in der langen Ulmenallee in unwilliger
Gemütsbewegung das Pferd in eine unruhige und heftige
Gangart versetzt hatte, ohne dessen bewußt zu sein, eilte mir
aus dem Hause ein fröhliches Menschenpaar entgegen: Hildeburg, welche einen preußischen Infanterieoffizier, oder mein
Freund Mannelin, der das Fräulein Hildeburg an der Hand
führte; ich konnte in der Ueberraschung nicht erkennen, welches
von beiden der Fall war. Meine erste Empfindung war die
Freude über das unverhoffte Wiedersehen, die zweite ein Gefühl
der Zufriedenheit über die Herstellung des früheren Zustandes
zwischen den drei Personen, womit wenigstens für den Augenblick der quälende Zweifel beseitigt wurde. Auch Hildeburg
gab ähnlichen Gefühlen Ausdruck, indem sie ausrief: „Nun ist
alles gut, nun sind wir alle wieder beisammen!"

Mannelin vollends war unverkennbar glücklich und zufrieden, die Dinge so zu finden, da er schon gefürchtet haben
mochte, zu spät zu °kommen, denn er wußte, daß er irriger
Weise für tot ausgegeben worden. Er war aber nicht so un-
rettbar verletzt gewesen und jetzt leidlich geheilt; doch hatte er
einen mindestens halbjährigen Urlaub antreten müssen, um sich
ganz zu erholen. Schon wieder mit Büchern versehen, war er

28   kommen,] kommen; J1–E1

auf dem Wege nach einem Badeort mit heißen Quellen begriffen und hielt kurze Einkehr in der Universitätsstadt. Erst
auf dem Landgute des °Bankherrn hatte er heute vernommen,
daß ich ebenfalls im Lande sei. Mannelin hatte durch den
05 Kriegsdienst sich sehr vorteilhaft verändert, was das Aeußere
betrifft. Ohne gerade martialisch drein zu schauen, hatte er
doch an fester Haltung gewonnen. Sein leichter blonder Bart
auf Wangen und Oberlippe erhielt durch den Ernst der
Ereignisse und Abenteuer, der in den Augen und auf dem
10 Munde sich gelagert hatte, eine größere Bedeutung, als ihm
sonst zugekommen wäre, und das militärische Wissen und Erfahren, um welches er reicher geworden, vereinigte sich vortrefflich mit seinem wissenschaftlichen Geiste. Aber ungeachtet er
die bedeutendsten Kriegsthaten mitgemacht und zahlreichere Ge-
15 fechte und Gefahren bestanden, als ich, hörte man ihn niemals
davon sprechen, und wäre er nicht unfreiwillig in die zeit-
gemäßen Gespräche mit verflochten worden, so würde man ver-
mutet haben, er sei die ganze Zeit über nie aus seiner Studierstube herausgegangen.
20 Das verlieh dem liebenswürdigen Duckmäuser einen
neuen Glanz, der indessen auch mir zugute kam; denn als ich
einst nach eifrigem Sprechen vom Hauen und Stechen in der
darauffolgenden Stille plötzlich wahrnahm, wie renommistisch
ich mich neben ihm ausnehmen mußte, suchte ich mich beschämt
25 zu bessern und wurde auch hie und da bescheidener. Leider
mußte ich nachher, da ich Soldat von Profession blieb, mich
doch wieder an das Schreien und Rufen gewöhnen.
So verlebten wir noch eine Reihe von angenehmen heiteren
Tagen, bis nicht unerwartet und doch unverhofft der Abmarsch-
30 befehl für mein Regiment anlangte, und zwar hatte der Auf-
bruch in sechs Tagen stattzufinden. Von Stund' an war
Hildeburg in ihrem Benehmen verändert. Bald unruhig und

03 Bankherrn] Bankherren *J1–E1*

zerstreut, bald in sich gekehrt und über etwas brütend, das sie
beschäftigte und drückte, wechselten ihre Launen unaufhörlich,
und als ob sie es selbst nur zu wohl wüßte, entzog sie sich
meist der Gesellschaft, die zuweilen ziemlich zahlreich wurde, je
mehr die Umgebung des erst später wohnlich zu machenden
Hauses zum Aufenthalt im Freien einlud.   Indem ich, von
dem veränderten Betragen des Mädchens abermals betroffen,
über dasselbe nachdachte, fühlte ich mich geneigt, die Erscheinung zu meinen Gunsten auszulegen und zu glauben, nun
komme die Reihe, als Abwesender oder gar Verlorener zu
glänzen und betrauert zu werden, an meine werte Person.
Ich überlegte, wie ich mich dazu zu stellen habe: ob ich edel
gesinnt die Dinge nach Abrede gehen lassen und dem Rivalen
vertrauensvoll das Feld räumen, oder ob ich den Vorteil benutzen und mit dem Gewicht der neuen Sachlage dem Züng-
lein der Wage einen leichten, aber plötzlichen Stoß geben solle?

Hildeburg selbst schien mir entgegen zu kommen; sie ver-
anlaßte ihre Eltern, mir zu Ehren ein Abschiedsessen zu geben,
und mich forderte sie bei der Einladung auf, es so einzurichten,
daß ich auch den Abend bleiben könne.   Ein Bett für mich
solle trotz der mangelhaften Einrichtung bereit sein, meinte sie,
und vor Gespenstern würde ich mich wohl kaum genieren.
Denn es gehe die Rede, daß in dem älteren Flügel des Hauses
etwas nicht richtig sei.

In der That hatten die Dienstboten von einem alten
Gärtner dergleichen Reden gehört und mit eigenen Beobach-
tungen, die sie zu machen glaubten, ergänzt.   Während der
Mahlzeit, welche reich und belebt genug war, geriet die Unterhaltung ebenfalls auf diesen Gegenstand.   Die alte Mama be-
klagte sich über so beunruhigende Herumbietungen, die doch
keinen vernünftigen Grund haben könnten; der alte Herr verwies darauf, daß mit Luft und Licht und frischer Tünche der

neuen Arbeiten das Unwesen sich wohl verziehen werde. Mich aber stach der Vorwitz, mich wieder einmal der sogenannten Nachtseiten und der jenseitigen Geheimnisse u. s. w. anzunehmen, und ich kehrte den ernsten Kriegsmann heraus, der auf nächtlichen Schlachtfeldern und zwischen Tod und Leben verlernt habe, über dergleichen zu spotten.

Mannelin, der bisher das Gespräch nicht teilnahmswert gefunden, sah mich ganz verwundert an und fragte mich treuherzig °lachend: „Ob ich noch unter die Geisterseher gehen
°wolle?" Hierdurch gereizt, bejahte ich die Frage kühnlich, sofern ich nur das Glück wirklich haben sollte, ein Stück der andern Welt jetzt schon kennen zu lernen; zugleich aber stellte ich ein wenig großthuerisch in Aussicht, den Dingen ins Gesicht sehen und sie zur Rede stellen zu wollen, wenn sie
anders herankämen. Um was sich's eigentlich handle im vorliegenden Falle? schloß ich meine Prahlerei.

„Es soll ein Poltergeist sein, den man die alte Kratt °nennt," sagte Hildeburg halb eingeschüchtert durch meine Reden, wie wenn sie befürchtete, es möchte am Ende etwas
Wahres aus der Sache werden. Vor achtzig Jahren habe nachweisbar eine freiherrliche Familie Kratt das Gut besessen; weiteres habe man noch nicht heraus gebracht, als daß es nur selten und nur in gewissen Nächten spuke.

Da die Mutter Hildeburgs ein ängstliches und noch mehr
verdrießliches Gesicht zu machen begann über die Verunzierung des neuen Besitzes und mein Freund Mannelin sich gleichgültig von dem Gespräch wieder abgewandt hatte, wurde dasselbe fallen gelassen und man kam nicht mehr darauf zurück. Ich hatte zwei Kameraden mitgebracht, lustige Donauleute, die sich
das gute Leben im Privatkreise wohl gefallen ließen nach langen Entbehrungen, und es ging den Rest des Tages über sehr munter zu. Als sie am Abend, da auch die andern Gäste

09   lachend: „Ob] lachend, ob J1
10   wolle?"] wolle? J1
18   nennt,] nennt! J1–E1

zurückkehrten, den leichten Wagen vorfahren ließen, in welchem
wir gemeinschaftlich angekommen, schwankte ich einen Augenblick, ob ich nicht mit ihnen fahren sollte, da es wegen des
bevorstehenden Abmarsches allerlei zu thun gab und ich mich
05 doch in nichts verfehlen wollte.   Ich brauchte nur Helm und
Säbel zu holen und rasch Adieu zu sagen, d. h. bis zum
folgenden Tage.   Da stand aber schon die Hildeburg bei uns
auf der Freitreppe und sagte gleichmütig: „Ich dachte, Sie
würden morgen noch mit uns im Garten frühstücken; doch
10 lassen Sie sich nicht abhalten, wenn es nicht angeht.   Jedenfalls steht Ihr Zimmer bereit."

Natürlich blieb ich nun da; die zwei Oesterreicher küßten
der Dame die Hand, schwangen sich in den Wagen und fuhren
wie die Kugel aus dem °Rohr davon, während ich mit Hilde-
15 burg dem leuchtenden Diener ins Haus zurückfolgte, mit einem
geheimen Herzklopfen wegen der süßen Entscheidung, die ich
halbwegs erwartete.   Hildeburg zog sich jedoch bald in die
Unsichtbarkeit zurück, und der Tag endigte für mich damit,
daß ich in der Gesellschaft Mannelins und von Hildeburgs
20 Vater noch mehrere Gläser starken Punsches trank, den die
Frauen uns hatten anrichten lassen.   Dann plauderte ich noch
eine Viertelstunde mit Mannelin auf seinem Zimmer und folgte
endlich etwas schlaftrunken dem Diener, der mich in die Stube
brachte, wo mein Nachtlager stand.   Ich hatte fast alles ver-
25 gessen, was mich vor Stunden noch erregte, und sah das
Gemach nur flüchtig an, in dem ich mich befand.   Es schien
ein sehr großes aber niedriges Zimmer, dessen Wände und
Decke mit hölzernem Tafel- und Leistenwerke bekleidet waren.
An den Wänden stand hie und da ein alter Polstersessel und
30 in einer Ecke ein altertümliches Himmelbett, das von allen vier
Seiten dunkle Umhänge umgaben.   In der Nähe des Bettes
befand sich ein Tisch mit Wasser u. dergl., auf welchen der

14   Rohr] Rohre *J1–E1*

Diener seine zwei Leuchter stellte, eh' er sich zurückzog; weiter
war nichts zu erblicken, als in einer entfernten Ecke, dem Bette
schräg gegenüber, eine alte Schreibkommode mit einem Aufsatz.
Dicht dabei befand sich eines der Fenster, durch welche ein
schwaches Mondlicht in den Raum fiel, und ich sah noch, wie
die verdunkelte Politur des alten Hausrates das Licht matt
reflektierte.   Als ich die Uhr auf den Tisch legte, sah ich, daß
es halb zwölf Uhr war.   Das erinnerte mich nochmals an
die Spukgeschichte; da es mir aber jetzt mehr um den Schlaf,
als um ein Abenteuer zu thun war, verließ ich mich unbedenklich wieder auf Mannelins guten Verstand, löschte die
Lichter und legte mich, immerhin die Unterkleider anbehaltend,
in das Bett, das übrigens vortrefflich war.   In drei Minuten
schlief ich fest; ich glaube, ich dachte nicht einmal mehr an die
geliebte Hildeburg, kann es aber nicht bestimmt sagen.   Mein
Leichtsinn nahm diesmal ein übles Ende.

  Ich mochte kaum eine halbe Stunde geschlafen haben, so
wurde ich durch einen schrecklichen Knall oder Fall geweckt,
der mitten im Zimmer erfolgt sein mußte.   Ich sperrte die
Augen auf, und halb schwindlig von den aufgestörten Geistern
des genossenen Getränkes, von Schlaftrunkenheit und Ueberraschung, suchte ich mich zu besinnen, was ich denn gehört
habe?   Es dünkte mich, es könnte ein schwerer Gegenstand in
oder außer dem Zimmer umgestürzt, ebenso gut aber in dem
baufälligen Hause oben oder unten etwas gebrochen sein.   Zuletzt aber behielt ich wieder den Eindruck, daß der Ton in
nächster Nähe entstanden sein müsse.   Ich sah und horchte hin,
aber nichts war zu sehen oder zu hören, als der unheimliche
Mondglanz auf der dunkeln Schreibkommode.   Auf einmal
fegt' und kratzt' etwas hinter der Wand, dicht an meinem
Bette.   Ich warf mich herum und starrte; das war nun außer
dem Spaß!   Und wie ich starre, fährt mir ein eiskalter Luft-

zug über das Gesicht, die Bettvorhänge flattern einen Augenblick lang hin und her und plötzlich wird mir die Decke vom
Leibe gerissen.

     „Donnerwetter!" rufe ich beklemmt und setze mich endlich
05 aufrecht, jetzt ganz munter geworden.   Es spukte wahrlich.
Ich brachte die Beine aus dem Bett und saß nun quer auf
demselben; mehr vermochte ich nicht zu thun, weil das Unbekannte trotz der possenhaften Form, in der es sich ankündigte,
lähmend auf meine Glieder wirkte.   Eben dies Possenhafte
10 war ja selbst schreckhaft mit seinem Höllenhumor.   Plötzlich
wehen die Gardinen wieder, der eisige Hauch fährt mir über
die linke Seite des Gesichtes und über den Nacken.   Und indem ich mich schüttle, höre ich dicht hinter mir, wie durch die
Wand hindurch, Schritte schlurfen, eine °dünne, zitternde Weiber-
15 stimme stöhnt etwas Unverständliches, und indem ich mit
neuem Schrecken hinhöre, steht schon einen Schritt links von
mir eine gebeugte graue Weibergestalt mit einer verschollenen
Schleiermantille um den Kopf.   Sie muß hinter meinen Bettvorhängen und aus der Wand hervorgekommen sein.   Nur
20 einen Augenblick steht sie still, um Atem zu schöpfen; denn
sie keucht wie eine engbrüstige Alte, die treppauf und nieder
und durch lange Korridore gegangen ist.   Dann schlurft sie
mit klatschenden Pantoffeln weiter, schräg über den Zimmer-
boden, auf die Schreibkommode zu, vor der sie anhält.   Mit
25 einer leichenblassen Hand tastet sie an dem alten Möbel herum,
wie wenn sie das Schlüsselloch suchte; ich sehe die gespreizten
mageren Finger herumfahren.   Richtig zieht sie einen Bund
kleiner Schlüssel hervor, sucht einen derselben aus, steckt ihn
in das Schlüsselloch und schließt die Schreibklappe auf.   Un-
30 mittelbar darauf zieht sie mit sicherem Griff eines von den
vielen Schieblädchen des Innern ganz heraus, guckt in die
leere Oeffnung und fährt mit der Hand hinein.   Ich höre

dort abermals ein Schlüsselchen umdrehen und sehe die Gestalt
ein zweites verborgenes Fach hervorziehen, aus welchem sie
hastig ein Paket nimmt, es öffnet und ein darin liegendes
Papier entfaltet, in welchem ein drittes enthalten ist, das sie
wiederum auseinanderschlägt.   Dies alles sah ich im Zwielicht
des Mondes, der durch das Fenster scheint.   Und weiter sah
ich deutlich, wie die alte Frau ein anderes Lädchen zieht, ein
Etwas aus demselben nimmt, das ein Radiermesser sein muß;
denn sie bückt sich tiefer auf das aufgeschlagene Papier, das
jetzt einen stattlichen Foliobogen darstellt, und liest darin, liest,
nachdem das Gespenst eine Brille aufgesetzt hat, einen veritablen
Nasenklemmer!   Jetzt setzt sie den Finger auf eine Stelle und
fängt an, etwas auszuradieren.   Obgleich sie mir den Rücken
zukehrt, erkenne ich doch jede Bewegung.   Sie keucht bei der
Arbeit mit stärkeren Atemzügen, die in der Kehle wie boshafte
Geister einander zu drängen und zu kratzen scheinen; sie bläst
das Abgeschabte weg, hustet wie ein alter schwindsüchtiger
Notarius publicus, bläst wieder, fährt mit dem Finger über
die radierte Stelle und schabt abermals.   Endlich scheint die
Arbeit gelungen zu sein; ein niederträchtiges, kurzes, heiseres
Gelächter mit hi, hi, hi! dringt mir durch Mark und Bein,
und ohne mich rühren zu können, denke ich doch: hier ist einstmals ein Vertrag gefälscht, ein Geburtsrecht, ein Erbe, ein
Lebensglück gestohlen worden!
      Plötzlich wird das Messerchen wieder hingelegt, wo es
genommen worden, mit der scheinbaren historischen Natürlich-
keit solcher Dämonen, das Papier oder die Urkunde zusammen-
gefaltet, eins ins andere gelegt und ein Schubfach nach dem
andern zugestoßen, die Klappe zugeschlagen und verschlossen.
Plötzlich dreht sich die Gestalt um und schleppt sich nach der
Richtung hin zurück, wo ich reglos sitze, bis sie beinahe dicht
vor mir still steht und mich anschaut.   Nie vergesse ich das

infame Hexengesicht, obschon es nur seitwärts vom Monde gestreift wurde und der größte Teil im Schatten lag. Nase,
Kinn, der Mund, alles grinste wie in blühendem Leichenwachs
ausgeprägt mir entgegen, voll Hohn und Grimm, wie das
dunkle Feuer in den doch unkenntlichen Augen. Ich war in
Kartätschenfeuer geritten, das mir wie Zephirsäuseln vorkam
gegen die Schauerlichkeit, die mich jetzt übernahm. Was hatte
ich mit diesem verfluchten Wesen zu schaffen, dem ich nie ein
Leides gethan? Was sollte das für eine Vernunft in der Welt
sein, wo ein beherzter ehrlicher Kerl macht- und wehrlos dem
wesenlosen Scheusal gegenüber da saß und bei der geringsten
Bewegung vielleicht durch die Schrecken der Ewigkeit um Gesundheit und Leben kam? Dergleichen verworrenes Zeug
schwirrte mir durch den Kopf, als das Gespenst mich anschaute;
ich fühlte, wie das Haar mir zu Berge stand, der Atem ver-
sagte mir und ich konnte gleich einem, den der Alp drückt, nur
noch rufen: „Die alte Kratt!" als mir für einen Moment die
Sehkraft und Besinnung schwand. Eine Minute später war
die Erscheinung verschwunden. Selbstverständlich schlug jetzt,
zur Vollendung des Spukes, auch noch die erste Stunde nach
Mitternacht an einer entfernten Turmuhr. Als das bekannte
wohlthätige Eins gehörig verhallt war, wagte ich endlich, mich
zu rühren und suchte Licht zu machen. Die Leuchter standen
da, aber ich fand kein Feuerzeug; so blieb mir nichts übrig,
als mich zu Bette zu legen, und ich spürte bei dieser Gelegenheit die Bettdecke, die auf dem Boden lag. Ich nahm sie an
mich und sobald ich mich wieder horizontal ausgestreckt und
nichts Verdächtiges mehr geschah, schlief ich ein und erwachte,
als es schon lange Tag war. Erst jetzt stellte ich einige Unter-
suchungen an. Die Thüre, die sichtbar einzig ins Zimmer
führte, war noch von innen verschlossen, und der besondere
altmodische Riegel, der über dem Schlosse angebracht, überdies

vorgeschoben. Die Schreibkommode war am Tage ein ganz
gemütliches Möbel. Auf dem Pultdeckel oder der Klappe war
von buntem Holze eine Landschaft eingelegt. Aus einem See
ragte eine Insel mit einem Schloß, und auf dem Wasser saßen
05 zwei Herren mit langen Perücken und kleinen Dreieckhütchen
in einem Nachen und schossen auf Enten. Im Vordergrunde
standen ein paar ruinierte Tempelsäulen, unter welchen ein
dritter Herr mit hohem Rohrstocke tiefsinnig promenierte; alles
so idyllisch und unverfänglich als möglich. Was mich aber
10 am meisten wunderte, war ein Schlüssel, der ruhig im Schlosse
stak, während ich doch deutlich den Schlüsselbund klirren und
den Schlüssel des Gespenstes umdrehen und ausziehen gehört
hatte. Ich machte die Klappe auf und sah die Schublädchen,
zog eines nach dem anderen auf, aber alle waren leer, kein
15 Radiermesser und °nichts. Auch das geheime Fach fand sich
mit seinem Schlüsselchen, es war auch leer, und ich hatte doch
das Paket und die Papiere °gesehen.
    Es blieb also nur noch die Umgebung des Bettes zu
untersuchen. Dasselbe stand mit dem Kopfende eine gute
20 Spanne von der Wand entfernt, so daß zwischen der Gardine
und der Wand allerdings jemand, der nicht zu dick war, sich
mit Not dort durchwinden konnte. Als ich jedoch die schwere
Bettstelle mit Mühe etwas weggerückt hatte, fand °ich ringsum
nichts als das gleiche Holzgetäfel, wie es überall die Wände
25 und auch die Decke bekleidete. Von einer Ursache des Knalles
konnte ich auch nirgends eine Spur entdecken.
    Desto ernster erneuerte sich der Eindruck des Gesehenen;
die schnurrige und widerwärtige Seite des Spukes trat zurück
vor der Ahnung der endlosen Unruhe einer Seelensubstanz, für
30 die sich, wenn dies Landhaus einst lange vom Erdboden verschwunden sein wird, dasselbe stets wieder aufbaut mit dem
alten Zimmer und der Kommode, in welcher die verbrecherischen

15   nichts.] nichts! *kJ*
17   gesehen.] gesehen! *J1*
23   ich] sich *J1*

Papiere liegen, sowie auch der Schlüsselbund und das Radiermesser immer vorhanden, obschon sie vom Roste längst aufgelöst sind. Ich grübelte über diese furchtbare Existenz und
Fortdauer in der bloßen Vorstellung, deren reale Natur jedem
Einzelnen dereinst noch schrecklich klar werden könnte, und da
der Tod in den Kriegszeiten mir als einem Soldaten so zu
sagen zur Seite stand, dachte ich über mich selbst nach, über
meinen Leichtsinn und dies oder jenes, was ich verfehlt haben
mochte. Erst jetzt, da ich keine Wahl mehr hatte, beschwerte
mich die übersinnliche Jenseitigkeit mit ihren dunklen Schatten,
und ich empfand ein Heimweh wie nach einem Beichtvater,
während ich den Säbel umschnallte und die Gesellschaft aufsuchte, welche eben in einer Laube beim Frühstücke saß.

Man sprach eben von dem nächtlichen Knall, der demnach
im ganzen Hause gehört worden war, und da ich mit düsterem
Gesicht hinzutrat und mich erst schweigend verhielt, wurde die
Stimmung noch betroffener und verlegener. Befragt, ob ich
es auch gehört, bejahte ich ohne weiteres hinzuzufügen, da ich
die Familie nicht erschrecken mochte und es der Zeit und dem
Gespenste selbst überließ, die Herrschaft mit den Merkwürdigkeiten dieses Hauses bekannt zu machen. Erst als ich mit
Hildeburg und Mannelin vor meinem Weggehen noch etwas
auf und nieder ging und die erstere zu mir sagte: „Was ist
Ihnen denn, daß Sie so ernst und schweigsam sind?" antwortete ich unwillkürlich: „Was wird es sein? die alte Kratt
hab' ich gesehen!"

„Und haben Sie mit ihr gesprochen?"

Sie sagte das mit unbefangenem Lachen, wie man thut,
wenn man etwas für einen Scherz hält. Doch sah sie mich
dabei aufmerksam an. Ich antwortete nicht darauf, zumal
Mannelin mich ebenfalls erstaunt anblickte und ich nicht aufgelegt war, eine Disputation mit ihm zu bestehen. Da der

Kutscher bereit war, mich nach der Stadt zu fahren, nahm ich mit dem Versprechen Abschied, am nächsten Tage noch ein letztes Mal zu kommen, und fuhr nicht mit leichtem Herzen weg. Der Geisterbesuch, die Trennung von dem anziehenden und trefflichen Mädchen, die Ungewißheit der Zukunft und auch der Umstand, daß Mannelin allein bei Hildeburg zurückblieb, alles trug dazu bei, meine Gedanken trüb und schwer zu machen.

Ich will nur gleich den chronologischen Verlauf zu Ende erzählen. Nach meiner Abfahrt setzten Hildeburg und Mannelin die Gartenpromenade fort, und erst jetzt drückte der Freund seine mit einigem Unwillen vermischte Besorgnis über den Stand meiner geistigen und körperlichen Gesundheit aus, da ich nicht nur von Gewissensfurcht, sondern sogar von förmlichen Hallucinationen geplagt scheine. Es wäre schade für mich, wenn ich in dem krankhaften Wesen weiter dahin lebte und Fortschritte machte, und er frage sich, ob er mich nicht zur Einholung eines Urlaubes veranlassen und an den bewußten Badeort mit sich nehmen solle. Offenbar hätten die Kriegserlebnisse meinem beweglichen Wesen nicht gut gethan u. s. w.

Hildeburg erwiderte nachdenklich, ob er denn so sicher wisse, daß nur Täuschung sei, was ich gesehen zu haben vorgebe? Ihres Teiles befürchte sie, allerdings gegen alle Vernunft, daß doch dies oder jenes möglich sein könnte, und für diesen Fall wäre es ihr mehr um die Eltern zu thun, sowie um die übrigen Verwandten und Freunde, denen der Aufenthalt in dem verrufenen Gebäude kein Vergnügen mehr machen würde. Die Vornahme der baulichen Wiederherstellungen schiene unter solchen Umständen geradezu nicht mehr ratsam, und dergleichen mehr.

Jetzt schaute Mannelin die Sprecherin mit ebenso besorgtem als liebevollem Blicke an. Ihn bekümmerte, daß sie solchem Unsinn zugänglich schien. Sie las die Sorgen in seinen Augen

und blickte wahrscheinlich hierfür wieder dankbar zurück; doch
verharrte sie in ihrem Zweifel und sagte nach fernerem Nachdenken:

„Ich muß doch wenigstens wissen, ob andere in dem alten
05 Gemache eine ähnliche Erfahrung machen, oder ob es wirklich
nur der Rittmeister ist, der etwas sieht.   Ich werde den Johann
beauftragen, dort eine Nacht zuzubringen."

„Der alte Johann," sagte Mannelin, „wird natürlich so
viele Geister sehen, als man wünscht oder fürchtet!   Wenn Sie
10 einen zuverlässigen Bericht wollen, so lassen Sie die Stube für
mich zurecht machen!   Ich will mich in Gottes Namen der
kuriosen Aufgabe unterziehen, wenn durchaus etwas geschehen
soll!"

„Sie?" rief Hildeburg, „nein, Sie dürfen es nicht thun!
15 Sie sind mir zu gut dazu!   Wenn dennoch etwas an der Sache
wäre, so könnte der Eindruck auf Sie gerade °ein noch viel
stärkerer sein, als bei unserem Freunde, und Ihnen ernstlich
schaden!"

Mannelin blieb aber bei seinem Vorsatze, und so ließ er
20 sich, als gegen elf Uhr man allerseits schlafen ging, in das
Gemach leuchten, in welchem ich die letzte Nacht zugebracht
hatte.

„Wollen Sie nicht wenigstens Ihren Degen und die Pi-
stolen mitnehmen?" sagte der Diener, der aus dem früheren
25 Zimmer die nötigen Sachen trug und von dem Vorhaben unterrichtet war.

„Nein!" antwortete Mannelin; „gegen Geister würden die
Waffen nichts helfen, und wenn allenfalls lebendige Leute einen
Unfug treiben, so muß man nicht gleich Blut vergießen!"

30 Genug, mein Mannelin befand sich endlich, gleich mir,
allein in dem unheimlichen Zimmer.   Er ging mit dem Leuchter
darin herum, verriegelte die °Thür und legte sich °halb angekleidet

16   ein noch] noch ein *J1–E1*
32   Thür] Thüre *J1–E5*
32   halb angekleidet] halbangekleidet *J1–E5*

zu Bett, nachdem er den Tisch an dasselbe gerückt. Dann las er eine Stunde oder länger, bis es am Turme Mitternacht schlug. Dann klappte er das Buch zu und horchte noch eine Weile mit offenen Augen. Als aber alles still blieb, wurde ihm das Ding langweilig; er löschte das Licht, legte sich auf die Seite und schlief ein. Kaum hatte er einige Minuten geschlafen, so erfolgte zwar kein Knall, wie gestern, allein es klopfte dicht hinter ihm an die Wand, ein altes Mütterchen sagte vernehmlich: „Ja, ja!" der kalte Luftzug strich über sein Gesicht, die Gardinen flatterten und die Decke flog weg. Und indem Mannelin sich besann, aber ganz ruhig liegen blieb, wie wenn er nichts merkte, sah er schon die alte Kratt in der Mitte des Zimmers gegen die Fensterecke zuschlurfen, wo die Kommode stand und der Mond schien, wie gestern. Er war jetzt doch ziemlich überrascht, und das Herz klopfte ihm bedeutend, weil er die Natur und Tragweite des Abenteuers nicht kannte. Aber wie der Jäger, von einem Tiere überrascht, sein Gewehrschloß schnell in Ordnung bringt, stellte Mannelin geschwind seine Gedanken in eine kleine Reihe, als ob es Polizeileute wären, und sich selbst an ihre Spitze. Ohne sich zu rühren, folgte er der Erscheinung aufmerksam mit den Augen und sah, wie sie an der Kommode tastete und die Klappe öffnete, kurz alles that, wie ich es gesehen. Als sie nun auf dem Papiere radierte, war er schon leise aufgestanden und ihr auf unhörbaren Socken nachgeschlichen und stand hinter ihrem Rücken. Das grauenhafte buckelige Weibchen kratzte, schabte, keuchte und hustete und blies den Staub weg, kurz war so geschäftig wie der Teufel, und Mannelin guckte dem Gespenste still über die Schulter, bis es fertig war und sein schändliches heiseres Gelächter aufschlug. Da sagte er plötzlich:

„Na, Frauchen, was treiben Sie denn da?"

Wie eine Schlange schnellte das Gespenst empor und stand

°um einen Kopf höher als vorher ihm gegenüber. Mit dem
schrecklichen Gesichte starrte sie ihm entgegen; aber schon hatte
er die Hand auf ihre Schultern gelegt; dann packte er sie unversehens um die Hüfte, um sie in die Gewalt zu bekommen
05 und die graue Mantille wegzuziehen. Er fühlte einen allerdings schlangenförmigen, aber sehr lebenswarmen Körper, und
da sie sich jetzt in seinen Armen hin und her wand und mit
dem Leichengesicht nahe kam, faßte er unerschrocken die im
Monde glänzende schreckliche Nase und behielt eine abfallende
10 Wachsmaske in der Hand, während Hildeburgs feines Gesicht
zu ihm emporlächelte. Leider küßte er es sogleich zu verschiedenen Malen und an verschiedenen Stellen, beschränkte sich aber
doch endlich auf den Mund, nachdem derselbe ein unhöfliches:
„Du lieber Kerl!" ausgestoßen hatte. Schließlich ließen sie
15 sich auf einen Stuhl nieder, das heißt, Mannelin saß darauf
und Hildeburg auf seinen Knieen. Ich will nicht untersuchen,
ob es nicht anständiger gewesen wäre, wenn sie einen zweiten
Stuhl herbeigeholt hätten; die Außerordentlichkeit des Abenteuers und die einsame Nachtstille mögen zur Entschuldigung
20 dienen; ich will nur die Thatsache meines Suppliciums erhärten:
alles das wäre mein gewesen, wenn ich in der vorigen Nacht
den einfachen Verstand des verfluchten Duckmäusers besessen hätte!
    Denn in seinem Arme ruhend erklärte sie ihm nun den
Handel. Sie habe, seit wir beide wieder in ihrer Nähe ge-
25 wesen, ihre Lage nicht länger ertragen und doch auch nicht
zur früheren Entsagung so ohne weiteres zurückkehren mögen,
und da sie die unglückliche Doppelliebe längst als eine un-
würdige Krankheit erkannt, beschlossen, sich durch gewaltsame
Wahl zu heilen. Die Idee der Ausführung sei ihr plötzlich
30 durch das Gerede von der Spukgeschichte gekommen. Demjenigen von uns beiden, welcher dem Gespenste gegenüber den
größeren Mut erweise, wolle sie sich ergeben und den andern

01   um] wohl um *J1–E5*

freilassen; denn daß sie uns beide gefangen halte, habe sie
wohl gewußt. Nun habe sich die Verwirrung so klar ausge-
schieden, wie wir alle nur wünschen könnten. Ich, der Rittmeister, so brav ich sei, habe der göttlichen Vernunft manquiert
im rechten Augenblick; Mannelin sei ihr treu geblieben ohne
Wanken, und sie trage ihm daher Herz und Hand an u. s. w.
u. s. w. muß ich abermals sagen, um das Unerträgliche nach
so viel Jahren noch abzukürzen. Sie wurden in der Nacht
noch Handels einig, daß sie heimlich verlobt sein wollten, bis
der Augenblick gekommen sei, wo Mannelin bei ihren Eltern
um sie werben könne.

Diese artigen Vorgänge wurden mir in einer Geheim-
sitzung, die zu dritt stattfand, am andern Tage feierlich er-
öffnet, als ich zum letzten Male hinausritt. Ich hatte ahnungs-
voll das raschere Pferd gewählt, da ich jetzt um so unauf-
haltsamer wieder davon galoppieren konnte. Vorher mußte ich
jedoch mit dem Pärchen den Weg begehen, den Hildeburg als
Gespenst gemacht hatte. Ich will nicht weitläufig beschreiben,
wie schlau sie alles angestellt; wie sie den Knall einfach dadurch
hervorgebracht, daß sie auf dem Boden über dem alten Zimmer
einen wackeligen leeren Schrank mittelst einer Hebelstange umgestürzt, ihn freilich nachher nicht mehr aufrichten konnte,
weshalb auch in der zweiten Nacht die Detonation unterblieb;
wie aus einem verborgenen Vorraume das Heizloch eines
ehemaligen Ofens in das Zimmer ging und von einem ver-
schiebbaren Felde des Holzgetäfels verdeckt war, das Gespenst
aber eben dort durchkriechen und hinter den Bettvorhängen
hervorschlüpfen konnte; wie sie die Bettdecke mittelst eines
Schnurgeschlinges wegziehen konnte, das in den Falten der
Gardinen versteckt hing; wie sie den kalten Durchzug verursachte, indem sie im besagten Vorraume ein nach Norden
gehendes Fenster sperrweit öffnete, im Zimmer aber schon

vorher den oberen Flügel eines nach Osten gehenden Fensters
aufgethan hatte, so daß im Augenblicke, wo sie das alte Ofenloch frei machte, die Luft durchstrich; wie sie den Charakter
der Gespensterrolle mit merkwürdiger Phantasie ausstudiert,
05 und zwar in der größten Schnelligkeit: das erklärte sie uns
jetzt Schritt für Schritt, damit ja kein Zweifel übrig blieb,
und besonders mich ermahnte sie auf dem Passionswege wiederholt, gewissermaßen bei jeder Station, doch nicht mehr so
leichtgläubig zu sein.   Dabei hing sie sich zuweilen traulich
10 an meinen Arm, so daß mir nichts übrig blieb, als das
Gesicht eines Ideals von Esel dazu zu schneiden und fromme
Miene zum bösen Spiel zu machen.

Zum Ueberflusse mußte auch noch das Traurigste, was
es giebt, der Zufall, sein Siegel darauf drücken.   Um ganz
15 unparteiisch zu verfahren, hatte das gute Mädchen vorher im
Stillen das Los gezogen, welchen von den zwei Liebhabern
sie zuerst der Prüfung unterwerfen solle; denn, sagte sie,
mancher zufällige Umstand konnte auf das Ergebnis von Einfluß
sein, die Verschiedenheit des Wetters, der Mondhelle, des
20 körperlichen Befindens und der Gemütsstimmung konnte eine
veränderte Urteilskraft bedingen, wie ich denn auch geschehener-
maßen am Tage vor meiner Prüfungsnacht mehr Getränke
zu mir genommen, als der andere zu seiner Stunde wegen
Mangel an Gesellschaft habe thun können, da ich ja fortge-
25 wesen sei!   Also genau wie beim Pferderennen, wo bis aufs
kleinste alles verglichen und abgewogen wird!

Daß durch den Sieg meines Nebenbuhlers trotz des
technisch untadelhaften Verfahrens ihren geheimsten Wünschen
besser entsprochen worden sei, als wenn ich gesiegt hätte,
30 daran durfte ich schon damals nicht zweifeln.   Denn sie schien
von Stund an von jeder Last befreit und ungeteilten leichten
Herzens zu leben, welches hat, was es wünscht.

„Das ist die Geschichte von Hildeburgs Männerwahl, bei
der ich unterlegen bin," schloß der Oberst, und rasch gegen
Reinhart gewendet sagte er:

„Wissen Sie, wie sie eigentlich hieß?   Denn Hildeburg
wurde sie nur von Mannelin und mir genannt, wenn wir
am dritten Orte von ihr sprachen.   Sonst aber hieß sie Else
Morland, später Frau Professorin Reinhart und wird demnach
Ihre Frau Mutter sein!   Lebt sie noch?   Und wie geht's ihr?"

Für erwachsene junge Leute ist es immer eine gewisse
Verlegenheit, von den Liebesgeschichten zu hören, welche der
Heirat der Eltern vorausgegangen.   Die Erzeuger stehen ihnen
so hoch, daß sie nur ungern dieselben in der Vorzeit auf den
gleichen menschlichen Wegen wandeln sehen, auf denen sie selbst
begriffen sind.   Auch Reinhart saß jetzt in nicht angenehmer
Ueberraschung und war ganz rot, da die Laune, in welcher
er sich seit zwei Tagen bewegte, sich gegen ihn selbst zu kehren
schien.   Ein paar Mal während der Erzählung des alten
Herrn hatte es ihm vorkommen wollen, als ob es sich um
Bekanntes oder Geahntes handle; doch war das vorüberge-
gangen, wie man oft nicht merkt oder nicht erkennt, was
einen am nächsten angeht.   Zu der seltsamen Entdeckung trat
ein noch seltsamerer Eifer der Selbstsucht, als er bedachte,
wie nahe die Gefahr gestanden habe, daß ein anderer als sein
Vater die Mama bekommen hätte, und was wäre alsdann
aus ihm, dem Sohne geworden?   Und was war er jetzt anderes
als der Sohn der willkürlichsten Manneswahl einer über-
mütigen Jungfrau?   Nun, Gott sei Dank, war es wenigstens
seine Mutter und sein Vater!   Es hätte können schlimmer aus-
fallen!   Wie denn schlimmer, Du Dummkopf?   Gar nicht wäre
es dann ausgefallen!

Dergleichen Gedanken fuhren ihm in rascher Folge durch
den Sinn, bis er die Augen aufschlug und sah, wie Lucie

behaglich in ihrem Gartenstuhle lehnte, die Arme übereinander gelegt und die Augen in voller Heiterkeit auf ihn gerichtet hielt. Das ganze Gesicht war so heiter, wie der Himmel, wenn er vollkommen wolkenlos ist.

„Trösten Sie sich mit dem Evangelium," sagte sie, „wo es heißt: Ihr habt mich nicht erwählet, sondern ich habe euch erwählet!"

„Schönsten Dank für den Rat!" erwiderte Reinhart, durch den Sonnenschein in ihren Augen zum Lachen verführt; „ich begreife und würdige durchaus die Genugthuung, die Ihnen die Erzählung des Herrn Oberst verschafft! Daß ich in meinem eigenen Papa geschlagen würde, hätte ich allerdings nicht geglaubt!"

„Wie undankbar! Seien Sie doch stolz auf Ihren Herrn Vater, der meinen so vortrefflichen Onkel hier besiegt hat! Wie vortrefflich muß er selbst sein! Ich bin wahrlich ein bißchen verliebt in ihn nur vom Hörensagen! Ist er noch so hübsch blond?"

„Er ist schon lange grau, aber es steht ihm gut."

„Und die Mutter?" warf jetzt der Oberst dazwischen, „ist sie auch grau, oder noch schwarz und schlank wie dazumal?"

„Dunkelhäuptig ist sie noch und schlank auch, aber nur dem Geiste nach; ich glaube nicht, daß sie jetzt noch durch das Ofenloch und zwischen Bett und Wand hervorschlüpfen könnte."

„Ich möchte sie doch nochmals sehen und den Mannelin auch," sagte der Oheim Luciens mit weicher Stimme. „Ich fühle mich ganz versöhnlich und verzuckert im Gemüt!"

„Und mich empfehlen Sie wohl gütigst der Mama, wenn Sie ihr schreiben?" sagte das Fräulein mit einem anmutigen Knicks; „oder werden Sie nichts von Ihrer kleinen Reise und den hiesigen Ereignissen sagen?"

„Ich werde es gewiß nicht unterlassen, schon weil ich

trachten muß, den Herrn Oberst und vielleicht auch die Nichte mit gutem Glück einmal hinzulocken, wo die Eltern wohnen."

„Das thun Sie ja! Sie werden auch sicher gelegentlich hören, daß wir unversehens dort gewesen sind, nicht wahr, lieber Onkel?"

„Sobald ich wieder fest auf den Füßen bin," rief dieser, „werden wir die lang geplante Reise machen und alsdann die alten Freunde im Vorbeigehen aufsuchen."

„Jetzt fällt mir erst ein," sagte Reinhart, „daß unser seit mehr als dreißig Jahren neuerbautes Landhaus an der Stelle des alten Gebäudes stehen wird, das die Großeltern Morland gekauft hatten! Da können Sie auch darin rumoren, wenn Sie kommen, Fräulein Lucie!"

„Sobald ich in zwei Männer zugleich verliebt bin, werde ich mir damit helfen!" erwiderte sie ausweichend, und Reinhart bereute sein unbedachtes Wort; wenn eine feine Seele auf nachtwandlerischem Pfade einer neuen Bestimmung zuschreitet und aus sich selbst freundlich ist, so darf man sie nicht mit zu täppischen Anmutungen aufschrecken.

Der heitere Glanz ihres Gesichtes war zum Teil erloschen, als die kleine Gesellschaft sich jetzt erhob. Reinhart sprach von seiner Abreise, sowohl aus Schicklichkeit als in einer Anwandlung von Kleinmut, und erbat sich Urlaub, um die nötigen Anstalten zu treffen. Der alte Herr widersetzte sich.

„Sie müssen wenigstens noch einen Tag bleiben!" rief er; „an den paar Stunden, die ich mit Ihnen zugebracht, habe ich vorläufig nicht genug, und über das Zukünftige sprechen wir noch weiter. Das unverhoffte Vergnügen, an meine jungen Tage wieder anzuknüpfen, lasse ich mir nicht so leicht vereiteln!"

„So plötzlich wird Herr Reinhart nicht gehen können," sagte jetzt Lucie; „denn sein Pferd ist in der Frühe mit

---

19 zu täppischen] zutäppischen *E1–E2*

unseren Pferden auf die Weide hinauf gelaufen und soll dort
drollige Sprünge machen. Es kann also heute niemand weder
fahren noch reiten bei uns, es müßte denn strenger Befehl ergehen, die Tiere heimzuholen."

05   „Nichts da!" versetzte der Oberst; „dem armen Leihpferd
ist es auch zu gönnen, wenn es einen guten Tag hat. Jetzt
will ich mich für eine Stunde zurückziehen und sehen, ob
meine Zeitungen angekommen sind. Soll ich Ihnen auch welche
schicken, Sohn Hildeburgs?"

10   „Zeitungen werden für Ihre angegriffenen Augen schwerlich gut sein," sagte Lucie; „wenn Sie lesen wollen, so holen
Sie sich lieber irgend ein altes Buch mit großem Druck, Sie
wissen ja wo, und bleiben Sie dort im kühlen Schatten oder
gehen Sie damit unter die Bäume! Ich muß jetzt leider ein
15 bißchen nach der Wirtschaft sehen!"

Luciens Sorge für seine Augen, deren Zustand er beinahe
selbst vergessen hatte, that ihm so wohl, daß er sich ohne
Widerrede fügte und nach ihrem Bücher- und Arbeitszimmer
ging, nachdem die drei Personen sich getrennt. Er griff das
20 erste beste Buch, ohne es anzusehen, von einem Regale herunter,
und da es in dem Zimmer ihm nicht ganz geheuer dünkte,
begab er sich in den Vexierwald hinaus, durch welchen er her-
gekommen war. Dort bemächtigte sich seiner immer mehr ein
gedrücktes Wesen, das sich zuletzt in dem Seufzer Luft machte:
25 Wär' ich doch in meinen vier Wänden geblieben! Nicht nur
die vernommene Kunde von den ganz ungewöhnlichen Jugend-
thaten seiner Mutter, die Anwesenheit eines Liebhabers und
Rivalen seines Vaters, sondern auch der ungebührlich wachsende
Eindruck, den Lucie auf ihn machte, verwirrten und verdüsterten
30 ihm das Gemüt. Das waren ja Teufelsgeschichten! Der
Verlust seiner goldenen Freiheit und Unbefangenheit, der im
Anzuge war, wollte ihm fast das Herz abdrücken. Man

sieht ja, dachte er, welchen Wert sie darauf legen, obenauf zu
sein! Da lob' ich mir die ruhige Wahl eines stillen, sanften,
abhängigen Weibchens, das uns nicht des Verstandes beraubt!
Aber freilich, das sind meistens solche, die rot werden, wenn
sie küssen, aber nicht lachen! Zum Lachen braucht es immer
ein wenig Geist; das Tier lacht nicht!

Auf diese Weise brachte er die Zeit zu, und als er in
das Haus zurückkehrte, traf er zum Ueberflusse die Pfarr-
familie, welche auf Besuch gekommen war, um das Ereignis
gerade seiner Erscheinung weiter zu betrachten und nach der
Wirkung zu forschen, welche dieselbe unter den großen Platanen am Berge zurückgelassen habe. Das Pfarrerstöchterchen
errötete über und über, da er dem Mädchen im blauen Seiden-
kleidchen die Hand gab, und Lucie, welcher er die Geschichte
erzählt hatte, blickte ihn mit heller Schadenfreude an, die aber
in ihren Augen so gutartig und schön war, wie in andern
Augen das wärmste Wohlwollen. Ueber diesem Besuche verging der Tag in anhaltendem Geräusch und Gespräch; die
Pfarrleute duldeten nicht, daß man sie eine Minute ohne Rede
und Antwort ließ, oder sich einer Zerstreuung hingab. Da
der Oberst sich auf Grund seiner schlechten Gesundheit zeitig
unsichtbar machte und Lucie das Töchterlein mehrmals entführte, um ihr allerlei Anpflanzungen zu zeigen, blieb Reinhart zuletzt allein übrig, den Eltern stand zu halten, und
als gegen Abend die Familie mit ihrer Kutsche abgefahren
war, schien eine Mühle abgestellt zu sein.

„Ich bewundere Ihre Geduld," sagte Lucie, als sie nun
allein waren, „mit der Sie den guten Leuten zugehört und
Bescheid gegeben haben."

„Hab' ich denn wirklich so geduldig ausgesehen?" fragte Reinhart verwundert; er hatte nicht das beste Gewissen, weil er die
guten Menschen innerlich dahin gewünscht, wo der Pfeffer wächst.

07 Weise] Art *J1–E5*

„Vortrefflich haben Sie ausgesehen! Glauben Sie nur,
man ist immer etwas besser, als man es Wort haben will!
Zur Belohnung sollen Sie eine gute Tasse Thee bekommen
und meine Mädchen wieder spinnen sehen! Wein gebe ich
Ihnen nicht mehr; denn Sie haben bei Tische schon etwas
mehr in den heimlichen Zorn hinein getrunken, als für Ihre
Augen gut war."

„Nun soll ich doch wieder zornig gewesen sein?"

„Ja freilich! Um so rühmlicher ist die nachherige Selbst-
beherrschung und Geduld!"

Als es dunkel und der Thee getrunken war, nahmen die
Mädchen wirklich °ihr Rädchen und spannen noch eine Stunde.
Das Schnurren, sowie das zwanglose und friedliche Gespräch,
das man zuweilen wie zum Spaße beinahe ausgehen ließ, um
es doch gemächlich wieder anzubinden, beruhigten vollends die
aufgeregten Geister in Reinharts Brust, so daß er zuletzt sich
häuslich mit der Lampe beschäftigte, die nicht hell brennen
wollte, und dabei plauderte, indessen Lucie ihm vergnüglich zuschaute.

In guter Laune zog er ab, als alles zu Bett ging, und
nahm vermutlich aus Versehen das Buch mit, das er aus
Luciens Zimmer geholt und bis jetzt noch nicht aufgeschlagen
hatte. Erst auf seinem Gastzimmer that er es und sah, daß
es eine Geschichte von Seefahrten und Eroberungen des sieb-
zehnten Jahrhunderts war. Das Buch mußte seiner Zeit
fleißig gelesen worden sein, da es zum zweiten Male gebunden
worden. Denn viele Blätter klebten von der Farbe des bunten
Schnittes zusammen, und als Reinhart zwei solche von einander löste, lag ein Blättchen altes Papier dazwischen mit ver-
gilbter Schrift bedeckt. An einem Junimorgen des Jahres
1732 schrieb eine Dame in französischer Sprache an eine andere: „Liebste Freundin! Lesen Sie die artige kleine Geschichte,

12   ihr] ihre J1–E5

die ich hier angestrichen habe! Guten Tag! Ihre getreue
Freundin J. Morgens 9 Uhr.") Dies Briefchen mußte der
Buchbinder, der den neuen Einband gemacht, nicht gesehen
haben, denn es war mit eingebunden und seither von keinem
Auge mehr erblickt worden. Daneben war in der That eine
halbe Seite des Buchtextes mit Rotstein angestrichen, der sich
auch auf dem gegenüberstehenden Blatte abgedruckt hatte, so
daß Reinhart nicht wußte, welche der beiden bezeichneten Stellen
galt. Dennoch wunderte ihn, was an jenem Junimorgen vor
hundert und zwanzig oder mehr Jahren die verschollene Dame
so piquierte, daß sie das Buch der Freundin schickte. Er las
daher auf beiden Seiten und fand eine allerdings seltsame
Heiratsanekdote, die ohne Zweifel das war, was die zwei
Damen beschäftigt hatte. Das Histörchen gefiel auch Reinharten, und weil er doch keinen Schlaf verspürte, spann und
malte er den größten Teil der Nacht hindurch das Geschichtchen aus und nahm sich vor, es vorzutragen, sofern nochmals
eine Erzählerei stattfinden sollte. Es schien ihm nämlich prächtig
zur Abwehr gegen die Ueberhebung des ebenbürtigen Frauen-
geschlechts zu taugen.

Elftes Kapitel.

Don Correa.

Wie wenn sie Reinharts Vorsatz und Vorbereitung gekannt hätte, sagte Lucie am Morgen, als die drei Personen
wieder unter den Platanen am Brunnen saßen: „Heute werden
wir leider die Zeit ohne Geschichtserzählungen verbringen
müssen, wenn der Onkel nicht dennoch eine zweite Hildeburg
erfahren hat oder Herr Ludwig Reinhart noch eine dritte
Treppenheirat kennt."

„Behüt' uns Gott," lachte und murrte der Onkel durcheinander, „vor einer zweiten Schmach jener Art.   Ich hatte
ein für allemal genug!"

„Und was mich betrifft," nahm Reinhart das Wort, „so
kenne ich einen dritten Fall von der Treppe herrührender
Vermählung freilich nicht, dafür aber einen Fall, wo ein vornehmer und sehr namhafter Mann seine namenlose Gattin
buchstäblich vom Boden aufgelesen hat und glücklich mit ihr
geworden ist!"

„Wie herrlich!" rief Lucie fröhlich lachend, weniger aus
Mutwillen als vor Vergnügen und Neugierde, zu erfahren,
was jener abermals vorzubringen wisse.   „Am Ende," fügte

sie hinzu, „geraten Sie noch zu der Geschichte des heiligen Franz von Assisi, der die Armut selbst geheiratet hat! Oder Sie sind sogar eine Art Reiseprediger für Verheiratung armer Mädchen? Fangen Sie an!"

„Ohne Verzug!" sagte Reinhart, indem er sich räusperte und begann:

* * *

Wir sprechen von dem portugiesischen Seehelden und Staatsmanne Don Salvador Correa de Sa Benavides, der schon in jungen Jahren so thatenreich gewesen, daß er bereits damals den Haß der Neider erfuhr, während die Jugend sonst von diesem Uebel verschont zu bleiben pflegt. Denn ältere Männer müssen schon sehr traurige Gesellen werden, bis sie Jünglinge oder Frauen wegen eines Erfolges beneiden. Den Jünglingen selbst aber ist das Laster meistens noch unbekannt, oder es nimmt in ihnen wenigstens die edlere Gestalt eines fruchtbaren Wetteifers an.

Zu einer solchen Zeit neidischer Verfolgung legte Don Correa den vom Jugendgrün bekleideten Kommandostab nieder und stieß den Degen in die Scheide, und um die Muße nicht ganz ungenutzt vorübergehen zu lassen, gedachte er zum ersten Male der Freuden der Liebe und hielt dafür, da es doch einmal sein müsse, es wäre jetzt am besten, auf die Lebensgefährtin auszugehen, ehe die Tage der Arbeit und des Kampfes zurückkehrten. Nachher sei die Sache abgethan.

Nun bewog ihn aber sein Selbstgefühl, vielleicht der erlittenen Beleidigung wegen und auch in der Meinung, eine um so treuere und ergebenere Gattin zu erhalten, dieselbe als ein gänzlich unbekannter und ärmlicher Mensch zu suchen und zu erwerben, so daß er sie mit Verheimlichung von Namen,

24   die] diese *J1–E5*

Rang und Vermögen sozusagen nur seiner nackten Person verdanken würde. Er schiffte sich also zu Rio de Janeiro, wo
er Gouverneur gewesen, in aller Stille, nur von einem Diener
begleitet, ein und begab sich nach Lissabon. Dort wohnte er
unbemerkt in einem entlegenen Gemache seines Palastes und
ging nur verkleidet aus, in die Theater, die Kirchen und auf
die öffentlichen Spaziergänge, wo es schöne Damen aus der
Hauptstadt und aus den Provinzen zu sehen gab. Lange
wollte sich nichts zeigen, was ihm besonders in die Augen gestochen hätte, bis er eines Abends bei irgend einem der öffentlichen Schauspiele eine junge Frau sah, deren Schönheit und
Benehmen ihm auffielen. Sie war weder groß noch klein zu
nennen und vom Kopfe bis zu den Füßen schwarz gekleidet,
den steifen weißen Ringkragen ausgenommen, der nicht nur
dem strengen, wohlgeformten Gesichte mit seinem blühweißen
Kinn, sondern auch den dicken schwarzen Lockenbündeln zu
beiden Seiten als Präsentierteller diente. Von der Brust
glühte ein paar Mal, wenn die Dame sich regte, das dunkel-
rote Licht eines Rubins auf; die Brust selbst zeugte von einem
normalen und gesunden Körperbau, desgleichen die in den
Händen und Füßen ersichtliche Ebenmäßigkeit.

Diese Dame saß auf einem Lehnsessel in der vordersten
Reihe; rechts und links von ihr hockten auf dreibeinigen
Stühlchen ein Stallmeister und ein Geistlicher, hinter dem Sessel
stand ein Page, und ganz zuletzt hockte noch eine Kammerfrau
auf einem Schemel. Alle diese Personen verhielten sich so
still und steif wie Steinbilder und wagten kein Wort, weder
unter sich noch mit der Herrin zu sprechen, wenn diese nicht
einen leisen Wink gab. Merkwürdig schien besonders der Stallmeister, welcher, den hohen Spitzhut auf den Knieen haltend, mit
furchtbarem Ernste dasaß. So fadenscheinig sein ergrauter und
umfangreicher Schädel war, reichten doch die langgezogenen

Silberfäden hin, nicht nur auf der Mitte der Stirne eine fest
in sich zusammengerollte Seeschnecke zu bilden, die von keinem
Sturme aufgelöst wurde, sondern auch noch beide bartlose
Wangen mit zwei sauber gekämmten Backenbärtchen zu bekleiden, welche allnächtlich sorgsam gewickelt und hinter die Ohren
gelegt wurden. Dafür war das aufwärts gehörnte Schnurr-
bärtchen von echtem, steif gewichstem Bartwuchse. Der Anblick
konnte für närrisch gelten; doch Don Correa wußte schon aus
Erfahrung, daß dergleichen komische Pedantismen an untergebenen Beamten und Dienern meist auf Ordnungssinn und
pünktliche Pflichterfüllung raten lassen; denn um einen alten
Kopf mit solcher Künstlichkeit täglich aufzustutzen, muß ein
armer Teufel, der nicht selbst bedient wird, früh aufstehen und
sich an geregeltes Leben gewöhnen, das allen seinen Verrichtungen zu gut kommt. Uebrigens ging die Sage, das knappe
Wams des Stallmeisters sei aus einer alten Mohrschleppe der
Dame geschnitten.

Was den geistlichen Herrn betrifft, so bot derselbe durchaus nicht den Anblick eines verwöhnten oder herrschsüchtigen
Beichtvaters, sondern sah eher einem eingeschüchterten, kurz gehaltenen Hofmeisterlein gleich, und er hielt, während er mit
halb niedergeschlagenen Augen die Weltlichkeiten des Schau-
spiels wahrnahm, mit zagen Händen seinen flach gerollten Hut
auf dem Schoße, als ob es eine Schüssel voll Wasser wäre.

Von dem kleinen Pagen guckte nur das weiße spitzige
Gesichtchen nebst einem blutroten Wamsärmel hinter der Stuhl-
lehne hervor, und von der Kammerfrau vollends sah man erst,
als sie aufstand, daß sie ebenfalls einen hochroten Rock, irgend
eine rote Kopftracht und ein Korallenhalsband trug. Die
Dame schien sich demnach nur in schwarz und rot zu gefallen.

Während sie so unbeweglich und halb gelangweilt dem
Spektakel beiwohnte und selten über etwas lächelte, ging dann

und wann irgend ein Kavalier einzeln oder mit andern, die noch Platz suchten, an ihr vorbei und grüßte sie höflich, wechselte auch wohl ein paar Worte mit ihr, den Hut in der Hand. Sie blickte aber keinem entgegen, der sich nahte, und
05 keinem nach, wenn er weiter ging, sondern grüßte nur mit überaus feiner Kopfneigung und holdseliger Bewegung der Lippen, welche den Don Salvador geheimnisvoll reizte, so ernst, ja starr auch der Mund gleich nachher wieder verharrte.

Er fragte, in der Menge der geringen Bürger verborgen,
10 einige Nachbarn nach dem Namen der vornehmen Frau; es konnte aber keiner Auskunft geben, weil sie wahrscheinlich eine Fremde sei. Da er aber mit jedem Augenblicke von der schönen und eigentümlichen Erscheinung mehr eingenommen wurde und jedenfalls wissen wollte, wen er vor sich habe, so
15 blieb ihm nichts Anderes übrig, als das Ende abzuwarten und zu sehen, wohin die Dame mit ihrem Gefolge sich begeben würde. Er stellte sich daher zeitig an den Ausgang, durch welchen die Herrenleute sich entfernten, und wartete geduldig, bis die Unbekannte in der gemächlichen Prozession erschien, mit
20 welcher die Grandezza sich fortbewegte, um die bereitstehenden Kutschwagen, Pferde oder Maultiere zu besteigen.

Für die Fremde wurden drei prächtig geschirrte Maultiere bereit gehalten. Das erste bestieg sie selbst mit Hülfe des Stallmeisters, das zweite dieser mit dem Pagen hinter sich,
25 das dritte der junge Priester, hinter welchem die Kammerfrau Platz nahm, sich fest an ihm haltend, so daß, als das herumstehende Volk sich an dem Anblick belustigte, das Pfäffchen schämig errötete. Ein Läufer mit Windlicht ging voran, worauf die drei Tiere eines dem °anderen folgten und in einiger Ent-
30 fernung Don Correa den Schluß machte. Der kleine Zug bewegte sich durch Gassen und über Plätze, bis er in den Vorhof der Herberge zum „Schiff des Königs" einbog, in welcher fast

29　anderen] andern *J1–E2*

ausschließlich reiche oder vornehme Reisende wohnten. Nachdem die Fremde mit ihren Leuten abgesessen und auf den Stiegen, die in die oberen Teile des Hauses führten, verschwunden war, trat Don Correa in eine Gaststube zu ebener Erde, die von See- und Handelsleuten aller Weltteile angefüllt war. Er ließ sich in der Ecke zunächst dem Schenktische eine kleine Abendmahlzeit vorsetzen und begann mit der Aufseherin, die an der Kasse saß und Geld einnahm, ein zerstreutes Gespräch nach Gunst und Gelegenheit, die beide nicht ausblieben. Denn der Don hatte etwas in seinem Gesicht und in seinem Wesen, das vielen Weibern ohne Zeitversäumnis gefiel, obwohl er dieses Vorteiles bis jetzt wenig inne geworden.

Er vernahm also, was er nur wünschen konnte: daß die fremde Dame eine junge Witwe sei und Donna Feniza Mayor de Cercal genannt werde. Sie besitze im Südwesten von Portugal ein kleines Städtchen und großen Reichtum und wohne meistens auf einem einsamen Felsenschloß am Meere; dort lebe sie so eingezogen, daß weiter nichts von ihr gesagt werden könne, und wenn sie nicht alle Jahre einmal nach der Hauptstadt käme, um ihre Geschäfte zu besorgen und ihren Leuten einige Zerstreuung zu gönnen, so wüßte man überhaupt nichts von ihr. In Lissabon mache sie nur wenige Besuche und auf ihre Besitzungen habe sie noch nie jemanden eingeladen. Uebrigens sei sie musterhaft religiös und versäume keinen Morgen die heilige Messe; daher beruhe es jedenfalls auf boshafter Verleumdung, wenn hie und da gemunkelt werde, man halte sie für eine Hexe und ihre Dienerschaft für ein Häuflein böser Geister.

Als Don Correa hiemit genugsam unterrichtet war, verließ er die Herberge, um andern Tages desto früher bei der Hand zu sein. Er verwandelte sich in einen halbschwarzen maurischen Matrosen und belagerte das Schiff des Königs,

bis die Herrschaft aus der Thüre trat und die Maultiere bestieg. Im gleichen Aufzuge wie gestern, ein Maultier mit der
Nase am Schwanze des andern, ritt die Dame nach der großen
Kathedralkirche und Correa folgte. Da er sah, daß am Por-
05 tale niemand bei der Hand war, die Maultiere zu halten,
drängte er sich hinzu und anerbot, den Dienst zu leisten, der
ihm vom Stallmeister auch übertragen wurde. Der junge
Kriegsmann war seiner Zeit und Geburt gemäß ein guter
Katholik; es gefiel ihm daher sehr gut, daß die Frau von
10 Cercal ihre Dienerschaft so vollzählig mit in die Messe nahm
und an dem Segen der Religion teilnehmen ließ, und das
Gemunkel von einem Zauberwesen erhöhte unter diesen Umständen eher seine Teilnahme, als daß es ihn abschreckte. Nach
Beendigung des Gottesdienstes konnte er die Dame nun ganz
15 in der Nähe sehen und das um so ungestörter, als sie keinen
Blick weder auf ihn noch auf irgend einen der Umstehenden
warf. Sie erschien ihm in dieser Nähe und am hellen Tageslichte noch schöner und vollkommener als am vorigen Abend.
Er fand in der Eile kaum die Geistesgegenwart, das kleine
20 Trinkgeld aus der Hand des Pagen mit der Miene eines
dankbaren armen Teufels in Empfang zu nehmen. Alles ging
wieder so still und feierlich zu, daß der geordnetste Haushalt,
die friedlich anständigste Lebensart in dem Banne dieser Frau
zu walten schien. Zuletzt kam die Reihe des Aufsteigens an
25 die einer roten Siegellackstange gleichende Kammerfrau, welche
der maurische Schiffsgesell dienstfertig hinter den Rücken des
Geistlichen hob, und als ihn beim Abreiten der Aufzug °noch
etwas grotesk anmutete, schrieb er die seltsame Sitte der ländlichen Abgeschiedenheit zu, aus welcher die Dame herkam.
30 So lange sie noch in Lissabon verweilte, strich er in
immer neuen Verkleidungen um sie herum, wenn sie öffentlich
erschien, was aber nicht mehr manchen Tag dauerte. Und

27 noch] doch J1–E2

jedesmal, wo er sie sah, bestärkte sich sein Entschluß, diese und keine andere zu seiner Gemahlin zu machen. Daher nahm er, als sie abgereist war, seine eigene Gestalt wieder an, jedoch mit dem Aussehen eines armen und geringen Edelmannes.

Er suchte einen abgetragenen braunen Mantel und einen ebenso mißlichen Filzhut hervor, gürtete einen Degen um, dessen Stahlkorb ganz verrostet war und dessen lange Klinge einen Zoll unten aus der Lederscheide hervorguckte, da letztere längst den metallenen Stiefel verloren hatte. So ausgestattet verließ er vor Tagesanbruch seinen Palast und die Stadt Lissabon und fuhr mit wenigen seiner Leute in der bereit gehaltenen eigenen Barke längs der Seeküste südwärts, bis er in die Gegend kam, wo die Frau von Cercal hausen sollte.

Der Ort, dessen Namen sie führte, lag hinter dem Küstengebirge, das Schloß aber, in welchem sie wohnte, an dem steilen Abhange gegen das Meer hin. Don Correa kreuzte so lange auf offener See, bis er sich vergewissert hatte, daß die Donna Feniza wieder dort sei, und er segelte einige Mal so nahe vorüber, daß er mit seinen scharfen Augen die Lage und Bauart erkennen konnte. Dann fuhr er wieder hinaus und wartete einen starken Wind oder womöglich ein Sturmwetter ab, und als dieses wirklich eintrat, schoß er auf dem wogenden Meere mit vollen Segeln heran, zog sie ein wie ein strandender Schiffer und ließ sich zuletzt, nachdem die Barke weidlich umhergeworfen worden, wie er war, mit seinem Degen und dem zusammengewickelten Mantel auf den klippenreichen Strand schleudern, so daß er sich mit Mühe durch die Brandung schlug und festen Fuß gewinnen konnte. Seinen Leuten hatte er strenge befohlen, sich mit der Barke wieder auf die offene See zu machen und nach Hause zu fahren, sobald sie sähen, daß er das Ufer erreicht habe. Das thaten sie denn auch und wußten mit ebensoviel Kühnheit als Geschicklichkeit das dem

Untergange nahe Fahrzeug, welches man vom Land aus schon verloren glaubte, zu wenden und die hohe See zu gewinnen, wo man es bald aus den Augen verlor.

Don Salvador Correa erklomm den schmalen Strandweg und begann einen steilen Staffelpfad hinanzusteigen, der hinter Felsen und Gebüsch halb versteckt in die Höhe führte. Als er einige Dutzend Stufen zurückgelegt, kam ihm ein Knabe entgegen, welcher der ihm schon bekannte Page der Schloßfrau war. Man hatte oben des Fahrzeuges Kampf mit dem Unwetter beobachtet, jedoch nicht sehen können, was zunächst dem Lande vorging, weshalb die Frau den Pagen heruntergesandt, damit er Kundschaft hole. Don Correa fragte den Knaben, wo und auf wessen Gebiet er sich befinde, und gab ihm mit wenigen Worten zu verstehen, daß er gestrandet und ohne Obdach sei, worauf der Kleine ihm verdeutete, er möchte warten, bis er hinaufgelaufen sei und mit den Befehlen der Herrin zurückkomme. Zugleich zeigte er dem Fremden eine natürliche Grotte, welche auf einem kleinen Absatz in den Fels hineinging und eine Ruhebank enthielt, auch mit einem verschließbaren Gatter versehen war. Da die Sonne schon wieder durch die zerrissenen Wolken brach, indessen das Meer noch rollte und rauschte, so hing Don Correa seinen triefenden Mantel über das Gatter, damit er trockne, und setzte sich auf die Bank; denn er war von dem Abenteuer ebenso erschöpft, wie wenn er unfreiwillig gestrandet wäre. Indem bemerkte er lächelnd die zahlreichen Mottenlöcher, die in den dunkeln Mantel gefressen waren und nun, da die Nachmittagssonne dahinter stand, wie ein Sternhimmel schimmerten. Drei solcher Löcher standen so schön in einer Reihe, daß sie prächtig den Gürtel des Orion vorstellten, einige andere zeigten ziemlich genau das Sternbild der Cassiopeia, zwei standen sich wie die Gestirne der Wage gegenüber, und eine Menge einzelner Löchlein ließen

sich je nach ihrer Stellung und Entfernung von einander von
einem Kundigen so oder anders benennen. Weil aber manche
davon noch von Wassertropfen wie mit kleinen Glaskügelchen
verschlossen waren, so schimmerten sie in den Sonnenstrahlen
bläulich oder rötlich, und Don Correa, der ein Sternkenner
und Astrologe war, betrachtete die Erscheinung sogleich mit
Aufmerksamkeit als ein bedeutsames Spiel des Zufalls. Er
brachte unverweilt eine Konstellation zusammen, in welcher ihm
das Venusgestirn glückverheißend zu glänzen schien.

Er war in diesen Anblick und die dazu gehörigen Gedanken so vertieft, daß er leichte Schritte, die sich näherten,
nicht hörte, und daher höchlich erstaunte, als der Mantel unversehens von einer Hand zurückgeschoben und statt des Pla-
neten Venus die ganze Gestalt der Donna Feniza Mayor de
Cercal sichtbar wurde, hinter welcher der Knabe stand.

Correa erhob sich indessen mit ritterlicher Haltung und
bat um Verzeihung, daß er keinen Hut abnehmen könne, weil
das Meer ihm den seinigen geraubt habe. Aber noch mehr
wurde er überrascht, als die in Lissabon so spröd und einsilbig
gewesene Frau ihn jetzt mit großen Augen und unverkennbarem
Wohlgefallen anschaute und mit fester wohltönender Stimme
fragte, woher er komme und woher er sei.

Und von ihrer Schönheit von neuem betroffen, war er
kaum imstande, das zurechtgezimmerte Märchen von seinem
widrigen Schicksal als armer Edelmann, der sein Glück in
weiter Welt zu suchen gezwungen und an diesem Ufer elendig-
lich gestrandet und im Stiche gelassen worden sei, mit einigem
Zusammenhange vorzubringen. Um so bessern Eindruck schien
er aber zu machen. Die Frau setzte sich statt seiner auf die
Bank, und als sie im weiteren Verlaufe des °Gesprächs wahrnahm, daß der Fremde nach seinem ganzen Wesen ein junger
Mann von Stand, Lebensart, Geist und Entschlossenheit sein

30 Gesprächs] Gespräches *J1*–*E1*

müsse, lud sie ihn höflich ein, Platz neben ihr zu nehmen und
sich auszuruhen, und schloß damit, ihm die wünschenswerte
Hülfeleistung und Gastfreundschaft auf ihrer Burg anzubieten.
Ein Hut werde sich ohne Zweifel auch aufbringen lassen, fügte
sie bei, als sie schon auf dem engen Steige voran ging, während der schiffbrüchige Kavalier mit seinem Mantel folgte und
der Page als der letzte die Staffeln erkletterte.

Einige Tage später trug der glückliche Abenteurer nicht
nur einen neuen Hut, sondern noch verschiedene andere schöne
Kleidungsstücke, welche die Donna ihm geschenkt; nur den alten
Mantel mit dem Sternhimmel hatte er noch umgeschlagen, als
er mit ihr den Staffelweg hinunter stieg, um an dem einsamen
Strande spazieren zu gehen. Die Sonne gab aber so warm,
daß das sehr hübsche Paar bald einen Schatten suchte und jene
Grotte betrat. Hand in Hand saßen sie auf der Steinbank,
und als die Sonne tiefergehend auch hier eindrang, hingen sie
scherzend den Mantel vor den Eingang und betrachteten die
von den Motten geschaffenen Sternbilder.

Noch nie haben Sterne der Armut ein schöneres Glück
bestrahlt! flüsterte Correa und legte den Arm um die schlanke
Frauengestalt. Sie deutete mit dem Finger auf ein etwas größeres Loch, das vielmehr wie ein kleiner Riß aussah:

Hier glänzt sogar eine Mondsichel unter den Sternlein,
gleich dem Hirten unter den Schäfchen, wie die Dichter sagen!

Das ist nicht von den Motten, sondern ein verjährter
Degenstich! erwiderte Correa. Sie wollte wissen, woher der
Stich rühre, und er erzählte, wie er als junges Studentchen
einst sich seiner Haut habe wehren müssen, als er nächtlicher
Weile einem unter dem Hause einer Schönen plärrenden Ständ-
chensinger im Vorbeigehen ein „Halt's Maul!" zugerufen habe.
Denn von Frauenliebe sei ihm sehr wenig bewußt und das
katermäßige Miaulen an allen Straßenecken höchst widerwärtig

gewesen. Nur der Mantel, den er mit der linken Hand vor-
gehalten, habe den Stoß des ergrimmten Lautenkratzers ab-
schwächen können. Dessen ungeachtet habe er noch ziemlich ge-
blutet.

Ob er jetzo wirklich ernsthaft zu lieben verstehe? fragte
Feniza Mayor und küßte ihn, eh' er zu antworten vermochte.

So ging es den einen wie den andern Tag, bis die sonst
so gemessene und stolze Dame von Cercal gänzlich bethört und
in Leidenschaft verloren war, und Don Correa fand weder Zeit
noch Gedanken, über das Wunder sich zu verwundern, da er
selbst in hitziger Verliebtheit gefangen saß; kurz es war nicht
zu ergründen, welches von beiden das andere in so kurzer Zeit
verführt und verwandelt habe. Da blieb es denn, weil nichts
sie hinderte, nicht aus, daß sie sich zusammen verlobten und
die Hochzeit vorbereiteten, die in aller Eile vor sich gehen sollte.

Donna Mayor fragte kaum, woher er stamme und gab
sich mit dem Märchen zufrieden, das er ihr aufband, in der
Meinung, eines Tages als der vor sie hinzutreten, der er war.
Um so unbefangener gab er sich jetzt dem Vergnügen hin, von
ihrem Liebeseifer sich kleiden, speisen und tränken und liebkosen
zu sehen, da er hieraus die Ueberzeugung schöpfte, daß er so
viel Gunst nur sich allein verdanke.

Die Hochzeit wurde im Palaste der kleinen Stadt Cercal
gefeiert, die hinter dem Berge lag. Das zu Pferde über den
Berg ziehende Hochzeitsgeleite glänzte und schimmerte weithin
und verkündete, daß die schöne Feniza Mayor sich zum zweiten
Male verehelichte; doch war eigentlich niemand fröhlich, als sie
und der Bräutigam. Der merkte aber von allem nichts und
freute sich nur auf den Glanz, mit welchem er einst seine Braut
überraschen wollte, wenn die Zeit des Glückes und der Macht
zurückgekehrt sein werde. Einzig in der alten Kirche fiel nach
geschehener Trauung ihm ein seltsamer Anblick auf. An dem

Grabmale des ersten Mannes der Donna Feniza, das an einem
Mauerpfeiler errichtet war, lehnte die dürre blaßgelbliche Kammerfrau in ihrem blutroten Sonntagskleide und warf einen
düster glimmenden Blick auf den blühenden Don Correa.   Sie
05 stand bei den Leuten in dem Verdachte, jenen häßlichen und
ältlichen Gemahl, von welchem der größte Teil des Reichtums
herstammte, im Schlafe aus der Welt geschafft, auch noch andere Dinge verübt zu haben, die ihre schöne Herrin ihr geboten.
Doch vergaß Correa, der hievon nichts wußte, den unheim-
10 lichen Blick bald wieder.

Etwa ein halbes Jahr lang lebte man nun wie auf der
Insel der Kalypso, bis der Thatendurst des Salvador Correa
endlich mit doppelter Gewalt wieder erwachte und ihn nicht
länger so weichlich dahin leben und träumen ließ.   Er hatte
15 schon geheime Winke erhalten, daß die Regierung sich seiner
zu bedienen und trotz seinen Feinden ihn mit erhöhtem Ansehen zu bekleiden wünsche, weshalb er es an der Zeit fand,
nach Lissabon zu reisen und die Verhältnisse herzustellen.   Aber
noch sollte die Frau nicht wissen, um was es sich handle,
20 sondern erst nach verrichteten Dingen mit ihm in seinen Palast
einziehen.   Er teilte ihr daher lediglich mit, daß er eine Reise
in notwendigen Geschäften vorhabe, und da sie hierüber feuer-
rot im °Gesicht wurde, achtete er nicht sehr darauf, streichelte
ihr die flammenden Wangen und begab sich in den Stall, um
25 die Pferde auszusuchen für ihn und einen Reitknecht.   Allein
es kam der Stallmeister herbei, fragend, was zu seinen Diensten
stände, und als Don Correa die zwei Pferde bezeichnete, die
man ihm satteln solle, zog der Stallmeister ehrerbietig sein
ledernes Hauskäppchen, machte einen steifen aber tiefen Bückling
30 und sagte höflich, die Pferde gehörten seiner gnädigen Donna
und er werde nicht verfehlen, ungesäumt ihre Willensmeinung
einzuholen.   Hierauf richtete er sich wieder in die Höhe, worauf

23   Gesicht] Gesichte *J1–E4*

Correa dem Alten, den er aufmerksam betrachtet, eine Ohrfeige gab und ihn aus dem Stalle warf, nicht sowohl aus Roheit, als aus angeborner Matrimonial-Politik, die in diesem ersten Falle ihm ungesucht zu Gebote stand, so wenig er auch auf dem Gebiete schon erfahren war. Sodann befahl er einem Knechte mit harter Stimme und strengem Blicke, die Pferde zu satteln und sich selber zur Abreise bereit zu machen, worauf er wieder in den Saal hinaufging, gestiefelt und gespornt und den alten Mantel um die Schultern geschlagen.

Im Augenblicke seines Eintretens stand die Donna des Hauses leichenblaß und ohne alle Fassung, so unvorbereitet war sie, irgend etwas zu sagen oder zu thun. Bei ihr standen der Stallmeister, der sein zerstörtes Ammonshorn auf dem Schädel mit der Hand bedeckte, und die Kammerfrau. Correa, der immer in der besten Meinung lebte und arglos guter Laune war, umarmte die Frau zum Abschied und teilte ihr beiläufig mit, er habe den Stallmeister, der ihm als dem °Herrn nicht gehorchen wolle, soeben aus dem Dienste gejagt, und da es in einem hinginge, so entlasse er auch die rotröckige Kammerdame, deren Gesicht ihm nicht gefalle. Beide Personen wünsche er bei seiner Rückkunft nicht mehr zu treffen und werde für anständige und ihm genehme Leute sorgen.

Niemand regte sich oder erwiderte ein Wort. Auf der steinernen Wendeltreppe, die er nun hinabstieg, drückte sich der Page mit feindseligem Blick in eine Ecke. Geh' hinauf zur Frau, rief er ihm zu, und sag' ihr, ich hätte Dich auch fortgejagt! Sollte ich Dich noch sehen, wenn ich wiederkomme, so werf' ich Dich aus dem Fenster! Wie eine Spinne rannte der Page treppan.

Im Thorwege standen die Pferde gesattelt und der Reitknecht im Reisekleid dabei. Er benahm sich aber so zögernd und verdrießlich, daß der Herr den Widerwillen gut bemerkte,

18 Herrn] Herren *J1–E1*

mit welchem auch dieser Dienstbote ihm gehorchte.   In der
That waren sie kaum einhundert Schritte auf dem Bergpasse
davon geritten, so ertönte eine schrille Pfeife aus dem Turm-
fenster; der Knecht hielt erst eine Weile still, wandte dann sein
Pferd und sprengte verhängten Zügels in die Burg zurück.

Steh'n wir so? sagte Don Correa bei sich selbst, als er
die Flucht des Burschen bemerkte.   Anstatt denselben zu verfolgen, setzte er aber seinen Weg fort, da er sich lieber allein
behelfen als solchen Dienern anvertrauen wollte.   Im übrigen
belustigte ihn die Sache eher, als sie ihn ärgerte, und fast
bedünkte es ihn, es sei kurzweiliger, ein Weibchen zu besitzen,
wo sich ein bißchen Pfeffer und Salz daran finde, statt lauter
Honig.

Die Angelegenheit in Lissabon erledigte sich nach Wunsch.
Er wurde zum Vice-Admiral ernannt und jedermann wollte,
da er jetzt öffentlich auftrat, sein bester Freund sein.   Doch
rüstete er sich sofort zur Abreise, da er von der Regierung den
Auftrag hatte, mit drei großen Kriegsschiffen nach Brasilien
zu gehen und die dortigen Geschäfte vor der Hand zu übernehmen.

Das Admiralschiff ließ er zur Aufnahme einer vornehmen
Dame einrichten und aus seinem Familienpalaste jede Bequem-
lichkeit und stattliches Geräte hintragen.   Auch kostbare Geschenke aller Art kaufte er ein, welche er der Gemahlin bei
ihrer Ankunft auf dem Schiffe zu überreichen und so das von
ihr Empfangene reichlich zu erwidern dachte.   Denn er hatte
beschlossen, mit dem Geschwader bis auf die Höhe ihres Küsten-
sitzes zu fahren, dort anzuhalten und sie auf das Schiff abzuholen, wo sie dann erst vernehmen sollte, wer ihr Gemahl sei.

Die Kunde von dem Auftreten Don Correas verbreitete
sich im Lande; aber so wenig das Publikum etwas von seiner
Verheiratung wußte, so wenig ahnte die Frau von Cercal,

daß von ihrem Manne die Rede sei, wenn sogar in ihre entlegene Felsenwohnung das Gerücht von dem Glanze des neuen Admirals drang.

Etwa eine Stunde nach Sonnenuntergang, in einer mondlosen Nacht fuhren die drei mächtigen Schiffe heran und stellten sich in gehöriger Entfernung dem Schlosse gegenüber auf, dessen Lage der Admiral nicht nur aus den dunklen Formen des Gebirges, sondern auch den hell erleuchteten Saalfenstern des Hauptturmes erkannte. Um die Ueberraschung möglichst vollständig zu machen, ließ er nur die notwendigsten Laternen auf den Decks brennen und auch die gegen das Land hin verhüllen. Desto heller und prächtiger strahlte das Innere des Admiralschiffes und besonders die große Kajüte, welche einem fürstlichen Saale gleich sah. Eine Tafel war mit Seidenscharlach und über diesem mit weißem Leinendamast gedeckt; mit schwerem Silbergeschirr und vielarmigen Kandelabern beladen, welche mit vergoldeten Gefäßen voll duftender Blumen ferner Himmelsstriche abwechselten, ließ der Tisch vermuten, daß er für eine höchste Ehrenerweisung zugerüstet sei. Vor jedem Gedecke stand ein Stuhl mit hoher wappengestickter Lehne, der eines vornehmen Gastes harrte; längs den mit reichem Zierat bekleideten Wänden unterhielt sich eine zahlreiche Gesellschaft in leisem Gespräche, und zwischen den verschiedenen Gruppen bewegten sich wohlgekleidete gewandte Diener, sowie auch in einem kleineren Gemach zwei Kammerfrauen der Herrin gewärtig waren. Nicht nur die sämtlichen Offiziere der drei Kriegsschiffe, sondern auch eine Anzahl höherer Staatsbeamten mit ihren Weibern oder Töchtern, welche die Reise mitmachten, bildeten die ansehnliche, auf die Lösung des Rätsels begierige Versammlung.

Um halb zehn Uhr begab sich Don Correa in ein Landungsboot und ließ sich ans Ufer führen, nachdem er angeordnet, daß genau um Mitternacht, wo er auf der Rückfahrt begriffen sei, alle Verdecke erleuchtet, die Raketen steigen und die Kanonen der Breitseiten gelöst werden sollten. Er hatte sich in den alten braunen Mantel gehüllt und einen einfachen Hut aufgesetzt. Am Ufer ausgestiegen, befahl er der Bootsmannschaft, ruhig seiner zu harren, und schritt unverweilt den Staffelweg hinauf, den er auch in der Dunkelheit zu finden wußte. Das Burgthor war verschlossen; doch sah er durch Gitterspalten einen Lichtschein sich bewegen und klopfte mit dem Degenknopf zweimal an das Thor. Mit einer Laterne vor sich hinleuchtend, öffnete der abtrünnige Stallknecht den Thorflügel und starrte dem einsamen Ankömmling in das Gesicht, als ob er den Teufel sähe.

„Geh vor mir her und leuchte!" sagte Don Correa kurz, ohne den Burschen zweimal anzublicken. Derselbe gehorchte freilich diesmal dem °Befehle; aber er sprang so behende treppauf, daß Correa nicht auf dem Fuße folgen konnte und im Dunkeln tappen mußte. Oben angelangt, stieß der Knecht eine Thüre auf und rief mit atemloser Kehle in das erhellte Gemach hinein: „Der Herr ist da!"

„Wer ist da?" sagte Donna Feniza, die in ihrem Armstuhle am Nachtessen saß.

„Er, der die Ohrfeigen giebt und uns andere weggejagt hat oder noch wegjagen wird!"

„O Du Esel!" rief die Frau in all' ihrem Reize und ließ zugleich ein kurzes Gelächter läuten, als sie jetzt dicht hinter dem Burschen den Admiral stehen sah und wie er ihn an der Schulter bei Seite schob.

Dieser nun schaute mit einem völligen Schrecken auf die Scene, wenn bei einem Manne seiner Art das Wort angewendet und nicht eher mit dem Ausdruck äußerstes Erstaunen zu ersetzen ist. Am runden Tische, an welchem er so manche

16 Befehle] Befehl *J1–E1*

schöne Stunde ihr gegenüber gesessen, waren außer der Herrin noch zu sehen der Stallmeister, die Kammerfrau, der junge Beichtvater, und ihr zunächst ein Unbekannter, ein stämmiger Mensch von halb kriegerischem Anstrich, mit breiten Schultern und einer langen Schmarre über Nase und halbes Gesicht hinweg, so daß auch der Schnurrbart in zwei Teile getrennt und das äußerste Gebüschlein jenseits der roten Furche stand. Diese Entstellung schien jedoch der schönen Hausfrau keineswegs zu mißfallen; denn im ersten Moment, da er unter die Thüre trat, hatte Correa mit allem andern auch gleichsam im Wetterleuchten bemerkt, wie sie während des Gelächters einen vollen Blick in das Gesicht ihres Nachbars geworfen hatte.

Dennoch waren in der Verwirrung seines Geistes die ersten Gedanken nicht auf diese Sorgen gerichtet, sondern auf die glänzende Versammlung an Bord seines Schiffes. Wie sollte er, ohne Zeit zu verlieren und ohne Gewalt zu brauchen, das Haus räumen und die Frau gütlich bewegen, sich in Staat zu werfen oder wenigstens etwas aufzuputzen und ihn zu begleiten, ohne daß er jetzt schon das Geheimnis verriet? Denn trotz dem übeln Eindrucke, den der Auftritt auf ihn machte, schwankte er noch nicht, die wild gewordene Taube festzuhalten und wieder zu zähmen, und dazu brauchte er ja vor allem die herrliche Ueberraschung, die er mit so viel Mühe und Sorgfalt ihr bereitet hatte.

Aus diesen Gedanken, während welchen er nicht einmal zu bemerken fähig war, wie die Frau nicht Miene machte, sich auch nur ein wenig zu erheben und ihm entgegen zu gehen, weckte ihn unversehens ihre Stimme, als sie inmitten der allgemeinen Todesstille sagte:

„Ei wahrlich! Das °ist mein Gemahl! Und wie! Habt Ihr, edler Don, Kleider und Geld, was ich Euch gegeben, auf Eueren Irrfahrten so bald durchgebracht, daß Ihr in Euerem mottenzerfressenen Bettlermantel wieder vor mir steht?“

29   ist] ist ja *J1–E5*

Er überlegte einen Augenblick, was sie eigentlich gesagt
habe, und fand, daß es jedenfalls nichts Schönes und Liebe-
volles sei. Einen Blick auf die kleine Tafelrunde werfend,
antwortete er, mehr um aus der Verlegenheit zu kommen, mit
trockenen, aber nicht ganz traulichen Worten:

„Laß Dich lieber fragen, meine gute Hausfrau, wie es
kommt, daß ich hier die Leute noch vorfinde, die ich wegge-
schickt habe, bis auf den Spatz, der hinter Deinem Sessel steht?
Hat dieser nicht ausgerichtet, daß er entlassen sei? Und wer
ist der fremde Herr, den ich an meinem Tische so breit da
sitzen sehe, ohne mein Vorwissen?"

Die Dienstleute blickten alle halb spöttisch, halb ängstlich
auf die Gebieterin; der Fremde warf einen Blick auf sein
Seitengewehr, das an breiter Koppel von gelbem Leder mit
großen Messingschnallen in der Fensternische hing.

Feniza aber sagte mit schnippischen und schnöden Worten:

„Dieser Tisch ist, so viel mir bewußt, mein Tisch, und
es sitzt daran, wem ich es erlaube. Nehmt, statt zu zanken,
lieber den Platz ein, der noch frei ist, und stärkt Euch, wenn
Ihr Hunger habt! Aber benehmt Euch so, wie es jedem ziemt,
der seine Füße unter meinen Tisch streckt!"

Das plötzliche Gelächter der Anwesenden war zunächst das
Echo dieser Rede. Selbst der spitznäsige Page ließ ein durch-
dringendes Gekicher hören, wie es zu tönen pflegt, wenn un-
erwachsene Buben sich in die Unterhaltung der Erwachsenen
mischen und dieselbe überschreien.

Es gab aber gleich darauf einen größeren Lärm. Don
Salvador hatte sich mit wechselnder Farbe dem Tische genähert,
legte die Hand daran, und indem er sagte: „So? strecke ich
meine Füße unter den Tisch?" stürzte er denselben um mit
allem, was darauf stand, mit Schüsseln, Krügen, Gläsern und
Leuchtern, und dies mit einer solchen Gewalt, daß zu gleicher

Zeit alle, die daran gesessen, samt ihren Stühlen zu Boden geschleudert wurden, mit Ausnahme der Frau. Die hatte, von des Mannes verändertem Gesicht und °von seinem Herantreten erschreckt, sich merkwürdig schnell von ihrem Stuhl erhoben und in eine Ecke geflüchtet, von wo sie furchtsam und neugierig hervor schaute.

Indessen war der erste, der sich aus der Verwüstung vom Boden aufgerichtet, der fremde Gesell, und Correa sah nun, als jener auf den Beinen stand und mit dem gezogenen Schwerte auf ihn eindrang, daß er es mit einem außergewöhnlich großen und starken Manne zu thun hatte. Er verlor aber keine Zeit; obgleich feiner und schmächtiger gewachsen, als jener, ergriff er den nächsten schweren Stuhl von Eichenholz, schwang ihn über dem Recken und schlug nicht nur seine Waffe nieder, sondern auch die rechte Schulter so gründlich entzwei, daß er augenblicklich gelähmt und überdies vor Schmerz halb ohnmächtig und ganz wehrlos wurde. Als ein Mensch von niederem Charakter floh er gleich aus dem Zimmer, und ihm folgte die übrige Compagnie, so wie sie sich allmählich aus den Scherben aufraffte. Sie wischten wie chinesische Schatten hinaus; hinter seinem Rücken machte die Kammerfrau noch ein Zeichen gegen die Herrin, die es mit fast unmerklichem Kopfnicken erwiderte. Nur der Page war noch im Zimmer und steckte die Nase hinter der Frau hervor. Correa that einen Schritt, faßte den Knaben an den Locken und warf ihn wie einen jungen Hasen den übrigen nach vor die Thüre, welche er hierauf verriegelte.

Dann stellte er sich, auf die gezogene Degenklinge gestützt, vor die Frau, welche mit zitternden Knieen und ausgestreckten Händen da stand, und sagte, nachdem er sie eine Weile ernstlich betrachtet:

„Was bist Du für ein Weib?"

03   von] *fehlt* J1

„Was bist Du für ein Mann?" fragte sie entgegen mit furchtsamer Stimme und immerfort zitternd.

„Ich? Salvador Correa, der Admiral und Gouverneur von Rio bin ich! Wirst Du mir nun gehorchen?"

Durch diese offenbar ungeheure Lüge bekam das Weib in ihren Augen moralisch wieder das Oberwasser. Denn da sie nur an sich selbst, an ihren Reichtum und an die Kirche, sonst aber an nichts in der Welt glaubte, so schien es ihr ganz undenkbar, daß der eigene Mann, den sie eine Zeit lang als ihre Puppe angesehen, etwas Rechtes sein könnte.

Sie schlug eine unangenehme Lache auf, indem sie rief:

„Nun merk' ich, was Du für ein Windbeutel bist! Ein Schlucker wie Du, den ich schiffbrüchig am Strande aufgelesen, und der berühmte, der reiche Don Correa!"

„Da Du mich nur mir selbst gegenüberstellst und der Vergleich Deine bösliche Beschimpfung aufwiegt, so kann ich darüber hinweg gehen!"

Mit diesen Worten, die er mit einer durch die äußerste Not gebotenen Gelassenheit aussprach, da die Zeit unaufhaltsam verstrich und er in seiner Verstrickung aller Sinne nur die Schande und das gefährdete Ansehen erblickte, wenn er wie ein Thor unverrichteter Sache zu seinen Schiffen zurückkehrte, – mit diesen Worten ergriff er das Weib am Arme und führte es an ein Fenster, welches auf das nächtliche Weltmeer hinausging.

„Dort liegen meine Schiffe vor Anker," sagte er; „in einer halben Stunde werden wir beide dort sein, wo viele Herren und Damen uns erwarten und Du als meine Gemahlin begrüßt wirst! Morgen früh kehren wir nochmals hierher zurück, um einzupacken und eine zwischenweilige Verwaltung zu bestellen, denn Du wirst mich nach Brasilien begleiten. Jetzt spute Dich, ein schickliches Festgewand anzulegen,

und wenn Du zögerst, werde ich Deinen unglücklichen Possen
ein Ende machen und Deine weiße Kehle mit diesem Eisen
durchbohren!" Er erhob die lange Degenklinge. Das Auge
vom Meere abwendend, wo sie nur einen schwachen Lichtschimmer
hatte entdecken können, warf sie den Blick auf das glänzende
Eisen. Plötzlich umschlang sie mit den Armen seinen Hals
und bedeckte ihm den Mund mit so feurigen Küssen, als sie
ihm jemals gegeben.

„Warum sollte ich Dir nicht gehorchen, da ich erfahren,
wie Du an mir hängst?" flüsterte sie in zärtlichen Lauten;
„alles ist vorüber und ich gehe mit Dir bis an das Ende
der Welt. Aber ich kann mich nicht allein ankleiden und die
Kammerfrau hast Du mir vertrieben, also wirst Du mir ein
wenig helfen müssen!"

Sie ergriff süß lächelnd seine Hand und er folgte ohne
Widerstand in ihre Kammer, in der Hoffnung, seine Ehre mindestens vor der Welt noch zu retten. Doch behielt er den gezogenen Degen in der Hand, da die Drohung so schnell ge-
wirkt.

Nun begann sie aber die kostbare Zeit zu verzetteln, indem sie erst mit verstellter Unentschlossenheit ein Staatskleid
aussuchte und mit niedlichem Geplauder seinen Rat verlangte,
dann das Oberkleid, das sie trug, von ihm aufnesteln ließ,
tausend Kleinigkeiten herbeiholte, dazwischen mit Kosen und
Schmeicheln sich zu schaffen machte, bis die eiserne Wanduhr
in der Kammer das Viertel auf Mitternacht schlug.

„Wenn Du nicht gleich fertig wirst," sagte Correa, „so
trag' ich Dich mit Gewalt hinunter wie Du bist."

„Nur noch das große Halsband will ich holen," rief sie,
„und den Rubin, der zu dem schwarzen Kleide so gut steht.
Und meine weißen Kragen hat die Kammerfrau heute unter
den Händen gehabt. Im Augenblick bin ich wieder da."

Damit schlüpfte sie aus einer Thüre, eh' Correa sich besonnen hatte, ob er sie gehen lassen wolle. Die Thüre verschloß sie von außen, ganz leise, und durcheilte mit dem Licht
in der Hand die übrigen Räume, bis sie ein Stockwerk tiefer
ihre vertriebenen Genossen fand, die mit lauernden Blicken in
einem Häuflein standen.

"Zündet an! Zündet an!" kreischte sie heiser; "er ist ein
Pirat und hat ein Schiff auf der See! Steckt unverzüglich an,
es wird Euch nicht reuen! Zündet an! Freiheit und Leben
sind wohl einen alten Turm wert!"

Gleich einer Furie eilte sie voraus und hielt das Licht
an einen Haufen Reisig, der auf einer hölzernen Treppe lag,
während die übrigen ein Gebirge von Strohwellen in Brand
setzten, das die steinerne Haupttreppe verstopfte. Dann wurde
in der Küche ein großer Stoß entzündlicher Stoffe entflammt,
deren Glut bald die hölzerne Diele ergreifen mußte; dann ver-
teilten sich die Dämonen auf den untersten Flur, in den Stall,
die Scheune, den Holzschuppen im Hofe, überall Feuer an-
legend, und sammelten sich schließlich vor dem Schloßthore, das
sie verrammelten, dessen Schlüssel sie mit sich nahmen. Die
Pferde waren schon draußen und wurden bestiegen, auch dem
Manne mit der gebrochenen Schulter auf eines geholfen; die
Kammerfrau hielt ein Kästchen mit Geld, Pretiosen und Pa-
pieren auf dem Schoße, und so zog die Gesellschaft, gegen
zehn Personen stark, ohne einen Laut von sich zu geben, vom
Thore hinweg nach den Bergen zu und verlor sich in der
Dunkelheit. In diesem Augenblicke donnerten die Kanonen von
den Kriegsschiffen, daß die Luft zitterte und der Berg erdröhnte,
und als die Uebelthäter sich erschrocken umschauten, sahen sie
auf dem Meere die Schiffe taghell beleuchtet und eine sprühende
Raketengarbe gen Himmel steigen, während eine schmetternde
Trompetenfanfare, mit Paukenschall vermischt, herüber klang.

„Das ist kein Pirat, das ist ein großer Kapitän oder gar ein Admiral," stöhnte der mit der Schulter, der im Fieber schlotterte.

„Fort, fort! Es ist der Teufel!" schrie die Donna Feniza, die jetzt auch wieder zu schlottern anfing, und die Kavalkade der Mordbrenner floh ohne sich weiter umzusehen über das Gebirge.

Der Admiral ging aber nicht verloren. Nachdem mehrere Minuten vorüber und die Frau nicht zurück war, wollte er selbst nachsehen, und als er alle Thüren von außen verschlossen fand, merkte er den Verrat. Als er aber mit Gewalt eine aufgesprengt und alle Zugänge mit lohendem Feuer angefüllt sah, welches zu durchschreiten schon nicht mehr möglich war, kehrte endlich die ruhige und klare Besonnenheit des thatkundigen Mannes wieder bei ihm ein; statt den Ausgang in der Tiefe zu suchen, die vom Feuer verrammelt war, erstieg er die oberste Höhe des Hauptturmes, in dem er sich befand. Dort hing in einer Mauerlücke eine Glocke, deren Seil auswendig bis in den Hof hinunter ging und dort gezogen zu werden pflegte. Don Correa hatte selbst ein neues Seil besorgt, das nicht dick aber stark genug war für eine kühne That, wenn nur der oberste Punkt, die Verbindung mit dem Glöcklein selbst, versichert wurde. Er stieg also mit allem Bedacht hinauf, ein Licht in der Hand, das freilich von den aus der Tiefe nach der Höhe wallenden Rauch- und Hitzewogen beinah ausgelöscht wurde. Auf der obersten Turmtreppe schnitt er ein Seil, das statt eines Geländers diente, entzwei und befestigte das Glockenseil damit derart, daß er die Fahrt wagen durfte. Dazu diente ihm auch der alte °gesternte Mantel, in dessen Falten er beide Hände wickelte, als er nun vom hohen Turme niederglitt. Auf dem Hofe angekommen, mußte er schon zwischen den verschiedenen Brandanstalten hindurch springen, um ein

29   gesternte] gestirne J1–E5

Ausgangsloch zu erreichen, an welches die Mordbrenner nicht
gedacht hatten.

Im Boote angelangt und seinen Sitz einnehmend, befahl
er die sofortige Abfahrt, und als er genugsam vom Strande
entfernt war, sah er das Schloß in roten Flammen stehen,
indessen von den Schiffen her die Geschütze dröhnten und der
Glanz der Lichter strahlte. Eine sonderbarere Lage hatte er
noch nie zwischen zwei Feuern erlebt, und mit bitterm Lächeln
genoß er die Ironie und die Lehre dieser Lage, die Lehre, daß
man in Heiratssachen auch im guten Sinne keine künstlichen
Anstalten treffen und Fabeleien aufführen soll, sondern alles
seinem natürlichen Verlaufe zu überlassen besser thut.

Das Gefühl der Befreiung von einer unbekannten schmach-
bringenden Zukunft und der unmittelbaren Lebensgefahr erhellte dennoch etwas die dunkle Laune, so daß er auf seinem
Admiralschiffe die glänzende Gesellschaft zu Tisch sitzen ließ
und mit gefaßtem Sinne einige Worte an sie richtete. „Er
habe geglaubt," sagte er, „den Herrschaften eine ehrliche Gemahlin und Reisegefährtin vorstellen zu können; allein der
unerforschliche Wille der Vorsehung hätte es dahin gelenkt,
daß eine Flamme des Unheiles und des Unterganges angezündet und ein Gericht notwendig geworden sei, welches das
traurige Rätsel den Freunden lösen werde."

In der That setzte er nach beendigter Mahlzeit noch vor
Tagesanbruch ein Standgericht nieder, welches die Verfolgung
und Aburteilung der Urheber des Schloßbrandes aussprach.
Der Umstand, daß das Verbrechen im Angesichte eines Kriegs-
geschwaders verübt und dessen Führer beinahe das Opfer
wurde, schien die Gerichtsbarkeit der Kriegsflagge hinreichend
zu begründen. Unmittelbar darauf ließ Correa zwanzig Reiter
und vierzig Fußsoldaten ans Land setzen und dieselben auf
zwei Wegen, die er ihnen angab, nach Cercal marschieren; denn

er vermutete mit Recht, daß die Uebelthäter sich dorthin gewendet. Sie lagen auch wirklich alle im tiefen Schlafe in der Behausung der Feniza Mayor, als die Soldaten °nach Sonnenaufgang anlangten, und wurden zu ihrem Entsetzen aufgeweckt und gebunden nach der Brandstätte am Ufer zurückgeführt, auch eine Anzahl von Urkundspersonen aus dem Bergneste mitgenommen. Ein erfahrener Untersuchungsrichter befand sich schon bei der Expedition, welcher an Ort und Stelle die erste Erhebung des Thatbestandes leitete und die Einzelverhöre vornahm. Nachher wurden die Gefangenen auf das Admiralschiff gebracht, wo unter einem Zelte das Gericht und neben demselben der Admiral mit der Feldherrnbinde und dem Orden des goldenen Vliektes saß. Vor ihm stand nun die Frau von Cercal inmitten ihres Anhanges, mit zerrüttetem Aussehen, und sie starrte bald nach ihm hin, bald nach den Richtern, bald nach den umstehenden Offizieren und Kriegern.

So treulich die seltsame Sippschaft früher zusammen gehalten und so anhänglich die Dienstleute der Herrin bisher geschienen, so gänzlich zertrümmert war jetzt das alles. Eines sagte gegen das andere aus, eines gegen alle und alle gegen eines. Es ergab sich, daß die Kammerfrau den ersten Mann der Feniza auf deren Wunsch hin im Schlafe erdrosselt, nachdem sie den Platz an seiner Seite im Ehebette leise verlassen hatte. Dann zog die Vollzieherin des Mordes, von welcher die Herrin von Cercal abhängig geworden, ihren Bruder herbei, eben den Mann mit der Schulter, der bald als Soldat, bald als Bandit sich herum trieb. An diesen Menschen hing sich die Frau, bis er kurz vor dem Auftreten des Don Correa ihrer überdrüssig geworden mit einem guten Stücke Geld davon ging, um sich in den Kriegsläuften, wie er sagte, einen Rang zu erfechten. Während Correas Abwesenheit war er wieder erschienen, und die Frau in ihrem unergründlichen sittlichen

03   nach] kurz nach *J1*

und geistigen Zustande hatte ihn auf- und angenommen und
nur darauf gedacht, den Correa durch ihn zu vertreiben oder
zu vernichten, wenn er wieder käme. Von unversöhnlichem
Haß erfüllt, beriet sie gerade am Tage vor seiner Ankunft mit
05 ihrer Gesellschaft, was zu thun sei, und sie beschlossen, wenn
er nicht anders zu bezwingen wäre, ihn im Schlosse abzu-
sperren und dieses zu verbrennen. Die nötigen Vorkehrungen
hatten die Kammerfrau, der Stallmeister und seine Knechte bald
getroffen, als sie aus der Stube gejagt waren; denn was im
10 Hause lebte, haßte den vermeintlichen Bettler und Emporkömm-
ling wie Gift, was eben auch eine unglückliche Frucht der Erfindung war, die Correa ins Werk gesetzt, um sich glücklich zu
verheiraten, und die ihm bald das Leben gekostet hätte.

Mit alledem waren das Wesen und die Seele der Feniza
15 selbst nicht weiter aufgeklärt, als die Thatsachen gingen. Der
Vergleich mit dem schönen weichen Fell einer geschmeidigen
Tigerkatze, oder mit der blauen stillen Oberfläche eines tiefen
Gewässers, auf dessen Grunde häßliches Gewürme im Schlamme
kriecht, u. dgl. hätte zu nichts geführt. Ihr Charakter war
20 darum nicht minder auch ihr Schicksal. Wäre es ihr möglich
gewesen, in der letzten Stunde den Worten des Mannes zu
glauben, mit dem sie sich doch verbunden hatte, so wäre sie
ohne Zweifel mit ihm gegangen und gerettet worden. Aber
nur für einmal; denn nachher würde sie es nicht über sich ge-
25 bracht haben, die Selbstsucht, Willkür, die Liebe zum Laster
und die vollendeten Künste der Heuchelei zu unterdrücken, die
ihre Lebensluft waren.

Jetzt war sie aber ärger zerbrochen, als die Schulter-
knochen ihres Buhlgesellen. Als Correa seine Aussage thun
30 mußte, blickte er sie nicht an; dennoch erschien er ihr auf
seinem Stuhle wie ein Höllenrichter. Das weiße feine Kinn,
das einst so vornehm auf dem Halskragen geruht hatte,

zitterte fahl und schlaff ohne Unterlaß, während ihre scheuen Augen an seinem Munde hingen, und die Perlenzähne klapperten beinahe vernehmlich. Alles dies quälte den Admiral fast so viel, wie sie selbst. Denn war sie schuldiger, weil das Geschöpf den wahren Menschen in ihm nicht geahnt hatte, als er, dem es mit der Bestie in ihr gerade so ergangen war?

Nachdem infolge kurzer Beratung alle Angeklagten zum Tode verurteilt worden, ließ er das Gericht durch ein paar geistliche Kapitelsherren, die an Bord waren, vervollständigen und seine Ehe mit der Verbrecherin feierlich auflösen. Die Gültigkeit dieser letzten Verhandlung kam nicht mehr in Frage, weil die Feniza Mayor von Cercal gleich nachher mit ihren Genossen ans Land zurückgebracht und an der geschwärzten Mauer des ausgebrannten Turmes aufgehangen wurde, worauf der Admiral die Anker lichten ließ und die Fahrt nach Westen fortsetzte. Nach vollen zehn Jahren erst nahm er auf ebenso ungewohnte aber glücklichere Weise die zweite Frau.

Um diese Zeit nämlich segelte der Admiral Correa von Brasilien aus mit einer bedeutenden Flotte nach der Westküste von Afrika, um die dortigen Besitzungen den Holländern wieder abzunehmen, welche sich während des portugiesischen Verfalls darin festgesetzt hatten. Er erschien unversehens vor St. Paul von Loanda, belagerte und erstürmte diesen und andere Plätze, und zwang überall die Holländer zur Uebergabe und zum Rückzuge, so daß er in zwei Monaten die Gebiete von Benguela, Loanda, kurz, die südliche Westküste von Afrika der Herrschaft seiner Fahnen und seines Landes wieder unterwarf und seinen Namen mit neuen Ehren erschallen ließ. Dazu brachte er an die zwanzig kleinere Negerkönige unter die Gewalt seines Stabes, sah sich dann aber veranlaßt, Halt zu machen und zur größeren Sicherheit und Ausbreitung der portugiesischen Herrschaft den Weg des Unterhandelns einzuschlagen, eh' er die Waffen wieder ergriff.

Denn über die hinterliegenden Landstriche dehnte sich in unbekannter Weite das Reich des sogenannten Königs von Angola, dessen wahre Stärke nicht leicht zu berechnen war, zumal er sich in geheimnisvoller Ferne hielt und mit einem
05 Nimbus von Macht und Schrecken umgab, der so gut auf einiger Wirklichkeit, als auch nur auf schlauer Prahlerei oder Täuschung beruhen konnte.

Correa setzte sich daher in einer geeigneten Landschaft fest und ließ den für furchtbar geltenden Negerfürsten durch eine
10 Gesandtschaft gefangener Häuptlinge auffordern, sich bei ihm einzufinden, um seine Tributpflicht und die portugiesische Oberherrschaft über ganz Angola anzuerkennen und für den Anfang zum Zeichen guten Willens gleich so und so viel Goldstaub und Elfenbein mitzubringen. Der König von Angola
15 fühlte sich durch diese Botschaft nicht angenehm berührt, suchte sich aber mit eigentümlicher Staatsklugheit aus der Sache zu ziehen. Er tötete die armen Abgesandten, sobald sie Correas Befehle verkündigt, damit sie den Frevel nicht wiederholen konnten. Dagegen sandte er schleunig eine eigene Botschaft
20 mit einigen großen Elefantenzähnen und einem Säcklein Goldsand in das portugiesische Lager, und ließ jene Gegenstände als großmütiges Geschenk der Freundschaft überreichen und die Abordnung seiner königlichen Schwester anzeigen, welche mit der Vollmacht zu allem Nötigen ausgestattet sein werde.
25 Der schreckliche Tyrann und Wüstenlöwe befolgte die Politik manches zahmen Spießbürgerleins in Europa, welches immer die Frau hinschickt, wo Mut und kluge Beredsamkeit erwünscht sind; nur mußte er, da er etwa hundert Frauen besaß, die er selbst nicht fürchtete, dafür zur Schwester greifen,
30 die ein keckes Einzelstück war und im Gerüchte stand, daß sie schon einmal im Begriffe gewesen sei, den König, ihren Bruder, abzusetzen und hinrichten zu lassen.

Daß seine Abgesandten umgebracht worden seien, wußte
Don Correa nicht; er betrachtete daher die von dem angolesischen Herrscher getroffenen Maßregeln als Zeichen eines halben
Gehorsams und baldiger Unterwerfung; als er aber nach einiger
Zeit von den ausgesandten Spähern vernahm, daß Annachinga,
die Fürstin von Angola, sich mit einem Gefolge nähere, das
eher einem Heerzuge gleiche, so stellte er seine Truppen in einer
Ordnung auf, die zur Schlacht wie zur Ehrenparade diente.
In der That wimmelte es wie ein schwarzer Wolkenschatten
heran, der immer mehr ins breite wuchs und ein bald dumpfes,
bald gellendes Dröhnen von Menschenstimmen, Tiergeheul und
kriegerischen Instrumenten aus sich heraus gebar.   Die Portu-
giesen fanden für gut, als Gegengruß ihre zahlreichen schweren
Geschütze abzufeuern, deren Metall in der afrikanischen Sonne
funkelte, worauf das dunkle Heerwesen, von dem rollenden, in
den Bergen widerhallenden Donner erschreckt, still stand bis
auf den letzten Mann und sich den Anordnungen der heran-
sprengenden Reiter fügte.   Diese verlangten, daß nur die
Fürstin mit ihrem eigentlichen Gefolge näher komme, der große
Haufen aber sich nicht weiter von der Stelle rühre.   So entwickelte sich aus der Masse heraus ein kleinerer Zug, der immer
noch ansehnlich genug war in seinem barbarischen Pompe mit
den damals noch vorhandenen Spuren einer jetzt gänzlich ver-
wilderten Völkerwelt.
Voraus wurde als Geschenk des Königs eine Herde wilder
Tiere, Elefanten, Giraffen, Löwen, Tiger und dergleichen an
Ketten geführt, und zwar von Männern, die mit ihrem hohen
Wuchs und trotzigen Aussehen die Kraft und Ueberlegenheit des
Volkes zeigen sollten, mit welchem man es zu thun habe.
Dann ritt ein Dutzend persönlicher Vasallen der Annachinga
auf ziemlich bunt geschirrten Ochsen vorüber, jeder von einigen
schild- und speertragenden Reisigen oder Knappen begleitet,

wahrscheinlich seinen Untervasallen; denn auch diese gingen
schlank wie Tannen und elastisch einher gleich Leuten, die auch
noch irgend etwas unter sich haben.   Auf einem mit Ochsen be-
spannten Wagen schwerfälligster Form, der mit Decken behangen
war, erschien endlich die Fürstin, in kostbare, offenbar sehr
alte Stoffe gekleidet, Hals und Arme mit einer Last von
Ketten und Ringen geschmückt.   Sie saß nach abendländischer
Weise auf ihrem Sitze, eine kalte Unbeweglichkeit zur Schau
tragend, von welcher manche große Frau des Occidents hätte
lernen können.   Ihrem Wagen folgten zwei andere Wagen mit
Hofdamen und Sklavinnen und diesen zu Fuß eine Leibwache
mit hundertjährigen guten Stahlwaffen, °Halebarden und Flam-
bergen, die unverkennbar einst im Abendlande geschmiedet worden.   Den Schluß bildeten ein Dutzend Fetischträger nebst
Hof- und Feldregenmachern, deren beschwörerische und drohende Gebärden und Sprünge die portugiesischen Soldaten
belustigten.   Besonders gegen eine Anzahl Jesuiten, welche
herbeigekommen waren, das Schauspiel mit anzusehen, richteten die schwarzen Hexenmeister ihre Verwünschungen, da sie dieselben als ihre Hauptfeinde und Brotneider ansahen; die Jesuiten
aber widmeten ihnen die wissenschaftliche Aufmerksamkeit gebildeter Männer und lernten den thörichten Heiden ruhig ab,
was zu lernen war.

      Im Innern des Lagers wurde die Fürstin erst recht mit
°Trommel- und Trompetenlärm empfangen und eingeladen,
vom Wagen zu steigen.   Sauber gekleidete, aber keineswegs
hohe Offiziere führten sie in eine leicht erbaute lange Zelthalle,
die durch Tapeten in verschiedene Räume abgeteilt war.   Im
ersten Raume befand sich eine Versammlung von Würdenträgern
und oberen Offizieren, welche die nötigen Erkennungen mit der
Fürstin austauschten und die einleitenden Gespräche unterhielten,
bis sie zu ihrer Verwunderung vernahm, daß der Höchststehende

---

12   Halebarden] Helebarden *J1*
25   Trommel-] Trommeln- *J1–E5*

gar nicht hier, sondern in einem innersten Verschlage aufhält-
lich sei und sie nur allein, allenfalls in Begleit ihrer Frauen
und der Dolmetscher empfange. Da sie einmal da war, drang
sie schweigend aber mit ungeduldiger Entrüstung vorwärts und
stand mit immer größerem Erstaunen vor dem Admiral, der
ganz allein auf einem erhöhten Thronsessel saß, nur einen
stehenden Pagen neben sich. Er trug den schimmernden Gala-
küraß, über demselben den feinsten Spitzenkragen und dicke
Ordensketten, und auf dem Kopfe den mit Federn ausge-
schlagenen Hut mit Goldschnur und Diamantagraffe. Das
Gemach war an Wänden und Decke ganz mit gewirkten Seiden-
tapeten bekleidet und der Boden mit Teppichen belegt; im
übrigen war außer dem Thronsessel keinerlei Art von Stuhl
zu erblicken, ein rotes Kissen ausgenommen, welches in einiger
Entfernung vom Throne auf der Erde lag.

Zwei Herren, die sie herein begleitet hatten und sich jetzt
aufrecht auf die Seite stellten, wiesen stumm auf das Kissen,
als Annachinga sich umsah, wo sie Platz nehmen solle. Sie
bemerkte nichts, als das Trüpplein ihrer Frauen hinter sich,
und winkte eine derselben herbei. Diese kniete unverweilt
hinter das Kissen, indem sie die Arme auf den Boden legte
und so in der Stellung einer ägyptischen Sphinx einen Ruhesitz bildete. Auf diesen Sitz ließ sich die Fürstin würdevoll
nieder, die Füße auf das vor ihr liegende Kissen streckend,
stolz und immer schweigend gewärtig, was weiter geschehen
werde.

„Es ist wohlgethan," ließ sich der Admiral nun vernehmen, „daß der Mann, den man den König von Angola
nennt, meine Botschafter gehört und den Willen meines Landes
und seines Gebieters geehrt hat, obgleich ich noch lieber gesehen hätte, wenn er selbst gekommen wäre!"

Nachdem die beiden Dolmetscher, die mit hereingekommen,

diese Rede zuerst unter sich, dann dem Ohr der Fürstin verständlich gemacht, erwiderte sie:

„Du bist nicht ganz auf dem richtigen Wege des Ver-
stehens, denn Deine Abgesandten wurden nicht angehört, sondern vertilgt, wie sie den Mund aufthaten!"

Als diese Worte wiederum übersetzt waren und Don
Correa ihren Sinn erfuhr, schwieg er eine Weile und ließ nur
sein blitzendes Auge auf der schwarzen Person ruhen. Dann
ließ er fragen, warum man die Boten getötet habe und was
man für einen Erfolg von dieser That erwarte?

„Sie wurden getötet," antwortete sie, „weil sie die Unterthanen und Dienstleute des Königs gewesen sind und Unwür-
diges gegen ihn in den Mund genommen haben. Durch ihr
Blut wurde seine Würde versöhnt, Dir aber ist kein Schaden
dadurch geschehen, da Du jetzt anbringen magst, was Du von
uns wünschest!"

„Ich habe nicht zu wünschen, sondern zu befehlen und
zur Rechenschaft zu ziehen!" sagte der Admiral in strengem
Tone; „mäßige daher Deine Sprache, wenn ich Dich nicht
binden und wegführen lassen soll!"

Allein ohne sichtbaren Eindruck dieser Worte, ohne mit
den Wimpern oder den Lippen zu zucken, erwiderte Annachinga
auf die Drohung:

„Du wirst Dich auf die sechzig oder siebenzig weißen
Leute besinnen, die in unseren Händen sind! Mehr als die
Hälfte davon gehören Deinem Lande an!"

Hiemit schien die Sage bestätigt, daß eine ziemliche Zahl
Europäer im Innern von Angola festgehalten werde, wie denn
auch seit Jahren manche holländische und portugiesische Kauf-
leute verschwunden und erst in letzter Zeit noch einzelne Soldaten, die sich verirrt, in Gefangenschaft geraten waren. Obgleich
die schwarze Dame mutmaßlich übertrieb, so konnte immerhin

genug an der Sache wahr sein, und Don Correa überdachte einen Augenblick das Mißliche des Umstandes und was er zu antworten habe. Aber die Negerfürstin, gleich einer vollendeten Diplomatin, ließ seine Verlegenheit nicht dauern oder groß werden, sondern fuhr sogleich fort, indem sie plötzlich auf die Hauptfrage übersprang.

„Wir wissen nicht," sagte sie, „welchen Nutzen Du Dir davon versprichst, uns als Unterworfene zu behandeln und uns die Knechtschaft anzubieten, ehe Du nur unsere Macht geprüft, einen Angriff gewagt, geschweige denn uns überwunden hast. Und wenn Du uns wirklich besiegt hättest, so wären die Vorteile für Dich geringer, als Dir ein freundliches Verhältnis zu uns gewähren kann. Schließest Du ein Freundschaftsbündnis mit uns, das ich Dir anzutragen bevollmächtigt bin, so gewinnst Du eine starke Vormauer und einen mächtigen Beistand gegen alle übrigen Feinde, die Dir bereit stehen, und statt unsere ungezählten Pfeile auf Dich gerichtet zu sehen, werden sie gegen Deine Feinde schwirren und Dir den Weg frei machen. Statt eines erzwungenen Tributes endlich wird Deinem Lande ein gegenseitig geordneter freiwilliger Verkehr größeren Gewinn bringen, als eine für uns schmähliche Beraubung je abwerfen könnte. Dieses bitte ich zu erwägen, ehe Du zu den Waffen greifst; denn ohne Kampf wird es für Dich nicht ablaufen, was Du anstrebst!"

Hatte Don Correa schon an der Art ihres Aufzuges erkannt, daß er es mit einer gewissen Macht zu thun hatte, die vielleicht nicht ungestraft zu unterschätzen war, so mußte er sich jetzt sagen, daß dieselbe auch wußte, was sie wollte, und mit Vernunftgründen zu unterhandeln fähig schien. Er änderte also schnell entschlossen seinen Plan und sagte:

„Da man uns bestimmte und deutliche Anträge macht, welche von ehrlichem Entgegenkommen zeugen, so ist genügender

Grund vorhanden, hierüber Rat walten zu lassen. Ich bin
bereit, bis zum Austrag der Sache freie Verhandlung auf
gleichem Fuße zu gewähren, und behalte mir den endgültigen
Entschluß nach Umständen vor. Du magst jetzt wählen, ob
Du inzwischen die Gastfreundschaft in unserer Mitte annehmen
oder Dich bis zu einer zweiten Unterredung in Dein eigenes
Heerlager zurückziehen willst!"

Die Fürstin erklärte, das letztere vorzuziehen, und erhob
sich mit derselben stolzen Würde von ihrem Sitze, mit welcher
sie sich darauf niedergelassen hatte. Zugleich erhob sich auch
der Admiral, um sie seinen Worten entsprechend auf gleichem
Fuße zu behandeln und ritterlich hinaus zu geleiten. Als dergestalt die Anwesenden dem Ausgange zuschritten, bemerkte
Don Correa, daß die knieende Sklavin unbeweglich liegen
blieb, und machte lächelnd die Fürstin aufmerksam, daß sie
vergesse, ihren lebendigen Feldstuhl mitzunehmen.

„Ich setze mich nie zum zweiten Male auf denselben
Stuhl," antwortete sie ohne zurückzublicken. „So mag er dem
Hause bleiben, in welchem ich mich seiner bedient habe. Ich
schenke Dir diese Person!"

So aufschneiderisch diese Rede klang, so gab sie ihm doch
aufs neue zu denken, und er begleitete die Fürstin nicht ohne
kriegerische Höflichkeit bis an den Ausgang des Lagers. Als
er hierauf sich wieder in das große Zelt zurückzog, um zunächst
die Angelegenheit für sich allein zu überlegen, bemerkte Don
Correa mit einiger Ueberraschung, daß in dem verlassenen
Raume das junge Weib noch immer still und reglos auf seinen
Knieen und Ellbogen lag.

Er trat näher, ging um das schöne Bildwerk herum,
welchem das Mädchen oder was es war eher glich, als einem
Lebewesen, und betrachtete mit Erstaunen und auch mit Verlegenheit die Erscheinung, mit der er nichts anzufangen wußte.

Sie war in weißes Baumwollenzeug gekleidet, das von den Schultern bis zu den Füßen ging und unter den Armen bis gegen die Hüften hin mit Binden von gleicher Farbe umwickelt war. Nur die hellbraunen Schultern und die Arme waren bloß und in Formen von vollkommener Schönheit und Ebenmäßigkeit gebildet. Das Haar erschien trotz seiner Ebenholzschwärze nicht so wollig, wie bei den Negern, sondern fiel in weicheren breiten Bändern rings vom Haupte, nachdem es ein auf diesem befestigtes, kronenartiges Körbchen von Weidenzweigen durchflochten. Von dem Gesichte konnte Don Correa nichts sehen, weil es zur Erde gerichtet und von dem niederhängenden Haar verschleiert war.

Obgleich gegen Sklaven und farbige Menschen gleichgültig und verhärtet wie die ganze gebleichte Welt, bückte er sich endlich doch ein wenig und sagte in mitleidigem Tone: „Wie lange wirst Du noch liegen? Steh' auf!"

Das arme Weib erriet den Sinn dieses Befehles und richtete sich empor; doch waren die Glieder von der unnatürlichen Lage beinahe erstarrt und der Atem beengt; sie schwankte im Aufstehen und wußte sich nicht recht zu helfen, so daß Don Correa ihr die Hand reichen und sie einen Augenblick halten mußte, um sie vor dem Umfallen zu schützen. Da stand sie nun vor ihm mit vor Scham niedergeschlagenen Augen, und eine Purpurröte wallte sichtbar über die braunen Wangen. Uebrigens war die Gesichtsbildung edel, wenn auch an den Schnitt altägyptischer Frauengesichter erinnernd oder sonst an verschollene Völkerstämme alter Zeiten. Verwundert über die vornehme Anmut der ganzen Erscheinung legte er die Hand unter ihr kurzes Kinn und drückte es sanft in die Höhe, so daß sie den Kopf zurückbiegen und ihn mit den mandelförmigen großen Augen ansehen mußte. Da sah er sowohl in diesen dunkeln Augen, als auf dem kirschroten Munde die stumme

Klage und Trauer der leidenden Natur, die immer das Herz
des Menschen rührt, während ihre triumphierenden Schrecken
es nicht bezwingen können. Der Mann, der seit zehn Jahren
an den schönsten und glänzendsten Frauen achtlos vorüberge-
gangen und für ihre Blicke unempfindlich geblieben, wurde jetzt
urplötzlich wie von einem Zauber oder einer Offenbarung bewegt; er vermochte nicht eine Sekunde der Versuchung zu
widerstehen, das stille, fremde Menschenbild in den Arm zu
nehmen und leis auf beide Wangen zu küssen. Damit zeichnete
er es sänftlich als sein Eigentum und schwur in seinem Innern,
dasselbe niemals zu verlassen; denn trotz der schlechten Erfahrung, die er einst gemacht, glaubte er jetzt der Eingebung,
daß dieses weibliche Wesen ihn nicht betrüben werde.

Zugleich beschloß er auf derselben Stelle, die heidnische
Sklavin in den Besitz der menschlichen und christlichen Freiheit
und des Selbstbewußtseins zu setzen, eh' er weiterging, und
rief zu diesem Ende hin seinen Pagen herbei, durch welchen
er das Weib sofort nach Loanda in das Haus eines seiner
Offiziere bringen ließ, dessen Familie dort wohnte. Ein zu-
rückkehrender Proviantwagen unter der Aufsicht eines ergrauten
Soldaten kam der nicht eben großen Reise zu statten.

Als sodann Don Correa die Unterhandlungen mit der
angolesischen Königsschwester bis zu einem gewissen Punkte
weitergeführt und diese sich mit ihrem Troß hinwegbegeben
hatte, eilte er ebenfalls nach Loanda St. Paul. Er fand die
Sklavin bei den Frauen des Offiziers wohl aufgehoben und
schon in christlicher Tracht einhergehend, das dunkle Haar nach
Art der portugiesischen Mägde bescheiden geflochten und aufge-
bunden. Es wollte ihm beim ersten Anblick fast vorkommen,
als hätte sie mit der einfachen Weidenkrone und dem weißen
Wickelgewande einen guten Teil ihres geheimnisvollen Reizes
verloren, und er bedauerte beinah' schon die Umwandlung;

doch sah er bald, daß die unschuldige und weltursprüngliche Demut ihres Antlitzes, verbunden mit dem natürlich edlen Gang, der ihr eigen war, jedes Kleid beherrschten, das man ihr geben konnte. Während des Verkehrs mit Annachinga hatte er diese einmal beiläufig, wie man sich etwa aus Höflichkeit über die Beschaffenheit eines Geschenkes bei dem Geber erkundigt, befragt, welcher Rasse die Sklavin eigentlich angehöre und woher sie dieselbe erhalten habe. Er sprach überdies vorsichtiger Weise in dem Tone, mit welchem ein Fant sich nach der Nahrung eines geschenkten seltenen Vögelchens erkundigt, ob man es mit Würmern oder mit Körnern füttere u. s. w. Annachinga sagte ihm, die Person stamme von Sonnenaufgang her, wahrscheinlich von einem ausgerotteten Volke, und sei mit ihrer Mutter auf dem Wege der Eroberung und des Handels quer durch den Weltteil bis gegen Westen geraten. Sie selbst habe sie als zehnjähriges Kind erhalten und seither besessen; jetzt möge sie siebzehn Jahre alt sein; sie verstehe weiße und bunte Zeuge zu weben, sonst aber sei sie noch zu roh und unwissend, da sie noch nie aus Frauenhand gekommen. Sie schicke sich am besten für den Dienst seiner Gemahlin oder Fürstin, der er sie schenken möge; die Art sei immerhin rar geworden. Wolle er sie aber bei sich behalten, so solle er sie nur mit der Peitsche dressieren, wenn sie zu ungelehrig sei. Im übrigen habe man noch nichts an sie gewendet hinsichtlich der modegerechten Aufstutzung; noch seien die üblichen Zähne nicht ausgebrochen, die Wangen nicht tätowiert und noch kein Ring durch die Nase gezogen, zu was allem das Alter jetzt da sei.

Höflich, aber leichthin, der Geringfügigkeit des Gegenstandes entsprechend, dankte Don Correa der Dame für ihren sportmäßigen Rat und nahm das Gespräch über die wichtigeren Staatsgeschäfte wieder auf.

In Loanda fand er jetzt die Angaben der Annachinga
durch das, was man inzwischen der Sklavin hatte abfragen
können, so ziemlich bestätigt. Sie erinnerte sich dunkel, als
kleines Kind steinerne Häuser an einem Wasser gesehen und
einen großen Lärm und Rauch °gesehen zu haben, dann an
der Hand oder auf dem Arm der Mutter durch unendliche
Landstrecken gekommen zu sein, bis die Königsschwester von
Angola Mutter und Kind gekauft. Deutlicher war ihr das
Spätere gegenwärtig, wie die Mutter von der Fürstin hart behandelt worden und frühzeitig gestorben sei. Sonst wußte sie
°von nichts weiter, als daß sie Zambo hieß.

Das Nächste, was der Admiral nun that, war, daß er sie
taufen ließ und hiefür ein kleines Fest veranstaltete, ohne im
übrigen sein Vorhaben zu verraten. Die Kirche wurde mit
Palmenzweigen und Blumen geschmückt, unter dem Vorwande,
diesen ersten Sieg über das noch zu unterwerfende Königreich
zu feiern, und der Altar flimmerte von Lichtern. Ein Dutzend
Jesuiten sangen und musizierten während des Hochamts gleich
hundert Nachtigallen, und der dreizehnte hielt die Predigt, in
welcher er die erbauliche Vorstellung ausmalte, daß Zambo ein
letzter Nachkomme der weisen Königin von Saba sei und nun
erst das Heil erworben habe, das diese merkwürdige Vorfahrin
im alten Testamente bei den Juden vergeblich gesucht.

Don Correa selbst war der Taufpate und die vornehmste
Frau in Loanda die Patin, als die Handlung nun vollzogen
und Zambo mit dem Namen Maria getauft wurde. Sie ließ
alles mit sanfter Ergebung über sich ergehen, ohne den Mund
zu verziehen; erst als die Taufe vorüber war und sie an den
Altar geführt wurde, um sich noch besonders der großen
Namenspatronin vorzustellen und das Knie vor ihr zu beugen,
richtete sie das Auge schüchtern auf das hölzerne Marienbild,
welches nach Vertreibung der ketzerischen Holländer in neuem

05   gesehen] erlebt *J1–E1 E3–E5*
11   von] von sich *J1*

Glanze aufgerichtet war, die Krone frisch vergoldet, das Gesicht so stark gefirnißt, daß es glänzte wie ein Spiegel und die linke Wange wirklich das daran gedrückte Näschen des °Christusbildes abspiegelte. Weil die Wange aber rundlich gewölbt war, so erschien das Näslein darin so groß, daß die Zambo-Maria vermeinte, es wohne ein Mann in der durchsichtigen Frau, der seine Nase herausstrecke, und da sie überhaupt noch nie ein derartiges Bildwerk gesehen, so hielt sie es für einen lebendigen Zauber und fing sich gewaltig an zu fürchten. Zitternd raffte sie sich auf und suchte zu entfliehen. Sie fand aber wegen der vielen Umstehenden keinen Ausweg und flüchtete an die Seite des Don Correa, in welchem sie ihren Beschützer sah, und deutete mit der Hand nach dem leuchtenden goldenen Weiblein, in welchem ein Geist stecke, der größer sei als es selbst. Alles drängte sich herzu, um zu sehen und zu hören, was sich mit der neuen Christin begebe, und man suchte sich gegenseitig verständlich zu machen, was sie gesagt habe.

Auf einmal ertönte die laute Stimme eines der Priester, der rief: „Wunder! Wunder! Ein großes Heil ist geschehen! Der Herr ist eingekehrt in seine irdische Wohnung, in sein liebliches Pavillon und Sommerhäuschen! Er will die erste Heidin sehen, die wir hier getauft haben!"

Alles blickte starren Auges auf das Altarbild, auf welches die Zambo gedeutet hatte, und bald rief hier, bald dort einer aus der Menge: Ich seh' es auch! Ich seh' es auch! ohne daß jemand wußte, was eigentlich zu sehen sei. Die Jesuiten, schnell gefaßt, die günstige Gelegenheit zu packen, schlugen alle weiteren Erörterungen mit einem mächtigen Tedeum nieder, das sie anstimmten und in welches alles Volk einfiel. Dann ergriffen sie die Neugetaufte und führten sie mit Kreuz und Fahne in Prozession in der Kirche und um die Kirche herum, unter geschwungenen Räucherfässern und fortwährend ihr Ora pro nobis singend. Immer mehr Volk lief herbei, und in kurzer Zeit war sie ihrem Herrn und Beschützer abhanden gekommen und unsichtbar geworden; denn man schleppte sie auch noch in den Straßen herum und in verschiedene Häuser hinein, wo man sich an ihrem Anblicke erbauen wollte.

Endlich ging Don Correa, sie zu suchen, und holte sie aus dem dicksten Haufen Leute heraus, wo sie sich ersichtlich voll Furcht und Angst befand, da sie gar nicht wußte, was alles zu bedeuten habe, und zu glauben begann, sie solle jenem kleinen glänzenden Weiblein zum Opfer gebracht d. h. getötet werden; denn sie hatte in den schwarzen Königreichen gesehen, daß zum Opfern bestimmte Menschen so umhergeführt wurden. Sie klammerte sich daher an Correas Arm, sobald er sie erreichte und ihre Hand nahm. Die Jesuiten waren jedoch nicht willens, auf ihre Eroberung so leicht zu verzichten, indem sie behaupteten, Zambo-Maria müsse dem Himmel geweiht werden und in der Hut der Kirche bleiben. Er werde das Nötige schon besorgen, rief der mächtige Befehlshaber; zunächst sei die Person noch sein Eigentum und sein Patenkind, das jetzt einem kleinen Taufeschmaus beiwohnen und einige Geschenke empfangen müsse. Dessen ungeachtet murrte und sträubte sich die Menge, das Wunder fahren zu lassen, und es bedurfte des entschlossenen Auftretens Correas, das zitternde Weib frei zu machen. Er ließ sie von seinem Pagen begleitet voran gehen und schritt mit einigen seiner Kriegsleute hinterdrein. So begaben sie sich nach einem kleinen Landhause, das er in Loanda bewohnte; die Frau Patin war inzwischen mit ihrer Begleitung schon dort angekommen, da sie schon früher aus dem Gewühle entflohen war, und die nicht zahlreiche Gesellschaft nahm an dem gedeckten Tische Platz, nachdem der in Unordnung geratene Anzug des Täuflings von den anwesenden Frauen °wieder hergestellt worden.

32   wieder hergestellt] wiederhergestellt *J1–E5*

Zambo saß zwischen der Patin und ihrer bisherigen Pflegerin. Sie war mit einem weißen Schleier und einem mit roten Rosen durchflochtenen Myrtenkranze geschmückt, wodurch das helldunkle Gesicht und der von goldenem Kettchen umgebene Hals eine Wirkung von ungewöhnlichem Reize machten.

Don Correa, der ihr gegenüber saß, mußte sich etwas zusammennehmen, sie nicht zu oft anzusehen, nicht nur der anwesenden Frauen, sondern auch des Geistlichen wegen, der sie getauft hatte und ebenfalls zugegen war. Obgleich die braune Marie schon einigermaßen an das abendländische Tischgeräte gewöhnt war, vermochte sie doch nicht zu essen; denn der Wechsel der Eindrücke, die sie so rasch nach einander empfangen, bedrückte ihr Herz. Sie glaubte sich wohl der Gefahr entzogen und fühlte auch, obschon sie nicht ein Wort der Tischgespräche verstand, man rede freundlich von ihr; doch ihre neue Lage, Umgebung und Zukunft erschienen ihr so gänzlich fremd und unbekannt, daß die Reglosigkeit ihrer Seele eher zu- als abnahm. Erst als Don Correa eigenhändig einen Teller mit süßen Früchten und portugiesischem Backwerke füllte und ihr denselben hinüberreichte, fing sie gehorsam und ehrfürchtig an zu naschen und aß den Teller tröstlich leer. „Ei seht," sagten die Frauen, „wie gut sie dem gütigen °Herrn zu gehorchen versteht! Wahrhaftig, Seine Gnaden haben eine Eroberung gemacht!"

Als nun alles über den unversehens leer gewordenen Teller lachte, schaute Maria verwundert um sich und lachte auch. Noch niemand hatte sie lachen sehen und alle waren erstaunt über den Liebreiz, welcher sich wie aus dem Himmel geholt so unerwartet über die fremdartigen Gesichtszüge verbreitete und eben so schnell wieder verschwand, als sie beschämt die Augen niederschlug.

23   Herrn] Herren *J1–E1*

Unterdessen war die Dämmerung hereingebrochen und die Gesellschaft erging sich nach aufgehobener Tafel noch einige Zeit im Freien, um die wohlthuende Nachtluft zu genießen, welche Meer und Land balsamisch kühlend umfloß. Ueber den Gesprächen der zerstreut auf und nieder gehenden Leute blieb die Zambo oder Maria unbeachtet, wie es so zu geschehen pflegt, nachdem der Mensch sein bescheidenes Teil Aufmerksamkeit erregt hat. Sie stand abseits unter einer Gruppe hoher Palmenbäume, an einen der Stämme geschmiegt, und blickte unverwandt nach Westen, wo die Sichel des untergehenden Mondes über dem Meere glänzte, und zwar so stark, daß die Palmen ihren Schatten warfen. Die äußerste Kante des großen goldenen Gestirnes schimmerte noch extra im fernen Sonnenlicht gleich einem blitzenden schmalen Ringe, während Zambos scharfes Auge zugleich die nach dem Innern des Ringes hin allmählich verschwimmenden Gebilde wahrnahm, die von dem Lichte schwächer getroffen, ihr aber vertraut waren. Stets aber hing das Auge wieder an dem blitzenden Ringe. Es war die letzte Ueberlieferung eines wahrscheinlich schon seit tausend Jahren untergegangenen Kultus, welche in dem Mädchen von der alten Heimat oder der toten Mutter her noch dämmerte; vielleicht wendete sie sich, ohne es zu wissen, noch einmal der verschollenen Selene zu, ehe sie der goldenen Göttin folgte, an deren Altar sie heute gestanden, kurz, sie streckte wie um Schutz flehend die Hand nach dem Gestirn aus.

Da faßte jemand sänftlich diese Hand; es war Don Correa, der vorsichtig an sie herangetreten und ihr dieselbe Hand auf den Mund legte, zum Zeichen, daß sie schweigen solle. Dann streifte er einen schimmernden Ring an ihren Finger und küßte sie schnell auf den Mund, worauf er ebenso ungesehen hinweg schritt, als er gekommen war. Bald nachher ging die kleine

Gesellschaft auseinander und Zambo kehrte mit ihrer Beschützerin in deren Behausung zurück.

Am nächsten Tage schon ließ der Admiral zwei seiner Schiffe unter Segel gehen, die er nicht mehr brauchte, und sandte sie mit Depeschen, das eine nach Brasilien, das andere nach Portugal. Auf demjenigen, das nach Brasilien ging, hatte er in der Frühe bereits die Zambo nebst einer Dienerin untergebracht und dem Befehlshaber auf die Seele gebunden. Die Schwester seiner längst verstorbenen Mutter lebte in Janeiro als Aebtissin eines Konventes von Dominikanerinnen. Dieser anvertraute er die Zambo mit einem Briefe, worin er die vornehme Klosterfrau bat, das getaufte Heidenkind in den klösterlichen Schutz aufzunehmen, mit christlicher Sitte und guter Lebensart bekannt zu machen und es aber für die Rückkehr in die Welt bereit zu halten, alles unter Zusicherung schuldiger Dankbarkeit und gewünschter Gegendienste.

Die Abfahrt der Schiffe war freilich schon früher bestimmt gewesen; die Einschiffung der Zambo aber hatte er ganz plötzlich und rasch betrieben, und als die Jesuiten ihre Spekulationen auf die Wunderperson an diesem Tage weiter ausarbeiten und vor allem nur die Visionärin in Sicherheit bringen wollten, fuhren die Schiffe längst außer Sicht, und der zukünftige Wallfahrtsort an der Westküste des Weltteils verwandelte sich einstweilen in ein Luftschloß und ist es auch geblieben.

Zambo-Maria selbst wußte am wenigsten, was mit ihr vorging. Als der Admiral seine letzten Anordnungen auf dem Schiffe getroffen und dasselbe verließ, hatte er sich zum Abschiede nicht länger bei ihr aufgehalten, als bei anderen Nebenpersonen, und kaum ihre schmale braune Hand einen Augenblick in die seine genommen und gestreichelt, indem er seinem guten Taufpatchen, daß es jeder hören konnte, ein paar gewöhnliche Worte der Aufmunterung sagte, dann aber sich abwendete und nicht

mehr umsah. Das Naturkind schien aber die Hauptsache schon
soweit zu verstehen, daß sie die paar leichten Liebkosungen, die
sie von ihm erfahren, sowie das Geschenk des Ringes sorgfältig bei sich behielt, obschon die Frauenspersonen bereits das
eine und andere Wort mit ihr austauschen konnten und sie
schon auf dem Schiffe ein weniges portugiesisch plaudern lernte.

In der Zeit waren auch die Unterhandlungen mit dem
Königreich von Angola zu Ende geführt und die Fürstin, wie
gesagt, mit ihren Leuten abgezogen. Die Schlauheit und Beredsamkeit der schwarzen Diplomatin konnte nicht hindern, daß
ihr Bruder doch als Vasall der Krone Portugals betrachtet
und schließlich Don Correa zum Regenten in Angola ernannt
wurde. Er regierte das Königreich mehrere Jahre.

Mit Ablauf des ersten Jahres aber fuhr er nach Rio de
Janeiro hinüber, um das Kleinod heimzuholen, das er dort
aufgehoben wußte, und Hochzeit zu halten. Zur Belohnung
für seine Thaten hatte der König unter anderm seinem Wappen
zwei Negerkönige mit goldenen Kronen als Schildhalter beige-
geben. Diese Figuren widmete er der zukünftigen Gattin als
Zierat, indem er sie auf Geräte, Schmuck und Tapezerei, die
er in den europäischen Fabriken bestellte, überall anbringen
ließ. Noch auf dem Schiffe, als es in den Hafen von Rio
de Janeiro einlief, entwarf er in Gedanken ein Gemälde,
das er bestellen wollte, auf welchem Zambo-Maria in der
Tracht einer Königin von Saba getauft wurde und die zwei
Mohrenkönige das Taufbecken hielten. Als er aber das Kloster
der Dominikanerinnen betrat und im °Sprechzimmer stand, um
seine Frau Tante, die Aebtissin, nach dem jungen Weibe zu
fragen, sagte ihm die nach der Begrüßung mit trockenen Worten,
die braune Person sei vor kurzen Tagen fortgelaufen und verschwunden.

Don Correa erblaßte und stand wie vom Blitze getroffen.

27   Sprechzimmer] Sprachzimmer *J1*

Der erste Gedanke sodann war nicht etwa ein Fluch auf die Entflohene, sondern auf die eigene Thorheit. „Warum hast du die arme Creatur nicht bei dir behalten," sagte er sich, „und gleich geheiratet wie sie war! Jetzt wird sie zu Grunde gehen!"

Er fragte die Nonne, ob man denn keine Vermutung hege, was sie zur Flucht bewogen und wo sie sich hingewendet habe? Jene verneinte alles und meinte, der Admiral möge, wenn so viel an dem Weibe gelegen sei, sie jetzt selbst aufsuchen lassen, wozu er mehr Macht und Mittel besitze, als sie. Erst jetzt ging er in sein altes Wohnhaus zu Rio, das er zur Hochzeit einzurichten gedacht hatte. Er fand schon manche Kiste mit angekommenen Sachen vor; aber statt sie zu öffnen, sandte er nach allen Seiten Leute aus, die Spur der Verschwundenen zu suchen, und machte sich selber auf den Weg, voll Erbarmen mit ihrer Ratlosigkeit. Auch war die anfängliche Liebeslaune, die ihn beim ersten Anblick nach so langem Unterbruche befallen, °seither zu einer inneren Neigung erwachsen, zu einem tieferen Bedürfnisse, dieser Menschenseele außerhalb des Weltgeräusches so recht für sich gut zu sein, und er fragte sich, als er fruchtlos nach ihr ausschaute, ob er sich mit seinen äußerlichen und luxuriösen Anstalten und Bestellungen nicht gegen die Einfachheit des unschuldigen Wesens versündigt und es zur Strafe dafür nun verloren habe. Er erinnerte sich, wenn der Ausdruck bei einem solchen °Herrn und Kriegsmanne überhaupt angebracht ist, schmerzlich des pomphaften Empfanges, den er dem bösen Weibe von Cercal einst bereitet, und welch' trauriges Ende jene glänzenden Vorbereitungen genommen.

Von dem Verlangen getrieben, über das Wesen und Leben der Zambo im Kloster näheres zu erfahren, eilte er wieder hin und befragte die Stiftsvorsteherin eifrig und sogar mit einer gewissen Heftigkeit, die über den Rang und Stand des

Mannes, wie über die Tragweite der Sache fast hinauszugehen
schien. Die alte Dame mit ihrem goldenen Kreuz auf der
Brust sah ihn aus wohlgenährten Augenlidern blinzelnd aufmerksam an und erzählte dann sehr gelassen nur gutes von
der Negerin, wie sie die Maria nannte, trotzdem sie offenbar
keine war. Sie habe die portugiesische Sprache schon ziemlich
brauchen gelernt, sich still und gehorsam verhalten und gern
mit den weiblichen Arbeiten beschäftigt.

„Welche Arbeiten?" fragte Don Correa, der wußte, daß
die Damen in diesem Stifte so wenig etwas thaten, was man
arbeiten nennen konnte, als diejenigen außerhalb desselben.
Er fürchtete daher, das Mädchen möchte zu niedrigen Arbeiten,
wo nicht zum Sklavendienste gebraucht worden und vielleicht
deshalb entflohen sein. Allein die Aebtissin fuhr ausweichend
fort, allerlei Vorteilhaftes von dem verschwundenen Kinde zu
bekunden, und dem Herrn wurde es nur immer bitterer und
fast traurig zu Mut, als er das alles anhörte. Die Alte aber
schloß mit den Worten: „Item, man hätte nicht gedacht, daß
sie so schnöde weglaufen würde!"

Mit verworrenen Gedanken ging er endlich wieder in seine
Wohnung, um sich nur etwas zu sammeln. Denn er, der
sonst in Entschluß und That nie zu zögern pflegte, sah sich
diesem Geheimnisse gegenüber durchaus ohnmächtig und unentschlossen. Die Dienstverhältnisse erlaubten ihm nicht, lang in
Rio de Janeiro zu verweilen; verließ er aber die Stadt und
das Land, so verlor er jede Hoffnung, die Zambo doch noch
zu finden, und der Mann, der Land und Leute zu erobern
gewohnt war, sah sich außer stand, das unschuldigste und bescheidenste Heiratsprojekt auszuführen.

Als er in solchen düsteren Betrachtungen das Haus erreicht hatte und eben in seinem Kabinette Degen und Handschuhe auf den Tisch warf, kam sein Page Luis vorsichtig her-

eingeschlüpft, ihm eine merkwürdige Nachricht zu bringen. Es war ein vierzehnjähriger aufgeweckter Knabe und seinem Herrn so ergeben und vertraut, daß dieser ihn für sicherer und zuverlässiger hielt, als alle anderen Diener, und ihm auch sonst wegen seines anmutigen Wesens herzlich wohl wollte. Luis hinterbrachte also nun, als er so von ungefähr in der Straße geschlendert sei, habe ihn die Frau des Nachbars, eines alten französischen Schiffsherrn, die für eine heimliche Protestantin gelte, herbeigewinkt und ihm hinter der Hausthür zugeflüstert, er solle seinem Don sagen, sie könne ihm den Ort nennen, wo Se. Excellenz finde, was sie suche; man möge nur, sobald es dunkel sei, einen Augenblick in die Veranda hinter ihrem Hause kommen. Don Correa verfehlte den Gang nicht und vernahm von der muntern Alten, nachdem er ihr Verschwiegenheit und Schutz zugesichert, daß seine Zambo vor unlanger Zeit auf einem nach Marseille gehenden Schiffe ihres Mannes in ein Kloster zu Cadix gebracht worden sei. Ueberdies wußte sie, daß es sich darum handle, das Mädchen zu einer Art von Wunderthäterin und Heiligen zu machen, daß es widerstanden hatte, mit Blutrünstigkeiten Stirn und Hände verzieren zu lassen und eine heilige Blutschwitzerin zu werden; ja, der Alten war sogar bekannt, daß dem bräunlichen Frauenzimmer ein Verlobungsring vom Finger gestreift und weggenommen worden sei. Einen Teil dieser Dinge hatte sie auf ganz geheimem Wege durch eine Flamänderin erfahren, die in dem Kloster als Bäckerin angestellt war und die Alte bisweilen besuchte.

Don Correa erkannte sogleich die Wahrheit der Angaben und dankte der Frau dafür, sie bittend, auch ihrerseits die Sache geheim zu halten. Ein stiller Grimm erfüllte ihn trotz seiner katholischen Gesinnung gegen die Jesuiten, die offenbar von Afrika aus über seinen Kopf hinweg die Hand im Spiele hatten, und nicht minder erwachte sein Zorn gegen die verlogene Prälatin, seine Muhme. Diese vermutete in der That nicht mit Unrecht, daß der Neffe wieder einmal einen wunderlichen Heiratsstreich im Schilde führe, und hatte um so größere Ursache, ihn daran hindern zu helfen, als sie längst mit einer rühmlicheren Verbindung für ihn beschäftigt war und nur auf den Augenblick lauerte.

Der Admiral und Regent oder Vicekönig von Angola legte sich noch in der gleichen Nacht den Vorwand zurecht, die Reise nach Europa auszudehnen und am Hofe zu Lissabon über den Stand und die Zukunft der afrikanischen Angelegenheiten persönlich zu berichten, und am nächsten Tage ging er mit zwei Schiffen ostwärts unter Segel, ohne das Ziel der Fahrt bekannt zu machen. Mit großer Ungeduld sah er die Tage und Wochen vergehen, obgleich er mit dem günstigsten Wind und Wetter segelte, und als er endlich in den Golf von Cadix abbiegen konnte, fand er die Bai und den Hafen durch Wachtschiffe verschlossen, weil die Pest in der Stadt hauste.

Dieser neue Unstern steigerte seinen Unmut und die Besorgnis für die arme Zambo aufs höchste, zum Glück aber auch seine Besonnenheit. Da er wegen der auf ihm lastenden Verantwortung sowie bei der sicheren Nutzlosigkeit überhaupt nicht daran denken konnte, seine Person auf spanischem Boden auszusetzen, beschloß er, vorerst die Fahrt nach Lissabon zu beendigen und nur den Knaben Luis auf Kundschaft zu schicken. Er vertraute demselben, der die Zambo kannte und von ihr gekannt war, sein Geheimnis ganz an, ließ ihn das Gewand eines zerlumpten Schifferjungen anziehen und versah ihn reichlich mit Geld, worauf er ihn südlich von der Bucht bei der St. Petersinsel in der Dunkelheit der Nacht an den Strand bringen ließ. Mit aller Verwegenheit und Begeisterung eines romantischen Knaben und der Freiheit froh, verlor sich der kluge Bursche landeinwärts, indessen Don Correa bald nachher auf das Kap St. Vincent lossteuerte, um den Weg nach Lissabon vollends zurückzulegen. Von dort aus dachte er dann mit oder ohne Nachricht des Knaben weiter vorzugehen.

Es dauerte keinen Tag, so trieb sich Luis mit einer Schachtel voll indianischer Schnurrpfeifereien in der Stadt herum und bot überall seinen Kram zum Verkaufe an, wurde aber allenthalben weiter geschickt, hier mit dem Unwillen derer, welche Pestkranke oder schon Tote hatten, dort mit dem Gelächter und den Flüchen des gesund gebliebenen Pöbels, der sich zechend, tanzend und singend in Schenken und auf öffentlichen Plätzen herum trieb. Luis ließ sich aber nichts anfechten, sondern durchwanderte die Stadt °der Kreuz und Quere, bis er auf ein Nonnenkloster stieß, welches dem Dominikaner–Orden angehörte. Es bestand aus einem Haufen alter Gebäude und hoher Mauern, die da und dort mit sarazenischen Fensterlöchern durchbrochen waren. Natürlich war ihm der Eintritt so verschlossen, wie jedem andern Mannsbilde; nur in die Kirche konnte er eintreten und bemerkte dort, daß der Gottesdienst ungeregelt abgehalten wurde und das Innere des Klosters so voll Unruhe war, wie die übrige Stadt.

In der Herberge, die er aufgesucht, kaufte er von der Tochter eines plötzlich verstorbenen Bauers einen kleinen Esel, und von einem Verkäufer alter Kleider einen Weiberrock und ein zerrissenes Kopftuch; dann belud er den Esel mit einem Korbe voll frischer Orangen, schwang sich selbst, als arme Bauerndirne gekleidet, auf das Kreuz des Esels und ritt gemächlich in der Richtung des Klosters davon. In diesem Aufzuge gelang es ihm, in einen Vorhof einzudringen, dessen Thüre sich just geöffnet hatte, um einen Arzt einzulassen; und da drinnen Verwirrung und Ratlosigkeit herrschte, indem die Aebtissin soeben von der Krankheit ergriffen worden, so trieb die angebliche Orangendirne ihren Esel unbeachtet bis in einen

12   der] die J1–E1

Garten, wo einige Klosterfrauen ängstlich spazieren gingen.
Da fing er an, seine Früchte auszurufen und einen solchen
Lärm zu machen als ein kreischendes Landmädchen, daß bald
mehrere Nonnen herbei kamen und um den Esel herum standen.
05 Die eine und andere kaufte ein paar Orangen, die der schlaue
Knabe beinahe um nichts hergab, der schlechten und unglücklichen °Zeiten wegen, und der geringe Preis verlockte die guten
Frauen, die Gelegenheit zu benutzen und sich die kleine Erfrischung zu verschaffen.   Einige suchten sich unter den goldenen
10 Kugeln einen Vorrat aus, indem sie dieselben in der Hand
wogen und an die Nase brachten, und inzwischen ließ Luis
seine Augen verstohlen herumgehen, ob er nirgends die Zambo
erblicken könne.   Und das Glück wollte, daß es geschah.   In
einiger Höhe schauten hinter einem hölzernen Gitter zwei Frauen-
15 gesichter herunter, wovon das eine, noch im weltlichen Haar-
schmuck und ohne Schleier, niemand anderem als der dunkeln
Zambo angehörte.

Kaum hatte Luis sie erkannt, so trieb er unvermerkt den
Esel näher, bis das graue Tierchen unter dem Fenster stand;
20 und nun fing jener aus Leibeskräften an zu rufen: „Kauft,
hochwürdige Damen!   Kauft frische Orangen für den Durst!
Sie sind gesund, wie die Aerzte sagen, und preiswürdig!   Für
ein halbes Soundsoviel und ein viertel Nichts dazu kann ich
drei Stücke geben!   Kauft, gnädige Frauen, und erlabt Euch,
25 so vergeßt Ihr die Gefahr!   Das Neueste ist, daß niemand in
den Hafen von Cadix einfahren darf, der aus der Ferne herkommt.   Nehmt die Orangen geschenkt, fromme Frau Mutter!
Gestern mußte der Vicekönig von Angola, der berühmte und
prächtige Don Salvador Correa, der tapfere Erstürmer so vieler
30 Festungen, unverrichteter Dinge aus unserem Gewässer abziehen.
Ich sah seine Schiffe; er sei nach Lissabon gefahren, heißt es,
und werde einige Zeit sich dort aufhalten!   Er soll ein gar

07   Zeiten] Zeit *J1–E5*

schöner und stolzer Herr sein, sagt man; aber solche Leute sind oftmals die allerleutseligsten mit denen, die ihnen gefallen! Kauft mir die Orangen ab, so kann ich nach Hause!"

Alles das rief der kecke Bursche so vernehmlich als möglich, mit dem Gesichte so gewendet, daß die Zambo ihn sehen und hören mußte. Kaum hatte er auch den Namen Don Correa in die Lüfte gesendet, so horchte sie auf und verwandte kein Auge mehr von ihm, bis sie plötzlich sein Gesicht erkannte und ein Freudestrahl in ihren Augen aufleuchtete.

In diesem Momente trat aber eine lange Priorin oder Chormeisterin, oder dergleichen hervor, die sagte: „Was schreit und klatscht denn die Dirne? Wie kommt sie in den Garten herein, und was weiß und hat sie von einem Vicekönig zu plaudern?"

Und sie schritt noch näher heran und streckte die dürre Hand, an welcher ein Paternoster hing, nach dem Rockärmel des verkleideten Pagen aus, der aber inzwischen schnell zu bewerkstelligen wußte, daß der Esel hinten ausschlug, der Korb auf den Boden fiel und die Orangen umher rollten. Während ein Teil der Nonnen nach den Orangen lief, der andere vor dem ausschlagenden Esel floh, machte Luis mit aufgeschürztem Rocke, daß er aus den Klosterräumen hinauskam, und rannte mit langen Schritten durch lauter Nebengassen davon. In der Herberge angekommen, wechselte er unbemerkt die Kleider, bezahlte den Wirt mit erlösten Kupfermünzen und verstelltem Feilschen, ging unverweilt aus der Stadt und wanderte, bis er den nächsten Hafenort erreichte, wo er eine Fahrgelegenheit nach Lissabon fand.

So glücklich, wie wenn er den schönsten Vogel im Garn gefangen hätte, überbrachte er seinem Herrn die Nachricht von der wiedergefundenen Zambo-Maria, und sein fröhliches Gesicht hellte die düsteren Züge desselben auf. Don Correa fühlte

sich von einem Teile seiner Sorgen befreit. Es bestand kein
Zweifel, daß die Nonnen sein nicht zu bestreitendes Eigentum
herausgeben mußten; damit aber eine nochmalige geheime Weg-
schleppung unmöglich wurde, war es nötig, sie mit einem Re-
gierungsbefehl zu überraschen, der ihnen keine Zeit zu weiteren
Umschweifen ließ. Correa war der Mann, einen solchen Befehl auszuwirken; allein dazu erforderte es einige Zeit, und
während derselben konnte die Zambo zehnmal der Pest zum
Opfer fallen. Und hinwieder verhinderten wahrscheinlich doch
die Schrecken der tödlichen Seuche die Nonnen und Pfaffen,
dem verlassenen Mädchen den Kopf zu scheren und den Schleier
aufzuzwingen und den übrigen Hokuspokus aufzuführen, da
sie zunächst für sich zu sorgen hatten. Genug, die Sorgen
kehrten über diesen Widersprüchen der Sachlage mit aller
Schwere zurück, und Don Correa schlug sich abermals vor die
Stirne aus Zorn über sich selbst, daß er die Maria nicht gleichzeitig mit der Taufe zur Gemahlin erhoben und bei sich behalten habe. Dennoch versäumte er nicht, für die Ausstellung
eines unzweideutigen Befehles bei der spanischen Oberbehörde
die nötigen Schritte zu thun, worin er von seiner Regierung
im Stillen gehörig unterstützt wurde. Allein es verging eine
Woche nach der andern, ehe das Dekret da war, und damit
verfloß auch die Zeit, welche er bei allem Ansehen, dessen er
genoß, in Europa zubringen konnte.

Eines Abends spät ging er in seinem Gemache nachdenklich auf und ab und überlegte sich, ob es seiner würdig sei,
in dieser Weiberfrage so viel Wesens zu machen und so viel
Aergernis zu dulden, und ob das Bedürfnis und Projekt, sich
ein so stilles weiches Ruhebett in der Häuslichkeit zu bereiten,
überhaupt vor einem höheren Urteile zu rechtfertigen sei. Der
Page Luis saß an dem Tische in der Mitte des Zimmers,
über eine große Seekarte gebückt und halb in Schlummer ver-

16   Stirne] Stirn J1

sunken; denn der Admiral gab ihm selber Unterricht in der
Schiffahrtskenntnis und prüfte ihn zuweilen, was er auch
diesen Abend gethan hatte, bis er durch den Hauptgegenstand,
der ihn belästigte, selbst zerstreut wurde und den Knaben außer
acht ließ. Die Kerzen des silbernen Kandelabers, der die Seekarte mit ihren unbeholfenen Gebilden beleuchtete, waren zur
Hälfte herabgebrannt, und die Stutzuhr auf dem Kamine zeigte
die zehnte und eine halbe Stunde.

„Ich bin nun sechsunddreißig Jahre alt," sagte er bei
sich, „und dürfte die Fackel des Eros füglich auslöschen! Wer
Krieg führen und befehlen soll, muß reinen Tisch im Herzen
und kühles Blut haben. Das Haus ist freilich zu erhalten;
allein vielleicht wäre es am besten, dem Willen der Frau
Muhme zu folgen und eine gleichgültige Dame ins Haus zu
setzen, die den Staat macht und uns kalt läßt! Und wäre es
am Ende für die arme Zambo nicht auch besser, wenn sie vor
den Stürmen des Lebens geschützt und zu einem frommen
Nönnchen gemacht würde?"

Hier wurde die Stille der Nacht unterbrochen durch ein
schüchternes Zeichen der Hausglocke, die in der weiten Flur-
halle des Palastes hing. Ein einziger Anschlag ließ sich vernehmen, welchem ein schwächlicher Nachklang folgte, der im
Entstehen abbrach und erstarb. Don Correa achtete nicht
darauf und setzte seine Promenade fort. Wie er aber doch
alles bemerkte, was vorging, so ward er nach ein paar Minuten inne, daß das Hausthor nicht geöffnet wurde, sondern
alles still blieb und der Thorhüter mithin schlafen oder abwesend sein mußte. Nachdem er erst jetzt ein kleines Weilchen
stillgestanden und gehorcht hatte, trat er zu dem schlafenden
Knaben, weckte ihn und sagte: „Es hat jemand auf der Straße
geläutet; geh' hinunter und laß den Pförtner nachsehen, was
es sei!"

Als der Knabe aufsprang und sofort hinauslaufen wollte, rief der Herr noch: „Nimm hier den Leuchter mit und komm' gleich wieder, so will ich so lange im Dunkeln stehen!"

Es schien ihm aber doch etwas lange zu dauern; er hörte die schweren Thorflügel nach einiger Zeit auf und zu machen, aber es währte noch Minuten, bis die Schritte des Knaben näher kamen, und er öffnete fast ungeduldig die Zimmerthüre, um das vermißte Licht bälder zu sehen und den zögernden Pagen zur Eile zu mahnen. In der linken Hand den Leuchter hoch empor haltend, daß sein hübsches Gesicht hell bestrahlt wurde, führte Luis mit der °rechten die Zambo oder Maria herbei, welche von den Füßen bis zum Haupte vom Straßenstaube bedeckt und vor Müdigkeit wankend ihm folgte.

„Da ist sie von selbst gekommen!" rief der Knabe mit triumphierender Freude über das treffliche Abenteuer. Zambo dagegen fiel aus Erschöpfung und Aufregung vor den Admiral hin und umfing mit den Armen seine Füße, während aus den zu ihm aufblickenden Augen große Thränen quollen. In froher Ueberraschung hob er sie, nun zum zweiten Male, von der Erde auf und sein Schlafrock von dunklem Sammet wurde vom Staube weiß gefärbt. Gleich dem Vater des verlorenen Sohnes eilte er selbst, die weibliche Dienerschaft aufzujagen und ihr den nächtlichen Ankömmling zu jeglicher Pflege zu übergeben und anzuempfehlen.

Dann erst ließ er sich von dem Pagen mitteilen, wo er die Zambo gefunden. Luis erzählte mit glückseligem Eifer, daß er, ohne den Thorwärter zu wecken, vorläufig nur die Klappe des vergitterten Guckfensters geöffnet und hinausgeschaut habe. Da sei eine müde Frauengestalt draußen gestanden, die sich kaum aufrecht gehalten, und als er durch das Gitter das Licht auf sie gerichtet, sei es die gute Zambo gewesen. Nun habe er selbst die Riegel zurückgestoßen, die Pforte aufgethan und die Frau, die zitternd da gestanden, gleich bei der Hand genommen und hereingezogen zu seinem Hauptvergnügen; denn sie habe ihn erkannt und sei augenscheinlich etwas munterer geworden. Gesprochen hätten sie kein Wort, als er das Thor wieder geschlossen und den Kandelaber vom Boden aufgenommen, wohin er ihn gestellt, und auch als er sie die Treppe hinangeleitet, habe er nur ein paarmal lachend nach ihr umgeschaut, um ihr sozusagen im Namen Sr. Gnaden freundlich zuzunicken. Don Correa zahlte dem Knaben seine Ausgaben ohne Verzug mit einem Lächeln gütiger Zufriedenheit zurück und strich ihm das dichte lange Haar aus der Stirne, die es im bewegten Eifer des Burschen bedeckt hatte. Er blieb noch so lange mit ihm wach, bis er die Meldung empfing, die Fremde sei mit allen nötigen Erquickungen versehen zu Bette gebracht worden und in Schlaf versunken. Dann ging er selbst den Schlaf zu finden, während der Page sich noch in der Küche herumtrieb und den Weibern, die mit gegen die Hüften gestemmten Armen und offenen Mäulern um ihn herum standen, über das Ereignis allerlei Schnaken vormachte.

Am nächsten Morgen fühlte sich Zambo so gut erholt und gesund, daß sie vor dem Hausherrn erscheinen und ihre merkwürdige Wanderfahrt erzählen konnte. Die Pest, welche damals übrigens außer in Cadix nur an einem einzigen Hafenplatze aufgetreten, hatte durch ein paar rasch erfolgte Erkrankungen und den Tod der Vorsteherin das Kloster so erschreckt und verwirrt, daß während einiger Tage weder Hausordnung noch Ordensregel geachtet wurde, die Pforten auf- und zugingen und jeder that, was er wollte. Dieser Zustand verlockte die Afrikanerin desto unwiderstehlicher, die Freiheit zu suchen, um in ihr die Hand ihres °Herrn und die rechtmäßige geliebte Unfreiheit wieder zu finden. Sie hatte deutlich verstanden, was der verkleidete Luis gerufen, und es für ein Zeichen genommen, daß

30 Herrn] Herren *E1–E2*

sie ihren Gebieter aufsuchen solle. Daher verließ sie in einer
Abenddämmerung einfach das Kloster durch eine offen stehende
Seitenthüre und wanderte die Nacht hindurch um die Meer-
bucht von Cadix herum und auf der Straße nach Norden, bis
05 sie zur Stadt Sevilla gelangte. Sie trug noch etwas Geld
bei sich verborgen, das ihr jetzt zu statten kam, bald aber zu
Ende ging, weil sie von den Leuten überall übervorteilt und
betrogen wurde, als sie ihre Unerfahrenheit und Unkenntnis
bemerkten. Sobald sie aber nichts mehr besaß, erhielt sie das
10 wenige, um das sie aus Hunger bat, um Gotteswillen. Von
Sevilla aus fing sie an, nach der Stadt Lissabon zu fragen
und ging unablässig in der Himmelsrichtung, die man ihr
jeweilig zeigte, über Ebenen und Gebirge und °Ströme und
Flüsse hinweg, viele Tage, Wochen lang; denn die öfteren Irr-
15 gänge verdoppelten die Länge des Weges. Trotz aller Mühsal
waltete ein freundlicher Stern über ihrem Haupte, was Don
Correa leicht begriff, als er die schuldlose Anmut und ernsten
Züge mit neuem Wohlgefallen betrachtete. Sie erreichte endlich die Umgebung der portugiesischen Hauptstadt mit Sonnen-
20 untergang; bis sie nicht mehr zweifeln konnte, daß sie in Lissabon sei, war aber die Nacht schon vorgerückt, und sie fragte
nach der Wohnung des Admirals, zu dessen Haushalt sie gehöre, wie sie mit gutem Instinkte aussagte. Eine Scharwache
übergab sie der andern, ohne sie zu beleidigen, obgleich den
25 Leuten das Abenteuer ungewöhnlich vorkam. So wurde sie
von einem Stadtviertel ins andere mitgeführt und zuletzt einem
alten Nachtwächter überlassen, der sie vollends vor den Palast
des Admirals brachte, nachdem er aus ihren Worten auf die
Wahrheit ihrer Aussage geschlossen hatte. Da solle sie an
30 der Glocke ziehen, riet er, indem er ihr den eisernen Griff
zeigte und sie dann stehen ließ.

Diese Erzählung trug sie allerdings nicht fließend vor;

13 Ströme] die Ströme *J1–E1*

sie mußte ihr vielmehr stückweise abgefragt werden; dennoch war Don Correa erfreut, die Zambo zum ersten Male in seiner eigenen Sprache zusammenhängend reden zu hören und überdies nicht nur in ihren Worten, sondern auch in den von der Sprache belebten Zügen des dunkeln Antlitzes das Licht eines guten Verstandes wahrzunehmen, gleich dem Morgenschimmer, der einen schönen Tag verspricht. Freilich waren diese Züge bewegter als sonst, weil auch sie die erlernte Sprache ihres Beschützers zum ersten Male ihm gegenüber hören ließ und sich lange darauf gefreut hatte.

„Wo hast Du den Ring gelassen, den ich Dir gegeben?" fragte er sie, ihre Hand ergreifend, wie wenn er ihn suchte.

„Verzeih', Herr, man hat mir den Ring genommen!" sagte sie mit gesenktem Blicke.

Er trat zu einem schweren Schranke, aus welchem er ein mit Silber eingelegtes glänzendes Stahlköfferchen holte, das er öffnete. Die darin liegenden Schmucksachen und Kleinodien mit einem Rucke durcheinander rüttelnd, bis er einen Frauenring fand, hielt er denselben einen Augenblick gegen das Licht, wie wenn er sich ein letztes Mal den Schritt überlegte, den zu thun sich ihm nochmals die Wahl bot. Als er vor zwölf Jahren ausgezogen war, die erste Frau zu freien, hatte er in der Eile vergessen, den Trauring seiner Mutter mitzunehmen, wie er sich vorgenommen. Jene dunkeln Vorgänge mit ihrer elenden Täuschung traten einen Moment vor seine Seele; doch dünkte ihm der Umstand, daß der unentweihte Ring jetzt im rechten Augenblicke noch zur Hand war, ein günstiges Zeichen, und er steckte ihn der Zambo an den Finger, daran der frühere gesessen.

Das Trauungsfest, welches er ohne Zaudern herbeiführte, machte trotz der verhältnismäßig großen Einfachheit ein allgemeines Aufsehen, obschon kein so schreiendes, wie es heutzu-

tage der Fall sein würde.   Selbst der König und die Königin
sandten Vertreter mit ihren Glückwünschen, und die Versammlung war eine glänzende, wenn auch nicht sehr zahlreiche.   Die
Braut durfte sich trotzdem sehen lassen.   Zambo war in einen
os schweren weißen Seidenstoff gekleidet, der in schmale Streifen
mit Goldfäden abgenäht worden.   Der breite stehende Spitzenkragen, der silberdurchwirkte Schleier und die in das Haar geflochtenen Perlenschnüre, das auf dem freien Teile des Busens
liegende Diamantkreuz hoben ihre dunkle oder vielmehr hell-
10 braune Farbe wie etwas Selbstverständliches, ja Einzigmög-
liches hervor, und ihre angeborene schlanke und gerade Körper-
haltung war so edel, daß Don Correa, als ein gelehrter
Geistlicher unter den Gästen ihm flüsternd anerbot, einen
Stammbaum zu verfassen und ihre Abkunft auf die Königin
15 von Saba zurückzuführen, stolz auf ihre Haltung hinwies, und
sagte, es sei nicht nötig.
     Der fremdartige Reiz der ganzen Erscheinung wurde aber
noch erhöht durch die über sie ausgegossene natürliche Demut
und den träumerischen Glanz ihrer Augen, welche verrieten,
20 daß sie nicht recht wußte, was mit ihr vorging, da sie von den
Nonnen in keiner Weise auf weltliche Dinge vorbereitet worden.
     Das erfuhr Don Correa erst auf seinem schönen Admiral-
schiffe, als er gleich nach der Hochzeit mit der Gemahlin die
Rückreise nach Afrika angetreten hatte.   Die Donna Maria
25 Correa hielt sich nach wie vor für seine Sklavin, die jede
Aenderung des Schicksals zu gewärtigen habe und zum Dienen
bestimmt sei.   Zuerst verdrießlich darüber, daß sie in dieser
Beziehung das in Klöstern und unter Geistlichen zugebrachte
Jahr gänzlich verloren, machte er sich selbst zu ihrem Lehrer,
30 so gut er das mit seinem seemännischen Wesen vermochte.
Bald aber wurden die Stunden, die er über dem Unterricht
im einsamen Schiffsgemache mit der Gattin verlebte, zu Stunden

der schönsten Erbauung. Denn als er ihr allmählich die Freiheit ihrer Seele begreiflich machte, Ehre und Recht einer christlichen Ehefrau beschrieb und ihr die Pflicht des persönlichen Willens und Beschließens auseinandersetzte, was alles durch Liebe zusammengehalten und verklärt werden müsse, da soll es gar schön anzusehen gewesen sein, wie von Tag zu Tag das Verständnis heller aufging und die junge Frau mit dem Lichte menschlichen Bewußtseins erfüllte. Außerdem hörte sie viele ihr bisher unbekannte Worte, und indem sie dieselben wiederholte und den Sinn sich anzueignen suchte, bereicherte sie zugleich im höchsten Sinne ihre neue Sprache.

Eines Tages, als das Geschwader dem Ziele seiner Fahrt näher kam, erging sich Don Correa mit der Frau auf dem obersten Verdecke und führte sie in den luftigen Pavillon, der über dem Stern des Schiffes errichtet war. Die Zeltdecken schützten hier vor den Sonnenstrahlen und den Blicken des Schiffsvolkes. Sie schauten still auf den unendlichen Ocean hinaus, dessen gleichmäßig schimmernde Wellen in zahllosen Legionen heranrauschten und die Schiffe ruhig weiter trugen.

„Hat das Meer auch eine Seele und ist es auch frei?“ fragte die Frau.

„Nein,“ antwortete Don Correa, „es gehorcht nur dem Schöpfer und den Winden, die sein Atem sind! Nun aber sage mir, Maria, wenn Du ehedem Deine Freiheit gekannt hättest, würdest Du mir auch Deine Hand gereicht haben?“

„Du frägst zu spät,“ erwiderte sie mit nicht unfeinem Lächeln; „ich bin jetzt Dein und kann nicht anders, wie das Meer!“

Da sie aber sah, daß diese Antwort ihn nicht befriedigte, und nicht seiner Hoffnung entsprach, blickte sie ihm ernst und hochaufgerichtet in die Augen und gab ihm mit freier und sicherer Bewegung die rechte Hand.

Zwölftes Kapitel.

Die Berlocken.

„Das haben Sie gut gemacht!" sagte Lucie; „wir andern
wollen uns merken, wie nützlich die Demut ist, und wie erhöht wird, wer sich erniedrigt hat! Aber auch mir ist während
Ihrer Erzählung ein kleines Lesefrüchtchen aus meinen Büchern
eingefallen, das gleichfalls von einer farbigen Person, einer
Wilden handelt. Vielleicht haben wir noch die Muße, das
Geschichtchen abzuwandeln, und zwar im wörtlichen Sinne,
indem wir ein wenig ins Holz hinausgehen?"

„Es scheint mir, daß ich hier in eine Art von Duell
hineingeraten bin," versetzte der Oberst; „Herr Reinhart hat
Dein schönes Geschlecht der Erde und der Stellung wieder
näher gebracht, die er ihm anweist. Ohne Zweifel willst Du
den Streich parieren und Dich aus eigener Kraft vom Boden
erheben, auf welchem die braune Weibsperson zweimal gelegen
hat. Lege also los, liebe Lux, und schau', daß Du nicht
liegen bleibst! Wenn ich aber mit zuhören soll, so muß ich
bitten, daß wir diesen Aufenthalt nicht verlassen; denn wie
Du weißt, kann ich noch nicht weit marschieren."

„Verzeih', lieber Onkel," sagte die Lux, „daß ich das im Gefechtseifer vergessen habe! Es versteht sich von selbst, was Du wünschest! Ich wollte nur der Ungeduld °unseres Gastes entgegen kommen, der mir etwas unruhig zu werden scheint und vielleicht gerne den Ort verändert!"

„Achten Sie nicht darauf!" antwortete Reinhart, „warum soll ich nicht unruhig sein, wenn ich ein Geschütz auf mich richten sehe, dessen Trefffähigkeit und Ladung ich noch nicht kenne? Also fangen Sie gütigst an und seien Sie nicht zu grausam!"

Lucie räusperte sich zum Scherz ein wenig und sagte: „Anfangen! Das hab' ich gar nicht bedacht, daß man anfangen muß! Warum soll ich mich eigentlich abquälen, um eine Sache zu blasen, die mich nicht brennt? Nun, ich springe gleich hinein!"

Zur Zeit, da Marie Antoinette sich nach Frankreich verheiratete, gab es in der Touraine einen hübschen guten Jungen, der noch gar nicht flügge war und keinem Menschen etwas zu Leide gethan hatte. Er hieß Thibaut von Vallormes und war Fahnenjunker in einer Compagnie eines Fußregimentes, das ich nicht näher zu bezeichnen wüßte, indem ich den Namen desselben nicht angezeigt fand. Trotz seiner kriegerischen Stellung war er, wie gesagt, noch halb kindisch und hielt sich, wenn er nicht Dienst hatte, immer bei alten Tanten, Basen und andern würdigen Matronen auf, deren Putzschachteln, Galanterieschränke und bemalte Coffrets er durchschnüffelte und von denen er sich Geschichten erzählen ließ, während er ihre Crêmetörtchen, Blancmangers und Zuckerbrötchen schmauste. Aber auch diesem unschuldigen Knaben schlug die Stunde des Schicksals, wo sich die Sachen änderten und er begann ein gefährlicher Mensch und Mann zu werden.

Zum Pagendienste bei den Ceremonieen der königlichen

03   unseres] unsers E1–E3

Vermählung wurden aus der Armee eine Anzahl gerade solcher
hübschen Bürschchen zusammengesucht und nach Paris berufen,
und auch der zierliche junge Thibaut ward des Glückes teil-
haft.   Nach dem Schlusse der Festlichkeiten geschah es dann,
daß unter anderem auch die sämtlichen Pagen in einem Salon
des Versailler Schlosses versammelt, gespeist und beschenkt
wurden, eh' sie zur Heimreise auseinandergingen.   Nachdem ein
Kammerherr oder so was jedem sein Paketchen überreicht,
wurde ihnen unerwartet kund gethan, daß die junge Dauphine
die Junker noch zu sehen wünsche.   Sie mußten also hin-
marschieren, wo sie mit einigen Hofdamen saß; jeder einzelne
wurde ihr vorgestellt und erhielt unter graziösen Dankesworten
für seinen artigen Dienst noch eigenhändig ein Geschenk, das
ihr ein Hofherr darreichte.   So bekam Thibaut eine schöne
goldene Uhr, aber ohne Kette oder Band, mit den Worten,
die Berlocken müsse er sich mit der Zeit selbst dazu erobern.

Ganz rot vor Vergnügen betrachtete Thibaut die Uhr,
als er mit den andern Jungen in einem großen Omnibus
nach Paris zurückfuhr und sie die erhaltenen Geschenke sich
gegenseitig zeigten.   Es war auf der Rückseite in einem Kranze
von Rocaille ein kleiner Seehafen graviert, in dessen Hintergrunde die Sonne aufging und ihre Strahlenlinien sehr fein
und gleichmäßig nach allen Seiten ausbreitete.   Das Innere
der Schale aber zeigte sich gar mit einer bunten Malerei
emailliert; ein winziges Amphitritchen fuhr in seinem Wagen,
von Wasserpferden gezogen, auf den grünen Wellen einher,
von einem rosenfarbigen Schleier umwallt, und auf dem blauen
Himmel stand ein weißes Wölkchen.   Im Vordergrunde gab
es noch Tritonen und Nereïden.

Als alle die Herrlichkeiten genugsam bewundert worden
und auch die freundlichen Worte der künftigen Königin be-
sprochen und kommentiert, brachte auch Thibaut vor, was sie

ihm gesagt, und er setzte hinzu: „Wenn ich nur wüßte, was
Ihre Königliche Hoheit damit meinte, daß ich die Berlocken selbst
erobern müsse!"

„Ha!" rief ein Standartenjunker von der Reiterei, „das
ist doch klar, es bedeutet, daß Sie sich die Berlocken aus kleinen
Andenken von Damen herstellen sollen, deren Herzen Sie
geraubt haben! Je mehr, je besser!"

„Ich möchte doch nicht behaupten, daß die Frau Dauphine
so etwas gemeint hat," wandte ein anderer Junge schüchtern
ein, „ich glaube eher, sie wollte sagen, Monsieur de Vallormes
möge sich die nötigen Bijoux von der Mama, den Frau
Tanten und allerhand Cousinen erbitten oder schenken lassen,
weil sich Ihre Königliche Hoheit nicht damit abgeben kann, so
viele kleine Gegenstände auszusuchen und zusammen zu stellen!"

„Ei, warum nicht gar," meinte der Kornett, „das wären
langweilige Berlocken! Es müssen eroberte Trophäen sein!
Jeder Gentilhomme trägt sie!"

Thibaut entschied sich für die letztere Auslegung, und als
er in seine Stadt Tours zurückkam, sah er sich von Stund'
an nach den Gelegenheiten um, die schrecklichen Raubzüge zu
beginnen. Er vermied die Plauderstübchen der alten Tanten
und guckte eifrig nach jungen Mädchen aus, die etwas Glänzendes
an sich trugen, sei es am Halse, an der Hand oder an den
Ohren. Da er sich aber auf die Hauptsache, die Eroberung
der Herzen, noch nicht verstand und nach einigen thörichten
Possen gleich nach jenen Dingen greifen wollte, so wurde ihm
überall auf die Finger geschlagen und es wollte sich nichts für
seine Uhr ergeben.

Einst reiste er für die Osterfeiertage nach Beaugency an
der Loire, wo er Verwandte besaß, und da schien sich ein
Anfang für seine Unternehmungen gestalten zu wollen. Es
war nämlich ein sehr schönes Frauenzimmer aus dem benach-

barten Orleans dort zum Besuche, das freilich schon etwa
zweiundzwanzig Jahre zählte und daher den Kopf eine Hand
breit höher trug, als der kaum siebzehnjährige Fähnrich, wie
sie auch ohnehin hochgewachsen war. Aber obschon Thibaut
05 ein wenig in ihre Augen hinauf blicken mußte, war er doch
nicht zu stolz, sich in sie zu verlieben, zumal er an ihrem
Halse ein Herz von roten Korallen hängen sah, das ihm außer-
ordentlich in die Augen stach. Es war ungefähr so groß wie
ein holländischer Dukaten und konnte geöffnet werden. In-
10 wendig saß ein grünes Spinnlein, sehr kunstreich aus einem
kleinen Smaragdsteine gemacht, die Aeuglein von winzigen
Brillanten, und die länglichen Füße von feinem Golde. Die
Spinne zitterte und bewegte sich aber unaufhörlich samt ihren
acht Beinchen, weil sie mit künstlichen Gelenken von der
15 heikelsten Arbeit versehen und außerdem auf einer kleinen, unsichtbaren Spiralfeder befestigt war. Dieses Herz hatte die
schöne Guillemette von ihrem Bräutigam zum Geschenk erhalten; denn sie war mit einem höheren Offiziere verlobt, der
in den amerikanischen Besitzungen Frankreichs verwendet wurde
20 und den Zeitpunkt der Vermählung bis nach seiner Rückkehr
verschoben hatte. Als er ihr vor der Abreise das Herz gab,
sagte er wie im Scherz, er wolle sehen, ob sie so Sorge dazu
trüge, daß das unruhige Spinnlein noch unzerbrochen sei,
wenn er wieder käme; nota bene aber setze er voraus, daß
25 sie das Kleinod nicht etwa beiseite lege, sondern es beständig
am Halse trage. Er sprach vielleicht damit die Hoffnung aus,
sie werde sich während der Zeit seiner Abwesenheit recht ruhig
und gleichmütig verhalten und ihr eigenes Herz samt dem
Korallenherzen ungefährdet bleiben.
30   Als nun der junge Thibaut sich in sie verliebte, beging
Guillemette den Fehler, sich sein Hofmachen als kleine Er-
heiterung eine Weile gefallen zu lassen, was sie schon seiner

Jugend wegen für unverfänglich hielt. Sie ließ sich von ihm
Fächer und Handschuhe tragen, spielte und lachte mit ihm, wie
wenn sie noch ein halbes Kind wäre, und wenn er nicht von
selbst in ihre Nähe kam, rief und lockte sie ihn herbei. So
oft er es möglich machen konnte, eilte er nach Beaugency, wo
sie längere Zeit blieb, und jagte mit ihr durch Garten und
Saal. Eines Tages aber, als er ihr plötzlich zu Füßen fiel
und ihre Kniee umspannte, mußte er erfahren, daß sie ihn
lachend abschüttelte und er weiter von dem Ziele des Herzens-
raubes war, als jemals. Da faßte er in jugendlichem Leichtsinn den Vorsatz, ihr wenigstens das Korallenherz zu stehlen,
und führte ihn auch aus. Während einer sommerlichen Nach-
mittagsstunde hatte sich Guillemette in ein kühles Garten-
zimmer eingeschlossen, um zu schlafen, leider aber nicht das
offene Fenster bedacht. Durch dieses Fenster entdeckte Thibaut
das in einem geflochtenen Armsessel schlafende Fräulein und
stieg leise wie eine Katze hinein. Das Herz hing an einem
Sammetbändchen an ihrem Halse und es gelang ihm, dasselbe
los zu machen und in die Tasche zu stecken, auch wieder durch
das Fenster zu entfliehen, ohne daß sie erwachte oder er von
einem Menschen gesehen wurde. Die grüne Spinne mochte in
ihrer dunkeln Kapsel noch so sehr zittern und blinkern, so half
es doch weder ihr noch der schlafenden Schönen; sie mußte
mit dem Diebe gehen und nahm das Glück der armen Guillemette
mit sich. Als sie erwachte und einige Zeit später den Verlust
entdeckte, suchte sie das Herz überall, und erst als sie es
nirgends fand, erschrak sie und sann beklommen nach, wo es
möchte geblieben sein. Sie fragte auch den Thibaut, ob er
es nicht gefunden habe, und als er das verneinte, glaubte sie
ihm anzusehen, daß er doch darum wisse. Sie bat ihn heftig,
es ihr zu sagen; er läugnete und lachte zugleich und sie betrachtete ihn zweifelnd und geriet über seinem Anblick in große

Angst, da er immer mit den Augen zwinkerte. Zuletzt fiel sie
ihm zu Füßen und flehte, er möchte ihr das Herz wiedergeben
oder sagen, wo es sei, und erst jetzt hielt er seinen Raub für
eine rühmliche Beute, weil er merkte, wie viel ihr daran gelegen und daß sie dem Weinen nahe war. Wie wenn er sich
in falschen Schwüren üben wollte, beschwor er laut und
heuchlerisch seine Unschuld, machte aber, daß er fortkam, und
ließ sich nie wieder vor ihr blicken. Als der Verlobte nach
einem Jahre aus den Kolonieen zurückkehrte und, das Herz
vermissend, nach demselben fragte, sagte die Braut der Wahrheit gemäß, daß sie es entweder verloren habe oder es ihr gestohlen worden sei, sie wisse das nicht recht; allein sie brachte
die Worte so verlegen, so erschrocken hervor, daß der Bräutigam
einem etwelchen Verdachte nicht widerstehen konnte. Und als
er dringend nach den Umständen fragte, unter welchen sie ein
solches Andenken habe verlieren können, gab sie eine unglückliche Antwort, in der die Reue sich hinter beleidigtem Stolze
verbarg. Die Verlobung löste sich auf; der Bräutigam heiratete
eine andere Person, und die Guillemette blieb arm und verlassen mitten in der Welt sitzen.

Thibaut, der inzwischen Lieutenant geworden, trug nun
das Herz an seiner Uhrkette und sah schon lange nach einem
neuen Gehängsel aus, das er jenem beigesellen konnte. So
gewahrte er denn einstmals die kleine Denise, das °Töchterchen
des seligen Notars Jakob Martin, das eben aus der Kloster-
schule gekommen und nun bei der Mutter lebte. Er wunderte
sich, wie artig das Mädchen ausgewachsen war und auf den
roten Stöckelschuhen daherging. Auf der Brust trug es ein
bescheidenes Herz von Bergkrystall, das, in Gold gefaßt, auch
geöffnet werden konnte; aber es war nichts darin und das
Herz ganz durchsichtig. Dennoch faßte er sogleich den Plan,
dasselbe zu erobern, als er so stehen blieb und dem Mädchen

24   Töchterchen] Töchterlein *J1–E1*

nachschaute, das mit blutrotem Gesichte davon eilte.   Er spazierte
täglich an ihrem Hause vorüber, sandte ihr verliebte Gedichtchen
zu, die er den Poesieen des Mr. Dorat, der Frau Marquise
d'Antremont oder des Herrn Marquis de Pezai und anderen
05 Dichtern der damaligen Zeit entlehnte, aber ohne Unterschrift
ließ.   Es gelang ihm dadurch den Kopf der jungen Denise
und ihrer Mutter zugleich in Verwirrung zu setzen, so daß er
den Zutritt im Hause erhielt und mit eitler Freude empfangen
wurde, wenn er mit einem Blumensträußchen oder einem
10 billigen Fächer von gefärbtem Papier erschien, worauf ein
paar °Gläser und eine Nelke gedruckt waren.   Ein ehrbarer
Kaufmannssohn, dessen Vater mit dem verstorbenen Notar befreundet gewesen, zog sich vor dem Herrn von Vallormes
zurück, an welchen die kleine Denise zuerst ihr natürliches und
15 dann ihr kleines Krystallherz verlor.   Sobald er aber dieses
mit ihrer zärtlichen Einwilligung abgelöst und an seiner Uhr
befestigt hatte, verließ er sie und kehrte nie mehr zurück.   Ungeachtet sie sehr wohlhabend war, kostete es der Mutter manche
saure Mühe, den jungen Kaufmann mit der Zeit wieder herbei
20 zu schaffen, der dann aus dem erst so blühenden Denischen
ein gedrücktes Hausfrauchen, so ein bescheidenes aufgewärmtes
Sauerkräutchen machte.

Es dauerte jetzt einige Zeit, bis Thibaut wieder auf
eine Spur geriet, die er jedoch abermals verlor, wie es auch
25 dem geschicktesten Jäger geschehen kann, und als er eines
Sonntag nachmittags nichts anzufangen wußte, nachdem er
seine Berlocken genugsam besehen hatte, fiel es ihm ein, endlich
einmal seine jüngste Tante Angelika zu besuchen, die noch nicht
ganz fünfzig Jahre alt sein mochte und eine empfindsame alte
30 Jungfer war.   Da sie gerade am offenen Schreibtische saß,
machte sich Thibaut hinter die ihm bekannten Lädchen und
Schatullen, um darin zu schnüffeln, wie ehemals.   Er stieß auf

11   Gläser] Gräser *J1–E5*

ein Schächtelchen, das er noch nie gesehen, und als er es
öffnete, lag auf einem Flöcklein Baumwolle ein Herz von milch-
weißem Opal, das längst vom Bande gelöst, hier im Stillen
schlummerte. Am °Tageslicht schillerte das Herz in zartem
Farbenspiele wie ein Schein ferner Jugendzeiten.

 „Welch' ein schönes Bijou!" rief Thibaut, „wollen Sie
mir das nicht schenken?"

 „Was fällt Dir ein, lieber Neffe?" fragte sie verwundert,
indem sie ihm das Herz aus der Hand nahm und es mit
glänzenden Augen betrachtete; „was wolltest Du auch damit
thun?   Es einem anderen Frauenzimmer schenken?"

 „O nein!" sagte Thibaut, „ich würde es an meine Uhr
hängen und dabei stets meiner Tante Angelika eingedenk sein!"

 „Ich kann es Dir dennoch nicht geben," erwiderte die
Dame mit weicher Stimme, „es ist meine teuerste Erinnerung,
denn der Geliebte und Verlobte meiner Jugend hat es mir
geschenkt!"

 Auf sein neugieriges Verlangen erzählte sie dem Neffen
mit vielen Worten die verjährte Liebesgeschichte mit einem
herrlichen jungen Edelmann, der voll seltener Treue und Hingebung unter schwierigen Umständen an ihr gehangen, sich
°ihretwillen geschlagen und in der Blüte der Jahre in der glor-
reichen Schlacht von Fontenay als ein tapferer Held gefallen
sei, vor mehr als dreißig Jahren.   Die Beschreibung all' der
Liebenswürdigkeit, der männlichen Schönheit und Jugend des
Verlorenen, der in seinem Umgange genossenen Glückseligkeit
verklärte die Erzählende mit einem solchen Abglanz der Erinnerung und Sehnsucht, daß trotz der stark angegrauten Haare,
die im Negligé unter dem gefältelten Häubchen hervor über
Nacken und Schultern herunter flossen, eine neue Jugend ihr
Gesicht zu beleben und rosig zu färben schien.

 Ganz begeistert fiel Thibaut auf ein Knie, wie wenn er

---

04 Tageslicht] Tageslichte *J1–E1*
22 ihretwillen] ihretwegen *J1*

selbst der verlorene Liebhaber wäre, und rief, die Hände auf
sein Herz legend: „Ich schwöre Ihnen, teuerste Tante, daß ich
Sie ähnlich geliebt haben würde, wäre meine Jugend mit der
Ihrigen zusammengefallen! Ja ich liebe Sie jetzt, wie nur eine
junge Seele eine andere junge Seele lieben kann! O schenken
Sie mir Ihr schönes Herz, ich will es hegen und an mich
schließen, daß es nicht mehr einsam ist!"
Er war in der That so närrisch verzückt, daß er selbst
nicht wußte, ob er das kleine Schmuckherz oder das liebende
Menschenherz verlangte; die Tante Angelika aber verwechselte
in ihrer Schwärmerei den gegenwärtigen Augenblick mit der
Vergangenheit und den neben ihr knieenden Jüngling mit dem
lange entschwundenen Geliebten. Sie schlang in süßer Ver-
gessenheit beide Arme um den Hals des hübschen Schlingels
und drückte ihm mehrere Küsse auf die Lippen, und der Taugenichts entblödete sich nicht, der traumvergessenen würdigen
Dame das Gleiche zu thun, wie wenn sie noch zwanzig Jahre
alt wäre. Voll Schrecken erwachte sie aus ihrer süßen Verirrung, die sie nun doch nicht recht bereuen konnte; sie machte
sich hastig aus seinen Armen frei, und während sie ihn mit
feuchten Augen nochmals ansah, drückte sie ihm zitternd das
Opalherz in die Hand und bat ihn, sie doch gleich zu verlassen.
Dann lehnte sie sich mit gefalteten Händen in ihren Sessel
zurück, um sich von dem höchst seltsamen Erlebnisse zu erholen.
Als Thibaut die neue Trophäe an der Uhr befestigt hatte,
dünkte ihm die Berlocke mit drei Herzen nunmehr stattlich genug
zu sein, um sie endlich auszuhängen; auch kam es ihm gerade
recht, daß er an eine Offiziersstelle in Paris versetzt wurde;
denn nur diese Stadt konnte fortan der rechte Schauplatz seiner
ferneren Thaten sein. Und es fehlte ihm nicht an Eroberungen
und Protektionen, die ihm bald eine eigene Compagnie ver-
schafften, deren Kapitän er wurde. Allein je vornehmer die

Damen waren, deren Eroberung er machte, und je kostbarer die Kleinödchen, die er an seine Uhrkette hing, desto unklarer wurde es ihm, ob er eigentlich es sei, der die Schönen sitzen ließ, oder ob er von ihnen verlassen werde. Gleichviel, sein
05 Uhrgehänge klirrte und blitzte, daß es eine Art hatte, und er galt für den gefährlichsten Kavalier der Armee, wenn er im Kreise der Herren Kameraden die Geschichte der einzelnen Merkwürdigkeiten erzählte und die Juwelen und Perlen streichelte, die sich darunter fanden. Und er ging mit den Berlocken zu
10 Bett und stand mit denselben auf.

Zuletzt wurde ihm sein Ruhm fast langweilig, besonders da kein °Plätzchen mehr für neue Siegeszeichen auf seiner Weste vorhanden war. Weil er aber ein für allemal ein Glückskind heißen konnte, zeigte sich in diesem Stadium die Aussicht auf
15 einen neuen Lebens- und Siegeslauf, den als ein bewährter und geprüfter Mann anzutreten es ihn gelüstete.

Gerade damals hatte die französische Begeisterung für den Freiheitskampf der Nordamerikaner ihren Höhepunkt erreicht, und nachdem schon viele Franzosen als Freiwillige für die
20 Gründung der großen Republik mitgefochten, war es bekanntlich dem Marquis von Lafayette gelungen, die Absendung eines förmlichen Hülfsheeres zu bewirken. Der Kapitän Thibaut von Vallormes ging mit und befand sich bei den sechstausend Mann, welche vom Grafen von Rochambeau über den Ocean geführt
25 wurden und im Juli 1780 auf Rhode-Island landeten. Thibaut war weder ein nachlässiger noch ein untapferer Soldat, und so geriet er im Verlaufe des schwierigen Krieges und auf den Hin- und Herzügen bald in die vorderste Linie, bald sonst auf ausgesetzte Punkte. Der frische Luftzug der neuen Welt,
30 der gewaltige Hauch der Freiheit, der von ihm ausging, und die anhaltende Beschäftigung des Dienstes unter allerlei Gefahren ließen den Offizier allgemach ernster erscheinen; auch an

12   Plätzchen] Plätzlein *J1–E1*

seiner Einzelperson, geringen Orts, machte sich der Uebergang
aus dem spielenden Dasein in das, was nachher kam, sichtbar.
Als die Heeresabteilung, bei der er stand, an irgend einen
breiten Fluß vorrückte, auf dessen anderem Ufer ein größerer
Indianerstamm lagerte, entflammte er mit den anderen Franzosen in Enthusiasmus, nun der wahren Natur und freien
Menschlichkeit so unmittelbar gegenüberzustehen; denn jeder von
ihnen trug sein Stück Jean Jacques Rousseau im Leibe. Es
handelte sich darum, mit den Indianern in Verkehr zu treten,
sie entweder in Güte als Freunde zu gewinnen oder sie wenigstens zu einem neutralen Verhalten zu veranlassen, und zu
diesem Ende hin wurden die Oberbefehlshaber erwartet, indessen auch am anderen Ufer, bei den Indianern, noch eine Anzahl wichtiger Häuptlinge zu einer Konferenz eintreffen sollten.
    Die französischen Militärs aber mochten den Tag nicht
erwarten, ihre Neugierde und die Lust an den idealen Natur-
zuständen zu befriedigen; sie lockten schon vorher die wilden
Rothäute über das Wasser und schifften auch zu ihnen hinüber, und jeder suchte in seinem Gepäcke nach Gegenständen,
welche er verschenken oder an Merkwürdigkeiten vertauschen
konnte. Thibaut war unter den ersten, die über den Strom
setzten, und that es bald täglich nicht nur ein-, sondern zweimal, und war in den Wigwams zu Hause. Nämlich eines
der indianischen Mädchen zog ihn unwiderstehlich hinüber, daß
er seine ganze siegreiche Vergangenheit vergaß und einem Neu-
ling gleich auf den Spuren einer Wilden umher irrte.
    Ich kann es nicht wagen, eine Beschreibung von dem
wunderbaren Wesen zu machen, und muß es den Herren überlassen, sich nach eigenem Geschmacksurteil das Schönste vorzustellen, was man sich damals unter einer eingeborenen Tochter
Columbias dachte, sowohl was Körperbau und Hautfarbe, als
Kostüm und dergleichen betrifft. Ein hoher Turban von

Federn wird unerläßlich, ein buntes Papagenakleidchen rätlich
sein; doch wie gesagt, ich will mich nicht weiter einmischen und
nur noch andeuten, daß sie in ihrer Sprache Quoneschi, d. h.
Libelle oder Wasserjungfer genannt wurde.

05   So viel ist sicher, daß sie es °meisterhaft verstand, wie
eine Libelle ihm bald über den Weg zu schwirren, bald sich
unsichtbar zu machen, jetzt einen verlangenden Blick auf ihn
zu werfen, dann spröd und kalt ihm auszuweichen; allein
Thibaut wurde nicht müde, sich bethulich und geduldig zu
10   zeigen und sie wenigstens mit schmachtenden Augen zu verfolgen, wenn sie durchaus nicht in die Nähe zu bringen war.
So gleichgültig er zuletzt gegen das Frauengeschlecht in Frankreich gewesen, so heftig verliebte er sich jetzt in das rote Naturkind und ging geradezu mit dem Gedanken um, dasselbe zu
15   seiner rechtmäßigen Gemahlin zu erheben.   Wie würde das
philosophische Paris erstaunen, dachte er sich, ihn mit diesem
Inbegriff von Natur und Ursprünglichkeit am Arme zurückkehren und in die Salons treten zu sehen.

        Durch seine Beharrlichkeit schien die zierliche Wasserjungfer
20   wirklich allmählich zahm und halbwegs vertraulich zu werden;
die Herren Kameraden, die bisher darüber gelächelt, daß seine
Macht über die Frauenherzen sich nicht bis an den Hudson
und den Delaware erstrecke, fingen an, ihn zu bewundern und
zu loben, daß er als echter Franzose nicht das Feld räume;
25   kurz, er hatte zwischen Tag und Nacht schon mehr als ein
kleines Stelldichein abgehalten mit wunderlichem Zwiegespräche
von Gebärden und abgebrochenen Worten, wobei keines das
andere verstand noch auszudrücken wußte, was es wollte.
Nur eines glaubte Thibaut zu bemerken, nämlich daß Quoneschi
30   jedenfalls von einem zärtlichen Gedanken bewegt war, der sie
fortwährend beschäftigte und die dunklen Augen öfters wie in
banger oder zweifelhafter Erwartung auf ihn richten ließ.

        05   meisterhaft] meisterlich J1–E1

Nun waren die höheren Personen auf beiden Seiten des
Flusses versammelt und die Unterhandlungen für einstweilen
erledigt, die indianischen Häuptlinge im französischen Lager
auch gut bewirtet worden, und es blieb noch der offizielle Besuch der französischen Herren bei den Wilden übrig, welche
sich auch ein wenig zeigen wollten. Am Vorabend kam noch
ein ganzes Schiff voll Weiber herüber gefahren, die vor dem
Weitermarsch der Franzosen noch allerlei Verkäufliches an den
Mann zu bringen wünschten, wie Früchte, wilde Putzsachen,
Muscheln, gesticktes Leder und dergl. So entstand rasch noch
eine lebendige Marktscene und die Franzosen benutzten billiger
Weise den Anlaß, mit den Frauen zu sponsieren, wie es von
je ihre Art gewesen ist. Thibaut aber wußte seine Quoneschi
oder Wasserjungfer, die ein Körbchen voll Erdbeeren zu verkaufen hatte, in sein Hauptmannszelt zu locken und nahm sie
dort schärfer ins Gebet als bisher; denn es war keine Zeit
mehr zu verlieren. Er suchte ihr mit feuriger Ungeduld deutlich zu machen, daß er sie mit nach Europa nehmen und mit
ihren Eltern um sie handeln wolle, in ehrbarem Ernste und
zu ihrem Heil und Glücke. Daß sie ihn ganz verstand, ist
zu bezweifeln; dagegen ist sicher, daß sie sich deutlicher auszudrücken wußte. Indem sie mit der kleinen rötlichen Hand sein
Kinn und beide Hände streichelte, deutete sie auf die Berlocken
an seiner Uhr, die sie zu haben wünschte, nachdem sie offenbar schon lange ihren Geist beschäftigt hatten. Dazu sagte
sie immer auf Englisch: Morgen! Morgen! und drückte mit
holdselig naiven Gebärden aus, daß etwas Wunscherfüllen-
des vorgehen würde, wo gewiß alle Welt zufrieden gestellt
werde.

Unser guter Thibaut erschrak über die Deutlichkeit des
Verlangens nach den Berlocken und besann sich ein Weilchen
mit melancholischem Gesichte; er war ganz überrascht von der

ungeheuerlichen Keckheit des Begehrens und konnte es nur begreifen, wenn er bedachte, daß das unschuldige Wesen weder die Bedeutung noch den Wert dessen kannte, was es forderte. Als aber das Mädchen traurig das Haupt senkte und die Hand aufs Herz legte und noch mit anderen Zeichen verriet, daß sie große Hoffnungen auf die Erfüllung ihres Wunsches gesetzt hatte, legte er diese Zeichen zu seinen Gunsten aus und änderte seine Gedanken. Im Grunde, dachte er, ist es nur in der Ordnung, wenn ich diese Erinnerungen derjenigen zu Füßen lege, welcher ich mich für das Leben verbinden will! Noch mehr, es ist ja ein schönes Symbol, wenn ich diese Siegesspolien aus einer überlebten und überfeinerten Welt sozusagen der noch jungen Natur in Person aufopfere, die uns eine neue Welt gebären soll! Und am Ende bringt das gute Kind mir den kleinen Schatz, der so lange auf meiner Weste gebaumelt hat, getreulich wieder zu, und es wird sich gar witzig ausnehmen, wenn die Tochter des Urwaldes einst die Kleinode, bald dieses bald jenes, vor den Augen unserer Damen an sich schimmern läßt!

Mit raschem Entschlusse löste er den Ring, der das Gehängsel zusammenhielt, von der Uhr und übergab es ihr in seiner ganzen Pracht und Kostbarkeit. Mit einer kindlichen Freude, welche die zarte Rothaut des Urwaldes womöglich noch röter machte, empfing die Libelle, die Wasserjungfer, den Schatz und überhäufte den Geber mit Zeichen der lieblichsten Dankbarkeit; dann lief sie eilig davon, indem sie nochmals mit leuchtenden Augen: Morgen! Morgen! rief.

Thibaut hingegen empfand ein Gefühl, wie wenn einer ihm den schönen Zopf abgeschnitten hätte, der so stattlich den Rücken seines Scharlachrockes schmückte, und in der Nacht hatte er einen schweren Traum. Es träumte ihm, er habe das Korallenherz der schönen Guillemette aufgemacht, die grüne

Spinne sei herausgelaufen und habe ihn in die Nase gebissen, die wie eine Rübe aufgeschwollen sei.

Am Morgen wurde es ihm wieder besser zu Mute, als er den klar erglänzenden Tag gewahrte, der über der großen Stromlandschaft aufgegangen war, und heiteren Herzens bestieg er die übersetzende Kahnflotille, da er ja endlich der wahren Liebe und Seligkeit entgegenfuhr.

Das rote Volk war in einem weiten Ringe um ein Feuer versammelt, an welchem Hirsche und andere Jagdbeute gebraten und gute Fische gekocht wurden. Die Frauen und Mädchen machten die Köche und brachten sonst noch allerhand ihrer Leckereien herbei. Die Männer saßen ernst im Kreise herum, vorab die Häuptlinge, alle in ihrem höchsten Schmuck und Staate. Für die französischen Herren aber war ein besonderer Raum und Ehrenplatz offen gelassen, den sie vergnügt über das neue Schauspiel einnahmen; und nun begann ein Schmausen, das den Indianern freilich besser zu schmecken schien als den Europäern, wenn es den letzteren auch von den Frauen selbst zugetragen und dargereicht wurde. Nur Thibaut erquickte sich vollkommen; denn die schöne Quoneschi hatte ihn sogleich herausgefunden und nur ihn bedient; sie blieb auch gern bei ihm, als er sie festhielt, und winkte ihren Schwestern schalkhaft zu, als ob sie jetzt nicht mehr zu ihnen käme. Traulich und keineswegs ohne Grazie saß sie zu seinen Füßen, und als er sanft ihren roten Sammetrücken, wie die Herren vielleicht sich ausdrücken würden, mit lässiger Hand streichelte, dünkte er sich der Christofor Columbus zu sein, welchem sich der entdeckte Weltteil in Gestalt eines zarten Weibes anschmiegt.

Jetzt war die Mahlzeit beendigt, der Platz um das Feuer wurde geräumt und der Kreis erweitert, worauf ein Zug junger Krieger aufmarschierte, um zu Ehren der befreundeten Macht

einen schönen Kriegstanz zum besten zu geben. Ein lauter
Schrei oder Ausruf der Alten und Häuptlinge begrüßte die
Schar, welche von dem längsten und kräftigsten der Jünglinge,
einem baumstarken Bengel, angeführt wurde.

05   Wenn ich vorhin bescheiden auf eine Schilderung der
schönen Libelle verzichtet habe, behielt ich mir vor, dafür das
Aeußere dieses jungen Kriegshelden um so ausführlicher dar-
zustellen, soweit meine schwachen Kräfte reichen; denn hier tritt
ja das Frauenauge mit seinem Urteile in sein Amt. Denke
10 man sich also einen Komplex herrlich gewachsener riesiger
Glieder vom sattesten Kupferrot und vom Kopf bis zu den
Füßen mit gelben und blauen Streifen gezeichnet, auf jeder
Brust zwei kolossale Hände mit ausgespreizten Fingern abgebildet, so hat man einen Vorschmack dessen, was noch kommt.
15 Denn eine malerische Welt für sich war das Gesicht, die eine
Hälfte der Stirn, der Augendeckel, der Nase und des Kinn-
backens bis zum Ohre mit Zinnober, die andere mit blauer
Farbe bemalt, und dazwischen eine Anzahl fein tätowierter
Linien dieser und jener Farbe. Die ganzen Ohrmuscheln
20 waren rings mit herabhängenden Perlquasten besetzt, die pech-
schwarzen langen Haarsträhnen mit einer Menge Schnüre von
kleinen Muscheln, Beeren, Metallscheibchen u. dergl. durchflochten und darauf noch ein Helm von weißen Schwanen-
federn gestülpt; ein Skalpiermesser samt einem blonden Skalp
25 steckte als Haarnadel in dem Wirrwarr, nicht zu gedenken noch
anderer Quincaillerie, die weniger deutlich zu unterscheiden war.
Allein über all' diesem Kopfputze sträubte sich ein Kamm ge-
waltiger Geierfedern, weiß und schwarz, in die Höhe und zog
sich längs des Rückgrates hinunter gleich einem Drachenflügel,
30 ganz aus den längsten Schwungfedern bestehend. Dazu nun
der reich gestickte Wampumgürtel, die gestickten Schuhe und
Mocassins, so wird man gestehen müssen, daß hier ein Schatz

von Schönheit und männlicher Kraft versammelt war. Allein erst der glühende furchtbare Blick machte noch das Tüpfelchen auf das I, und als der Tapfere, den man „Donner-Bär" nannte, den Tanz anhub, zu stampfen begann und mit schreck-
05 lichem Gesange die rot bemalte Axt über dem Haupte schwang, indem er die andere Faust gegen die schlanke Hüfte stützte, da fühlten die europäischen Gäste beinahe °die gepuderten Haare knistern, denen besonders das Skalpiermesser nicht gefiel.

Quoneschi, die Wasserjungfer aber, die zu den Füßen
10 Thibauts lag, that erst einen Seufzer und ließ dann einen jauchzenden Jubelruf ertönen; sie rüttelte den Offizier am Arme und zeigte mit feurigen Augen auf den Kriegstänzer, in-dianische Worte redend wie mit Engelszungen, die aber Thi-baut nicht verstand, bis ein hinter ihm stehender Amerikaner
15 sagte: „Das Weibsbild schreit immer, das sei ihr Verlobter, ihr Liebhaber, dessen Frau sie noch heute sein werde!"

Ganz starr vor Erstaunen blickte Thibaut nach dem Tänzer hin, dessen schreckliches Gesicht in allen Farben zu blitzen schien, so daß er es nicht deutlich zu sehen vermochte in seiner Ver-
20 wirrung. Immer näher kam der Donner-Bär mit seiner Bande; da riefen auf einmal mehrere Offiziere unter schallen-dem Gelächter:

„Parbleu! der hat ja die Berlocken des Herrn von Vallormes an der Nase hängen!"
25 Entsetzt sah Thibaut die Wahrheit dieser Bemerkung; sie hingen dort, die Berlocken. Der Wilde tanzte jetzt dicht vor ihm und unter seiner blau und rot bemalten Nase, deren Rücken durch einen scharf gebogenen weißen Strich bezeichnet war, funkelte und blitzte es, °bammelte das Korallenherz der
30 verlassenen Guillemette, das Krystallherz der kleinen Denise, das Opalherz der Tante Angelika, hin und her, nach links und nach rechts, und °bammelten die anderen Sachen, die

07   die] ihre *J1–E1*
29   bammelte] baumelte *J1*
32   bammelten] baumelten *J1*

Kreuzchen, Medaillons und Ringe blinkernd und blitzend durcheinander und peitschten beide Nasenflügel des Helden.

Jetzt tanzte dieser ein Weilchen auf derselben Stelle, still wie die Luft vor dem Gewitter, indem er nur mit dem einen oder anderen Fuße ein wenig trampelte; plötzlich aber stieß er ein wahres Bärengebrüll hervor, ergriff die Quoneschi am Arme, schwang sie wie ein geschossenes Reh auf seine Schulter und raste, gefolgt von seinen Aexte schwingenden Genossen und dem Beifallsrufe der roten Völker, aus dem Ringe hinaus. Der Herr von Vallormes bekam weder die Berlocken noch die Indianerin je wieder zu sehen.

Dreizehntes Kapitel.

In welchem das Sinngedicht sich bewährt.

„Fast glaub' ich, dort wartet ein Schreinermeister, den ich
bestellt habe und sprechen muß; ich empfehle mich so lange den
Herren!" sagte Lucia unmittelbar nach dem Schlusse der kleinen
Erzählung und ging, sich leicht und mit verhaltenem Lächeln
verneigend, davon.   Reinhart blickte ihr nach und sah dann
den alten Oberst an.

„Was hat Ihre prächtige Nichte," sagte er, „nur für einen
Zorn auf meine armen Schützlinge, daß sie so satirische Pfeile
auf mich abschießt?   Das geht ja fast über das Ziel hinaus!"

„Je nun," erwiderte der Oberst lachend, „sie wehrt sich
eigentlich doch nur ihrer Haut, die übrigens ein feines Fell
ist!   Und merken Sie denn nicht, daß es weniger schmeichelhaft
für Sie wäre, wenn sich die Lux gleichgültig dafür zeigte, daß
Sie für allerhand unwissende und arme Kreaturen schwärmen,
zu denen sie einmal nicht zu zählen das Glück oder Verdienst
hat?"

Ob Reinhart als Gelehrter schon so unpraktisch oder als
junger Mann noch so unkundig oder blind war, genug, er
hatte diese Seite der Sache noch gar nicht bedacht und errötete

über den Worten des Alten ordentlich von der inneren Wärme, die sie ihm verursachten.

„So geht es," sagte er mit unmerklicher Bewegung; „wenn man immer in Bildern und Gleichnissen spricht, so versteht man die Wirklichkeit zuletzt nicht mehr und wird unhöflich. Indessen habe ich natürlich an das Fräulein gar nicht gedacht, so wenig als eigentlich an mich selbst, so wie man auch niemals selber zu halten gedenkt, was man predigt. Es ist Zeit, daß ich abreite, sonst verwickele ich mich noch in Widersprüche und Thorheiten mit meinem Geschwätz, wie eine Schnepfe im Garn."

„Gut, reiten Sie," antwortete der alte Herr, „aber kehren Sie bald wieder! Kommen Sie zuweilen Sonntags und nehmen Sie statt des alten Nilpferdes einen jungen Kutscher mit guten Trabern, so fahren Sie rascher vom Fleck und sind weniger vom Wetter abhängig. Ich mag der Lux zur Abwechselung eine heitere junge Gesellschaft, wie die Ihrige, gönnen; sie ist frei, munter und selbständig und macht keine Dummheiten. Ich selbst aber freue mich ordentlich sentimental darauf, den Freunden meiner Jugend durch Sie am Lebensabend noch einmal nahe zu treten, und freue mich auch, der Dame Else Moorland, Ihrer Mutter, meine Nichte unter Augen zu stellen, damit sie sieht, wir seien hier auch nicht von Stroh!"

Nachdem sie noch ein Weilchen geplaudert, Reinhart mit ungeduldigem Herzklopfen, eilte er ins Haus, den Mantelsack zu packen, und nach dem Stalle, das Pferd satteln zu lassen, welches sich auf der Weide rund gefressen hatte. Er war so eilig, weil er glaubte, Zeit und Geschick damit zu beschleunigen, mochten sie bringen, was sie wollten.

„Sie werden doch noch mit uns essen, eh' Sie reisen?" sagte Lucie betreten, als er wieder unter den Platanen erschien und sie dort vorfand. „Es ist nicht möglich," antwortete Rein-

hart; „wenn ich heute noch zu Haus ankommen will, so muß
ich vor Tisch aufbrechen!"

„Ei, ist denn Ihre Fahrt schon zu Ende? Sie haben °ja
kaum begonnen! Sie werden doch die schädliche Arbeit nicht
05 schon wieder aufnehmen wollen?"

„Gewiß nicht, mein Fräulein, ich möchte jetzt mein Augen-
licht mehr schonen, als jemals, denn die bewußte Kur hat
ihm so gut gethan, daß es undankbar wäre, es wieder zu ge-
fährden!"

10 „Sie werden natürlich auf allen den bewußten Stationen
Halt machen, über welche Sie °gereist sind?"

„Dann würde ich nicht weit kommen! Ich denke vielmehr
den andern kürzern Weg von hier aus zu nehmen, der über
die Althäuser Brücke führt."

15 Lucie schien mit diesem unbedeutenden Gespräche zufrieden
zu sein; sie entließ den berittenen Naturforscher in freundlicher
Weise, und er zog so ernst seines Weges, wie ein Afrika-
reisender, nachdem er vor einigen Tagen so munter ausge-
fahren war. An diesem Tage ging er zwar wieder in heiterer
20 Stimmung schlafen, nachdem er noch einen geselligen Kreis
aufgesucht und in dessen Fröhlichkeit sein Wissen um Lucien
als anonymen Teilnehmer °habe mitlaufen lassen. Am nächsten
Morgen aber fühlte er sich vereinsamt und merkte, daß er an-
geschossen war.

25 Und es kam ärger; unbekannte Nöten fingen an, sich in
seinem Herzen zu regen, daß er widerwillig die Natur dieses
Muskels von neuem untersuchen, und als hierbei nichts heraus-
kam, sich gewöhnen mußte, in angestrengter Arbeit die Stö-
rungen zu vergessen, wenn er nicht einem unwürdigen Zustande
30 der Träumerei verfallen wollte. Dennoch wiederholte er den
Besuch auf dem Landgute zunächst nicht, um durch das Ge-
trenntsein den Ernst der Lage gründlicher zu erforschen und

03 ja] sie ja *J1*
11 gereist] hergereist *J1*
22 habe] hatte *J1–E1 E5*

klar zu stellen.　Nur ein paar Briefe schrieb er ohne jede un-
bescheidene Anspielung und erhielt ebensolche Antworten. Desto
froher machte ihn ein unerwarteter Brief seiner Mutter Else
oder Hildeburg, welche ihm im Laufe des Sommers schrieb,
daß der Oberst und seine schöne Nichte auf einer Reise bei
ihnen vorgesprochen hätten, und wie das eine erquickliche Geschichte und ein fröhlicher Tag gewesen, wie ferner für den
Herbst ein Gegenbesuch verabredet sei.　Die Lucie sei eine
ernsthafte und kluge Person mit dem Gemüt eines Kindes, und
der Papa Reinhart, der den Leuten sonst so kurze Zettel zu-
kommen lasse, schreibe ihr bereits so lange Briefe, wie er ihr,
der Mutter Else kaum in der ersten Zeit geschrieben habe.
Aber sie möge es ihr wohl gönnen und freue sich schon
darauf, die Briefe ihres Mannes zu lesen, wenn sie einmal
dort sei.

Im September kam ein Briefchen von Lucie; sie schrieb:
„Ihre Eltern sind beide hier bei uns; wollen Sie nicht auch
kommen?　Es wäre doch nicht schön, wenn wir die liebe Herrschaft nicht mit der Anwesenheit des Sohnes regalieren könnten
und so gottesjämmerlich daständen, nachdem wir mit seiner
Freundschaft geprahlt haben!　Aber lassen Sie das Nilpferd
zu Hause und bringen Sie einen Koffer mit!　Der Onkel Marschall will mit Ihnen smollieren, was mir leider als einem
Frauenzimmer versagt bleibt!"

Obgleich Reinhart, der so ausführliche Weiber- und Liebesgeschichten aus dem Stegreife erzählt hatte, die letzteren Worte
schon als vorläufige Andeutung eines Abschlages anzusehen geneigt war, sofern er etwa einen solchen herausfordern würde,
packte er doch einen Koffer mit allen wünschbaren und kleid-
samen Sachen, die in seinem Besitze waren, und fuhr hin.　Er
fand alles in schönster Laune unter den Platanen vereinigt;
die Else Moorland trug ohne Schaden an ihrer Matronen-

12　　Else] Else, J_1–E_1 E_5

würde ein schneeweißes Kleid gleich der Lucie, da eine warme
Sommersonne schien, und ihr schwarzes Haar ohne Haube ent-
rollt. Der Oberst hatte die Krücke im Hause gelassen und
trug Sporen an den Stiefeln. Der alte Reinhart sah aus,
05 wie wenn er ein dreiunddreißigjähriger Privatdocent wäre und
erst noch alles zu erreichen hätte, was er schon geleistet und
erreicht, und die Lucie war still und bescheiden, wie ein ganz
junges Mädchen, während sie doch fünf- oder sechsundzwanzig
zählte, kurz, niemand wollte alt sein oder es werden, denn alle
10 hatten es in sich, und es war eine allgemeine Herrlichkeit und
Zufriedenheit; nur Lucie und Reinhart schienen abwechselnd
etwas stiller oder nachdenklicher, je nachdem das eine oder das
andere bewölkten Himmel über sich sah. So vergingen einige
Tage in großer Behaglichkeit.

15   Nun sollte endlich auch ein Besuch in dem bekannten Pfarrhause abgestattet werden, dessen Oberhaupt ein Studienfreund
des alten Reinhart gewesen, woher eben die Bekanntschaft auch
mit dem Sohne.

        „Gehen Sie auch gern hin?" sagte Lucie besorgt zu dem
20 jungen Reinhart, weil sie wünschte, daß ihm jeder Tag heiter
und angenehm verlief, und wußte, daß ihn die besondere Art
der Pfarrleute zuweilen ermüdete.

        „Ich bin in der That nicht recht aufgelegt," versetzte er,
„einen ganzen Tag dort zuzubringen."

25   „Da bleibst Du eben hier," riet die Mutter, „es handelt
sich ja ohnehin mehr um uns Alte; wenn der Marschall mit-
fährt, so wird der Wagen so schon besetzt; er will uns nämlich
in seiner leichten Jagdstellage, oder wie man es nennt, hin-
führen, der Eisenfresser. Sei ruhig, Marschall!"

30   Dies rief sie, weil der Oberst, hinter ihr stehend, sie an
einer Bandschleife zupfte, als er das Wort vernahm.

        „Und was geschieht denn mit Dir, Lux?" sagte er hierauf.

„Mit mir? Ich muß eben das Haus hüten, wie alle armen Haushälterinnen, und für den Abend sorgen!"

„Gut, dann sorge auch für ein rechtschaffenes Getränke! denn das Smollieren mit dem jungen Duckmäuser muß einmal stattfinden, daß die Duzerei durchgeführt ist. Du kannst auch gleich mithalten!"

Beide junge Leute erröteten wie Konfirmanden, die erst etwas erleben sollen. Kein Mensch hätte geglaubt, daß sie sich vor einigen Monaten schon alles mögliche Zeug erzählt hatten.

Als die Alten fort waren und jetzt auf einmal eine Stille herrschte, standen die Jungen noch °verlegen da und schienen doch zu zögern, die innestehende Wage des °Augenblicks zu stören, bis Reinhart den Ausweg fand, Lucien um ein Buch zu bitten, darin er lesen könne. Sie lud ihn ein, selbst nachzusehen, was ihm diene. So gingen sie gemächlich in das Haus hinein, die Treppe hinauf und betraten das bescheidene Museum, in welchem das Fräulein seine Jahre verbrachte. Durch die offenstehenden Fenster wallte die Luft herein, indes das milde Gold der Septembersonne, von der grünen Seide der Gardinen halb aufgehalten, halb durchgelassen, den Raum mit einem sanften Dämmerschein erfüllte.

„Was wollen Sie lesen?" fragte Lucie.

„Darf ich eines von Ihren Lebensbüchern nehmen?" erwiderte Reinhart; „ich habe bemerkt, daß hin und wieder etwas an den Rand geschrieben ist, und nun empfinde ich ein Gelüste, diesen Spuren nachzugehen und Ihre guten Gedanken zu haschen. Vielleicht, wenn es überhaupt erlaubt wird, entdecke ich das Geheimnis, welches Sie in den Offenbarungen anzieht!"

„Das Geheimnis ist ein sehr einfaches," versetzte Lucie, „und doch ist es allerdings eines. Ich suche die Sprache der Menschen zu verstehen, wenn sie von sich selbst reden; aber es

11   verlegen] verlegener *H2*
12   Augenblicks] Augenblickes *H2–E5*

kommt mir zuweilen vor, wie wenn ich durch einen Wald ginge
und das Gezwitscher der Vögel hörte, ohne ihrer Sprache
kundig zu sein. Manchmal scheint mir, daß jeder etwas Anderes
sagt, als er denkt, oder wenigstens nicht recht sagen kann, was
er denkt, und daß dieses sein Schicksal sei. Was der eine mit
lautem °Gezwitscher kundgiebt, verschweigt der andere sorgfältig,
und umgekehrt. Der bekennt alle sieben Todsünden und ver-
heimlicht, daß er an der linken Hand nur vier Finger hat.
Jener zählt und beschreibt mittelst einer doppelten Selbstbe-
spiegelung alle Leberflecken und Muttermälchen seines Rückens;
allein daß ein falsches Zeugnis, das er einst aus Charakter-
schwäche oder Parteilichkeit abgelegt, sein Gewissen drückt, verschweigt er wie ein Grab. Wenn ich sie nun alle so mit einander vergleiche in ihrer Aufrichtigkeit, die sie für krystallklar
halten, so frage ich mich, giebt es überhaupt ein menschliches
Leben, an welchem nichts zu verhehlen ist, das heißt unter
allen Umständen und zu jeder Zeit? Giebt es einen ganz
wahrhaftigen Menschen und kann es ihn geben?"

„Es sind wohl manche ganz wahrhaftig," sagte Reinhart,
„nur sagen sie nicht alles auf einmal, sondern mehr stückweise,
so nach und nach, und die Natur selbst, sogar die heilige
Schrift verfahren ja nicht anders!"

„Was mich tröstet," fuhr Lucie fort, „ist, daß mehr Gutes
als Schlimmes verschwiegen wird. Beinah' jeder würde, wenn
er nur Gelegenheit und Stimmung fände, uns zuletzt doch noch
mit dem Unangenehmsten bewirten, das er über sich aufzu-
bringen wüßte; viele aber sterben, ohne daß sie des Guten und
Schönen, das sie von sich erzählen könnten, je mit einer Silbe
gedenken. Diese führen auch trotzdem die lieblichste Sprache;
es ist als ob die Veilchen, Maßlieben und Himmelsschlüsselchen
zwischen ihren Zeilen hervorblühten, ganz gegen Wissen und
Willen der bescheidenen Schreiber und Schreiberinnen."

06 Gezwitscher] Geräusche *H2*

Reinhart hatte auf dem Stuhle Platz genommen, der vor
Luciens Tische stand, und sie lehnte lässig am Tische.   Inzwischen griff er von dem Brette der Lebensbeschreibungen eines
der Bücher heraus, und als er darin blätterte, entfiel demselben ein sonderbares Bildchen oder Einlegeblatt.   Das Bildchen war mit ungezwirnter Seide und feinster Nadel auf ein
Papier gestickt, in der Art, daß es sich auf beiden Seiten vollkommen gleich darstellte.   Auf einem grünen Erdreiche stand
ein Tannenbäumchen und ein Stäudlein mit zwei roten °Rosen,
dazwischen in der Reihe haftete am gleichen Grund und Boden
ein Herz, von welchem ein entzwei geschnittenes blaues Band
flatterte, dessen andere Hälfte an einem zweiten Herzen hing;
und °dieses mit Flügeln versehen, hatte sich offenbar von dem
ersteren losgerissen und flog, eine goldene Flamme ausströmend,
in die Höhe, wahrscheinlich zum Himmel hinan.

Reinhart besah das Blättchen zuerst achtlos, dann aufmerksamer, da er eben, als er es in das Buch zurücklegen
wollte, den Inhalt erkannte.

„Was ist das für eine kleine Herzensgeschichte?" fragte
er, „es scheint ja gar leidenschaftlich herzugehen.   Das eine
steckt wie eine rote Rübe im Boden fest, während das andere
feuerspeiend und geflügelt sich emporschwingt!"

Lucie nahm ihm die naive Schilderei aus der Hand, be-
schaute sie ebenfalls und sagte dann: „Also hier steckt das
närrische Ding?   Es wandert seit Jahren in diesen Büchern
herum und kam mir lange nicht zu Gesicht.   Uebrigens ist es
eine Klosterarbeit, die ich selber verfertigte."

Als Reinhart die Sprecherin etwas verwundert ansah,
setzte sie errötend hinzu: „Ich bin nämlich katholisch!"

„Darüber brauchen Sie doch nicht zu erröten!" meinte
Reinhart, den eine solche Verschiedenheit der Konfession eher
belustigte als betrübte.   Sie verstand seinen freien Sinn, wurde

09   Rosen,] Rosen; *H2*
13   dieses] dieses, *H2–E1 E5*

aber jetzt ganz rot und sagte mit unwillkürlichem Niederschlagen der Augen: „Ich bin nicht katholisch geboren, ich bin es geworden!"

Hiermit lag die Sache freilich anders. Ein Religionswechsel ist in dies scheinbar ruhige Leben gefallen; was mag damit alles °zusammenhängen! sprach es sogleich in seinem Innern, und er blickte zu der unweit von ihm stehenden Lucie mit der Ueberraschung empor, mit welcher man sonst in einen unvermuteten Abgrund hinabschaut. Sein Gesicht zeigte sogar einen etwas bekümmerten Ausdruck; es malten sich darin Mitleid und Sorge eines Menschen, dem keineswegs gleichgültig ist, was ohne sein Wissen geschah, als ob es ihn nichts anginge.

Die Augen plötzlich aufschlagend, sagte Lucie mit wehmütigem Lächeln: „Sehen Sie, da haben wir gleich so eine Geschichte, von der man nicht weiß, ob man sie bekennen oder verschweigen soll! Es wissen nur wenige Personen darum und selbst mein Oheim ahnt nichts davon, obgleich er auch katholisch ist."

„Mir aber," erwiderte Reinhart, „haben Sie nun schon zu viel verraten, als daß Sie mir nicht anvertrauen sollten, um was es sich handelt!"

„Es ist im Grunde nichts als eine Kinderei, die Sie erfahren dürfen," versetzte Lucie; „es ist mir sogar lieb, wenn Sie es wissen, damit Sie eine gute Freundin, wie ich bin, nicht gelegentlich unbewußt verletzen oder wenigstens kleinen Verdrießlichkeiten aussetzen. Mein Vater war Protestant, wie jedermann in dieser Gegend, die Mutter dagegen Katholikin; er besaß aber so viel Gewalt über sie, daß sie ohne weitere Umstände den protestantischen Gottesdienst besuchte und es ohne Widerspruch geschehen ließ, daß ich in diesem Glauben getauft und erzogen wurde. Wir stellten so eine ungemischte protestan-

tische Familie vor, und niemand wußte es anders. Nicht daß der
Vater ein besonders eifriger und gläubiger Lutheraner gewesen
wäre; nur vertrat er den Grundsatz, daß aus einem reformierten
Hause man nicht mehr rückwärts schauen solle, und das sogenannte Katholischwerden war ihm ärgerlich und verächtlich.
Im übrigen benahm er sich duldsam und friedlich, und so verhinderte er auch keineswegs meine selige Mama, mit ihrer
besten Jugendfreundin, einer stillen Klosterfrau, den alten Verkehr fortzusetzen und dieselbe alljährlich ein- oder zweimal in
ihren geweihten Mauern heimzusuchen. Bei Lebzeiten der
Eltern bewohnten wir ein Haus in jener Stadt am Flusse,
deren Türme wir von hier aus sehen können, wenn das
Wetter hell ist. Die Gartenterrasse stieß unmittelbar an das
Wasser, zu welchem einige steinerne Stufen hinunterführten,
und am Fuße der Treppe lag ein leichter Kahn an der Kette,
der zu Spazierfahrten auf dem leise ziehenden Gewässer be-
nutzt wurde. Abwärts vermochte fast jeder Hausbewohner das
Fahrzeug zu regieren, und wenn wir eine längere Fahrt unter-
nahmen, kehrte man auf einem der kleinen Dampfboote zurück
und ließ den Nachen anhängen.

Ungefähr anderthalb Meilen unterhalb unserer Stadt
ragte am gegenüberliegenden Ufer, wo die Menschheit katholisch ist, das besagte Kloster idyllisch aus dem Wasser in länd-
licher Einfachheit und nur von seinen Obstbäumen, Wiesen und
Feldern umgeben.

Da die Besuche meiner Mutter meistens auf eines der
heitern Kirchenfeste in schöner Jahreszeit verlegt wurden, wie
z. B. auf Fronleichnamstag, wo die Stiftsfrauen sich eine gewisse Fröhlichkeit, ein bescheidenes Wohlleben gönnten, so machte
die Mama sich die Freude noch dadurch feierlicher, daß sie sich
auf dem blau glänzenden Flusse hinunterfahren ließ und meine
Person im frühsten Kindesalter mitnahm. Sie putzte mich

23   Wasser] Wasser, *H2*

dann zierlich und hellfarbig heraus, damit ich den guten
Nonnen in ihrer dunklen Tracht und Abgeschiedenheit den
Sommertag hindurch als eine Art lebendiger Puppe dienen
konnte, mit welcher sie spielten, und die Mama empfand das
schönste Vergnügen, mich von Hand zu Hand, von Schoß zu
Schoß gehen zu sehen. Als ich jedoch etwas größer wurde,
hielt ich mich selbst so ernst und still wie ein Nönnchen und
war stolz darauf, die beiden Freundinnen nicht zu verlassen,
wenn sie unter traulichen Gesprächen und Erinnerungen in der
Zelle am Fenster standen oder einen Gang durch die blühenden Gärten und Felder machten. Bei der festlichen Tafel jedoch
mußte ich neben der Frau Priorin sitzen, die mir ab und zu
wohlwollend die Hand streichelte und mich niemals entließ,
ohne mir ein buntes mit seidenen Maschen geziertes Körbchen
voll Backwerk und irgend ein silbernes Kreuzchen oder Gottes-
mütterchen zu schenken. Kamen wir dann nach Hause, so ver-
glich uns der selige Vater scherzend mit jenen aztekischen Indianern, welche heutzutage noch zu gewissen Zeiten auf den
großen Strömen landeinwärts fahren sollen, um an geheimnisvollen Orten den alten Göttern zu opfern.

Leider war ich trotz dieser Klosterfreuden schon ein rechtes
kleines Heidenstück und zwar durch den Unverstand der großen
Menschen. Es besuchte ein hübscher junger Mann unser Haus,
der, so oft er mich erblickte, mich auf seine Knie nahm, küßte
und seine kleine Frau nannte. Als ich das vierte oder fünfte
Jahr hinter mir hatte, ließ ich mirs freilich nicht mehr gefallen; ich sträubte mich, schlug um mich und entfloh. So oft
er aber kam, fing er mich wieder ein, und so ging das Spiel
fort, bis ich acht, bis ich zehn Jahre alt war. Ich blieb
stets gleich wild und spröde, und doch wurde ich allmählich
unzufrieden, ja unglücklich, wenn er etwa vergaß, mich seine
kleine Frau oder seine Braut zu nennen, die er zu heiraten

nicht verfehlen werde. Indessen sah ich ihn endlich nur noch
selten, weil er längere Zeiträume hindurch abwesend war;
wenn er einmal wieder kam, geschah es in veränderter Gestalt,
jetzt als verwegener Student, dann als Militär in glänzender
05 Montur, oder als gereister Weltmensch, was ihm in meinen
kindischen Augen einen geheimnisvollen Reiz verlieh.

Zuletzt aber verschwand er auf mehrere Jahre und ich
vergaß ihn endlich. Jetzt war ich zwölf Jahre alt, und die
Mutter starb uns weg. Eine achtlose Erzieherin und einige
10 Stundenlehrer besorgten meine Ausbildung, während der Vater
verschiedenen Liebhabereien lebte und öfter verreiste. Um diese
Zeit las ich den Wallenstein von Schiller und verliebte mich
unversehens in den Max Piccolomini, dessen Tod mir gewiß
so nahe ging, wie der guten Thekla. Des Nachts träumte ich
15 von ihm und am lichten Tage erfüllte er mir die Welt, ohne
daß ich seine Gestalt, seine Gesichtszüge deutlich zu erkennen
vermochte. Auf einem Stück Heide unweit der Stadt gab es
eine kleine Erderhöhung, von ein paar Hollunderbäumen überschattet. Ich nannte den Ort das Grab des Piccolomini und
20 bepflanzte ihn heimlich mit Sinngrün, das ich in meiner Bo-
tanisierbüchse aus dem Walde holte. Manches einsame Stündchen saß ich dort und ließ friedlich Theklas Geist an meiner
nicht unbehaglichen Trauer teilnehmen. Einst aber, als ich
mir besonders lebhaft das Aussehen des jugendlichen Kriegs-
25 helden und Liebhabers vorzustellen suchte, sah ich deutlich vor
mir die Züge Leodegars, meines scherzhaften Kindergemahls
oder Verlobten. Sogleich ward ich dem zweihundertjährigen
Toten untreu und meine stille Trauer um ihn verwandelte sich
in eine ebenso stille Sehnsucht nach dem Lebenden, und ich
30 zweifelte nicht an seiner Wiederkehr; denn ich merkte, daß er
es eigentlich war, der in meinem geheimsten Herzen gelebt
hatte. Ein tiefer Ernst bemächtigte sich meiner in allem, was

ich that, im Lernen und Arbeiten, da ich alles auf ihn und
sein Wohlgefallen bezog, und ich kann wohl sagen, daß dies
wunderlich ernsthafte Wesen mir in meiner damaligen Existenz
Vater und Mutter, Lehrer und Führer war, wenigstens das
05 alles einigermaßen ersetzte.

Und ich verschwieg die geheime Triebfeder meiner jungen
Tugend unverbrüchlich; nie erwähnte ich derselben mit einem
Worte und nannte den Namen so wenig, als wäre er nicht in
der Welt. Wurde aber einmal von Leodegar gesprochen, so
10 hörte ich aufmerksam zu und wich nicht vom Orte, so lang es
dauerte. Eines Tages hörte ich ihn als phantastisch, gewaltsam,
rechthaberisch und ehrgeizig schildern in Verbindung mit dem
Zugeständnisse, daß er von großen Gaben sei. Weil ich aber
den Sprachgebrauch dieser Worte zum Teil aus mangelnder
15 Erfahrung mißverstand, zum Teil aus Widerspruch und Parteilichkeit umkehrte, so nahm ich phantastisch für phantasievoll,
gewaltsam für machtvoll; rechthaberisch verwechselte ich mit
Recht liebend, und ehrgeizig galt mir so viel °wie von Ehre
beseelt, als ruhmwürdige Gesinnung. Das Bild wurde daher
20 immer schöner und idealer in meinem Herzen; mit ängstlichem
Eifer strebte ich besser und Leodegars nicht ganz unwert zu
werden, und wenn ich Fehler beging, so ruhte ich nicht, bis
ich glaubte, sie durch Reue und allerhand kleine gute Werke
als gesühnt betrachten zu dürfen.
25 So erreichte ich den Schluß des fünfzehnten Lebensjahres,
der mit Sommers Anfang eintrat, als der Vater eben auf
einer größeren Reise begriffen und für Monate abwesend war.
Unverhofft erschien um diese Zeit Leodegar in der Heimat,
jedoch nur auf ein paar Wochen, während welcher er einige
30 Mal in unser Haus kam, worin ich unter der Obhut einer
Wirtschafterin und meiner Gouvernante einsam lebte. Jene
gehörte zu einer kirchlichen Sekte mit sehr ausgeprägten Lehren

18   wie] als *H2*

und Gebräuchen, und sie verbrachte jede freie Minute mit dem Besuche der Konventikel oder dem Lesen der Traktate. Mein Papa ließ sie gewähren und munterte sie sogar auf, um zu seinem Vergnügen gewisse religionspsychologische Studien an
os ihr zu machen, und sie merkte natürlich nicht, daß er ihre Reden zergliederte und unter die Rubriken eines Tabellenwerkes verteilte. Die Erzieherin dagegen verwendete alle ihre Tage mit dem Vermehren und Ordnen einer Käfersammlung. Sie stand mit Gelehrten und Naturalienhändlern in Verbindung
10 und sandte fortwährend Schachteln fort. Denn sie verstand, auf zahlreichen Ausflügen den letzten Käfer aus seinem Hinterhalt zu ziehen, und hatte eine seltene Art, die gerade in einem Gehölze unserer Gegend zu finden war, nahezu ausverkauft. Ich kann mich des Namens dieses ausgerotteten Käferstammes nicht
15 mehr entsinnen. Am betrübtesten darüber war ein insektenkundiger Herr Oberlehrer, welcher der handelslustigen Dame den Ort nachgewiesen hatte und sich daher der Mitschuld an dem wissenschaftlichen Raubverfahren, wie er es nannte, anklagte. Uebrigens hieß sie Fräulein Hansa. Sie bewunderte und liebte
20 nämlich den Namen Hans über alles, und um seiner teilhaftig zu werden, hatte sie ihn ohne Rücksicht auf Sinn oder Unsinn mit einem a verziert und angenommen.

Unter solchen Umständen, solchen Vorgesetzten that ich was ich wollte, d. h. niemand sah auf mich. Als ich aber von
25 Leodegars Ankunft hörte, war es, wie wenn ich zu dieser Unabhängigkeit hinzu auf einen Ruck noch ein paar Jahre älter würde. Ich erwartete ihn mit zitterndem Herzen und trat ihm dennoch mit der Haltung einer zwanzigjährigen Person verschämt und feierlich entgegen.

30 „Alle Welt!" rief er überrascht aus, als er meiner ansichtig wurde; „da darf ich ja nicht mehr von meiner kleinen Frau reden, das giebt bald eine große!"

Ich aber erblickte ihn jetzt fast mit Entsetzen; denn seine
regelmäßigen aber starken Züge, die schwarzen, in die Stirne
fallenden Locken, die großen Augen, die mit kalten Flammen
leuchteten, alles sah ich später °lange noch einem gemalten Bilde
05 gleich vor mir; damals aber erschreckte und blendete mich dies
zu seinem vollen Ausdruck gelangte Wesen, und der Schrecken
diente nur dazu, meine Kinderei auf den Gipfel zu treiben.
Ich nahm mich jedoch zusammen; nach einer kurzen Unterhaltung lud ich meinen Seelenfreund auf einen bestimmten Tag
10 gelassen zu Tisch, als ob es nur so sein müßte.   Die Wirtschafterin nicht weniger als die Gouvernante erstaunten trotz
ihrer gewohnten Zerstreutheit über meine Befehle und Anordnungen, und mein Gebaren verblüffte sie so sehr, daß sie
gar keinen Widerspruch erhoben noch Schwierigkeiten machten,
15 als ich dem Speisezettel immer neue Dinge hinzufügte, von
denen ich wußte, daß er sie früher °liebte.
    Ich selber deckte schon in der Morgenfrühe den Tisch mit
dem besten Geräte, das die Mutter nur bei seltenen Gelegenheiten einst gebraucht hatte; mit neuer Verwunderung gab
20 Frau Lise, die Wirtschafterin, das Silberzeug heraus.   Als
dann der Tisch fertig war und in aller Herrlichkeit glänzte,
zog ich mein schönstes Kleid an und unterließ nicht, mich mit
den kleinen Schätzen zu schmücken, die man meiner Jugend
anvertraut hatte.   Auch Fräulein Hansa putzte sich auf meine
25 Bitte stattlich heraus; sie rauschte in schwarzer Seide einher,
einem Erträgnisse ihrer Käferhandlung, und hatte einen großen
ägyptischen Scarabäus vorgesteckt, den ihr der Vater geschenkt.
Das Altertum war aus edlem Stein geschnitten, in Gold gefaßt und zu einer Brustnadel verwendet.
30   So weit war alles gut und nach meinem Willen vollbracht.   Aber nun änderte sich die Sache.   Als wir zu dreien
am Tische saßen und uns unter der Aufsicht der Frau Lise be-

04   lange] *gestrichen* H2
16   liebte] geliebt hatte H2

dienen ließen, sah ich mich plötzlich auf mein wahres Alter
und Zöglingsdasein zurückgewiesen.   Ich wußte nichts zu sagen
und thronte in meiner Pracht steif und schweigend gleich einer
hölzernen Puppe, während die Gouvernante die Unterhaltung
05 führte und Leodegar genug zu thun hatte, ihr zu antworten.
Als sie auf eine Bemerkung hin, die er wegen des Scarabäen
an sie richtete, die Brosche losmachte und ihm zum Beschauen
in die Hand gab, wollte mir das beinah' das Herz abdrücken;
voll Eifersucht ergriff ich eine Flasche, um nur auch etwas zu
10 thun, und goß dem Gaste in der Verwirrung das Glas so
voll, daß es überlief und der rote Wein das Tischtuch befleckte.
Fräulein Hansa schenkte mir einen kleinen sehr anständigen
Verweis nicht; bündiger machte es die Wirtschafterin, die ihre
geistliche Gelassenheit vergessend mit einem weißen Tüchlein
15 herbeikam, die Verwüstung bedeckte und einen verdrießlichen
Blick nach mir abschoß.   Das Wasser trat mir in die Augen;
ich wußte nicht, wo ich hinblicken sollte, sah aber dann verstohlen nach Leodegar, der mir lachend und wohlwollend zunickte und seinen alten Scherz erneuerte.   „Ei, gute Lucie,"
20 sagte er, „wenn Du so ungeschickt bleibst, so können wir uns
noch nicht heiraten."

Die zwei älteren Personen mochten den Scherz, den sie
von früher her kannten, nicht mehr für angemessen halten;
denn sie lächelten etwas säuerlich dazu.   Ich hingegen wurde
25 rot und fühlte mich nichtsdestoweniger beruhigt, weil das unverhofft verlautende Wort meinen alten °kindlichen Glauben an
den Ernst und die Wahrhaftigkeit desselben bestätigte.

Nach beendigter Mahlzeit und als auch der Kaffee genommen war, schlug unser Gast vor, einen Spaziergang in
30 das Freie zu machen.   Er werde am nächsten Morgen wieder
abreisen, sagte er, und wisse nicht, ob er so bald wiederkomme.

26   kindlichen] kindischen *H2*

Mit schrecklicher Beklemmung hörte ich diese Ankündigung; kein größeres Unglück schien es mir in der Welt zu geben, als die abermalige unerwartete Trennung. Allein kaum eine halbe Stunde später fühlte ich mich noch zehnmal unglücklicher. Wir gingen durch ein vernachlässigtes Lustwäldchen, dessen schmale holperige Wege sich an einem Hügel im Stadtforste verloren. Leodegar hatte der Erzieherin den Arm gegeben, den sie nun nicht mehr fahren ließ, so daß ich genötigt war, wie ein Hündchen hinter dem Paare drein zu laufen. Sie achteten nicht einmal darauf, und ich befand mich in meiner fünfzehnjährigen Nichtsnutzigkeit so elend, daß ich zu weinen anfing und mit dem Schnupftuch den Mund verstopfen mußte, um das Schluchzen und Stöhnen nicht laut werden zu lassen. Das paßte nicht gut zu meinem modischen Anzuge, den ich demjenigen erwachsener Damen so ähnlich als möglich gemacht hatte.

Plötzlich aber gab es eine Wendung der Dinge. Fräulein Hansa zog das Fläschchen mit Spiritus, das sie stets bei sich trug, aus der Tasche und that einen Sprung unter die Bäume, wo sie die langen Fühlhörner eines Käfers aus einer bemoosten Rinde hervorstehen sah. Gleich darauf versank der arme Waldbruder in das Fegefeuer des Fläschchens und zitterte schrecklich, bevor er sich zur Ruhe gab. Diesen sah ich zwar nicht, aber ich kannte das Schauspiel genugsam. Fräulein Hansa aber rief uns zu, wir sollten einstweilen nur weiter gehen, sie müsse den Ort genauer untersuchen und werde uns schon einholen.

Jetzt sah sich Leodegar nach mir um und erblickte mich in meinem verzweifelten Zustande, der mich wohl so schlimm dünkte, wie die Lage des sterbenden Kerbtierchens. Ueberrascht ergriff er meine Hand, legte sie in seinen Arm und führte mich weiter, wie er vorher die Gouvernante geführt hatte,

indem er sagte: „Was giebt's denn da? Warum weint man?
Eine Braut, eine kleine Frau, die weint, wo soll das hinaus?"

So kindermäßig das klang, so tröstete mich doch der
alte Titel, der mir zukam wie der Platz an der Seite des
Mannes, dessen Arm mich doch eher beängstigte als erfreute.
Ich antwortete nichts, trocknete die Thränen und brachte das
Gesicht in Ordnung. Als wir ein hundert °Schritt gegangen,
erreichten wir den Saum des Gehölzes und betraten die anstoßende Heide, wo wir gleich das Grab des Piccolomini
fanden. Das Immergrün, das ich einst gepflanzt, hatte seit
drei Jahren den kleinen Hügel dicht übersponnen; die Hollunder-
büsche waren höher und breiter geworden und mit Blüten-
büscheln behangen, und irgend jemand, dem das Plätzchen
gefiel, hatte ein hölzernes Bänklein in ihrem Schatten errichtet.

„Hier wollen wir ausruhen und auf das Fräulein warten!"
sagte Leodegar; „was ist das für ein lauschiger Winkel, den
ich noch nie gesehen?"

„Es ist ein Grab, wie ich glaube," erwiderte ich in ängstlicher Zerstreuung, brach jedoch meine Rede ab. Mir war zu
Mut, als ob ich wenigstens dreißig Jahr' alt wäre und auf
weitentlegene Jugendträume zurückblickte. Obgleich es nur der
Schatten eines Dichtergebildes war, der hier begraben lag, so
empfand ich doch eine Art Furcht vor der Nebenbuhlerschaft
der zwei Männer; denn der Lebende schien mir wohl so schön
und gewaltig, wie ich mir einst den Toten gedacht. Das Laub
der Hollunderbäume flüsterte mir unheimlich in die Ohren.
Auch hatte ich eines Tages meine Erzieherin in einer Damen-
gesellschaft äußern gehört, daß die Männer es hassen, wenn
ihre Frauen von früheren Liebesgeschichten erzählen. Alles
das war trotz meinem Hange zur Aufrichtigkeit Grund genug,
auf Leodegars Frage, wer denn hier begraben sein solle,
stumm wie ein Fisch zu bleiben. Ich zitterte leise vor Be-

klemmung. Er bemerkte es, nahm mich brüderlich in den Arm, streichelte mir die Backen und fragte, was mir denn sei und warum ich geweint habe?

Da brach ich von neuem in Thränen aus; ich sehnte mich nach Vertrauen, nach Freundschaft und Liebe, nach einer bessern Heimat als ich besaß, und diese Sehnsucht machte sich jetzt, ohne daß ich daran etwas ändern konnte, mit den wunderlichen Worten Luft:

„Vetter Leodegar! Wann wirst Du mich denn heiraten?"

Er schwieg erst ein Weilchen, wie um sich auf die Antwort zu besinnen. Dann hob er mein Kinn mit einem Finger empor, daß er mein Gesicht sehen konnte, und das seinige hing mit zärtlichen Augen über mir, indessen der Mund seltsam lächelte.

Endlich sagte er: „Du gutes Mädchen, wenn Du erst katholisch bist, wird die Hochzeit sein!"

„Aber meine Mama ist ja auch nicht protestantisch geworden," sagte ich, „und der Papa hat sie doch geheiratet."

„In diesem Punkte sind Dein Papa und ich zwei Dinge!" erwiderte er nachdenklich, indem er mich zärtlicher an sich zog und einen Kuß auf meine Stirne zu drücken im Begriffe war. Da hörten wir die Schritte und die Stimme der Erzieherin hinter den Bäumen, und Leodegar ließ mich unwillkürlich frei. Dieses Fahrenlassen kam mir kleinem Ungeheuer zu statten; denn eben sträubte ich mich gegen den Kuß. Dennoch gab es dem Abenteuer in meinem Sinne die Weihe des Geheimnisses; ich wußte nun, daß die Leute nichts von dem Vorgange wissen durften, und hielt denselben um so eher für eine heimliche Verlobung.

Der Spaziergang wurde nun auf breiteren Wegen fortgesetzt; erst nach einigen Minuten lachte Leodegar halblaut vor sich hin, aber nur einen Augenblick, als ob ihm etwas sehr

Drolliges einfiele. Sonst ereignete sich nichts Besonderes
mehr. Er begleitete uns noch bis vor unsere Hausthüre und
verabschiedete sich, da er in der Morgenfrühe abreisen wollte.
Mir drückte er ernst und gütig die Hand und ermahnte mich,
05 ferner so lieb und gut zu sein und fleißig zu lernen. Ich
blickte ihm nach, bis seine hohe Gestalt in der Abenddämmerung verschwand. Dann trat ich in das Haus, während
Fräulein Hansa schon oben saß und ihre Jagdbeute musterte.

Frühzeitig ging ich zu Bette, um ungestört weinen und
10 über die ernste Wendung meines jungen Lebens, über °die
Worte Leodegars nachdenken zu können. Allmählich aber schlief
ich ein, erwachte jedoch kurz nach Mitternacht. Da stand ich
leise auf und kleidete mich vollständig reisefertig an, worauf ich
einen Handkorb mit den notwendigsten Sachen voll packte,
15 endlich aber auch einen Brief an meine Hausgenossinnen schrieb,
worin ich ihnen meldete, ich hätte ein Heimweh nach der
Jugendfreundin meiner Mutter, der Nonne, empfunden und
sei in das Kloster hinuntergefahren, wo ich einige Zeit, bis
der Vater zurückkehre, verweilen werde. Punktum.

20 Hierauf nahm ich meine Nachtkerze und den Reise- oder
vielmehr Marktkorb, schlich mit unhörbaren Schritten in den
Flur hinunter, öffnete die hintere Hausthüre, die in den
Garten führte, und stieg in den dort angebundenen Nachen,
den Korb auf dessen Boden setzend. Nach alledem endlich löste
25 ich die Kette, legte das Ruder ein, das ich auch hinausge-
tragen, und lenkte das Fahrzeug auf die Mitte des sanft im
Mondlichte fließenden Stromes hinaus; denn der Mond stand
hoch am Himmel, wie es überhaupt die schönste Juninacht
war. Am Ufer schlug hüben und drüben hier und da eine
30 Nachtigall, und nie ist die unbesonnene That eines Backfisches
unter solchen Begleitumständen begangen worden. Ich brauchte
allerdings nur dann und wann einmal das Ruder zu rühren,

10   die Worte Leodegars] /die/ Leodegars Worte   *H2*

um das Schifflein in der Richte zu halten; allein die Fahrt war immerhin bedenklich genug, da ich unter zwei Brücken hindurch mußte und an einem ihrer Pfeiler scheitern konnte, wenn ich die rechte Mitte verfehlte.

Ich fuhr aber frech und träumerisch ohne allen Unfall dahin und lenkte im ersten Morgenscheine in die mir bekannte Bucht ein, wo die Fischerkähne des Klostermüllers unter den hohen Weidenbäumen standen.

Eben läutete das Mettenglöcklein des Klosters; im Chore sangen die Nonnen ihre Frühgebete, während draußen die Amseln, die Finken und andere Vögel ihre Tagelieder erschallen ließen, daß die Luft zu leben schien. Aber auch die Hunde rannten bellend herbei, da ich die Landung mit Geräusch bewerkstelligte, an die Kähne stieß und mit der Kette des meinigen über dieselben hinwegsprang. Glücklicherweise kam einer der Klosterknechte, der sich meiner noch erinnerte, und beschwichtigte die Hunde. Er machte den Kahn fest und trug meinen Korb an die Klosterpforte. Blaß von der Morgenkühle und dem Nachtwachen zog ich die Glocke, mußte aber geraume Zeit warten, bis die Pförtnerin kam und mich nach einem kurzen Verhöre einließ. In der Vorhalle hieß sie mich auf eine Bank sitzen; nicht weniger als der Knecht über mein Erscheinen verblüfft, holte sie die Frau Schwester Klara herbei, die eben aus der Kirche kam. Die gute Tante Klara, wie ich die mütterliche Freundin sonst genannt hatte, war im Begriffe gewesen, nach der Hora noch das übliche Morgenschläfchen zu suchen, und kam nun ganz erschrocken, mich zu sehen, zu fragen, was sich ereignet habe, warum und auf welche Weise ich gekommen sei u. s. w. Vor allem aber brachte sie mich in ihre Zelle und vernahm mit neuer Verwunderung, doch nicht ohne Rührung, daß ich mich einsam fühle und einige Tage bei ihr weilen möchte. Ueber meine verwegene Stromfahrt bekreuzte

sie sich. Du armes Kind, rief sie, wacht denn niemand
über Dich?

Doch sogleich holte sie aus ihrem Wandschränklein ein Gläschen duftigen Nonnenliqueurs und zwang mich, das wärmende
05 Tränklein mit einem würzigen Zuckerbrote zu mir zu nehmen.
°Als dies geschehen, ruhte sie nicht, bis ich auf ihrem Bette
lag und einschlief, während sie sich selbst mit ihrem Gebetbuche auf einen Schemel setzte und dem Aufgang der Sonne
entgegen sah.

10 Als die Glocke zur Morgensuppe geläutet wurde, kam sie
mich zu wecken; denn sie hatte inzwischen schon mit der Frau
Priorin gesprochen und diese darauf befohlen, daß man mich
vorläufig in Stille und Ruhe da behalten solle, bis die Angelegenheit sich abgeklärt habe.   Ich frühstückte also mit den
15 Klosterfrauen, von denen fast alle noch die alten waren.
Gleich nachher wurde unser Hausdiener gemeldet, welcher nach
der Entdeckung meiner Flucht und nach erfolgtem Ratschlag
von dem Fräulein Hansa und der Frau Lise mir nachgesandt
worden und auf einem Flußdampfer herunter gefahren war.
20 Der treue Mann, der nämliche, der jetzt noch bei uns ist,
kannte die Schwester Klara und ihr Verhältnis zu meiner verstorbenen Mutter; als er mich daher in Begleit der Nonne
am Sprachgitter erscheinen sah und wahrnahm, daß sich alles
in Ordnung befand und ich soweit wohl aufgehoben sei,
25 empfahl er sich bald und ruderte das Schifflein, das mich her-
getragen, rüstig flußaufwärts, nachdem er den ihm gereichten
Imbiß eingenommen.

Dergestalt blieb ich im Kloster samt dem Plane, den ich
im Kopfe barg.   Gegen Abend aber erging sich Schwester
30 Klara mit mir im Felde, wie sie vormals mit der Mutter
gethan, und entlockte mir mit sanftem Andringen die Ursache,
die mich auf so unvermutete Weise anher geführt.

06   Als dies] Dies *H2*

Ich eröffnete ohne Zögern meinen Wunsch, mit ihrer Hülfe und °dem Schutze dieses Klosters zur katholischen Religion überzutreten.

Klara erschrak zum zweitenmale über mich und schüttelte den Kopf. Allein an Hingebung und Gehorsam gewöhnt, wagte sie nicht, mein Ansinnen von sich aus zu beantworten; sie begab sich unverweilt zu der Frau Priorin und teilte derselben die wichtige Neuigkeit mit. Die Priorin schüttelte ebenfalls den Kopf, worauf sie in die Propstei hinüberging, um den über das Kloster gesetzten Propst von der Sache zu unterrichten. Er wandelte aber mit seinem Brevier auf seinem Lieblingspfade am Flußufer, und um nichts zu versäumen, watschelte die besorgte Vorsteherin ihm nach, bis sie ihn fand. Er schüttelte seines Teils mit nichten das Haupt, zog vielmehr den Fall in ernstliche Erwägung und entschied sich dahin, daß ich zur Prüfung und Beobachtung einige Tage zu beherbergen sei, indes er den Rat seines Abtes einhole.

Was mich betraf, so verharrte ich auf meinem Vorsatze; höheren Orts wurde überlegt, wie ich die mutmaßlich einzige Erbin des vorhandenen Vermögens, das Kind einer Katholikin sei, welche, durch den ketzerischen Ehemann dem rechten Glauben entzogen, ohne die Tröstungen der Kirche verstorben; wie mein Begehren offenbar eine Fügung sei, deren mögliche Früchte für Stift und Kirche nicht leichthin verscherzt werden dürften.

Nun war ich nach den Landesgesetzen, wenn ich erst ein Jahr älter geworden, berechtigt, nach freier Wahl den Uebertritt zu thun, auch gegen des Vaters Willen. Es ward also die Frage gestellt: sollte man dies Jahr verfließen lassen und mich thunlichst unter den Augen behalten, auf die Gefahr hin, daß ich von meinem Entschlusse wieder abfiele, – oder sollte man jetzt sogleich meinen Willen thun unter der Bedingung, daß ich den Schritt bis zum Tage meiner konfessionellen

02   dem] im *H2*

Mündigkeit geheim halte?   Und war auf mein Versprechen zu
bauen?   Das letztere Verfahren wurde dennoch für gut befunden.
Für den Fall des verfrühten Kundwerdens gedachte man auf
die Aufsichts- und Ratlosigkeit hinzuweisen, in welcher ich gelassen worden sei, und die den ehemaligen Glaubensgenossen
der Mutter des Kindes den gewährten Schutz zur einfachen
Pflicht gemacht habe.

Solchermaßen wurde denn auch gehandelt.   Der Herr
Propst selber erteilte mir während zwei Monaten den geistlichen Unterricht; dann empfing ich in der Klosterkirche die
Taufe.   Zwei Konventualen aus dem fernen Mutterstifte, dem
der Propst angehörte, und zwei Nonnen, von denen Klara die
eine, wohnten als Taufzeugen bei.   Nachher wurden die nötigen
Urkunden aufgesetzt und unterschrieben, und der Propst ver-
wahrte sie einstweilen in seinem Archive.   Der Name Lucia
wurde mir gelassen.

Ich vermag meine Seelenverfassung während des Unter-
richts und der Ceremonie kaum zu beschreiben.   Jedenfalls
hatte ich dabei ein böses Gewissen und fühlte deutlich, daß
ich meinem Vater gegenüber nichts Gutes that.   Außerdem
empfand ich eine eisige Kälte im Herzen, die mich auch drückte;
nur der Gedanke, daß ich mich jetzt unauflöslich mit Leodegar
vereinigt habe und keine Schranke mehr meinem Glücke im
Wege stehe, löste die Starrheit der Seele, daß mein Blut
wieder etwas Leben gewann.   Die Leute nahmen das für
religiöse Ergriffenheit; einzig Schwester Klara, die einen tieferen
Anteil nahm, wurde weder klar noch ruhig über mein Wesen,
und als ich eines Nachmittags bei ihr in der Zelle saß,
begann sie mit leisen und vorsichtig gestellten Worten von
neuem nach Natur und Art der wahren Grundursache zu
forschen, die mein Inneres bewegte.   Der mütterlichen Freundin verhehlte ich es nicht länger und sie vernahm im Ver-

lauf eines Viertelstündchens den unglückseligen kleinen Kinds-
roman.

Sie schaute mich mit großen Augen an, schlug sie dann
tief errötend auf ihre Arbeit nieder, und nach einem Weilchen
fiel eine schimmernde Thräne darauf. Ich glaubte, die stille
fromme Dame schäme sich für mich, da ich es nicht selbst
thue; ganz unglücklich kniete ich vor ihren Füßen und weinte
auf ihre Hände. Es war mehr die Erinnerung an eigenes
Leid, das sie einst in dies Kloster geführt, die sie jetzt bewegte.
Sanft richtete sie mich auf und sagte:

„Wir sprechen nicht mehr darüber! Schweig und vergiß,
oder mögen Dir Gott und seine Heiligen helfen!"

Wir haben freilich nach Jahren wieder davon geredet;
denn sie lebt noch. In jenen Tagen, da ich noch bei ihr
weilte, lehrte sie mich zur Zerstreuung dergleichen Bildchen
sticken, wie Sie hier eines sehen, und dieses war von ihrer
Erfindung. Es soll die himmlische und die irdische Liebe vorstellen, freilich mit weniger Kunst zustande gebracht, als jenes
berühmte Bild von Tizian. Ich verstand die stumme Mah-
nung und nähte die beiden Herzen mit der roten Seide auf
das Papier; aber ich hielt es mit demjenigen, das zwischen
dem Tännchen und dem Rosenstrauch auf dem grünen Rasen
stehen blieb. Um die Widersprüche meines Zustandes voll zu
machen, seufzte ich nicht einmal ein weniges, da Kinder wohl
weinen, aber noch nicht zu seufzen verstehen.

Und doch gab es sofort Ursache genug zu Angst und
Sorgen. Das regelmäßige Dampfboot legte beim Kloster an;
ich guckte neben der Frau Klara neugierig aus dem Zellen-
fenster; aber statt einer fremden Ordensfrau, oder eines °Herrn
Prälaten-Inspektors, oder eines weltlichen Geschäftsmannes
sah ich meinen Vater an das Land steigen. Mit seiner Erscheinung fiel mir eine neue Last aufs Herz und das böse

29 Herrn] Herren *H2–E1*

Gewissen verwandelte sich in eine Sorge, die ich noch nie gekannt. Er war früher, als man gedacht, und unversehens
von der Reise zurückgekehrt, und als er erfuhr, daß ich seit
Monaten im Kloster lebe, über meine Eigenmächtigkeit wie
über die fahrlässige Art der Gouvernante und der Wirtschafterin von einem tiefen Unwillen ergriffen worden. Beide entließ er augenblicklich, und sie mußten sogleich aus dem Hause
scheiden. Gegen die guten Klosterfrauen verlor er die frühere
Duldsamkeit, von der zornigen Furcht befangen, sie möchten
mich angelockt und in übler Absicht im Kloster behalten haben.
Jetzt ließ er mich hinausrufen, verlor kein Wort und befahl
mir meine Sachen zusammenzupacken und ihn nach Hause zu
begleiten. Die Einladung, in der Propstei das Mittagsmahl
einzunehmen, lehnte er kurz ab. Auf dem Wege fragte er,
ob man Versuche gemacht habe, mich zum Uebertritt zu über-
reden; der Wahrheit gemäß und doch doppelsinnig verneinte
ich das; denn nicht nur wegen des gegebenen Versprechens,
sondern auch wegen der gefährlichen, so ganz veränderten
Stimmung des Vaters wagte ich nicht, das Geschehene zu bekennen.

Jetzt lernte ich auf einmal das Seufzen, da ich, wenn
auch nicht ein Verbrechen, doch einen unerlaubten, ernsten und
auffälligen Schritt zu verhehlen hatte. Als ich in das väter-
liche Haus trat und die beiden durch meine Schuld verstoßenen
Frauen nicht mehr sah, seufzte ich wiederum tief auf und ward
der Bitterkeit des Lebens inne.

Ich fand jedoch nicht lange Zeit nach den Verschwundenen
zu fragen. Der Vater hatte in Thüringen eine Art Erziehungs-
oder Vollendungsanstalt für größere Mädchen gesehen. Dieselbe wurde in entschieden protestantischem Geiste geleitet, wodurch einer besondern Klasse der Gesellschaft gedient werden
sollte. Und da der Vater stets zu religiösen Experimenten ge-

neigt war, die er an andern Leuten anstellte, wie die Naturforscher an den Fröschen, so dachte er °hierdurch am ehesten
den Katholizismus auszutreiben, welchen ich im Kloster ein-
geatmet haben mochte.   Demgemäß brachte er mich unverweilt
in das Institut und versorgte mich dort fest auf zwei Jahre.

Die strenge lutherische Rechtgläubigkeit, die er vorausgesetzt, war aber in Wirklichkeit nicht gar so weit her.   Es
handelte sich mehr um gewisse unzukömmliche Einwirkungen,
um taktlose oder unschickliche Uebungen und Thorheiten, die
sich heutzutage manche schlecht kontrollierte halb- oder einseitig
gebildete Lehrerschaften beiderlei Geschlechts erlauben, und
welche durch ernsthaft und gleichmäßig geschulte Lehrkräfte
fernzuhalten man bestrebt war.   Das eigentliche Ziel konnte
sogar ein recht weltliches genannt werden.   Man suchte, da
man doch für eine bessere als gewöhnliche Bildung sorgte, die
Mädchen vor allerlei Unbescheidenheit, Absprecherei, Verschroben-
heit und Unzierlichkeit zu bewahren, um ihnen nicht von vornherein Zukunft und Schicksal zu verderben, sondern ihnen ein
unbefangenes Herz für die reifere Erfahrung, einen unbeschädig-
ten Verstand für das in der Welt selbst zu erwerbende Urteil
freizuhalten.   In diesem Sinne konnte die herrschende Christ-
lichkeit lediglich einem durchsichtigen Glasgefäße verglichen
werden, welches den Staub abhielt und das Licht durchließ,
ohne selbst vor dem Zerbrechen geschützt zu sein.   Vollkommen
ist ja nichts in der Welt.

Uebrigens traf ich eine Anzahl sehr wohl erzogener, gut-
artiger Mädchen, alle heitern unschuldigen Herzens, unter
welchen die Wahl der vertrauteren Freundinnen schwer gewesen
wäre, wenn nicht ganz gleichgültige äußere Eindrücke sie hätten
entscheiden können.   Es kam auch in der That vor, daß einzelne Pärchen scherzweise gefragt wurden, was sie denn anein-
ander fänden, und es dann lachend hieß, man wisse das eigentlich

02   hierdurch] hiedurch *H2–E1*

nicht und sei bereit zu tauschen, wenn jemand wolle.   Für mich
aber lag noch ein freundliches Glück in dem Umstande, daß
fast alle Zöglinge edle und gebildete Mütter besaßen, deren
wohlwollende Freundschaft ich mitgenoß, wenn ich in den
Ferientagen die eine oder andere Tochter in ihre Heimat begleitete, bald in eine Großstadt, bald auf das Land.   Dergleichen Aufenthalte in der Mitte vollzählig blühender Familien
mit gutgestimmtem Tone ergänzten in wohlthuender Weise
meine Lehrjahre, und alles wäre gut und schön gewesen ohne
das Geheimnis meines Gewissens.

Denn mit jedem Tage, den ich älter wurde, erkannte ich
deutlicher, daß es ganz unmöglich wäre, mich zu entdecken,
wenn ich in diesen ruhigen Kreisen, wo nichts verfrüht und
nichts gewaltsam gedreht wurde, nicht als ein abenteuerliches
bedenkliches Wesen erscheinen wollte.   Dieses ewige Verschweigen
eines und desselben Geheimnisses, daß ich nämlich katholisch
und wie ich es geworden sei, unterschied mich von der ganzen
kleinen und großen Welt, in der ich lebte.

Aber im gleichen Maße, in welchem die verschwiegene
Last an Schwere wuchs, wurde sie mir auch teurer.   Ich hörte
nie etwas von Leodegar und wußte nicht, wo er lebte.   Weder
der Vater noch die Schwester Klara, mit welcher ich Briefe
wechselte, erwähnten seiner auch nur ein einziges Mal.   Allein
ich glaubte fest, daß er eines Tages, wenn die Zeit da sei,
kommen und mich und mein Geheimnis befreien werde.   Je
weiter seine körperliche Gegenwart in meiner Erinnerung zurück-
trat, desto heller glänzte er, einem Sterne gleich, mir in der
Seele.   Das zweite Jahr ging seinem Ende entgegen; ich
war stark gewachsen, und mit meinem Geheimnis, in der Ver-
tiefung meiner Gedanken mochte ich zuweilen einer vollständig
erwachsenen ernsten Person ähnlich sehen.   Zuletzt ging ich nur
noch mit den ältesten Mädchen, die sich dem zwanzigsten näher-

ten, wagte aber nicht, mich in die Vertraulichkeiten zu mischen, welche unter diesen Großen doch schon vorkamen, sondern sehnte mich schweigsam nach der Heimkehr. Denn immer fester bildete ich mir ein, daß Leodegar nicht lange nachher eintreffen werde. Diese Hoffnung war auch eine bittere Notwendigkeit für mich: was in aller Welt sollte ich mit meiner Religionsänderung anfangen ohne den, für welchen sie allein unternommen worden?

Mein Vater war in Italien und schrieb mir, er werde mich im Herbst abholen; und da er gute Berichte über mich erhalten, werde er mich zur Belohnung mit nach dem klassischen Lande nehmen, wohin er für den Winter und Frühling zurückzukehren gedenke. Dort würden mir die letzten etwaigen Klostergedanken sicherlich vergehen.

„Daß ichs nicht vergesse," endigte der Brief, „unsern Vetter Leodegar habe ich ganz zufällig in Rom getroffen. Er ist dort in den Orden der Redemtoristen getreten und läuft in einem schwarzen Habit herum mit einem närrischen Hut und einem Rosenkranz. Es heißt, er wolle es zum Kardinal bringen; ich glaub' es, denn er machte ein sehr durchtriebenes Gesicht, als ich ihn sprach. Es war gewissermaßen der alte Leodegar und doch etwas Neues in ihm, wie wenn seine Augen sagen würden: „Kerl, Dich wollt' ich, wenn ich Dich hätte und Du mich nicht anbeten würdest!"

Die Nachricht war nur zu begründet. Fast am gleichen Tage sagte der Institutsvorsteher, als er bei Tisch die Zeitung las, zu mir: „Da steht, daß ein junger deutscher Liguorianer aus Ihrer Heimat sich in Rom durch seine Predigten berühmt mache. Er trägt sogar den gleichen Familiennamen mit Ihnen! Kennen Sie ihn, Fräulein Lucie? Sie sind aber doch nicht katholisch!"

Mit tonloser Stimme erklärte ich, von alledem nichts

zu wissen, und schenkte mir möglichst gleichgültig ein Glas
Wasser ein.

Mein armer Vater holte mich nicht mehr ab.   Er hatte
sich in den heißen Sommermonaten durch unvorsichtiges Reisen
ein Fieber geholt, von dem er nicht genas.

So kehrte ich vollständig verwaist in mein leeres Haus
zurück.   Da ich für die Vermögensverwaltung noch eines
Vormundes bedürftig war, so bat ich meinen Oheim, den
Bruder meiner Mutter, darum, der eben in den Ruhestand zu
treten beabsichtigte und mir einen Besuch ankündigte.   Er
übernahm den Liebesdienst mit treuer Sorgfalt.   Seither leben
wir zusammen und haben vor sieben Jahren schon dies Gut
gekauft und bezogen.   Nach dem Fräulein Hansa und der
Wirtschafterin hatte ich in °allen Treuen gesucht, um so viel
als möglich die ihnen widerfahrene Unbill gut zu machen.   Es
gelang mir aber nicht, meinen Wunsch zu erfüllen.   Die Erzieherin hatte einen Naturalienhändler geheiratet, mit welchem
sie nach Südamerika gereist war.   Sie besorgte seine Buchhal-
tung und speziell den Einkauf der Käfer.   Die Frau Lise
war Küchenmeisterin in einem großen Krankenhause geworden
und bedurfte meiner nicht mehr.

Von der verfrühten thörichten Leidenschaft und ihrem
Gegenstande erholte ich mich zwar bald, da es mir wie
Schuppen von den Augen fiel.   Aber ich hatte durch meine
Streiche Jugend, Leben und Glück, oder was man dafür hält,
mir selbst vor der Nase abgesperrt.   Den Uebertritt konnte ich
nicht rückgängig machen, wenn ich nicht als eine abenteuernde
Doppel-Konvertitin in das Gerücht kommen wollte.   Inzwischen
lernte ich mich mit der Idee trösten, daß meine Geschichte mich
vor späterem Unheil, Unstern und vor Teufeleien bewahrt habe,
die ich ohne diese Erfahrung noch hätte erleben oder anrichten
können.   Es giebt ja auch Krankheiten, die man den Kindern

einimpft, damit sie später davor bewahrt bleiben! Nun aber halten Sie reinen Mund, nicht wahr? Und mischen Sie die Geschichte nicht unter die Beispiele, die Sie etwa anderwärts vorzutragen in die artige Laune geraten, wie Sie hier gethan haben!"

05 „Seien Sie in dieser Hinsicht ganz ruhig," antwortete Reinhart; „ich gönne mir selber kaum, was Sie mir so gütig anvertrauten. Doch das Gleichnis mit dem Impfen der Kinder kann ich Ihnen nicht gelten lassen. Was Sie erlebt haben, ist wohl zu unterscheiden von der ungehörigen Liebesucht ver-
10 derbter Kinder und widerfährt nur wenigen bevorzugten Wesen, deren edle angeborene Großmut des Herzens der Zeit ungeduldig, unschuldig und unbewußt vorauseilt. Der naive Kinderglauben an die leichtfertigen Scherzworte des Herrn Kardinals, an welchem Sie so treulich festgehalten haben, gehört zu dieser
15 Großmut, wie ein Taubenflügel zum andern, und mit solchen Flügeln fliegen die Engel unter den Menschen. Beschämt ermesse ich an diesem Beispiele des Guten, wie teilnahmslos mein Leben verlaufen ist, wie inhaltslos, und auf wie leichtsinnige Weise ich sogar vor Ihr Angesicht geraten bin!"

20 „Sie werden endlich ja wahrhaft artig gegen unsereines," sagte Lucie; „ich danke Ihnen für das gnädige Urteil."

Sie atmete leicht auf und fuhr fort: „Sehen Sie, nun bin ich erst ganz von der verwünschten Heimlichkeit befreit. Wie schwierig ist es, einen Beichtvater zu finden, wie man ihn
25 braucht! Aber wollten Sie nicht lesen?"

„Jetzt nicht mehr," meinte Reinhart; „wer möchte noch lesen! Lieber möcht' ich °hinaus ins Freie, den Tag entlang, und alle Sorgen von mir thun, das heißt, wollen Sie mithalten?"

30 „Da haben Sie recht!" lachte Lucie freundlich; „warum sollen wir uns nicht auch einen guten Tag machen? Wir haben's ja in uns, nicht wahr?"

27 hinaus] hinaus, *H2*

„Was denn?"

„Ich meine das bißchen Kinderdummheit mit den Tauben-
flügeln, trotzdem wir so große alte Leute sind! Wissen Sie
was, wir gehen durch den Wald nach Althäusern am Flusse
hinunter; dort finden wir sogar ein leidliches Mittagessen in
der Post, wo wir die Reisenden und die Fuhrleute betrachten
können. Und eben fällt mir ein, daß ich alsdann bei dem
dortigen Schuhmacher nachsehen kann, ob er meine Wald- und
Feldschuhe für den Herbst gemacht hat und ob sie mir passen.
Der Meister Schuhmacher ist nämlich der Bräutigam unseres
Bärbchens geworden, den man ein wenig zu Ehren ziehen
muß."

Sie schlug eine der grünen Gardinen zurück und rief
hinaus: „Bärbchen, hast Du etwas auszurichten? Wir gehen
spazieren und kommen zu Deinem Schuh- und Hochzeitmacher!"

Das angerufene Mädchen kam gelaufen, fragte zuerst, ob
es am nächsten Sonntag ausgehen dürfe, und bat nach er-
haltener Erlaubnis, dem Geliebten dies anzuzeigen und ihm
zu verdeuten, daß er zu Hause bleiben und sie erwarten solle.
Sie werde ihm auch die neuen Winterstrümpfe mitbringen.

„Nun haben wir eine Mission als Liebesboten," rief Lucie,
„und dürfen uns sehen lassen!"

Sie machten sich wohl gerüstet auf den Weg und beob-
achteten aufmerksam alle Merkwürdigkeiten, die ihnen aufstießen,
einen Hirschkäfer, der am Fuße eines Baumes saß und fleißig
schrotete, so daß er schon ein beträchtliches Häuflein Sägemehl
ausgeworfen hatte; einen Eichbaum, der eine schlanke Buche
in seinen knorrigen Armen hielt; das vermischte Laub ihrer
Kronen flüsterte und zitterte in einander, und eben so innig
schmiegte sich der glatte Stamm der Buche an den rauheren
Eichenstamm. In einem klaren Bache, der durch den Berg-
wald herunterfloß, kam eine große schöne Schlange geschwommen

und warf sich unfern den beiden Lustwandlern aufs Trockene;
ein starker Krebs hing an ihrem Halse, vermutlich um sie an-
zufressen. Reinhart griff die Schlange mit rascher Hand und
hob sie empor.

05 „Halten Sie mir das arme Tier," sagte er zu Lucien,
„damit ich den Quäler abnehmen kann! Fassen Sie nur fest
mit beiden Händen, es ist keine Giftschlange!"

Lucie sah ihn etwas furchtsam an; doch traute sie seinen
Worten und hielt die Schlange tapfer fest, die sich nicht heftig
10 bewegte. Reinhart drückte den Krebs, bis er seine Scheren
aufthat, und warf ihn in den Bach. Die Schlange blutete
ein wenig. Sie schaute das schöne Fräulein ruhig an, und
dieses blickte mit sichtlicher Erregung dem Waldgeheimnis in
die nahen Augen. Ihre Scheu völlig bezwingend, legte Lucie
15 das Tier langsam auf die Erde und ließ es sachte entschlüpfen.

„Wie schön es gemustert ist!" rief sie, ihm nachsehend,
bis es im °Farnkraute verschwand; „und wie froh bin ich,
daß ich gelernt habe, die Kreatur in Händen zu halten! Und
wie erbaulich ist das kleine Rettungsabenteuer!"

20 „Ja," erwiderte Reinhart, „es erfreut uns, in dem allgemeinen Vertilgungskriege das einzelne für den Augenblick zu
schützen, soweit unsere Macht und Laune reicht, während wir
gierig mitessen. Aber sehen Sie, die Kreatur scheint diesmal
dankbar zu sein und uns das Geleit zu geben!"

25 Er wies zur Seite des Weges, wo die Schlange wieder
zum Vorschein kam und neben ihnen herkriechend das Paar in
der That eine Strecke weit begleitete, bald im Gesträuche verborgen, bald sichtbar. Zuletzt hielt sie still, richtete sich in die
Höhe und drehte sanft den kleinen platten Kopf hin und her.

30 Lucie schaute wortlos aber mit wogendem Busen hin, und
erst, als die Erscheinung aus den Augen war, rief sie: „Ach,
von dieser schönen Schlange wünschte ich zu träumen, wenn

17 Farnkraute] Farrenkraute H2-E5

ich einmal traurige Tage hätte.   Gewiß würde mich der Traum
beglücken!"

Sich alle Zeit gönnend, gelangten sie um Mittag in das
Dorf, gingen in die Wirtschaft zur Post und ließen sich Suppe
05 und die übrigen einfachen Gerichte geben, die dort üblich waren.
Gleich bescheidenen Reisenden oder Hausierern, die sich vorsehen
müssen, fragten sie bei jeder Schüssel vorher um den Preis,
und trieben noch andere Kurzweil von ähnlichem Gehalte.
Dann erinnerten sie sich des Schuhmachers und suchten ihn
10 auf.   Sie fanden das kleine Haus etwas abseits unter einem
Nußbaume und die Wand an der Sonnenseite von einem
Birnenspaliere bedeckt, jedoch nur zum Teil; der andere Teil
war eine Weinrebe, so daß die ganze Wand mit reifen Birnen
und blau werdenden Trauben behangen war.

15 „Das ist nicht übel," sagten sie, „das Bärbelchen hat sich
ein sehr behagliches Nest ausgesucht!"

Was ihnen aber noch mehr auffiel, war der Gesang einer
schönen Stimme, welche durch das offene Fenster ertönte im
allerseltsamsten Rhythmus.   Da sich auf der entgegengesetzten
20 Seite ebenfalls ein Fenster befand, war das Innere der Stube
ganz hell und durchsichtig, und sie standen im Schatten des
Baumes einige Zeit still und schauten hinein.   Der junge
Meister, der noch allein arbeitete, war eben im Anfertigen eines
neuen Vorrates von Pechdraht begriffen.   An einem Haken
25 über dem jenseitigen Fenster hatte er die langen Fäden von
Hanfgarn aufgehängt, welche durch die ganze Stube reichten,
und schritt nun, die eine Hand mit einem Stücke Pech, die
andere mit einem Stücke Leder bewehrt, rück- und wieder vorwärts Garn und Stube entlang, strich das Garn und drehte
30 oder zwirnte es auf dem einen Knie in kühner Stellung kräftig
zum haltbaren Drahte und sang dazu °ein Lied.   Es war
nichts Minderes, als Goethes bekanntes Jugendliedchen „Mit

31   ein] sein J1–E1

einem gemalten Bande", welches zu jener Zeit noch in ältern
auf Löschpapier gedruckten Liederbüchlein für °Handwerksbursche,
statt der jetzt üblichen Arbeitermarseillaisen und dergl. zu finden
war und das er auf der Wanderschaft gelernt hatte.   Er sang
es nach einer °gefühlvollen altväterischen Melodie mit volks-
mäßigen Verzierungen, die sich aber natürlich rhythmisch seinem
Vor- und Rückwärtsschreiten anschmiegen mußten und von den
Bewegungen der Arbeit vielfach gehemmt oder übereilt wurden.
Dazu sang er in einem verdorbenen Dialekte, was die Leistung
noch drolliger machte.   Allein die unverwüstliche Seele des
Liedes und die frische Stimme, die Stille des Nachmittages
und das verliebte Gemüt des einsam arbeitenden Meisters be-
wirkten das Gegenteil eines lächerlichen Eindruckes.
       Wenn er mit leichten Schritten begann:

> Kleine Blumen, kleine Blätter – ja Blätter
> Streien wir mit leichter Hand,
> Gude junge Frihlings-Gädder – ja Gädder
> °Tändeln auf ein luftig Band,

bei dem luftigen °Bande aber durch einen Knoten im Garn
aufgehalten wurde und dasselbe daher um eine ganze Note
verlängern und zuletzt doch wiederholen mußte, so war die un-
bekümmerte und unbewußte Treuherzigkeit, womit es geschah,
mehr rührend als komisch.   Die Strophe:

> Zephyr nimm's auf deine Flügel,
> Schling's um meiner Liebsten Kleid;
> Und so tritt sie vor den Spiegel
> All in ihrer Munterkeit,

gelang ohne Anstoß, ebenso die folgende:

> Sieht mit Rosen sich umgeben,
> Selbst wie eine Rose jung,
> Einen Blick, geliebtes Leben!
> Und ich bin belohnt genung.

Nur schien ihm das „g e n u n g" nicht in der Ordnung zu sein,
und er sang daher verbessernd:

> Einen Blick, geliebtes Leben!
> Und ich bin belohnt g e n u c h.

05   Reinhart und Lucie blickten sich unwillkürlich an.   Der
Sänger im kleinen Hause schien für sie mitzusingen, trotz °jenes
abscheulichen Idioms.   Welch' ein Frieden und welch' herzliche
Zuversicht oder Lebenshoffnung pulsierten in diesen Sanges-
wellen.   Am jenseitigen Fenster stand ein mit Grün behangener
10 Vogelkäfig.   Nun kam aber die letzte °Strophe: Fihle, sang er,

> Fihle, was dies Herz empfindet – ja pfindet,
> Reiche frei mir deine Hand,
> Und das Band, das uns verbindet – ja bindet,
> Sei kein schwaches Rosenband!

15 Weil der Draht noch nicht ganz fertig war, sang er diese
Strophe mehrmals durch, immer heller und schöner, mit dem
Rücken gegen die Lauscher draußen gewendet; im Bewußtsein
der nahen Glückserfüllung wiederholte er das

> Reiche frei mir deine Hand

20 besonders kraftvoll und ließ dann im höchsten Gefühle die ge-
schleiften Noten steigen:

> Und das Band, das uns verbindet,
> Sei kein schwaches °Rosenband!

    Da ein paar Kanarienvögel mit ihrem schmetternden Ge-
25 sange immer lauter drein lärmten, war eine Art von Tumult
in der Stube, von welchem hingerissen Lucie und Reinhart sich
küßten.   Lucie hatte die Augen voll Wasser und doch lachte
sie, indem sie purpurrot wurde von einem lange entbehrten
und verschmähten Gefühle, und Reinhart sah deutlich, wie die
30 schöne Glut sich in dem weißen Gesichte verbreitete.

    Es war ihnen unmöglich, jetzt in das Häuschen hinein-
zugehen; ungesehen, wie sie gekommen, begaben sie sich hinweg,

06   jenes] seines *J1–H2*
10   Strophe:] Strophe. *J1–H2*
23   Rosenband!] Rosenband. *J1–E5*

und erst als sie wieder die Waldwege betreten hatten, stand
Lucie still und rief:

„Bei Gott, jetzt haben wir doch Ihr schlimmes Rezept
von dem alten Logau ausgeführt! Denn daß es mich gelächert
hat, weiß ich, und rot werde ich hoffentlich auch geworden
sein. Ich fühle jetzt noch ein heißes Gesicht!"

„Freilich bist Du rot geworden, teure Lux," sagte Reinhart, „wie eine Morgenröte im Sommer! Aber auch ich habe
wahrhaftig nicht an das Epigramm gedacht, und nun ist es
doch gelungen! Willst Du mir Deine Hand geben?" ⟶

So kam es, daß am Abend, als die Alten nach Hause
kehrten, Lucie schon vor ihrem Oheim auf Du und Du mit
Reinhart stand. Alle waren zufrieden mit der Verlobung, und
Lucie mit dem Schuhmacher so sehr, daß sie Bärbel am andern
Tage selbst hingehen ließ, ihm die vergessene Botschaft zu
bringen.

Reinhart nannte später seine schöne Frau, wie der Oheim,
nur Lux, und, indem er das Wortspiel fortsetzte, die Zeit, da
er sie noch nicht gekannt hatte – ante lucem, vor Tagesanbruch.

Sieben Legenden.

Vorwort.

Beim Lesen einer Anzahl Legenden wollte es dem Urheber vorliegenden Büchleins scheinen, als ob in der überlieferten Masse dieser Sagen nicht nur die kirchliche Fabulierkunst sich geltend mache, sondern wohl auch die Spuren einer °ehemaligen mehr profanen Erzählungslust oder Novellistik zu bemerken seien, wenn man aufmerksam hinblicke.

Wie nun der Maler durch ein fragmentarisches Wolkenbild, eine Gebirgslinie, durch das radierte Blättchen eines verschollenen Meisters zur Ausfüllung eines Rahmens gereizt wird, so verspürte der Verfasser die Lust zu einer Reproduktion jener abgebrochen schwebenden Gebilde, wobei ihnen freilich zuweilen das Antlitz nach einer anderen Himmelsgegend hingewendet wurde, als nach welcher sie in der überkommenen Gestalt schauen.

Der ungeheure Vorrat des Stoffes ließe ein Ausspinnen der Sache in breitestem Betriebe zu; allein nur bei einer mäßigen Ausdehnung des harmlosen Spieles dürfte demselben der bescheidene Raum gerne gegönnt werden, den es in Anspruch nimmt.

05   ehemaligen] ehmaligen *H2–E4*

Inhalt.

Eugenia.

Ein Weib soll nicht Mannsgeräte tragen, und
ein Mann soll nicht Weiberkleider anthun; denn
wer solches thut, ist dem Herrn, deinem Gott, ein
Greuel.   5. Mos. 22. 5.

Wenn die Frauen den Ehrgeiz der Schönheit, Anmut und
Weiblichkeit hintansetzen, um sich in andern Dingen hervor zu
thun, so endet die Sache oftmals damit, daß sie sich in Männer-
kleider werfen und so dahintrollen.

Die Sucht, den Mann zu spielen, kommt sogar schon in
der frommen Legendenwelt der ersten Christenzeit zum Vorschein,
und mehr als eine Heilige jener Tage war von dem Verlangen
getrieben, sich vom Herkommen des Hauses und der Gesellschaft
zu befreien.

Ein solches Beispiel gab auch das feine Römermädchen
Eugenia, freilich mit dem nicht ungewöhnlichen Endresultat,
daß sie, in große Verlegenheit geraten durch ihre männlichen
Liebhabereien, schließlich doch die Hülfsquellen ihres natürlichen
Geschlechtes anrufen mußte, um sich zu retten.

Sie war die Tochter eines angesehenen Römers, der mit
seiner Familie in Alexandria lebte, wo es von Philosophen
und Gelehrten aller Art wimmelte. Demgemäß wurde Eugenia
sehr sorgfältig erzogen und unterrichtet, und dies schlug ihr so
wohl an, daß sie, sobald sie nur ein wenig in die Höhe schoß,

alle Schulen der Philosophen, Scholiasten und Rhetoren besuchte, wie ein Student, wobei sie stets eine Leibwache von
zwei °lieblichen Knaben ihres Alters bei sich hatte. Dies waren
die Söhne von zwei Freigelassenen ihres Vaters, welche zur
05 Gesellschaft mit ihr erzogen waren und an all' ihren Studien
teilnehmen mußten.

Mittlerweile wurde sie das schönste Mädchen, das zu
finden war, und ihre Jugendgenossen, welche seltsamer Weise
beide Hyazinthus hießen, °wuchsen desgleichen zu zwei zierlichen
10 Jünglingsblumen, und wo die liebliche Rose Eugenia zu sehen
war, da sah man allezeit ihr zur Linken und zur Rechten
auch die beiden Hyazinthen säuseln oder anmutig hinter ihr
hergehen, indessen die Herrin rückwärts mit ihnen disputierte.

Und es gab nie zwei wohlgezogenere Genossen eines
15 Blaustrümpfchens; denn nie waren sie anderer Meinung als
Eugenia, und immer blieben sie in ihrem Wissen um einen
Zoll hinter ihr zurück, so daß sie stets recht behielt und nie
befürchten mußte, etwas Ungeschickteres zu °sagen als ihre
Gespielen.

20 Alle Bücherwürmer von Alexandrien machten Elegieen und
Sinngedichte auf die musenhafte Erscheinung, und die guten
Hyazinthen mußten diese Verse sorgfältig in goldene Schreib-
tafeln schreiben und hinter ihr her tragen.

Mit jedem halben Jahre wurde sie nun schöner und ge-
25 lehrter, und bereits lustwandelte sie in den geheimnisvollen
°Irrgärten der neuplatonischen Lehren, als der junge Prokonsul
Aquilinus sich in Eugenia verliebte und sie von ihrem Vater
zum Weibe begehrte. Dieser empfand aber einen solchen
Respekt vor seiner Tochter, daß er trotz des römischen Vater-
30 rechtes nicht wagte, ihr den mindesten Vorschlag zu machen,
und den Freier an ihren eigenen Willen verwies, obgleich
kein Eidam ihm willkommener war, als Aquilinus.

03   lieblichen] niedlichen *H1–E3*
09   wuchsen] erwuchsen *H1*
18   sagen] sagen, *H1–E3*
26   Irrgärten] Irrgängen *H1–H2*

Aber auch Eugenia hatte seit manchen schönen Tagen
heimlich das Auge auf ihn geworfen, da er der stattlichste,
angesehenste und ritterlichste Mann in Alexandrien war, der
überdies für einen Mann von Geist und Herz galt.

Doch empfing sie den verliebten Konsul in voller Ruhe
und Würde, umgeben von Pergamentrollen und ihre Hyazinthen
hinter dem Sessel. Der eine trug ein azurblaues Gewand,
der andere ein rosenfarbiges und sie selbst ein blendend weißes,
und ein Fremdling wäre ungewiß gewesen, ob er drei schöne
zarte Knaben oder drei frischblühende Jungfrauen vor sich sehe.

Vor dieses Tribunal trat nun der männliche Aquilinus
in einfacher würdiger Toga und hätte am liebsten in traulicher
und zärtlicher Weise seiner Leidenschaft Worte gegeben; da er
aber sah, daß Eugenia die Jünglinge nicht fortschickte, so ließ
er sich ihr gegenüber auf einen Stuhl nieder und that ihr
seine Bewerbung in wenigen festen Worten kund, wobei er sich
selbst bezwingen mußte, weil er seine Augen unverwandt auf
sie gerichtet hielt und ihren großen Liebreiz sah.

Eugenia lächelte unmerklich und errötete nicht einmal, so
sehr hatte ihre Wissenschaft und Geistesbildung alle °feineren
Regungen des gewöhnlichen Lebens in ihr gebunden. Dafür
nahm sie ein ernstes, tiefsinniges Aussehen an und erwiderte ihm:

„Dein Wunsch, o Aquilinus, mich zur Gattin zu nehmen,
ehrt mich in hohem Grade, kann mich aber nicht zu einer Un-
weisheit hinreißen; und eine solche wäre es zu nennen, wenn
wir, ohne uns zu prüfen, dem ersten rohen Antriebe folgen
würden. Die erste Bedingung, welche ich von einem etwaigen
Gemahl fordern müßte, ist, daß er mein Geistesleben und
Streben versteht und ehrt und an demselben teilnimmt! So
bist Du mir denn willkommen, wenn Du öfter um mich sein
und im Wetteifer mit diesen meinen Jugendgenossen Dich üben
magst, mit mir nach den höchsten Dingen zu forschen. Dabei

---

20   feineren] feinern *H2–E4*

werden wir dann nicht ermangeln, zu lernen, ob wir für
einander bestimmt sind, oder nicht, und wir werden uns nach
einer Zeit gemeinsamer geistiger Thätigkeit so erkennen, wie
es gottgeschaffenen Wesen geziemt, die nicht im Dunkel, sondern
05 im Lichte wandeln sollen."

Auf diese hochtragende Zumutung erwiderte Aquilinus,
nicht ohne °eine geheime Aufwallung, doch mit stolzer Ruhe:
„Wenn ich Dich nicht kennte, Eugenia, so würde ich Dich nicht
zum Weibe begehren, und m i c h kennt das große Rom sowohl
10 wie diese Provinz! Wenn daher Dein Wissen nicht ausreicht,
schon jetzt zu erkennen, was ich bin, so wird es, fürchte ich,
nie ausreichen. Auch bin ich nicht gekommen, nochmals in
die Schule zu gehen, sondern eine Ehegenossin zu holen; und
was diese beiden Kinder betrifft, so wäre es, wenn Du mir
15 Deine Hand vergönntest, mein erster Wunsch, daß Du sie endlich
entlassen und ihren Eltern zurückgeben möchtest, damit sie denselben beistehen und nützlich sein könnten. Nun bitte ich Dich,
mir Bescheid zu geben, nicht als ein Gelehrter, sondern als
ein Weib von Fleisch und Blut!"

20 Jetzt war die schöne Philosophin doch rot geworden, und
zwar wie eine Purpurnelke, und sie sagte, während ihr das
Herz klopfte: „Mein Bescheid ist bald gegeben, da ich aus
Deinen Worten entnehme, daß Du mich nicht liebst, o Aquilinus!
Dieses könnte mir gleichgültig sein, wenn es nicht beleidigend
25 wäre für die Tochter eines edlen Römers, angelogen zu werden!"

„Ich lüge nie!" sagte Aquilinus kalt; „lebe wohl!"

Eugenia wandte sich ab, ohne seinen Abschied zu erwidern,
und Aquilinus schritt langsam aus dem Hause nach seiner
Wohnung. Jene wollte, als ob nichts geschehen wäre, ihre
30 Bücher vornehmen; allein die Schrift verwirrte sich vor ihren
Augen und die Hyazinthen mußten ihr vorlesen, indessen sie
voll heißen Aergers mit ihren Gedanken anderwärts schweifte.

07   eine geheime Aufwallung] ein geheimes Aufwallen *p3*

Denn wenn sie bis auf diesen Tag den Konsul als denjenigen betrachtet hatte, den sie allein unter allen Freiern zum
Gemahl haben möchte, wenn es ihr allenfalls gefiele, so war
er ihr jetzt ein Stein des Anstoßes geworden, über den sie
nicht hinwegkommen konnte.

Aquilinus seinerseits verwaltete ruhig seine Geschäfte und
seufzte heimlich über seine eigene Thorheit, welche ihn die
pedantische Schöne nicht vergessen ließ.

Es vergingen beinahe zwei Jahre, während welcher
Eugenia womöglich immer merkwürdiger und eine wahrhaft
glänzende Person wurde, indessen die Hyazinthen ʾallbereit zwei
starke Bengel vorstellten, denen der Bart wuchs.   Obgleich man
jetzt von allen Seiten anfing, sich über dies seltsame Verhältnis
aufzuhalten, und anstatt der bewundernden Epigramme satirische
Proben dieser Art aufzutauchen begannen, so konnte sie sich
doch nicht entschließen, ihre Leibgarde zu verabschieden; denn
noch war ja Aquilinus da, der ihr dieselbe hatte verbieten
wollen.   Er ging ruhig seinen Weg fort und schien sich um
sie nicht weiter zu bekümmern; aber er sah auch kein anderes
Weib an, und man hörte von keiner Bewerbung mehr, so daß
auch er getadelt wurde, als ein so hoher Beamter unbeweibt
fortzuleben.

Um so mehr hütete sich die eigensinnige Eugenia, ihm
durch Entfernung der anstößigen Gesellen scheinbar ein Zeichen
der Annäherung zu geben.   Ueberdies reizte es sie, der allgemeinen Sitte und der öffentlichen Meinung zum Trotz nur sich
allein Rechenschaft zu geben und unter Umständen, welche für
alle andern Frauen gefährlich und unthunlich gewesen wären,
das Bewußtsein eines reinen Lebens zu bewahren.

Solche Wunderlichkeiten lagen dazumal eben in der Luft.

Mittlerweile befand sich Eugenia doch nicht wohl und zufrieden; ihre geschulten Diener mußten Himmel, Erde und

11   allbereit] allbereits H1–E2

Hölle durchphilosophieren, um plötzlich unterbrochen zu werden und stundenweit mit ihr im Feld herumzulaufen, ohne eines Wortes gewürdigt zu sein. Eines Morgens verlangte sie auf ein Landgut hinauszufahren; sie lenkte selbst den Wagen und war lieblicher Laune; denn es war ein klarer Frühlingstag und die Luft mit Balsamdüften erfüllt. Die Hyazinthen freuten sich der Fröhlichkeit, und so fuhren sie durch eine ländliche Vorstadt, wo es den Christen erlaubt war, ihren Gottesdienst zu halten. Sie feierten eben den Sonntag; aus der Kirche eines Mönchsklosters ertönte ein frommer Gesang, Eugenia hielt die Pferde an, um zu hören, und vernahm die Worte des Psalmes: „Wie eine Hindin nach den Wasserquellen, so lechzet meine Seele, o Gott! nach dir! Meine Seele dürstet nach dem lebendigen Gott!"

Bei dem Klange dieser Worte, aus frommen demütigen Kehlen gesungen, vereinfachte sich endlich ihr künstliches Wesen, ihr Herz ward getroffen und schien zu wissen, was es wolle, und langsam, ohne zu sprechen, fuhr sie weiter nach dem Landgute. Dort zog sie insgeheim männliche Kleider an, winkte die Hyazinthen zu sich und verließ das Haus mit ihnen, ohne von dem Gesinde gesehen zu werden. Und sie kehrte nach dem Kloster zurück, klopfte an der Pforte und stellte sich und ihre Begleiter dem Abt als drei junge Männer vor, welche begehrten, °als Mönche in das Kloster aufgenommen zu werden, um von der Welt abzuscheiden und dem Ewigen zu leben. Sie wußte, da sie wohl unterrichtet war, auf die prüfenden Fragen des Abtes so trefflich zu antworten, daß er alle drei, die er für feine und vornehme Leute halten mußte, in das Kloster aufnahm und den geistlichen Habit anziehen ließ.

Eugenia war ein schöner, fast engelgleicher Mönch und hieß der Bruder Eugenius, und die Hyazinthen sahen sich wohl oder übel desgleichen in Mönche verwandelt, da sie gar nicht

24   als Mönche] *gestrichen p3*

gefragt worden waren und sich längst daran gewöhnt hatten,
nicht anders zu leben, als durch den Willen ihres weiblichen
Vorbildes. Doch bekam ihnen das Mönchsleben nicht übel,
indem sie ungleich ruhigere Tage genossen, nicht mehr zu
studieren brauchten und sich gänzlich einem leidenden Gehorsam
hingeben konnten.

Der Bruder Eugenius hingegen rastete nicht, sondern
wurde ein berühmter Mönch, weiß wie Marmor im Gesicht,
aber mit glühenden Augen und dem Anstand eines Erzengels.
Er bekehrte viele Heiden, pflegte die Kranken und Elenden,
vertiefte sich in die Schrift, predigte mit goldener Glockenstimme
und ward sogar, als der Abt starb, zu dessen Nachfolger erwählt, also daß nun die feine Eugenia ein Abt war über
siebenzig gute Mönche, kleine und große.

Während der Zeit, als sie so unerklärlich verschwunden
blieb mit ihren Gefährten und nirgends mehr aufzufinden,
hatte ihr Vater ein Orakel befragen lassen, was aus seiner
Tochter geworden sei, und dieses verkündete, Eugenia sei von
den Göttern entrückt und unter die Sterne versetzt worden.
Denn die Priester benützten das Ereignis, um den Christen
gegenüber ein Mirakel aufzuweisen, während diese den Hasen
längst in der Küche hatten. Man bezeichnete sogar einen Stern
am Firmament mit zwei kleineren Nebenschnüppchen als das
neue Sternbild, und die Alexandriner standen auf den Straßen
und den Zinnen ihrer Häuser und schauten hinauf, und mancher,
der sie einst hatte herumgehen sehen und sich ihrer Schönheit
erinnerte, verliebte sich nachträglich in sie und guckte mit feuchten
Augen in den Stern, der ruhig im dunkeln Blau schwamm.

Auch Aquilinus sah hinauf; aber er schüttelte den Kopf
und die Sache wollte ihm nicht einleuchten. Desto fester glaubte
der Vater der Verschwundenen daran, fühlte sich nicht wenig
erhoben und wußte es mit Hülfe der Priester durchzusetzen,

daß Eugenien eine Bildsäule errichtet und göttliche Ehren er-
wiesen wurden.   Aquilinus, der die obrigkeitliche Bewilligung
erteilen mußte, that es unter der Bedingung, daß das Bild
der Entrückten ähnlich gemacht würde; das war leicht zu bewerkstelligen, da es eine ganze Menge Büsten und Bildchen
von ihr gab, und so wurde ihre Marmorstatue in der Vorhalle des Minervatempels aufgestellt und durfte sich sehen lassen
vor den Göttern und Menschen, da es unbeschadet der sprechenden Aehnlichkeit ein Idealwerk war in Kopf, Haltung und
Gewändern.

Die siebenzig Mönche des Klosters, als diese Neuigkeit
dort verhandelt wurde, ärgerten sich höchlich über den Trumpf,
der von heidnischer Seite ausgespielt worden, über die Errich-
tung eines neuen Götzenbildes und die freche Anbetung eines
sterblichen Weibes.   Am heftigsten schalten sie über das Weib
selber als über eine Landläuferin und betrügerische Gauklerin,
und sie machten während des Mittagsmahles einen ganz ungewöhnlichen Lärm.   Die Hyazinthen, welche zwei gutmütige
Pfäfflein geworden und das Geheimnis des Abtes in der
Brust begraben hielten, sahen diesen bedeutungsvoll an; aber
er winkte ihnen zu schweigen und ließ das Schelten und Toben
über sich ergehen als Strafe für °seinen früheren heidnischen
Sündengeist.

In der Nacht aber, als die Hälfte derselben vorüber,
erhob sich Eugenia von ihrem Lager, nahm einen starken
Hammer und ging leise aus dem Kloster, um das Bild aufzusuchen und zu zerschlagen.   Leicht fand sie den marmor-
glänzenden Stadtteil, wo die Tempel und öffentlichen Gebäude
lagen und sie ihre Jugendzeit zugebracht hatte.   Keine Seele
rührte sich in der stillen Steinwelt; als der weibliche Mönch
die Stufen zum Tempel hinaufging, erhob sich eben der Mond
über die Schatten der Stadt und warf sein taghelles Licht

22   seinen ... Sündengeist] seine heidnische Sündenzeit   *H1–H2*

zwischen die Säulen der Vorhalle hinein. Da sah Eugenia
ihr Bild, weiß wie der gefallene Schnee, in wunderbarer Anmut
und Schönheit dastehen, die feinfaltigen Gewänder sittig um
die Schultern gezogen, mit begeistertem Blick und leis lächelndem Munde vor sich hinsehend.

Neugierig schritt die Christin darauf zu, den erhobenen
Hammer in der Hand; aber ein süßer Schauder durchfuhr ihr
Herz, als sie das Bild in seiner Deutlichkeit sah; der Hammer
sank nieder und lautlos weidete sie sich am Anblicke ihres
eigenen früheren Wesens. Eine bittere Wehmut umfing sie,
das Gefühl, als ob sie aus einer schöneren Welt ausgestoßen
wäre und jetzt als ein glückloser Schatten in der Oede herum-
irre; denn wenn das Bild auch zu einem Ideal erhoben war,
so stellte es gerade dadurch das ursprüngliche innere Wesen
Eugenias dar, das durch ihre Schulfuchserei nur verhüllt wurde,
und es war ein edleres °Gefühl als Eitelkeit, durch welches sie
ihr besseres Selbst in dem magischen Mondglanz nun erkannte.
Das machte ihr eben zu Mute, wie wenn sie die unrechte
Karte ausgespielt hätte, um modern zu reden, da es damals
freilich keine Karten gab.

Plötzlich ließ sich ein rascher Männertritt hören; Eugenia
verbarg sich unwillkürlich im Schatten einer Säule und sah
die hohe Gestalt des Aquilinus heranschreiten. Sie sah, wie
er sich vor die Statue stellte, dieselbe lange betrachtete und
endlich den Arm um ihren Hals legte, um einen leisen Kuß
auf die marmornen Lippen zu drücken. Dann hüllte er sich
in seinen Mantel und ging langsam hinweg, sich mehr als
einmal nach dem glänzenden Bilde umschauend. Eugenia
zitterte so stark, daß sie es selbst bemerkte; zornig und gewaltsam nahm sie sich zusammen und trat wieder vor die Bildsäule
mit dem erhobenen Hammer, um dem sündhaften Spuk ein
Ende zu machen; aber statt das schöne Haupt zu zerschlagen,

16   Gefühl] Gefühl, H1–E3

drückte sie, in Thränen ausbrechend, ebenfalls einen Kuß auf
seine Lippen und eilte von dannen, da sich die Schritte der
Nachtwache hören ließen.   Mit wogendem Busen schlich sie in
ihre Zelle und schlief selbige Nacht nicht, bis die Sonne aufging, und während sie das Frühgebet versäumte, träumte sie
in rasch folgendem Wechsel von Dingen, die dasselbe nichts
angingen.

Die Mönche ehrten den Schlaf des Abtes als eine Folge
geistlicher Nachtwachen.   Allein zuletzt sahen sie sich genötigt,
Eugenias Schlummer zu unterbrechen, da es für sie etwas
Besonderes zu thun gab.   Eine vornehme Witwe, welche krank
und christlicher Hülfe bedürftig darniederzuliegen vorgab, hatte
nach ihr gesandt, den geistlichen Zuspruch und den Rat des
Abtes Eugenius verlangend, dessen Wirken und Person sie seit
geraumer Zeit verehrte.   Die Mönche wollten daher diese Eroberung nicht fahren lassen, welche ihrer Kirche zu Ansehen
verhalf, und sie weckten Eugenia.   Halb verwirrt und mit
°halb geröteten Wangen, wie man sie lange nicht gesehen,
machte sie sich auf den Weg, mit ihren Gedanken mehr in den
Träumen des Morgenschlummers und unter den nächtlichen
Tempelsäulen verweilend, als bei dem, was vor ihr lag.   Sie
betrat das Haus der Heidin und wurde in deren Gemach geführt und mit ihr allein gelassen.   Ein schönes Weib von noch
nicht dreißig Jahren lag auf einem °Ruhebette ausgestreckt,
allein nicht wie eine Kranke und Zerknirschte, sondern glühend
von Stolz und Lebenslust.   Kaum vermochte sie sich leidlich
ruhig und bescheiden anzustellen, bis der vermeintliche Mönch
auf ihre Anordnung dicht an ihrer Seite Platz genommen;
dann ergriff sie seine beiden weißen Hände, drückte ihre Stirn
darauf und bedeckte sie mit Küssen.   Eugenia, welche von ihren
anderweitigen Gedanken eingenommen, nicht auf das unheilige
Aussehen des Weibes geachtet hatte und ihr Gebaren für

18   halb] hold *H1–E3*
24   Ruhebette] Ruhebett *H2*

Demut und geistliche Hingebung hielt, ließ sie gewähren, und
dadurch aufgemuntert, schlang die Heidin ihre Arme um
Eugenias Hals, den schönsten jungen Mönch zu umarmen
wähnend. Kurz, ehe der sichs versah, fand er sich von der
leidenschafterfüllten Person umklammert und fühlte seinen Mund
von einem Regen der heftigsten Küsse getroffen. Ganz betäubt
erwachte endlich Eugenia aus ihrer Zerstreuung; doch dauerte
es Minuten, bis sie sich aus der wilden Umhalsung losmachen
und aufrichten konnte.

Sogleich aber begann die Zunge des heidnischen Satans
sich zu rühren; in einem Sturm von Worten that die Teufelin
dem entsetzten Abt ihre Liebe und Sehnsucht kund und suchte
ihm auf jegliche Art zu beweisen, daß es die Pflicht seiner
Schönheit und Jugend sei, diese Sehnsucht zu stillen, und daß
er zu nichts Anderem da sei. Dabei ließ sie es an neuen An-
griffen und zärtlichen Verlockungen nicht fehlen, so daß Eugenia
sich kaum zu erwehren wußte, endlich aber sich entrüstet zu-
sammenraffte und mit blitzenden Augen der Unholdin so derb
den Text las und mit so kräftigen Verwünschungen, wie sie
nur einem Mönch zu Gebote stehen, antwortete, daß jene das
Mißlingen ihres übeln Vorhabens erkannte, mit °einem Schlag
sich verwandelte und den Ausweg einschlug, den schon das
Weib des Potiphar eingeschlagen und der seither hundert- und
tausendmal begangen wurde. Sie sprang wie ein Tiger auf
Eugenia zu, umschlang sie nochmals wie mit eisernen Armen,
riß sie zu sich auf das Bett nieder und erhob gleichzeitig ein
solches Zetergeschrei, daß ihre Mägde von allen Seiten in das
Gemach stürzten.

„Helft mir! Helft mir!" schrie sie, „dieser Mann will
mir Gewalt anthun!" und zugleich ließ sie Eugenien los, die
sich atemlos, verwirrt und erschrocken auf die Füße stellte.

Die herbeigelaufenen Weiber schrieen alsobald noch ärger

21   einem] Einem *H1–E4*

als ihre Herrin, liefen dahin und dorthin und riefen auch
männliche Geister herbei; Eugenia wußte vor Schrecken kein
Wort hervorzubringen, sondern flüchtete sich voll Scham und
Abscheu aus dem Hause, vom Lärm und den Verwünschungen
05 des tollen Haufens verfolgt.

Nun säumte die teuflische Witwe nicht, schnurstracks und
mit einem guten Gefolge zum Konsul Aquilinus zu laufen und
bei ihm den Mönch der ärgsten Schandthat anzuklagen, wie
er heuchlerischer Weise in ihr Haus gekommen sei, um sich erst
10 mit Bekehrungsversuchen aufzudrängen und, nachdem diese fehlgeschlagen, sie gewaltthätig ihrer Ehre zu berauben.   Da ihr
ganzes Gefolge die Wahrheit ihrer Aussage bezeugte, ließ der
entrüstete Aquilinus sofort das Kloster mit Kriegsvolk besetzen
und den Abt samt den Mönchen vor sich bringen, um sie zu
15 richten.

„Ist das Euer Beginnen, Ihr niederträchtigen Heuchler?"
redete er sie mit strengem Tone an, „sticht Euch schon dermaßen
der Hafer, daß Ihr, kaum geduldet, die Ehre unserer Frauen
beleidigt und herumschleicht, wie die reißenden Wölfe?   Hat
20 Euer Meister, den ich mehr achte, als Ihr Lügner!   Euch dergleichen gelehrt oder geboten?   Mit nichten!   Ihr seid ein
Haufen und eine Bande Elender, die sich öffentlich einen Namen
geben, um im Stillen dem Verderben zu frönen!   Verteidigt
Euch, wenn ihr könnt, gegen die Anklage!"

25 Die schändliche Witwe wiederholte jetzt, von heuchlerischen
Seufzern und Thränen unterbrochen, ihre lügenhafte Erzählung.
Als sie geendigt und sich sittsam wieder in ihre Schleier hüllte,
sahen die Mönche voll Furcht einander an und auf ihren Abt,
an dessen Tugend sie nicht zweifelten, und sie erhoben gemeinsam
30 ihre °Stimme, um die falsche Anklage abzuwehren.   Allein nicht
nur das zahlreiche Gesinde der Lügnerin, sondern auch mehrere
°Nachbaren und Vorübergehende, welche den Abt voll Scham und

30   Stimme] Stimmen *H1–E1*
32   Nachbaren] Nachbarn *H2–E4*

Verwirrung aus jenem Hause hatten entfliehen sehen und ihn
schlechtweg für schuldig hielten, bezeugten jetzt nacheinander und
zumal mit lauter Stimme die begangene Unthat, so daß die
armen Mönche zehnmal überschrieen wurden.

Sie sahen jetzt voll Zweifel wieder auf ihren Abt, und
seine Jugendlichkeit kam den Graubärten unter ihnen nun auf
einmal auch verdächtig vor.   Sie riefen, wenn er schuldig sei,
so würde Gottes Strafgericht nicht ausbleiben, wie sie ihn auch
dem weltlichen Richter jetzt schon preisgäben!

Aller Blicke waren nun auf Eugenia gerichtet, welche inmitten der Versammlung verlassen dastand.   Sie hatte weinend
in ihrer Zelle gelegen, als sie mit den Mönchen ergriffen
worden, und stand die ganze Zeit über mit gesenkten Augen
und die Mönchskappe tief über das Haupt gezogen da und
befand sich in dem allerschlimmsten Zustand; denn wenn sie das
Geheimnis ihrer Herkunft und ihres °Geschlechtes bewahrte, so
unterlag sie dem falschen Zeugnis, und offenbarte sie dasselbe,
so erhob sich der Sturm gegen das Kloster heftiger als vorher
und sie weihte dasselbe dem Untergange, weil ein Kloster, das
ein schönes junges Weib zum Abte hat, des unseligsten Ver-
dachtes und Gespöttes der böswilligen Heidenwelt gewärtig sein
mußte.   Diese Furcht und Ungewißheit hätte sie nicht empfunden, wenn sie, nach Mönchsbegriffen, noch reinen Herzens
gewesen wäre; allein allbereits seit der letzten Nacht war der
Zwiespalt in ihr Gemüt eingebrochen, und selbst die unglückliche Begegnung mit dem schlimmen Weibe hatte sie noch mehr
verwirrt, so daß sie nunmehr den Mut nicht fand, entschlossen
aufzutreten und ein Wunder herbeizuführen.

Doch als Aquilinus sie aufforderte, zu reden, erinnerte
sie sich seiner Neigung zu ihr, und indem sie Vertrauen zu
ihm faßte, verfiel sie auf eine Ausflucht.   Mit leisem und be-
scheidenem Tone sagte sie, sie sei nicht schuldig und wolle es

16   Geschlechtes] Geschlechts *E2–E4*

dem Konsul beweisen, wenn sie allein mit ihm sprechen dürfe.
Der Klang ihrer Stimme rührte den Aquilinus, ohne daß er
wußte warum, und er gab zu, daß sie unter vier Augen mit
ihm reden möge. Er ließ sie deshalb in das Innere seines
05 Hauses führen und begab sich dort allein mit ihr in ein
Zimmer. Nun schlug Eugenia ihre Augen zu ihm auf, warf
die Kapuze zurück und sagte: „Ich bin Eugenia, die Du einst
zur Frau begehrt hast!"

Sogleich erkannte er sie und war überzeugt, daß sie es
10 sei; aber zugleich stieg ein großer Aerger und eine brennende
Eifersucht in ihm auf, weil die so plötzlich Wiedergefundene
als ein Weib zum Vorschein kam, das die ganze Zeit über
heimlich unter siebenzig Mönchen gelebt hatte. Er hielt daher
gewaltsam an sich und stellte sich, während seine Blicke sie
15 prüfend überflogen, als ob er ihren Worten nicht im mindesten
glaubte, und sagte: „Du siehst in der That jener thörichten
Jungfrau ziemlich ähnlich. Doch das kümmert mich nicht;
vielmehr bin ich begierig zu wissen, was Du mit der Witwe
gemacht hast!"

20 Eugenia erzählte eingeschüchtert und ängstlich den °ganzen
Vorgang, und Aquilinus erkannte aus der ganzen Art der
Erzählung die Falschheit und Schlechtigkeit der Anklage, er-
widerte jedoch mit scheinbarer Kaltblütigkeit: „Und auf welche
Weise willst Du denn, wenn Du Eugenia bist, ein Mönch ge-
25 worden sein, in welcher Absicht und wie war es möglich?"

Auf diese seine Worte errötete sie und blickte verlegen auf
die Erde; doch dünkte es sie nicht unbehaglich, hier zu sein
und endlich wieder einmal zu einem guten alten Bekannten
von sich und ihrem Leben zu sprechen; sie säumte auch nicht
30 und berichtete mit natürlichen Worten alles, was sich seit ihrem
Verschwinden mit ihr zugetragen, nur daß sie seltsamer Weise
der beiden Hyazinthen mit keiner Silbe erwähnte. Die Er-

20   ganzen Vorgang] Vorgang *H1–E4*

zählung gefiel ihm nicht übel, überhaupt wurde es ihm jede
Minute schwerer, sein Wohlgefallen an der schönen Wiedergefundenen zu verbergen. Aber dennoch bezwang er sich und beschloß,
durch ihr ferneres Benehmen bis zum Schlusse zu erfahren, ob
er an Zucht und reiner Sitte die frühere Eugenia vor sich habe.

Er sagte darum: „Alles dies ist eine gut vorgetragene
Geschichte; dennoch halte ich das Mädchen, das Du jetzt zu
sein vorgiebst, trotz seiner Sonderlichkeit nicht für dergleichen
gar zu befremdliche Abenteuer fähig; wenigstens hätte die
wahre Eugenia es gewiß vorgezogen, eine Nonne zu werden.
Denn was soll um aller Welt willen eine Mönchskutte und
das Leben unter siebenzig Mönchen für ein Verdienst und Heil
sein auch für die gelehrteste und frömmste Frau? ˚Deshalb halte
ich Dich nach wie vor für einen glatten unbärtigen Kauz von
Betrüger, dem ich gar nicht traue! Ueberdies ist jene Eugenia
für göttlich und in den Sternen wohnend erklärt worden, ihr
Bild steht im Tempel geweiht, und es wird Dir schlimm genug
ergehen, wenn Du auf Deiner lästerlichen Aussage beharrst!"

„Dies Bild hat ein gewisser Mann die vergangene Nacht
geküßt!" erwiderte Eugenia mit leiser Stimme und sah mit
seltsamen Blicken zu dem betroffenen Aquilinus hinüber, der
sie anstarrte, wie eine mit höherem Wissen Begabte. „Wie
kann der gleiche Mann das Urbild peinigen?"

Aber er bekämpfte seine Verwirrung, schien diese Worte
zu überhören und fuhr fort, kalt und streng: „Kurz gesagt, zu
Ehren der armen Christenmönche, die mir unschuldig scheinen,
kann und will ich nie glauben, daß Du ein Weib seiest!
Mache Dich bereit, gerichtet zu werden, denn Deine Mitteilungen
haben mich nicht befriedigt!"

Da rief Eugenia: „So helfe mir Gott!" und riß ihr
Mönchsgewand entzwei, bleich wie eine weiße Rose und in
Scham und Verzweiflung zusammenbrechend. Aber Aquilinus

---

13   Deshalb] deshalb *E1–E4*

fing sie in seinen Armen auf, drückte sie an sein Herz und
umhüllte sie mit seinem Mantel, und seine Thränen fielen auf
ihr schönes Haupt; denn er sah wohl, daß sie eine ehrbare
Frau war.　Er trug sie in das nächste Zimmer, wo ein reich
gerüstetes Gastbett stand, legte sie sanft in dasselbe hinein und
deckte sie mit Purpurdecken zu bis ans Kinn.　Dann küßte er
sie auf den Mund, vielleicht drei- oder viermal, ging hinaus
und verschloß die Thüre wohl.　Dann nahm er den noch warmen
Mönchshabit, der auf dem Boden lag, und begab sich wieder
zu der harrenden Menge hinaus, die er also anredete: „Das
sind merkwürdige Dinge.　Ihr Mönche seid unschuldig und
könnt nach Eurem Kloster gehen!　Euer Abt war ein Dämon,
der Euch verderben oder verführen wollte.　Hier nehmt seine
Kutte mit Euch und hängt sie zum Andenken irgendwo auf;
denn nachdem er vor meinen Augen seine Gestalt ganz ab-
sonderlich verändert hat, ist er vor eben diesen Augen in ein
Nichts zerflossen und spurlos verschwunden!　Dies Weib aber,
welches sich des Dämons bediente, Euch zu verderben, ist der
Zauberei verdächtig und soll ins Gefängnis geworfen werden.
Und hiemit begebt Euch allerseits nach Hause und seid guter
Dinge!"

　　Alles erstaunte über diese Rede und schaute furchtsam auf
das Gewand des Dämons.　Die Witib erblaßte und verhüllte
ihr Gesicht, wodurch sie genugsam ihr böses Gewissen zu erkennen gab.　Die guten Mönche erfreuten sich ihres Sieges
und zogen mit der leeren Kutte dankbarlichst von dannen, nicht
ahnend, welch' süßer Kern darin gesteckt habe.　Die Witwe
wurde ins Gefängnis abgeführt und Aquilinus rief seinen ver-
trautesten Diener, mit welchem er die Stadt durchstreifte, Kauf-
leute aufsuchte und eine Last der köstlichsten Frauengewänder
einkaufte.　Diese mußte der Sklave so geheim und rasch als
möglich ins Haus bringen.

Sachte trat der Konsul in das Gemach, wo Eugenia war,
setzte sich auf den Rand ihres Bettes und sah, daß sie ganz
vergnüglich schlief, wie jemand, der sich von ausgestandenen
Beschwerden erholt. Er mußte lachen über ihren schwarzsamtenen
05 geschorenen Mönchskopf und fuhr mit leiser Hand über das
dichte kurze Haar. Da erwachte sie und sperrte die Augen auf.

„Willst Du nun endlich mein Weib sein?" fragte er
sanft, worauf sie weder ja noch nein sagte, wohl aber leise
unter ihren Purpurdecken schauderte, in denen sie eingewickelt lag.
10 Da brachte Aquilinus an Kleidern und Schmuck alles
herein, was eine zierliche Frau damals bedurfte, um sich vom
Kopf bis zu den Füßen zu kleiden, und verließ sie sodann.

Nach Sonnenuntergang desselben Tages fuhr er mit ihr,
einzig von dem Vertrauten begleitet, nach einem seiner Land-
15 häuser hinaus, welches einsam und reizend im Schatten dichter
Bäume gelegen war.

Auf dem Landhause vermählte sich nun das Paar in der
größten Einsamkeit, und so lange es gedauert hatte, bis sie
endlich zusammengekommen, so schien ihnen darum doch keine
20 Zeit verloren zu sein, vielmehr empfanden sie die herzlichste
Dankbarkeit für das Glück, das sie sich gegenseitig gewährten.
Aquilinus widmete die Tage seinem Amte und fuhr des Abends
mit den schnellsten Pferden zu seiner Gattin. Nur etwa an
unfreundlichen stürmischen Regentagen liebte er es, unversehens
25 schon früher nach dem Landhause zu eilen, um Eugenien aufzuheitern.

Diese gab sich jetzt, ohne °viele Worte zu machen, mit
eben der gründlichen Ausdauer, welche sie sonst der Philosophie
und der christlichen Askese gewidmet, dem Studium ehelicher
30 Liebe und Treue hin. Als aber ihr Haupthaar wieder die
gehörige Länge erreicht hatte, führte Aquilinus seine Gemahlin
mit Erfindung einer geschickten Fabel endlich nach Alexandrien

27   viele] viel *H1–E4*

zurück, brachte sie zu ihren erstaunten Eltern und feierte eine glänzende Hochzeit.

Der Vater war zwar überrascht, anstatt einer unsterblichen Göttin und eines himmlischen Sternbildes in seiner Tochter eine
05 verliebte irdische Ehefrau wieder zu finden, und sah mit Wehmut die geweihte Bildsäule aus dem Tempel wegtragen; doch überwog löblicher Weise das Vergnügen an seiner leibhaften Tochter, welche jetzt erst so schön und liebenswert erschien, wie noch nie.   Die Marmorstatue stellte Aquilinus in den schönsten
10 Raum seines Hauses; doch hütete er sich, dieselbe nochmals zu küssen, da er nun das lebenswarme Urbild zur Hand hatte.

Nachdem nun Eugenia das Wesen der Ehe genugsam erkundet hatte, wandte sie ihre Erkenntnis dazu an, ihren Gemahl zum Christentum zu bekehren, dem sie nach wie vor anhing, und
15 sie ruhte nicht eher, als bis Aquilinus sich öffentlich zu ihrem Glauben bekannte.   Die Legende erzählt nun weiter, wie die ganze Familie nach Rom °zurückkehrte, um die Zeit, da der christenfeindliche Valerianus zur Regierung gelangte, und wie nun während der ausbrechenden Verfolgungen Eugenia noch eine
20 berühmte Glaubensheldin und Märtyrerin wurde, die erst jetzt ihre große Geistesstärke recht bewies.

Ihre Gewalt über Aquilinus war so groß geworden, daß sie auch die geistlichen Hyazinthen aus Alexandrien mit nach Rom nehmen konnte, allwo dieselben ebenfalls die Märtyrer-
25 krone gewannen.   Ihre Fürsprache soll namentlich für träge Schülerinnen gut sein, die in ihren Studien zurückgeblieben sind.

---

17   zurückkehrte,] zurück^kehrte *H1;* zurückkehrte *H2–E2*

Die Jungfrau und der Teufel.

Freund! wach' und schau Dich um, der Teufel
geht stets runden,
Kommt er Dir auf den Leib, so liegest Du
schon unten.
Angelus Silesius, Cherub. Wandersmann
°IV. Buch 206.

Es war ein Graf Gebizo, der besaß eine wunderschöne
Frau, eine prächtige Burg samt Stadt und so viele ansehnliche Güter, daß er für einen der reichsten und glücklichsten
Herren im Lande galt. Diesen Ruf schien er denn auch dankbar anzuerkennen, indem er nicht nur eine glänzende Gastfreundschaft hielt, wobei sein schönes und gutes Weib gleich
einer Sonne die Gemüter der Gäste erwärmte, sondern auch
die christliche Wohlthätigkeit im weitesten Umfang übte.

Er stiftete und begabte Klöster und Spitäler, schmückte
Kirchen und Kapellen, und an allen hohen Festtagen kleidete,
speiste und tränkte er eine große Zahl von Armen, manchmal
zu hunderten, und einige Dutzend mußten täglich, ja fast
stündlich auf seinem Burghofe schmausend und ihn lobpreisend
zu sehen sein, sonst hätte ihm seine Wohnung, so schön sie
war, verödet geschienen.

Allein bei solch' schrankenloser Freigebigkeit ist auch der
größte Reichtum zu erschöpfen, und so kam es, daß der Graf
nach und nach alle seine Herrschaften verpfänden mußte, um

seinem Hange zu großartigem Wohlthun zu frönen, und je
mehr er sich verschuldete, desto eifriger verdoppelte er seine
Vergabungen und Armenfeste, um dadurch den Segen des
Himmels, wie er meinte, wieder zu seinen Gunsten zu wenden.
Zuletzt verarmte er gänzlich, seine Burg verödete und verfiel;
erfolglose und thörichte Stiftungen und Schenkungsbriefe,
welche er aus alter Gewohnheit immer noch zu schreiben nicht
unterlassen konnte, trugen ihm nur Spott ein, und wenn er
hie und da noch einen zerlumpten Bettler auf seine Burg
locken konnte, so warf ihm dieser das magere Süppchen, das
er ihm vorsetzte, mit höhnischen Schmähworten vor die Füße
und machte sich davon.

Nur °eines blieb sich immer gleich, die Schönheit seiner
Frau Bertrade; ja, je öder es im Hause aussah, desto lichter
schien diese Schönheit zu werden.   Und auch an Huld, Liebe
und Güte nahm sie zu, je ärmer Gebizo wurde, so daß aller
Segen des Himmels sich in dies Weib zu legen schien und
tausend Männer den Grafen um diesen einen Schatz, der ihm
noch übrig blieb, beneideten.   Er allein sah nichts von alledem,
und je mehr sich die holde Bertrade bemühte, ihn aufzuheitern
und seine Armut zu versüßen, desto geringer schätzte er dies
Kleinod und verfiel in einen bittern und verstockten Trübsinn
und verbarg sich vor der Welt.

Als einst ein herrlicher Ostermorgen anbrach, wo er sonst
gewohnt war, fröhliche Scharen nach seiner Burg wallfahren
zu sehen, schämte er sich seines Falles, daß er nicht einmal
in die Kirche zu gehen wagte und in Verzweiflung war, wie
er die schönen sonnigen Festtage zubringen sollte.   Umsonst
bat ihn sein Weib mit perlenden Thränen und mit lächelndem
Munde, sich nicht zu grämen und unverzagt mit ihr zur Kirche
zu gehen; er machte sich unwirsch los und ging auf und davon,
sich in den Wäldern zu verbergen, bis Ostern vorbei wäre.

13   eines] Eines H1–E4

Bergauf und ab lief er, bis er in eine uralte Wildnis kam, wo ungeheure bärtige Tannenbäume einen See umschlossen, dessen Tiefe die °mächtigen Tannen ihrer ganzen Länge nach wiederspiegelte, so daß alles düster und schwarz erschien. Die Erde um den See war dicht bedeckt mit abenteuerlichem °langfransigen Moose, in welchem kein Tritt zu hören war.

Hier setzte sich Gebizo nieder und grollte mit Gott ob seinem elenden Geschicke, welches ihm nicht mehr erlaubte, seinen Hunger genugsam zu stillen, nachdem er Tausende mit Freuden gesättigt, und ihm überdies seine Werkthätigkeit mit dem Hohn und Undank der Welt vergalt.

Unversehens gewahrte er mitten auf dem See einen Nachen und in demselben einen hochgewachsenen Mann. Da der See nur klein und leicht zu °übersehen war, so konnte Gebizo nicht begreifen, wo der Fährmann auf einmal herkomme, da er ihn zuvor nirgends bemerkt; genug, er war jetzt da, that einen einzigen Ruderschlag und landete alsbald dicht vor dem Ritter, und ehe dieser sich einen Gedanken machen konnte, fragte er ihn, warum er ein so schlimmes Gesicht in die Welt schneide. Weil der Fremde ungeachtet des sehr hübschen Aeußern einen Zug gründlicher Unzufriedenheit um Mund und Augen hatte, erweckte dies das Vertrauen Gebizos, und er klagte unverhohlen sein Mißleiden und all' seinen Groll.

„Du bist ein Thor," sagte jener hierauf; „denn Du besitzest einen Schatz, der größer °ist als alles, was Du verloren hast. Wenn ich Dein Weib hätte, so wollte ich nach allen Reichtümern, Kirchen und Klöstern und nach allen Bettelleuten der Welt nichts fragen!"

„Gieb mir diese Dinge wieder und Du kannst wohl mein Weib dafür haben!" erwiderte Gebizo bitter lachend, und jener rief blitzschnell: „Es gilt! Suche unter dem Kopfkissen Deiner

---

03   mächtigen] nächtigen *H1–E2*
06   langfransigen] langfranzigem *H1–E2;* langfransigem *E3–E4*
14   übersehen] überblicken *E3*
26   ist] ist, *H1–E3*

Frau, dort wirst Du finden, was für Deine ganze Lebenszeit ausreicht, alle Tage ein Kloster zu bauen und tausend Menschen zu speisen, und wenn Du hundert Jahre alt würdest! °Dafür bringe mir Dein Weib hier zur Stelle, unfehlbar am Abend vor Walpurgistag!"

Es sprühte bei diesen Worten ein solches Feuer aus seinen dunklen Augen, daß davon zwei rötliche Lichter über den Rockärmel des Grafen und von da über Moos und Tannenstämme wegstreiften.   Da sah Gebizo, wen er vor sich habe und nahm das Anerbieten des Mannes an.   Dieser rührte das Ruder und fuhr wieder auf die Mitte des Sees hinaus, wo er samt dem Schiffe im Wasser versank mit einem Getön, welches dem Gelächter von vielen ehernen Glocken ähnlich war.

Gebizo eilte mit einer Gänsehaut bekleidet auf dem geradesten Wege nach seiner Burg, untersuchte sogleich Bertradens Bett und fand unter ihrem Kopfkissen ein altes unscheinbares Buch, das er nicht lesen konnte.   Wie er aber darin blätterte, fiel ein Goldstück nach dem andern heraus.   Sobald er das °bemerkte, machte er sich mit dem Buche in das tiefste Gewölbe eines Turmes und blätterte dort in aller Verborgenheit fürs erste, so lange das Osterfest dauerte, einen hinreichenden Haufen Goldes aus dem interessanten Werke heraus.

Dann trat er wieder auf vor der Welt, lösete alle seine Besitzungen ein, rief Werkleute herbei, die sein Schloß herstellten, prächtiger als es je gewesen, und spendete Wohlthaten rings herum gleich einem Fürsten, der eben gekrönt worden ist.   Das Hauptwerk aber war die Grundlegung einer mächtigen Abtei für fünfhundert der frömmsten und vornehmsten Kapitularen, eine ordentliche Stadt von Heiligen und Schriftgelehrten, in deren Mitte dereinst seine Begräbnisstätte sein sollte.   Diese Vorsicht glaubte er seinem ewigen Seelenheil

04   Dafür] dafür *H1 E1–E4*
20   bemerkte] merkte *H1–E4*

schuldig zu sein.   Da über seine Frau anders verfügt war,
so wurde eine Grabstätte für sie nicht vorgesehen.

Am Mittage vor Walpurgis befahl er zu satteln, und
gebot seiner schönen Frau, ihr weißes Jagdpferd zu besteigen,
05 da sie einen weiten Weg mit ihm zu reiten hätte.   Zugleich
verbot er, daß irgend ein Knappe oder Diener mitkäme.   Eine
große Angst befiel die Arme, sie zitterte an allen Gliedern und
belog zum erstenmal in ihrer Ehe den Gemahl, indem sie sich
für unwohl ausgab und ihn bat, sie zu Hause zu lassen.   Da
10 sie kurz vorher halblaut ein wenig gesungen hatte, so ward
Gebizo zornig über diese Lüge und glaubte nun ein doppeltes
Recht über sie zu haben.   Sie mußte, dazu noch möglichst wohl
geschmückt, zu Pferde sitzen und ritt traurig mit ihrem Manne
von dannen, ohne zu wissen, wohin es gehen sollte.
15 Als sie ungefähr die Hälfte des Weges zurückgelegt,
kamen sie zu einem Kirchlein, das Bertrade in früheren Tagen
so nebenbei einst gebaut und der Mutter Gottes gewidmet
hatte.   Es war einem armen Meister zu Gefallen geschehen,
welchem wegen seiner mürrischen und unlieblichen Person nie-
20 mand etwas zu thun gab, so daß auch Gebizo, dem jeder mit
gefälligem und ehrerbietigem Wesen nahen mußte, ihn nicht
leiden mochte und bei allen seinen Werken leer ausgehen ließ.
Heimlich hatte sie das Kirchlein bauen lassen, und der ver-
achtete Meister hatte gleichsam als Feierabendarbeit zum Dank
25 noch ein gar eigentümlich anmutiges Marienbild selbst gearbeitet und auf den Altar gestellt.

In dieses Kirchlein begehrte jetzt Bertrade für einen
Augenblick einzutreten, um ihr Gebet zu verrichten, und Gebizo
ließ es geschehen; denn er dachte, sie könnte es wohl brauchen.
30 Sie stieg also vom Pferde und ging, indessen der Mann draußen
harrte, hinein, kniete vor dem °Altar nieder und empfahl sich
in den Schutz der Jungfrau Maria.   Da fiel sie in einen

31   Altar] Altare *H1–E3*

tiefen Schlaf; die Jungfrau sprang vom Altar herunter, nahm
Gestalt und Kleidung der Schlafenden an, trat aus der Thüre
frischen Mutes und bestieg das Pferd, worauf sie an der
Seite des Grafen und an Bertradens statt den Weg fortsetzte.

05   Der Elende wollte sein Weib noch täuschen und je näher
sie dem Ziele kamen, mit um so größerer Freundlichkeit ein-
schläfern und zerstreuen; und er redete deshalb über dieses und
jenes mit ihr, und die Jungfrau gab ihm trauliche Antwort
in süßem Geplauder, sich stellend, als ob sie alle Bangigkeit
10 verlöre.   So erreichten sie die dunkle Wildnis an dem See,
über welchem falbe Abendwolken hingen; die alten Tannen
blühten mit Purpurknospen, wie es nur in den üppigsten
Frühlingen geschieht; im Dickicht schlug eine gespenstige Nachtigall so stark wie mit Orgelpfeifen und Cymbeln, und aus
15 den Tannen ritt der bewußte Mann hervor auf einem schwarzen
Hengst, in reicher ritterlicher Tracht, ein langes Schwert zur
Seite.

        Er näherte sich ganz manierlich, obgleich er einen so
grimmigen Blick schnell auf Gebizo schoß, daß diesem die Haut
20 schauderte; sonst schienen nicht einmal die Pferde Unheil zu
wittern, denn sie blieben ruhig.   Gebizo warf dem Fremden
zitternd die Zügel seiner Frau zu und sprengte ohne sie von
dannen und ohne sich nach ihr umzusehen.   Der Fremde aber
ergriff die Zügel mit hastiger Faust und fort ging es wie
25 ein Sturmwind durch die Tannen, daß Schleier und Gewand
der schönen Ritterfrau flogen und flatterten, über Berg und
Thal und über die fließenden Wasser, daß die Hufe der Pferde
kaum die Schäume der Wellen berührten.   Von sausendem
Sturme gejagt, wälzte sich vor den Rossen her eine rosig duftende
30 Wolke, die in der Dämmerung leuchtete, und jene Nachtigall
flog unsichtbar vor dem Paare her und setzte sich da und dort
auf einen Baum, singend, daß die Lüfte schallten.

Endlich nahmen alle Hügel und alle Bäume ein Ende
und die beiden ritten in eine endlose Heide hinein, in deren
Mitte wie aus weiter Ferne die Nachtigall schlug, obgleich
weder Strauch noch Zweig zu ahnen war, auf dem sie hätte
sitzen können.

Unversehens hielt der Reiter an, sprang vom Pferde und
half der Dame mit den Gebärden eines vollkommenen Ritters
aus dem Sattel. Kaum berührte ihr Fuß die Heide, so ent-
sproß rings um das Paar ein mannshoher Rosengarten mit
einem herrlichen Brunnen und Ruhesitz, über welchem ein
Sternenhimmel funkelte, so hell, daß man bei seinem Lichte
hätte lesen können. Der Brunnen aber bestand aus einer
großen runden Schale, in welcher einige Teufel in der Weise,
wie man heutzutage lebende Bilder macht, eine verführerische
weiße Marmorgruppe schöner Nymphen bildeten oder darstellten.
Sie gossen schimmerndes Wasser aus ihren hohlen Händen, wo
sie es hernahmen, wußte nur ihr Herr und Meister; das
Wasser machte die lieblichste Musik, denn jeder Strahl gab
einen andern Ton und das Ganze schien gestimmt wie ein
Saitenspiel. Es war sozusagen eine Wasserharmonika, deren
Accorde alle Süßigkeiten der ersten Mainacht durchbebten und
mit den reizenden Formen der Nymphengruppe in einander
flossen; denn das lebende Bild stand nicht still, sondern wandelte und drehte sich unvermerkt.

Nicht ohne feine Bewegung führte der seltsame Herr die
Frau zu dem Ruhesitz und lud sie ein, Platz zu nehmen; dann
aber ergriff er gewaltsam zärtlich ihre Hand und sagte mit
einer das Mark erschütternden Stimme: „Ich bin der ewig
Einsame, der aus dem Himmel fiel! Nur die Minne eines
guten irdischen Weibes in der Mainacht läßt mich das Paradies
vergessen und giebt mir Kraft, den ewigen Untergang zu tragen.
Sei mit mir zu zweit, und ich will Dich unsterblich machen

und Dir die Macht geben, Gutes zu thun und Böses zu hindern, soviel es Dich freut!"

Er warf sich leidenschaftlich an die Brust des schönen
Weibes, welches seine Arme lächelnd öffnete; aber in demselben
Augenblick nahm die heilige Jungfrau ihre göttliche Gestalt
an und schloß den Betrüger, der nun gefangen war, mit aller
Gewalt in ihre leuchtenden Arme.   Augenblicklich verschwand
der Garten samt Brunnen und Nachtigall, die kunstreichen
Dämonen, so das lebende Bild gemacht, entflohen als üble
Geister mit ängstlichem Wimmern, ihren Herrn im Stich lassend,
und dieser rang mit Titanengewalt, sich aus der qualvollen
Umarmung loszuwinden, ohne einen Laut zu verlieren.

Die Jungfrau hielt sich aber tapfer und entließ ihn nicht,
obgleich sie alle Kraft zusammennehmen mußte; sie hatte nichts
Minderes im Sinn, als den überlisteten Teufel vor den Himmel
zu tragen und ihn dort in all' seinem Elend zum Gelächter
der Seligen an einen Thürpfosten zu binden.

Allein der Böse änderte seine Kampfweise, hielt sich ein
Weilchen still und nahm die Schönheit an, welche er einst als
der schönste Engel besessen, so daß es der himmlischen Schönheit Marias nahe ging.   Sie erhöhte sich, so viel als möglich;
aber wenn sie glänzte wie Venus, der schöne Abendstern, so
leuchtete jener wie Luzifer, der helle Morgenstern, so daß auf
der dunklen Heide ein Leuchten begann, als wären die Himmel
selbst herniedergestiegen.

Als die Jungfrau merkte, daß sie zu viel unternommen
und ihre Kräfte schwanden, begnügte sie sich, den Feind gegen
Verzicht auf die Grafenfrau zu entlassen, und alsbald fuhren
die himmlische und die höllische Schönheit auseinander mit
großer Gewalt.   Die Jungfrau begab sich etwas ermüdet nach
ihrem Kirchlein zurück; der Böse hingegen, unfähig, länger
irgend eine Verwandlung zu tragen und wie an allen Gliedern

zermalmt, schleppte sich in grausig dürftiger Gestalt, wie der
leibhafte geschwänzte Gram, im Sande davon. So übel war
ihm das vorgehabte Schäferstündchen bekommen!

Gebizo indessen, nachdem er sein liebliches Weib verlassen,
war in der beginnenden Nacht irr geritten und Roß und Mann
in eine Kluft gestürzt, wo er den Kopf an einem Stein zer-
schellte, so daß er stracks aus dem Leben schwand.

Bertrade dagegen verharrte in ihrem Schlafe, bis die
Sonne des ersten Maitages aufging; da erwachte sie und verwunderte sich über die verflossene Zeit. Doch sagte sie gleich
ihr Ave Maria, und als sie gesund und munter vor das Kirchlein trat, stand ihr Pferd davor wie sie es verlassen. Sie
wartete nicht lang auf ihren Gemahl, sondern ritt froh und
eilig nach Hause; denn sie ahnte, daß sie irgend einer großen
Gefahr entgangen sei.

Bald fand und brachte man die Leiche des Grafen.
Bertrade ließ ihn mit allen Ehren bestatten und stiftete unzählige Messen für ihn. Aber alle Liebe zu ihm war uner-
klärlicher Weise für sie aus ihrem Herzen weggetilgt, obgleich
dasselbe so freundlich und zärtlich blieb, als es je gewesen.
Deshalb sah sich ihre hohe Gönnerin im Himmel nach einem
andern Manne für sie um, der solch' anmutiger Liebe würdiger
wäre, als jener tote Gebizo, und diese Sache begab sich, wie
in der folgenden Legende geschrieben steht.

Die Jungfrau als Ritter.

Maria wird genenn't ein Thron und Gott's
Gezelt,
Ein' Arche, Burg, °Turm, Haus, ein Brunn,
Baum, Garten, Spiegel,
Ein Meer, ein Stern, der Mond, die
°Morgenröt', ein Hügel:
Wie kann sie alles seyn? sie ist ein' and're
Welt.
Angeli Silesii Cherub. Wandersmann.
2. Buch, 42.

Gebizo hatte zu seinen früheren Besitzungen noch so viele neue erworben, daß Bertrade über eine bedeutende Grafschaft gebot und sowohl ihres Reichtums als ihrer Schönheit wegen im deutschen Reiche berühmt wurde. Da sie zugleich eine große Bescheidenheit und Freundlichkeit gegen jedermann kund that, so schien das Kleinod ihrer Person allen unternehmenden und schüchternen, kühnen und furchtsamen, großen und kleinen Edelleuten gleich leicht zu gewinnen, und männiglich, wer sie einigemal gesehen, wunderte sich, warum er sie eigentlich nicht schon an der Hand hätte. Dennoch war mehr als ein Jahr verflossen, ohne daß man von °einem vernahm, der wirkliche Hoffnung gewonnen.

Auch der Kaiser hörte von ihr, und da er wünschte, daß ein so ansehnliches Lehen in die Hand eines rechten Mannes käme, beschloß er, auf einer Reise die berühmte Witwe zu be-

04   Turm] Thurm *H2–E4*
07   Morgenröt'] Morgenröth' *H2–E4*
22   einem] Einem *H1–E4*

suchen, und zeigte ihr dies in einem gar wohlgeneigten und freundlichen Briefe an.   Diesen gab er einem jungen Ritter Zendelwald, welcher gerade des Weges zu reiten hatte.   Der wurde von Bertrade huldreich empfangen und bewirtet wie

05 jeder, der auf ihrer Burg einkehrte; er besah sich ehrerbietig die herrlichen Säle, Zinnen und Gärten und verliebte sich nebenbei heftig in die Besitzerin.   Doch blieb er um deswillen nicht eine Stunde länger auf der Burg, sondern als er seinen Auftrag verrichtet und alles gesehen, nahm er kurzen Abschied

10 von der Frau und ritt von dannen, der °einzige von allen, die je hier gewesen, der nicht daran dachte, diesen Preis erringen zu können.

Ueberdies war er träg in Handlungen und Worten.   Wenn sein Geist und sein Herz sich eines Dinges bemächtigt hatten,

15 was immer vollständig und mit Feuer geschah, so brachte es Zendelwald nicht über sich, den ersten Schritt zu einer Verwirklichung zu thun, da die Sache für ihn abgemacht schien, wenn er inwendig damit im reinen war.   Obgleich er sich gern unterhielt, wo es nicht etwa galt, etwas zu erreichen,

20 redete er doch nie ein Wort zur rechten Zeit, welches ihm Glück gebracht hätte.   Aber nicht nur seinem Munde, auch seiner Hand waren seine Gedanken so voraus, daß er im Kampfe von seinen Feinden öfters beinahe besiegt wurde, weil er zögerte, den letzten Streich zu thun, den Gegner schon im voraus zu

25 seinen Füßen sehend.   Deshalb erregte seine Kampfweise auf allen Turnieren Verwunderung, indem er stets zuerst sich kaum rührte und nur in der größten Not mit einem tüchtigen Ruck obsiegte.

In voller Gedankenarbeit, deren Gegenstand die schöne

30 Bertrade war, ritt dieser Zendelwald jetzt nach seinem Heimatschlößchen, das in einem einsamen Bergwalde lag.   Nur wenige Köhler und Holzschläger waren seine Unterthanen, und seine

---

10   einzige] Einzige *H1–E4*

Mutter harrte daher jedesmal seiner Rückkunft mit bitterer Ungeduld, ob er jetzt endlich das Glück nach Hause bringe.

So lässig Zendelwald war, so handlich und entschlossen war seine Mutter, ohne daß es ihr viel genützt hätte, da sie ihrerseits diese Eigenschaft ebenfalls jederzeit übertrieben geltend gemacht und daher zur Zwecklosigkeit umgewandelt hatte.   In ihrer Jugend hatte sie so bald als möglich an den Mann zu kommen gesucht und mehrere Gelegenheiten so schnell und eifrig überhetzt, daß sie in der Eile gerade die schlechteste Wahl traf in der Person eines unbedachten und tollkühnen Gesellen, der sein Erbe durchjagte, einen frühzeitigen Tod fand und ihr nichts als ein langes Witwentum, Armut und einen Sohn hinterließ, der sich nicht rühren wollte, das Glück zu erhaschen.

Die einzige Nahrung der kleinen Familie bestand aus der Milch einiger Ziegen, Waldfrüchten und aus Wild.   Zendelwalds Mutter war eine vollkommene Jägerin und schoß mit der Armbrust wilde Tauben und Waldhühner nach Gelüsten; auch fischte sie Forellen aus den Bächen und pflasterte eigenhändig das Schlößchen mit Kalk und Steinen, wo es schadhaft geworden.   Eben kehrte sie mit einem erlegten Hasen heim und schaute, als sie das Tier vor das Fenster ihrer hochgelegenen Küche hing, nochmal ins Thal hinaus; da sah sie ihren Sohn den Weg heraufreiten und ließ freudig die Brücke nieder, weil er seit Monaten fortgewesen.

Sogleich begann sie zu forschen, ob er nicht irgend ein Schwänzchen oder eine Feder des °Glücks erwischt und mitgebracht hätte, woran sich klüglich zu halten wäre, und als er die wie gewöhnlich unerheblichen °Erlebnisse seiner letzten Kriegsfahrt erzählte, schüttelte sie schon zornig den Kopf; als er aber vollends seiner Botschaft zur reichen und reizenden Bertrade erwähnte und deren Huld und Schönheit rühmte, da schalt sie ihn einen Faulpelz und Bärenhäuter wegen seines schimpflichen

---

26   Glücks] Glückes *H1–E2*

28   Erlebnisse] Ergebnisse *H1–E4*

Abzuges. Bald sah sie auch, daß Zendelwald an nichts dachte
als an die ferne Herrenfrau, und nun wurde sie erst recht ungeduldig über ihn, da er mit einer so trefflichen Leidenschaft
im Herzen gar nichts anzuwenden wüßte, während ihm die
schwere Verliebtheit eher ein Hemmnis als ein Antrieb zum
Handeln war.

So hatte er nicht die besten Tage; die Mutter schmollte
mit ihm und aus Aerger, um sich zu zerstreuen, besserte sie
das °zerfallene Dach des Schloßturmes aus, so daß es dem
guten Zendelwald angst und bange ward, als er sie oben her-
umklettern sah. Unwirsch warf sie die zerbrochenen Ziegel
herunter und hätte fast einen fremden Reitersmann tot ge-
schmissen, welcher eben in das Thor zog, um sich ein Nachtlager auszubitten.

Es gelang diesem aber, die Freundlichkeit der herben
Dame zu wecken, als er beim Abendbrot viel gute Dinge erzählte und besonders, wie der Kaiser soeben auf der großen
Burg der schönen Witwe weile, wo ein Fest das andere dränge
und die wonnige Frau vom Kaiser und seinen Herren unablässig bestürmt werde, unter diesen sich einen Gemahl zu wählen.
Sie habe aber den Ausweg ergriffen, ein großes Turnier aus-
zuschreiben und dem Sieger über alle ihre Hand zu reichen,
fest vertrauend, daß ihre Beschützerin, die göttliche Jungfrau,
sich ins Mittel legen und dem Rechten, der ihr gebühre, den
Arm zum Siege lenken werde.

„Das wäre nun eine Unternehmung für Euch," schloß
der Mann, sich an Zendelwald wendend, „ein so hübscher
junger Ritter sollte sich recht daran hinmachen, das Beste zu
erwerben, was es nach irdischen Begriffen in diesen °Zeitläufen
giebt; auch sagt man allgemein, die Frau hoffe, es werde sich
auf diesem Wege irgend ein unbekanntes Glück für sie einfinden,
so ein armer tugendlicher Held, welchen sie alsdann recht hät-

---

09   zerfallene] zerfallende *E2–E3*
29   Zeitläufen] Zeitläuften *H1–E2*

scheln könnte, und die großen bekannten Grafen und eiteln
Freier seien ihr alle zuwider."

Als der Fremde weggeritten war, sagte die Mutter: „Nun
will ich wetten, daß niemand anders als Bertrade selbst diesen
Boten hergesandt hat, Dich auf die richtige Spur zu locken,
mein lieber Zendelwald!   Das ist mit Händen zu greifen; was
hätte der Kauz, der unser letztes Krüglein Wein zu sich genommen hat, sonst zu thun und zu reisen in diesem Wald?"

Der Sohn fing über ihre Worte mächtig an zu lachen
und lachte immer stärker, teils über die offenbare Unmöglichkeit
der mütterlichen Einbildungen, teils weil ihm diese Einbildungen
doch wohlgefielen.   Der bloße Gedanke, Bertrade könnte wünschen, seiner habhaft zu werden, ließ ihn nicht aus dem Lachen
heraus kommen.   Doch die Mutter, welche glaubte, er lache,
um sie zu verspotten, geriet in Zorn und rief: „So höre denn!
Meinen Fluch gebe ich Dir, wenn Du mir nicht gehorchst und
Dich von Stund an auf den Weg machst, jenes Glück zu °er-
werben; ohne dasselbe kehre nicht zurück, ich mag Dich dann
nie wieder sehen!   Oder wenn Du dennoch kommst, so nehme
ich mein Schießzeug und gehe selbst fort, ein Grab zu suchen,
wo ich von Deiner Dummheit unbelästigt bin!"

So hatte Zendelwald nun keine Wahl; um des lieben
Friedens willen rüstete er seufzend seine Waffen und ritt in
Gottes Namen in der Richtung nach Bertradens Wohnsitz hin,
ohne daß er überzeugt war, wirklich dort anzukommen.   Doch
hielt er den Weg so ziemlich inne und je näher er dem Ziele
kam, um so deutlicher gestaltete sich der Gedanke, daß er das
Ding eigentlich wohl unternehmen könnte, so gut wie ein anderer, und wenn er mit den Rivalen fertig geworden sei, so
werde es den Kopf auch nicht kosten, mit der schönen Frau
ein Tänzchen zu wagen.   Zug für Zug fand jetzt in seiner
Vorstellung das Abenteuer statt und verlief auf das beste, ja

17   erwerben; ohne] erwerben! Ohne *H1–E2*

er hielt bereits tagelang, während er durch das sommergrüne
Land ritt, süße Zwiegespräche mit der Geliebten, worin er ihr
die schönsten Erfindungen vorsagte, daß ihr Antlitz in holder
Freude sich rötete, alles dies in seinen Gedanken.

05   Als er eben wieder eine erfreuliche Begebenheit innerlich
ausmalte, sah er in Wirklichkeit an einem blauen Höhenzuge
die Türme und Zinnen der Burg in der Morgensonne er-
glänzen und die vergoldeten Geländer aus der Ferne herüber-
funkeln und erschrak so darüber, daß all' sein Traumwerk zer-
10 stob und nur ein zages, unschlüssiges Herz zurückließ.

      Unwillkürlich hielt er das Pferd an und schaute, nach
Art der Zauderer, rings nach einer Zuflucht aus.   Da gewahrte
er ein zierliches Kirchlein, das nämliche, welches einst Bertrade
der Mutter Gottes erbaut und in welchem sie jenen Schlaf
15 gethan hatte.   Sogleich beschloß er, da einzukehren und sich vor
dem Altare ein wenig zu sammeln, besonders da es der Tag
war, an welchem das Turnier abgehalten wurde.

      Eben sang der Priester die Messe, welcher bloß zwei oder
drei arme Leute beiwohnten, so daß der Ritter der kleinen Ge-
20 meinde zur nicht geringen Zierde gereichte; als aber alles vorbei
war und Pfaff und Küster das Kirchlein verlassen, fühlte Zendelwald sich so wohl in diesem Aufenthalt, daß er ganz gemächlich einschlief und Turnier und Geliebte vergaß, wenn er
nicht davon träumte.

25   Da stieg die Jungfrau Maria wieder von ihrem Altare
herunter, nahm seine Gestalt und Waffenrüstung an, bestieg
sein Pferd und ritt geschlossenen Helmes, eine kühne Brunhilde,
an Zendelwalds statt nach der Burg.

      Als sie eine Weile geritten, lag am Wege ein Haufen
30 grauen Schuttes und verdorrten Reisigs.   Das kam der auf-
merksamen Jungfrau verdächtig vor und sie bemerkte auch, daß
etwas wie das Schwanzende einer Schlange aus dem Wirrsal

hervorguckte. Da sah sie, daß es der Teufel war, welcher,
noch immer verliebt, auch in der Nähe der Burg herumge-
schlichen war und sich vor der Jungfrau schnell in das Gerölle
versteckt hatte. Scheinbar achtlos ritt sie vorüber, ließ aber
05 geschickt das Pferd einen kleinen Seitensprung thun, daß es
mit dem Hinterhufe auf jenes verdächtige Schwanzende trat.
Pfeifend fuhr der Böse hervor und davon und machte sich in
dieser Angelegenheit nicht mehr bemerklich.

Durch das kleine Abenteuer erheitert, ritt sie voll guten
10 Mutes vollends auf die Burg Bertrades, wo sie eben ankam,
als die zwei stärksten Kämpen übrig geblieben, um die Entscheidung unter sich herbeizuführen.

Langsam und in nachlässiger Haltung, ganz wie Zendelwald, ritt sie auf den Platz und schien unentschlossen, ob sie
15 sich beteiligen wolle oder nicht.

„Da kommt noch der träge Zendelwald," hieß es, und
die zwei starken Ritter sagten: „Was will uns der? ˚Laßt uns
ihn noch schnell abthun, ehe wir's unter uns ausmachen!"

Der eine nannte sich „Guhl der Geschwinde". Er pflegte
20 sich mit seinem Rosse wie ein Wirbelwind herum zu tummeln
und suchte seine Gegner mit hundert Streichen und Listen zu
verwirren und zu besiegen. Mit ihm mußte der vermeintliche
Zendelwald zuerst den Kampf bestehen. Er trug einen pech-
schwarzen Schnurrbart, dessen Spitzen so steif gedreht wagrecht
25 in die Luft ragten, daß zwei silberne Glöckchen, die daran
hingen, sie nicht zu biegen vermochten und fortwährend klingelten,
wenn er den Kopf bewegte. Dies nannte er das Geläute des
Schreckens für seine Feinde, des Wohlgefallens für seine Dame!
Sein Schild glänzte, je nachdem er ihn drehte, bald in dieser,
30 bald in jener Farbe, und er wußte diesen Wechsel so rasch zu
handhaben, daß das Auge davon geblendet wurde. Sein Helm-
busch bestand aus einem ungeheuren Hahnenschwanz.

17   Laßt] Laß *H2*

Der andere starke Ritter nannte sich „Maus der Zahllose",
womit er zu verstehen gab, daß er einem ungezählten Heere
gleich zu achten sei.   Zum Zeichen seiner Stärke hatte er die
aus seinen Naslöchern hervorstehenden Haare etwa sechs Zoll
lang wachsen lassen und in zwei Zöpfchen geflochten, welche ihm
über den Mund herabhingen und an den Enden mit zierlichen
roten Bandschleifen geschmückt waren.   Er trug einen großen
weiten Mantel über seiner Rüstung, der ihn fast samt dem
Pferde °verhüllte und aus tausend Mausfellchen künstlich zu-
sammengenäht war.   Als Helmzierde überschatteten ihn die
mächtig ausgebreiteten Flügel einer Fledermaus, unter welchen
er drohende Blicke aus geschlitzten Augen hervorsandte.

    Als nun das Signal zum Kampfe mit Guhl dem Ge-
schwinden gegeben wurde, ritt dieser gegen die Jungfrau heran
und umkreiste sie mit immer größerer Schnelligkeit, sie mit
seinem Schilde zu blenden suchend und mit der Lanze hundert
Stöße nach ihr führend.   Inzwischen verharrte die Jungfrau
immer auf derselben Stelle in der Mitte des Turnierplatzes
und schien nur die Angriffe mit Schild und Speer abzuwehren,
wobei sie mit großer Kunst das Pferd auf den Hinterfüßen
sich drehen ließ, so daß sie stets dem Feinde das Angesicht zuwendete.   Als Guhl das bemerkte, ritt er plötzlich weit weg,
kehrte dann um und rannte mit eingelegter Lanze auf sie ein,
um sie über den Haufen zu stechen.   Unbeweglich erwartete ihn
die Jungfrau; aber Mann und Pferd schienen von Erz, so
fest standen sie da, und der arme Kerl, der nicht wußte, daß
er mit einer höheren Gewalt stritt, flog unversehens, als er
auf ihren Speer rannte, während der seinige wie ein Halm
an ihrem Schilde zerbrach, aus dem Sattel und lag auf der
Erde.   Unverweilt sprang die Jungfrau vom Pferde, kniete
ihm auf die Brust, daß er unter der gewaltigen Stärke sich
nicht rühren konnte, und schnitt ihm mit ihrem Dolche die

09   verhüllte] umhüllte *H2–E2*

beiden Schnäuze mit den Silberglöcklein ab, welche sie an ihrem Wehrgehänge befestigte, indessen die Fanfaren sie oder vielmehr den Zendelwald als Sieger begrüßten.

Nun kam Ritter Maus der Zahllose an den Tanz. Gewaltig sprengte er einher, daß sein Mantel wie eine unheildrohende graue Wolke in der Luft schwebte. Allein die Jungfrau-Zendelwald, welche sich jetzt erst an dem Kampfe zu erwärmen schien, sprengte ihm ebenso rüstig entgegen, warf ihn auf den ersten Stoß mit Leichtigkeit aus dem Sattel und sprang, als Maus sich rasch erhob und das Schwert zog, ebenfalls vom Pferde, um zu Fuße mit ihm zu kämpfen. Bald aber war er betäubt von den raschen Schlägen, mit denen ihr Schwert ihm auf Haupt und Schultern fielen, und er hielt mit der Linken seinen Mantel vor, um sich dahinter zu verbergen und ihn dem Gegner bei günstiger Gelegenheit über den Kopf zu werfen. Da fing die Jungfrau mit der Spitze ihres Schwertes einen Zipfel des Mantels und wickelte Maus den Zahllosen mit solch' zierlicher Schnelligkeit selbst vom Kopf bis zum Fuße in den Mantel ein, daß er in kurzer Zeit wie eine von einer Spinne eingesponnene ungeheure Wespe aussah und zuckend auf der Erde lag.

Nun zerdrasch ihn die Jungfrau mit der flachen Klinge und mit solcher Behendigkeit, daß der Mantel sich in seine ursprünglichen Bestandteile auflöste und die umherstäubenden Mäusepelzchen unter dem allgemeinen Gelächter der Zuschauer die Luft verfinsterten, während der Ritter allmählich wieder zu Tage kam und als ein geschlagener Mann davon hinkte, nachdem sein Besieger ihm die bebänderten Zöpfchen abgeschnitten hatte.

So war denn die Jungfrau als Zendelwald der letzte Sieger auf dem Platze.

Sie schlug nun das Visier auf, schritt hinauf zur Königin

des Festes, beugte das Knie und legte die Siegestrophäen zu deren Füßen. Dann erhob sie sich und stellte einen Zendelwald dar, wie dieser gewöhnlich zu blöde war, es zu sein. Ohne indessen seiner Bescheidenheit zu viel zu vergeben, grüßte sie Bertraden mit einem Blicke, dessen Wirkung auf ein Frauenherz sie wohl kannte; kurz, sie wußte sich als Liebhaber wie als Ritter so zu benehmen, daß Bertrade ihr Wort nicht zurücknahm, sondern dem Zureden des Kaisers, der am Ende froh war, einen so tapfern und edlen Mann mächtig zu sehen, ein williges Ohr lieh.

Es geschah jetzt ein großer Festzug nach dem hochragenden Lindengarten, in welchem das Bankett bereitet war. Dort saß Bertrade zwischen dem Kaiser und ihrem Zendelwald; aber es schien gut, daß jenem für eine zweite muntere Nachbarin gesorgt worden; denn dieser ließ seiner Braut nicht viel Zeit, mit andern zu sprechen, so geschickt und zärtlich unterhielt er sie. Er sagte ihr augenscheinlich die feinsten Dinge, da sie einmal um das andere glückselig errötete. Heitere Wonne verbreitete sich über alle; in den grünen Laubgewölben in der Höhe sangen die Vögel um die Wette mit den Musikinstrumenten, ein Schmetterling setzte sich auf die goldene Krone des Kaisers, und die Weinpokale dufteten wie durch einen besonderen Segen gleich Veilchen und Reseda.

Aber vor allen fühlte sich Bertrade so glücklich, daß sie, während Zendelwald sie bei der Hand hielt, in ihrem Herzen ihrer göttlichen Beschützerin gedachte und derselben ein heißes, stilles Dankgebet abstattete.

Die Jungfrau Maria, welche ja als Zendelwald neben ihr saß, las dies Gebet in ihrem Herzen und war so erfreut über die fromme Dankbarkeit ihres Schützlings, daß sie Bertraden zärtlich umfing und einen Kuß auf ihre Lippen drückte, der begreiflicher Weise das holde Weib mit himmlischer Seligkeit erfüllte; denn wenn die Himmlischen einmal Zuckerzeug backen, so gerät es zur Süße.

Der Kaiser aber und die übrige Gesellschaft riefen dem vermeintlichen Zendelwald ihren Beifall zu, erhoben die Becher
05 und tranken auf das Wohl des schönen Paares.

Indessen erwachte der wirkliche Zendelwald aus seinem unzeitigen Schlafe und fand die Sonne so stark vorgeschritten, daß das Turnier wohl vorbei sein mußte. Obgleich er nun des °Handels glücklich enthoben war, fühlte er sich doch sehr
10 unglücklich und traurig, denn er hätte doch die Frau Bertrade gar zu gerne geheiratet. Auch durfte er jetzt nicht mehr zu seiner Mutter zurückkehren, und so entschloß er sich, eine immerwährende freudlose Irrfahrt anzutreten, bis ihn der Tod von seinem unnützen Dasein erlösen würde. Nur wollte er vorher
15 noch einmal die Geliebte sehen und sich ihr Bild für die übrigen Tage einprägen, damit er stets wüßte, was er verscherzt habe.

Er legte also den Weg bis zur Burg vollends zurück. Als er das Menschengedränge erreichte, hörte er überall das
20 Lob und das Glück eines armen Ritters Zendelwald ausrufen, der den Preis errungen habe, und bitterlich neugierig, wer dieser glückliche Namensvetter sein möge, stieg er vom Pferde und drängte sich durch die Menge, bis er am Rande des Gartens einen Platz gewinnen konnte, und zwar an einer er-
25 höhten Stelle, wo er das ganze Fest übersah.

Da erblickte er in Schmuck und Glanz und unweit der funkelnden Krone des Königs das in Glück strahlende Antlitz der Geliebten, aber Haupt an Haupt bei ihr zu seinem bleichen Erstaunen seine eigene Person, wie er leibte und lebte. Wie
30 leblos starrte er hin, just sah er seinen Doppelgänger die fromme Braut umfangen und küssen; da schritt er, unbeachtet in der allgemeinen Freude, unaufhaltsam durch die Reihen,

09   Handels] Handelns H1–E3

bis er dicht hinter dem Paare stand, von seltsamer Eifersucht
gepeinigt.   In demselben Augenblicke war sein Ebenbild von
Bertrades Seite verschwunden, und diese sah sich erschrocken nach
ihm um.   Als sie aber Zendelwald hinter sich sah, lachte sie voll
˚Freude und sagte: Wo ˚bist Du hin?   Komm, bleibe fein bei
mir!   Und sie ergriff seine Hand und zog ihn an ihre Seite.

So saß er denn, und um den vermeintlichen Traum recht
zu probieren, ergriff er den vor ihm stehenden Becher und
leerte ihn auf einen Zug.   Der Wein hielt stich und strömte
ein zuversichtliches Leben in seine Adern; wohl aufgelegt wandte
er sich zum lächelnden Weibe und sah ihr in die Augen, worauf
diese zufrieden die trauliche Unterhaltung fortsetzte, in welcher
sie vorhin unterbrochen worden war.   Allein Zendelwald wußte
nicht, wie ihm geschah, als Bertrade ihm wohlbekannte Worte
sprach, auf welche er einige Male, ohne sich zu besinnen, Worte
erwiderte, die er auch schon irgendwo gesprochen hatte; ja, nach
einiger Zeit merkte er, daß sein Vorgänger genau das nämliche
Gespräch mit ihr geführt haben mußte, welches er während
der Reisetage phantasierend ausgedacht hatte, und welches er
jetzt bedächtig fortsetzte, um zu sehen, welches Ende das Spiel
eigentlich nehmen wolle.

Aber es nahm kein Ende, vielmehr wurde es immer er-
baulicher; denn als die Sonne niederging, wurden Fackeln angezündet und die ganze Versammlung zog auf den größten
Saal der Burg, um dort des Tanzes zu pflegen.   Nachdem
der Kaiser den ersten Gang mit der Braut gethan, nahm
Zendelwald sie in den Arm und tanzte mit ihr drei- oder viermal um den Saal, bis die Erglühende ihn plötzlich bei der
Hand nahm und zur Seite führte in ein stilles Erkergemach,
das vom Mondschein erfüllt war.   Dort warf sie sich an seine
Brust, streichelte ihm den blonden Bart und dankte ihm für
sein Kommen und seine Neigung.   Der ehrliche Zendelwald

05   Freude] Freuden *H1–H2*
05   bist] willst *H2–E4*

aber wollte jetzt wissen, ob er träume oder wache, und befragte
sie um den richtigen Sachverhalt, besonders was seinen Doppelgänger betraf.   Sie verstand ihn lange nicht; doch ein Wort
gab das andere, Zendelwald sagte, so und so ist es mir ergangen, und erzählte seine ganze Fahrt, von seiner Einkehr in
das Kirchlein und wie er eingeschlafen sei und das Turnier
versäumt habe.

Da ward Bertraden die Sache soweit klar, daß sie abermals die Hand ihrer gnädigen Patronin erblickte.   Jetzt erst
aber durfte sie den wackern Ritter keck als eine Himmelsgabe
betrachten, und sie war dankbar genug, das handfeste Geschenk
recht ans Herz zu drücken und demselben den süßen Kuß voll-
wichtig zurückzugeben, den sie vom Himmel selbst empfangen.

Von jetzt an verließ aber den Ritter Zendelwald alle
seine Trägheit und träumerische Unentschlossenheit; er that und
redete alles zur rechten Zeit, vor der zärtlichen Bertrade sowohl,
als vor der übrigen Welt, und wurde ein ganzer Mann im
Reiche, so daß der Kaiser ebenso zufrieden mit ihm war, als
seine Gemahlin.

Zendelwalds Mutter aber erschien bei der Hochzeit hoch
zu Roß und so stolz, als ob sie zeitlebens im Glück gesessen
hätte.   Sie verwaltete Geld und Gut und jagte bis in ihr
hohes Alter in den weitläufigen Forsten, während Bertrade es
sich nicht nehmen ließ, sich alljährlich einmal von Zendelwald
in dessen einsames Heimatschlößchen bringen zu lassen, wo sie
auf dem grauen Turme mit ihrem Liebsten so zärtlich horstete,
wie die wilden Tauben auf den Bäumen umher.   Aber niemals unterließen sie, unterwegs in jenes Kirchlein zu treten
und ihr Gebet zu verrichten vor der Jungfrau, die auf ihrem
Altar so still und heilig stand, als ob sie nie von demselben
heruntergestiegen wäre.

Die Jungfrau und die Nonne.

Wer giebt mir Taubenflügel, daß
ich auffliege und Ruhe finde.
(Ps. 55, 7.)

Ein Kloster lag weitausschauend auf einem Berge und
seine Mauern glänzten über die Lande. Innen aber war es
voll Frauen, schöne und nicht schöne, welche alle nach strenger
Regel dem Herrn dienten und seiner jungfräulichen Mutter.

Die schönste von den Nonnen hieß Beatrix und war die
Küsterin des Klosters. Herrlich gewachsen von Gestalt, that
sie edlen Ganges ihren Dienst, besorgte Chor und Altar, waltete
in der Sakristei und läutete die Glocke vor dem Morgenrot
und wenn der Abendstern aufging.

Aber dazwischen schaute sie vielmal feuchten Blickes in das
Weben der blauen Gefilde; sie sah Waffen funkeln, hörte das
Horn der Jäger aus den Wäldern und den hellen Ruf der
Männer, und ihre Brust war voll Sehnsucht nach der Welt.

Als sie ihr Verlangen nicht länger bezwingen konnte, stand
sie in einer mondhellen Juninacht auf, bekleidete sich mit neuen
starken Schuhen und trat vor den Altar, zum Wandern gerüstet. „Ich habe Dir nun manches Jahr treu gedient," sagte
sie zur Jungfrau Maria, „aber jetzt nimm Du die Schlüssel
zu Dir, denn ich vermag die Glut in meinem Herzen nicht

20   gerüstet.] gerüstet: *E1–E4*

377

länger zu ertragen!" Hierauf legte sie ihren Schlüsselbund
auf den Altar und ging aus dem Kloster hinaus. Sie stieg
hernieder durch die Einsamkeit des Berges und wanderte, bis
sie in einem Eichenwalde auf einen Kreuzweg gelangte, wo sie
05 unschlüssig, nach welcher Seite sie sich wenden sollte, sich an
einem Quell niedersetzte, der da für die Vorüberziehenden in
Stein gefaßt und mit einer Bank versehen war. Dort saß sie,
bis die Sonne aufging, und wurde feucht vom fallenden Tau.

　　Da kam die Sonne über die Baumkronen und ihre ersten
10 Strahlen, welche durch die Waldstraße schossen, trafen einen
prächtigen Ritter, der völlig allein in seinen Waffen daher geritten kam. Die Nonne schaute aus ihren schönen Augen, so
stark sie konnte, und verlor keinen Zoll von der mannhaften
Erscheinung; aber sie hielt sich so still, daß der Ritter sie nicht
15 gesehen, wenn nicht das Geräusch des Brunnens sein Ohr berührt und seine Augen hingelenkt hätte. Sogleich bog er seitwärts nach dem Quell, stieg vom Pferd und ließ es trinken,
während er die Nonne ehrerbietig begrüßte. Es war ein Kreuz-
fahrer, welcher nach langer Abwesenheit einsam heimwärts zog,
20 nachdem er alle seine Leute verloren.

　　Trotz seiner Ehrerbietung wandte er aber kein Auge von
der Schönheit der Beatrix, welche ihrerseits es ebenso hielt
und den Kriegsmann nach wie vor anstaunte; denn das war
ein beträchtliches Stück von der Welt, nach der sie sich schon
25 lange im Stillen gesehnt hatte. Doch jählings schlug sie die
Augen nieder und schämte sich. Endlich fragte sie der Ritter,
welchen Weges sie zöge und ob er ihr in etwas dienen °könne?
Der volle Klang seiner Worte schreckte sie auf; sie sah ihn
abermals an, und bethört von seinen Blicken gestand sie, daß
30 sie dem Kloster entflohen sei, um die Welt zu sehen, daß sie
sich aber schon fürchte und weder ein noch aus wisse.

　　Da lachte der Ritter, welcher nicht auf den Kopf gefallen

27　könne?] *Absatzende* H2

war, aus vollem Herzen, und bot der Dame an, sie vorläufig
auf einen guten Weg zu leiten, wenn sie sich ihm anvertrauen
wolle. Seine Burg, fügte er hinzu, sei nicht weiter als eine
Tagereise von hier entfernt; dort möge sie, sofern es ihr ge-
os falle, in Sicherheit sich vorbereiten und nach weislicher Erwägung in die weite schöne Welt auslaufen.

Ohne Erwiderung, aber auch ohne Widerstand ließ sie
sich, immerhin ein wenig zitternd, auf das Pferd heben; der
Ritter schwang sich nach und, die rotglühende Nonne vor sich,
10 trabte er lustig durch Wälder und Auen.

Zwei- oder dreihundert Pferdelängen weit hielt sie sich
aufrecht und schaute unverwandt in die Weite, während sie ihre
Hand gegen seine Brust stemmte. Bald aber lag ihr Gesicht
an dieser Brust aufwärts gewendet und litt die Küsse, welche
15 der reisige Herr darauf drückte; und abermals nach dreihundert
Schritten erwiderte sie dieselben schon so eifrig, als ob sie niemals eine Klosterglocke geläutet hätte. Unter solchen Umständen
sahen sie nichts vom Lande und vom Lichte, das sie durch-
zogen, und die Nonne, die sich erst nach der weiten Welt gesehnt,
20 schloß jetzt ihre Augen vor derselben und beschränkte sich auf
einen Bezirk, den ein Pferd auf seinem Rücken forttragen konnte.

Auch Wonnebold, der Ritter, dachte kaum an seiner Väter
Burg, bis die Türme derselben im Mondlichte vor ihm glänzten.
Aber still war es um die Burg und noch stiller in derselben
25 und nirgends ein Licht zu erblicken. Vater und Mutter Wonne-
bolds waren gestorben und alles Gesinde weggezogen bis auf
ein steinaltes Schloßvögtchen, welches nach langem Klopfen mit
einer Laterne erschien und vor Freuden beinahe starb, als es
den Ritter vor dem mühsam geöffneten °Thore erblickte. Doch
30 hatte der Alte trotz seiner Einsamkeit und seiner Jahre das
Innere der Burg in wohnlichem Zustande erhalten und besonders das Gemach des Ritters in immerwährende Bereitschaft

29 Thore] Thor *H1–H2*

gesetzt, damit derselbe wohl ausruhen könne jeden Augenblick, wo er von seinen Fahrten zurückkäme. So ruhte denn Beatrix mit ihm und stillte ihr Verlangen.

Keines dachte nun daran, sich vom andern zu trennen. Wonnebold öffnete die Truhen seiner Mutter. Beatrix kleidete sich in die reichen Gewänder derselben und schmückte sich mit ihrem Geschmeide, und so lebten sie vor der Hand herrlich und in Freuden, nur daß die Dame recht- und namenlos dahin lebte und von ihrem Geliebten als dessen Leibeigene angesehen wurde; indessen verlangte sie nichts Besseres.

Einst aber kehrte ein fremder Baron mit Gefolge auf der Burg ein, die sich inzwischen auch wieder mit Dienstleuten bevölkert hatte, und es wurde zu dessen Ehren festlich gelebt. Endlich gerieten die Männer auch auf das Würfelspiel, bei welchem der Hausherr so glücklich und beständig gewann, daß er im Rausche seines Glückes und seines Glaubens daran sein Liebstes, wie er sagte, aufs Spiel setzte, nämlich die schöne Beatrix, wie sie °war samt dem köstlichen Geschmeide, das sie eben trug, gegen ein altes melancholisches Bergschloß, welches sein Gegner lächelnd einsetzte.

Beatrix, welche dem Spiele vergnügt zugeschaut hatte, erbleichte, und mit Recht; denn der alsobald °erfolgte Wurf ließ den Uebermütigen im Stich und gab dem Baron gewonnen.

Der säumte nicht, sondern brach augenblicklich auf mit seinem süßen Gewinnst und mit seinem Gefolge; kaum fand Beatrix noch Zeit, die unglücklichen Würfel an sich zu nehmen und in ihrem Busen zu verbergen, worauf sie unter strömenden Thränen dem rücksichtslosen Gewinner folgte.

Als der kleine Zug einige Stunden geritten war, gelangte er in ein anmutiges Gehölz von jungen Buchen, durch welches ein klarer Bach floß. Wie ein leichtes grünes Seidenzelt schwebte die zarte Belaubung in der Höhe, von den schlanken

18   war] war, *H1–E2*
22   erfolgte] erfolgende *H1–E2*

Silberstangen emporgehalten, und die offene Sommerlandschaft
schaute darunter herein.   Hier wollte der Baron mit seiner
Beute ausruhen.   Er hieß seine Leute ein Stück vorwärts
fahren, indessen er sich mit Beatrixen in der luftigen Grüne
05 niederließ und sie mit Liebkosungen an sich ziehen wollte.

Da erhob sie sich stolz und indem sie einen flammenden
Blick auf ihn warf, rief sie: wohl habe er ihre Person gewonnen, nicht aber ihr Herz, welches nicht für ein altes Ge-
mäuer zu gewinnen sei.   Wenn er ein Mann, so solle er etwas
10 Rechtes dagegen einsetzen.   Wolle er sein Leben daran wagen,
so könne er um ihr Herz würfeln, welches ihm, wenn er gewinne, auf ewig verpfändet und zu eigen sein solle; wenn
aber sie gewinne, so solle sein Leben in ihrer Hand stehen und
sie wieder eigene Herrin ihrer ganzen Person sein.

15 Dies sagte sie mit großem Ernste, sah ihn aber dabei so
seltsam an, daß ihm jetzt erst das Herz zu klopfen anfing und
er verwirrt sie betrachtete.   Immer schöner schien sie zu werden,
als sie mit leiserer Stimme und fragendem Blicke fortfuhr:
„Wer wird ein Weib minnen wollen ohne Gegenminne und
20 das von seinem Mute nicht überzeugt ist?   Gebt mir Euer
Schwert, nehmt hier die Würfel und wagt es, so mögen wir
verbunden werden wie zwei rechte Liebende!" Zugleich drückte
sie ihm die busenwarmen Elfenbeinwürfel in die Hand.   Bethört gab er ihr sein Schwert samt dem Gehänge und warf
25 sofort elf Augen mit °einem Wurfe.

Hierauf ergriff Beatrix die Würfel, schüttelte sie mit einem
geheimen Seufzer zur heiligen Maria, der Mutter Gottes,
heftig in ihren hohlen Händen, und warf zwölf Augen, womit
sie gewann.

30 „Ich schenk' Euch Euer Leben!" sagte sie, verneigte sich
ernsthaft vor dem Baron, nahm ihre Gewänder ein wenig zusammen und das Schwert unter den Arm und ging eilfertig

25   einem] Einem *H2–E4*

davon in der Richtung, woher sie gekommen waren. Als sie
jedoch dem noch ganz verblüfften und zerstreuten Herrn aus
den Augen war, ging sie schlauer Weise nicht weiter, sondern
um das Gehölze herum, trat leise wieder in dasselbe hinein
und verbarg sich, kaum fünfzig Schritte von dem Getäuschten
entfernt, hinter den Buchenstämmchen, welche sich in dieser
Entfernung durch ihre Menge eben hinreichend in einander
schoben, um die kluge Frau zur Not zu bedecken. Sie hielt
sich ganz still; nur ein Sonnenstrahl fiel auf einen edlen Stein
an ihrem Hals, so daß derselbe durch das Gehölz blitzte, ohne
daß sie es wußte. Der Baron sah sogar diesen Schein und
starrte in seiner Verwirrung einen Augenblick hin. Aber er
hielt es für einen schimmernden Tautropfen an einem Baum-
blatt und achtete nicht darauf.

Endlich erwachte er aus seiner Starrheit und stieß mit
Macht in sein Jagdhorn. Als seine Leute herbei gekommen,
sprang er aufs Pferd und jagte der Entflohenen nach, um
sich ihrer wieder zu versichern. Es dauerte wohl eine Stunde,
bis die Reiter wieder zurückkamen und verdrießlich und langsam durch die Buchen zogen, ohne sich diesmal aufzuhalten.
Sobald die lauschende Beatrix den Weg sicher sah, machte sie
sich auf und eilte heimwärts, ohne ihre feinen Schuhe zu
schonen.

Wonnebold hatte in der Zeit einen sehr schlechten Tag
verbracht, von Reue und Zorn gepeinigt, und da er wohl
fühlte, daß er sich auch vor der so leichtfertig verspielten Geliebten schämte, ward er inne, wie hoch er sie unbewußt hielt
und daß er kaum ohne sie leben mochte. Als sie daher unversehens vor ihm stand, breitete er, noch ehe er seine Ueberraschung ausdrückte, seine Arme nach ihr aus und sie eilte
ohne Klagen und ohne Vorwürfe in dieselben hinein. Laut
lachte er auf, als sie ihm ihre Kriegslist erzählte, und wurde

nachdenklich über ihre Treue; denn jener Baron war ein ganz
ansehnlicher und schmucker Gesell.

Um sich nun gegen alle künftigen Unfälle zu wahren,
machte er die schöne Beatrix zu seiner rechtmäßigen Gemahlin
os vor allen seinen Standesgenossen und Hörigen, so daß sie
von jetzt an eine Rittersfrau vorstellte, die ihresgleichen suchte
bei Jagden, Festen und Tänzen sowohl als in den Hütten der
Unterthanen und im Herrenstuhl der Kirche.

Die Jahre gingen wechselvoll vorüber, und während zwölf
10 reichen Herbsten gebar sie ihrem Gatten acht Söhne, welche
emporwuchsen wie junge Hirsche.

Als der älteste achtzehn Jahre zählte, erhob sie sich in
einer Herbstnacht von der Seite ihres Wonneboldes, ohne daß
er es merkte, legte sorgfältig all' ihren weltlichen Staat in
15 die nämlichen Truhen, aus denen er einst genommen worden,
und verschloß °sie, die Schlüssel an die Seite des Schlafenden
legend. Dann ging sie mit bloßen Füßen vor das Lager
ihrer Söhne und küßte leise einen nach dem andern; zuletzt
ging sie wieder an das Bett ihres Mannes, küßte denselben
20 auch, und erst jetzt schnitt sie sich das lange Haar vom Haupt,
zog das dunkle Nonnengewand wieder an, welches sie sorgfältig aufbewahrt hatte, und so verließ sie heimlich die Burg
und wanderte durch die brausenden Winde der Herbstnacht und
durch das fallende Laub jenem Kloster zu, welchem sie einst
25 entflohen war. Unermüdlich ließ sie die Kugeln ihres Rosen-
kranzes durch die Finger rollen und überdachte betend das
genossene Leben.

So wallte sie unverdrossen, bis sie wieder vor der Klosterpforte stand. Als sie anklopfte, that die gealterte Pförtnerin
30 auf und grüßte sie gleichgültig mit ihrem Namen, als ob sie
kaum eine halbe Stunde abwesend geblieben wäre. Beatrix
ging an ihr vorüber in die Kirche, warf sich vor dem Altar

16   sie] dieselben *H1–E4*

der heiligen Jungfrau auf die Kniee und diese begann zu
sprechen und sagte: „Du bist ein bißchen lange weggeblieben,
meine Tochter! Ich habe die ganze Zeit Deinen Dienst als
Küsterin versehen; jetzt bin ich aber doch froh, daß Du da
bist und die Schlüssel wieder übernimmst!"

Das Bild neigte sich herab und gab der Beatrix die
Schlüssel, welche über das große Wunder freudig erschrak.
Sogleich that sie ihren Dienst und ordnete das und jenes,
und als die Glocke zum Mittagsmahl erklang, ging sie zu
Tisch. Viele Nonnen waren alt geworden, andere gestorben,
junge waren neu angekommen und eine andere Aebtissin saß
oben am Tisch; aber niemand gewahrte, was mit Beatrix,
welche ihren gewohnten Platz einnahm, vorgegangen war;
denn die Maria hatte ihre Stelle in der Nonne eigener Gestalt versehen.

Nachdem nun abermals etwa zehn Jahre vergangen waren,
feierten die Nonnen ein großes Fest und wurden einig, daß
jede von ihnen der Mutter Gottes ein Geschenk, so fein sie es
zu bereiten vermöchte, darbringen solle. So stickte die eine ein
köstliches Kirchenbanner, die andere eine Altardecke, die dritte
ein Meßgewand. Eine dichtete einen lateinischen Hymnus und
die andere setzte ihn in Musik, die dritte malte und schrieb ein
Gebetbuch. Welche gar nichts Anderes konnte, nähte dem
Christuskinde ein neues Hemdchen, und die Schwester Köchin
buk ihm eine Schüssel Kräpflein. Einzig Beatrix hatte nichts
bereitet, da sie etwas müde war vom Leben und mit ihren
Gedanken mehr in der Vergangenheit lebte als in der Gegenwart.

Als nun der Festtag anbrach und sie keine Weihgabe dar-
legte, wunderten sich die übrigen Nonnen und schalten sie darum,
so daß sie sich in Demut seitwärts stellte, als in der blumen-
geschmückten Kirche alle jene prächtigen Dinge vor den Altar

gelegt wurden °im feierlichen Umgang, während die Glocken läuteten und die Weihrauchwolken emporstiegen.

Wie hierauf die Nonnen gar herrlich zu singen und zu musizieren begannen, zog ein greiser Rittersmann mit acht
05 bildschönen bewaffneten Jünglingen des Weges, alle auf stolzen Rossen, von ebensoviel reisigen Knappen gefolgt. Es war Wonnebold mit seinen Söhnen, die er dem Reichsheere zuführte.

Das Hochamt in dem Gotteshaus vernehmend, hieß er
10 seine Söhne absteigen und ging mit ihnen hinein, um der heiligen Jungfrau ein gutes Gebet darzubringen. Jedermann erstaunte über den herrlichen Anblick, als der eiserne Greis mit den acht jugendlichen Kriegern kniete, welche wie ebensoviel geharnischte Engel anzusehen waren, und die Nonnen
15 wurden irre in ihrer Musik, daß sie einen Augenblick aufhörten. Beatrix aber erkannte alle ihre Kinder an ihrem Gemahl, schrie auf und eilte zu ihnen, und indem sie sich zu erkennen gab, verkündigte sie ihr Geheimnis und erzählte das große Wunder, das sie erfahren habe.

20 So mußte nun jedermann gestehen, daß sie heute der Jungfrau die reichste Gabe dargebracht; und daß dieselbe angenommen wurde, bezeugten acht Kränze von jungem Eichenlaub, welche plötzlich °an den Häuptern der Jünglinge zu sehen waren, von der unsichtbaren Hand der Himmelskönigin darauf
25 gedrückt.

01   im feierlichen] in feierlichem *H1–E2*
23   an] auf *H1–E2*

Der schlimm-heilige Vitalis.

Meide den traulichen Umgang mit
Einem Weibe, empfiehl du überhaupt
lieber das ganze andächtige Geschlecht
dem lieben Gott.

Thomas a Kempis, Nachfolge, 8. 2.

Im Anfang des achten Jahrhunderts lebte zu Alexandria in Aegypten ein wunderlicher Mönch, namens Vitalis, der es sich zur besonderen Aufgabe gemacht hatte, verlorene weibliche Seelen vom Pfade der Sünde hinwegzulocken und zur Tugend zurückzuführen.   Aber der Weg, den er dabei einschlug, war so eigentümlich, und die Liebhaberei, ja Leidenschaft, mit welcher er unablässig sein Ziel verfolgte, mit so merkwürdiger Selbstentäußerung und Heuchelei vermischt, wie in der Welt kaum wieder vorkam.

Er führte ein genaues Verzeichnis aller jener Buhlerinnen auf einem zierlichen Pergamentstreifen, und sobald er in der Stadt oder deren Umgebung ein neues Wild entdeckt, merkte er Namen und Wohnung unverweilt auf demselben vor, so daß die schlimmen Patriciersöhne von Alexandria keinen besseren Wegweiser hätten finden können, als den emsigen Vitalis, wenn er einen minder heiligen Zweck hätte verfolgen wollen.   Allein wohl entlockte der Mönch ihnen in schlauem °spaßhaften Geplauder manche neue Kunde und Notiz in dieser Sache; nie

23   spaßhaften] spaßhaftem *H1–E1 E3–E4*

386

aber ließ er sich dergleichen selbst ablauschen von den Wild-
fängen.

Jenes Verzeichnis trug er zusammengerollt in einem
silbernen Büchschen in seiner Kappe und nahm es unzählige
Male hervor, um einen neuentdeckten, leichtfertigen Namen bei-
zufügen oder die bereits vorhandenen zu überblicken, zu zählen
und zu berechnen, welche der Inhaberinnen demnächst an die
Reihe kommen würde.

Diese suchte er dann in Eile und halb verschämt und
sagte hastig: „Gewähre mir die zweite Nacht von heute und
versprich keinem andern!" Wenn er zur bestimmten Zeit in
das Haus trat, ließ er die Schöne stehen und machte sich in
die hinterste Ecke der Kammer, fiel dort auf die Knie und
betete mit Inbrunst und lauten Worten die ganze Nacht für
die Bewohnerin des Hauses. Mit der Morgenfrühe verließ
er sie und untersagte ihr streng, zu verraten, was er bei ihr
gemacht habe.

So trieb er es eine gute Zeit und brachte sich in den
allerschlechtesten Ruf. Denn während er im geheimen, in den
verschlossenen Kammern der Buhlerinnen durch seine heißen
Donnerworte und durch inbrünstiges süßes Gebetlispeln manche
Verlorene erschütterte und rührte, daß sie in sich ging und
einen frommen Lebenswandel begann, schien er es öffentlich
vollständig darauf anzulegen, für einen lasterhaften und sün-
digen Mönch zu gelten, der sich lustig in allem Wirrsal der
Welt herumschlüge und seinen geistlichen Habit als eine Fahne
der Schmach aushänge.

Befand er sich des Abends, wenn es dunkelte, in ehrbarer Gesellschaft, so rief er etwa unversehens: „Ei, was
mache ich doch? Bald hätt' ich vergessen, daß die braune Doris
meiner wartet, die kleine Freundin! Der tausend, ich muß
gleich hin, daß sie nicht schmollt!"

Schalt man ihn nun, so rief er, wie erbost: „Glaubt Ihr, ich sei ein Stein? Bildet Ihr Euch ein, daß Gott für die Mönche keine Weiblein geschaffen habe?" Sagte jemand: „Vater, legt lieber das kirchliche Gewand ab und heiratet, damit die andern sich nicht ärgern!" so antwortete er: „Aergere sich, wer will und mag, und renne mit dem Kopfe gegen die Mauer! Wer ist mein Richter?"

Alles dies sagte er mit Geräusch und großer Verstellungskunst, wie einer, der eine schlechte Sache mit vielen und frechen Worten verteidigt.

Und er ging hin und zankte sich vor den Hausthüren der Mädchen mit den Nebenbuhlern herum, ja er prügelte sich sogar mit ihnen und teilte manche derbe Maulschelle aus, wenn es hieß: „Fort mit dem Mönch! Will der Kleriker uns den Platz streitig machen? Zieh' ab, Glatzkopf!"

Auch war er so beharrlich und zudringlich, daß er in den meisten Fällen den Sieg davon trug und unversehens ins Haus schlüpfte.

Kehrte er beim Morgengrauen in seine Zelle zurück, so warf er sich nieder vor der Mutter Gottes, zu deren Preis und Ehre er allein diese Abenteuer unternahm und den Tadel der Welt auf sich lud, und wenn es ihm gelungen war, ein verlorenes Lamm zurückzuführen und in irgend einem heiligen Kloster unterzubringen, so dünkte er sich seliger vor der Himmelskönigin, als wenn er tausend Heiden bekehrt hätte. Denn dies war sein ganz besonderer Geschmack, daß er das Martyrium bestand, vor der Welt als ein Unreiner und Wüstling dazustehen, während die allerreinste Frau im Himmel wohl wüßte, daß er noch nie ein Weib berührt habe und ein Kränzlein weißer Rosen unsichtbar auf seinem vielgeschmähten Haupte trage.

Einst hörte er von einer besonders gefährlichen Person,

welche durch ihre Schönheit und Ungewöhnlichkeit viel Unheil und selbst Blutvergießen anrichte, da ein vornehmer und grimmiger Kriegsmann ihre Thüre belagere und jeden niederstrecke, der sich mit ihm in Streit einlasse. Sogleich nahm Vitalis sich vor, diese Hölle anzugreifen und zu überwinden. Er schrieb den Namen der Sünderin nicht erst in sein Verzeichnis, sondern ging geraden Weges nach dem berüchtigten Hause und traf an der Thüre richtig mit jenem Soldaten zusammen, der in Scharlach gekleidet hochmütig daherschritt und einen Wurfspieß in der Hand trug.

„Duck' Dich hier bei Seite, Mönchlein!" rief er höhnisch dem frommen Vitalis zu, „was wagst Du, an meiner Löwenhöhle herumzukrabbeln? Für Dich ist der Himmel, für uns die Welt!"

„Himmel und Erde samt allem, was darin ist," rief Vitalis, „gehören dem Herrn und seinen fröhlichen Knechten! Pack' Dich, aufgeputzter Lümmel, und laß mich gehen, wo mich gelüstet!"

Zornig erhob der Krieger den Schaft seines Wurfspießes, um ihn auf den Kopf des Mönches niederzuschlagen; doch dieser zog flugs den Ast eines friedlichen Oelbaumes unter dem Gewande hervor, parierte den Streich und traf den Raufbold so derb an die Stirne, daß ihm die Sinne beinahe vergingen, worauf ihm der streitbare Kleriker noch viele Knüffe unter die Nase gab, bis der Soldat ganz betäubt und fluchend sich davon machte.

Also drang Vitalis siegreich in das Haus, wo über einem schmalen Treppchen die Weibsperson stand, eine Lampe tragend, und auf das Lärmen und Schreien horchte. Es war eine ungewöhnlich große und feste Gestalt mit schönen großen aber trotzigen Gesichtszügen, um welche ein rötliches Haar in reichen wilden Wellen gleich einer Löwenmähne flatterte.

Verachtungsvoll schaute sie auf den anrückenden Vitalis
herab und sagte: „Wohin willst Du?" „Zu Dir, mein Täubchen!"
antwortete er, „hast Du nie vom zärtlichen Mönch Vitalis
gehört, vom lustigen Vitalis?" Allein sie versetzte barsch, indem
sie die Treppe sperrte mit ihrer gewaltigen Figur: „Hast Du
Geld, Mönch?" Verdutzt sagte er: „Mönche tragen nie Geld
mit sich!" „So trolle Dich Deines Weges," rief sie, „oder ich
lasse Dich mit Feuerbränden aus dem Hause peitschen!"

Ganz verblüfft kratzte Vitalis hinter den Ohren, da er
diesen Fall noch nicht bedacht hatte; denn die Geschöpfe, die
er bis anhin bekehrt, hatten dann natürlicher Weise nicht mehr
an einen Sündenlohn gedacht, und die Unbekehrten begnügten
sich, ihn mit schnöden Worten für die kostbare Zeit, um die
er sie gebracht, zu strafen.   Hier aber konnte er gar nicht ins
Innere gelangen, um seine fromme That zu beginnen; und
doch reizte es ihn über alle Maßen, gerade diese rotschimmernde
Satanstochter zu bändigen, weil große schöne Menschenbilder
immer wieder die Sinne verleiten, ihnen einen höheren menschlichen Wert zuzuschreiben, als sie wirklich haben.   Verlegen
suchte er an seinem Gewande herum und bekam dabei jenes
Silberbüchschen in die Hand, welches mit einem ziemlich wert-
vollen Amethyst geziert war.   „Ich habe nichts, als dies,"
sagte er, „laß mich hinein dafür!" Sie nahm das Büchschen,
betrachtete es genau und hieß ihn dann mit hineingehen.
In ihrem Schlafgemache angekommen, sah er sich nicht weiter
nach ihr um, sondern kniete nach seiner Gewohnheit in °einer
Ecke und betete mit lauter Stimme.

Die Hetäre, welche glaubte, er wolle seine weltlichen Werke
aus geistlicher Gewohnheit mit Gebet beginnen, erhob ein un-
bändiges Gelächter und setzte sich auf ihr Ruhebett, um ihm
zuzusehen, da seine Gebärden sie höchlich belustigten.   Da das
Ding aber kein Ende nahm und anfing, sie zu langweilen,

26 einer] eine *H1–E3*

entblößte sie unzüchtig ihre Schultern, schritt auf ihn zu, um-
strickte ihn mit ihren weißen starken Armen und drückte den guten
Vitalis mit seinem geschorenen und tonsurierten Kopf so derb
gegen ihre Brust, daß er zu ersticken drohte und zu prusten
begann, als ob er im Fegfeuer stäke. Es dauerte aber nicht
lang, so fing er an, nach allen Seiten auszuschlagen, wie ein
junges Pferd in der Schmiede, bis er sich von der höllischen
Umschlingung befreit hatte. Dann aber nahm er den langen
Strick, welchen er um den Leib trug, und packte das Weib,
um ihr die Hände auf den Rücken zu binden, damit er Ruhe
vor ihr habe. Er mußte jedoch tüchtig mit ihr ringen, bis
es ihm gelang, sie zu fesseln; und auch die Füße band er ihr
zusammen und warf den ganzen Pack mit einem mächtigen
Ruck auf das Bett. Wonach er sich wieder in seinen Winkel
begab und seine Gebete fortsetzte, als ob nichts geschehen wäre.

Die gefesselte Löwin wälzte sich erst zornig und unruhig
hin und her, suchte sich zu befreien und stieß hundert Flüche
aus; dann wurde sie stiller, während der Mönch nicht auf-
hörte, zu beten, zu predigen und zu beschwören, und gegen
Morgen ließ sie deutliche Seufzer vernehmen, welchen bald,
wie es schien, ein zerknirschtes Schluchzen folgte. Kurz, als
die Sonne aufging, lag sie als eine Magdalena zu seinen
Füßen, von ihren Banden befreit, und benetzte den Saum seines
Gewandes mit Thränen. Würdevoll und heiter streichelte ihr
Vitalis das Haupt und versprach, mit einbrechender künftiger
Nacht wiederzukommen, um ihr kund zu thun, in welchem
Kloster er eine Bußzelle für sie ausfindig gemacht hätte. Dann
verließ er sie, vergaß aber nicht, ihr vorher einzuschärfen, daß
sie inzwischen nichts von ihrer Bekehrung verlauten lassen und
vor allem nur jedermann, der sie darum befragen würde, sagen
solle, er habe sich recht lustig bei ihr gemacht.

Allein wie erschrak er, als er, zur bestimmten Stunde

wieder erscheinend, die Thüre fest verschlossen fand, indessen
das Frauenzimmer frisch geschmückt und stattlich aus dem
Fenster sah.

    „Was willst Du, Priester?" rief sie herunter, und erstaunt
05 erwiderte er halblaut: „Was soll das heißen, mein Lämmchen?
Thu' von Dir diesen Sündenflitter und laß mich ein, daß ich
Dich zu Deiner Buße vorbereite!" „Du willst zu mir herein,
schlimmer Mönch?" sagte sie lächelnd, als ob sie ihn mißver-
standen hätte, „hast Du Geld oder Geldeswert bei Dir?" Mit
10 offenem Munde starrte Vitalis empor; dann rüttelte er verzweifelt an der Thüre; aber sie war und blieb verschlossen und
vom Fenster war das Weib auch verschwunden.

    Das Gelächter und die Verwünschungen der Vorüber-
gehenden trieben den scheinbar verdorbenen und schamlosen
15 Mönch endlich von dem verrufenen Hause hinweg; allein sein
einziges Sinnen und Trachten ging dahin, wieder in das
nämliche Haus zu gelangen und den Bösen, der in dem Weibe
steckte, auf jede Weise zu überwinden.

    Von diesem Gedanken °beherrscht, lenkte er seine Schritte
20 in eine Kirche, wo er, statt zu beten, über Mittel und Wege
sann, wie er sich den Zutritt bei der Verlorenen verschaffen
könne. Indem fiel sein Blick auf die Lade, in welcher die
Gaben der Mildthätigkeit aufbewahrt lagen, und kaum war
die Kirche, in welcher es dunkel geworden, leer, so schlug er
25 die Lade mit kräftiger Faust auf und warf ihren Inhalt, der
aus einer Menge kleiner Silberlinge bestand, in seine aufge-
schürzte Kutte und eilte schneller, als ein Verliebter, nach der
Wohnung der Sünderin.

    Eben wollte ein zierlicher Stutzer in die aufgehende Thüre
30 schlüpfen; Vitalis ergriff ihn hinten an den duftenden Locken,
schleuderte ihn auf die Gasse und schlug die Thüre, indem er
hinein sprang, jenem vor der Nase zu, und so stand er nach

<hr>

19   beherrscht,] beherrscht *H2–E4*

einigen Augenblicken abermals vor der ruchlosen Person, welche
ihn mit funkelnden Augen besah, da er statt des erwarteten
Stutzers erschien.   Vitalis ˚schüttelte aber schnell das gestohlene
Geld auf den Tisch und sagte: „Genügt das für diese Nacht?"
05 Stumm aber sorgfältig zählte sie das Gut und sagte dann:
„Es genügt!" und that es beiseite.

Nun standen sie sich sonderbarlich gegenüber.   Das Lachen
verbeißend schaute sie darein, als ob sie von nichts wüßte,
und der Mönch prüfte sie mit ungewissen und kummervollen
10 Blicken und wußte nicht, wie er es anpacken sollte, sie zur Rede
zu stellen.   Als sie aber plötzlich in verlockende Gebärden überging und mit der Hand in seinen glänzenden dunklen Bart
fahren wollte, da brach das Gewitter seines geistlichen Gemütes
mächtig los, zornig schlug er ihr auf die Hand, warf sie dann
15 auf ihr Bett, daß es erzitterte, und indem er auf sie hinkniete
und ihre Hände festhielt, fing er, ungerührt von ihren Reizen,
dergestalt an, ihr in die Seele zu reden, daß ihre Verstocktheit
endlich sich zu lösen schien.

Sie ließ nach in den gewaltsamen Anstrengungen, sich zu
20 befreien, häufige Thränen flossen über das schöne und kräftige
Gesicht, und als der eifrige Gottesmann sie nun freigab und
aufrecht an ihrem Sündenlager stand, lag die große Gestalt
auf demselben mit ausgestreckten müden Gliedern, wie von
Reue und Bitterkeit zerschlagen, schluchzend und die umflorten
25 Augen nach ihm richtend, wie verwundert über diese unfrei-
willige Verwandlung.

Da verwandelte sich auch das Ungewitter seines beredten
Zornes in weiche Rührung und inniges Mitleid; er pries
innerlich seine himmlische Beschützerin, welcher zu Ehren ihm
30 dieser schwerste aller Siege gelungen war, und seine Rede floß
jetzt versöhnend und tröstend wie lindes Frühlingswehen über
das gebrochene Eis dieses Herzens.

03   schüttelte] schüttete *H1–E1*

Fröhlicher, als wenn er das lieblichste Glück genossen
hätte, eilte er von dannen, aber nicht, um auf seinem harten
Lager noch ein Stündchen Schlaf zu finden, sondern um vor
dem Altare der Jungfrau für die arme reuevolle Seele zu
05 beten, bis der Tag vollends angebrochen wäre; denn er gelobte, kein Auge zu schließen, bis das verirrte Lamm nunmehr
sicher hinter den schützenden Klostermauern verwahrt sei.

Kaum war auch der Morgen lebendig geworden, so machte
er sich wieder auf den Weg nach ihrem Hause, sah aber auch
10 gleichzeitig vom andern Ende der Straße den wilden Kriegsmann daher kommen, welcher nach einer durchschwelgten Nacht,
halb betrunken, es sich in den Kopf gesetzt hatte, die Hetäre
endlich wieder zu erobern.

Vitalis war näher an der unseligen Thüre, und behende
15 sprang er darauf zu, um sie vollends zu erreichen; da schleuderte jener den Speer nach ihm, der dicht neben des Mönches
Kopf in der Thür stecken blieb, daß der Schaft zitterte.   Aber
noch ehe er ausgezittert, riß ihn der Mönch mit aller Kraft
aus dem Holz, kehrte sich gegen den wütend herbeigesprungenen
20 Soldaten, der ein bloßes Schwert zückte, und trieb ihm mit
Blitzesschnelle den Speer durch die Brust; tot sank der Mann
zusammen und Vitalis wurde fast im selbigen Augenblicke durch
einen Trupp Kriegsknechte, die von der Nachtwache kamen und
seine That gesehen, gefangen genommen, gebunden und in den
25 Kerker geführt.

Wahrhaft kummervoll schaute er nach dem Häuschen zurück,
in welchem er sein gutes Werk nun nicht vollenden °konnte:
die Wächter glaubten, er bedaure lediglich seinen Unstern, von
einem sündhaften Vorsatz abgelenkt zu sein, und traktierten den
30 vermeintlich unverbesserlichen Mönch mit Schlägen und Schimpf-
worten, bis er im Gefängnis war.

Dort mußte er viele Tage liegen, mehrfach vor den Richter

27   konnte:] konnte; H1–H2

gestellt; zwar wurde er am Ende straflos entlassen, weil er den
Mann in der Notwehr umgebracht.   Doch ging er immerhin
als ein Totschläger aus dem Handel hervor und jedermann
rief, daß man ihm endlich das geistliche Gewand abnehmen
os sollte.   Der Bischof Johannes, welcher dazumal in Alexandria
vorstand, mußte aber irgend eine Ahnung von dem wahren
Sachverhalt oder sonst einen höheren Plan gefaßt haben, da
er sich weigerte, den verrufenen Mönch aus der Klerisei zu
stoßen, und befahl, denselben einstweilen noch seinen seltsamen
10 Weg wandeln zu lassen.

      Dieser führte ihn ohne Aufenthalt zu der bekehrten Sün-
derin zurück, welche sich mittlerweile abermals umgekehrt hatte
und den erschrockenen und bekümmerten Vitalis nicht eher herein-
ließ, bis er wiederum irgendwo einen Wertgegenstand entwendet
15 und ihr gebracht.   Sie bereute und bekehrte sich zum dritten-
mal, und auf gleiche Weise zum vierten- und fünftenmal, da
sie diese Bekehrungen einträglicher fand, als alles Andere, und
überdies der böse Geist in ihr ein höllisches Vergnügen empfand, mit wechselnden Künsten und Erfindungen den armen
20 Mönch zu äffen.

      Dieser war jetzt wirklich von innen heraus ein Märtyrer;
denn je ärger er getäuscht wurde, desto weniger konnte er von
seinem Bemühen lassen, und es dünkte ihn, als ob seine eigene
Seligkeit gerade von der Besserung dieser einen Person ab-
25 hange.   Er war °bereits jetzt ein Totschläger, Kirchenräuber
und Dieb; allein lieber hätt' er sich eine Hand °abgehauen, als
den geringsten Teil seines Rufes als Wüstling aufgegeben,
und wenn dies alles ihm endlich in seinem Herzen schwer und
schwerer zu tragen war, so bestrebte er sich um so eifriger, vor
30 der Welt die schlimme Außenseite mit frivolen Worten aufrecht
zu halten.   Denn diese märtyrliche Specialität hatte er einmal
erwählt.   Doch wurde er bleich und schmal dabei und fing an,

25   bereits jetzt] jetzt bereits   *H1–E2*
26   abgehauen,] abgehauen   *E3–E4*

herumzuschleichen, wie ein Schatten an der Wand, aber immer mit lachendem Munde.

Gegenüber jenem Hause der Prüfung nun wohnte ein reicher griechischer Kaufmann, der ein einziges Töchterchen besaß, Jole geheißen, welche thun konnte, was ihr beliebte, und daher nicht recht wußte, was sie den langen Tag hindurch beginnen sollte. Denn ihr Vater, der sich zur Ruhe gesetzt hatte, studierte den Plato, und wenn er dessen müde war, so verfaßte er zierliche Xenien über die geschnittenen antiken Steine, deren er eine Menge sammelte und besaß. Jole hingegen, wenn sie ihr Saitenspiel beiseite gestellt hatte, wußte ihren lebhaften Gedanken keinen Ausweg und guckte unruhig in den Himmel und in die Ferne, wo sich eine Oeffnung bot.

So entdeckte sie auch den Verkehr des Mönches in der Straße und erfuhr, welche Bewandtnis es mit dem berüchtigten Klerikus habe. Erschreckt und scheu betrachtete sie ihn von ihrem sicheren Versteck aus und konnte nicht umhin, seine stattliche Gestalt und sein männliches Aussehen zu bedauern. Als sie aber von einer Sklavin, welche mit der Sklavin der bösen Buhlerin vertraut war, vernahm, wie Vitalis von letzterer betrogen würde und wie es sich in Wahrheit mit ihm verhalte, da verwunderte sie sich über alle Maßen, und weit entfernt, dies Martyrium zu verehren, befiel sie ein seltsamer Zorn und sie hielt diese Art Heiligkeit der Ehre ihres Geschlechts nicht für zuträglich. Sie träumte und grübelte eine Weile darüber, und immer unzufriedener wurde sie, während gleichzeitig ihre Teilnahme für den Mönch sich erhöhte und mit jenem Zorne kreuzte.

Plötzlich entschloß sie sich, wenn die Jungfrau Maria nicht so viel Verstand habe, den Verirrten auf einen wohlanständigeren Weg zu führen, dies selbst zu übernehmen und ihr etwas ins Handwerk zu pfuschen, nicht ahnend, daß sie selbst das un-

bewußte Werkzeug der bereits einschreitenden Himmelskönigin
war.   Und alsogleich ging sie zu ihrem Vater, beschwerte sich
bitterlich über die unangemessene Nachbarschaft der Buhldirne
und beschwor ihn, dieselbe um jeden Preis vermittelst seines
o5 Reichtums und augenblicklich zu entfernen.

Der Alte verfügte sich, nach ihrer Anweisung, auch sogleich zu der Person und bot ihr eine gewisse Summe für ihr
Häuschen, wenn sie es zur Stunde verlassen und ganz aus
dem Revier wegziehen wolle.   Sie verlangte nichts Besseres
10 und war noch °im gleichen Vormittag aus der Gegend verschwunden, während der Alte wieder hinter seinem Plato saß
und sich nicht weiter um die Sache kümmerte.

Desto eifriger war nun Jole, das Häuschen von unten
bis oben von allem räumen zu lassen, was an die frühere
15 Besitzerin erinnern konnte, und als es gänzlich ausgefegt und
gereinigt war, ließ sie es mit feinen Spezereien so durchräuchern,
daß die wohlduftenden Rauchwolken aus allen Fenstern drangen.

Dann ließ sie in das leere Gemach nichts als einen
Teppich, einen Rosenstock und eine Lampe hinübertragen, und
20 als ihr Vater, welcher mit der Sonne zur Ruhe ging, eingeschlafen war, ging sie selbst hin, das Haar mit einem Rosen-
kränzlein geschmückt, und setzte sich mutterseelenallein auf den
ausgebreiteten Teppich, indessen zwei zuverlässige alte Diener
die Hausthüre bewachten.

25 Dieselben jagten verschiedene Nachtschwärmer davon; sobald sie dagegen den Vitalis herankommen sahen, verbargen
sie sich und ließen ihn ungehindert in die offene Thür treten.
Mit vielen Seufzern stieg er die Treppe hinan, voll Furcht,
sich abermals genarrt zu sehen, und voll Hoffnung, endlich von
30 dieser Last befreit zu werden durch die aufrichtige Reue eines
Geschöpfes, welches ihn verhinderte, so viele andere Seelen zu
retten.   Allein wie erstaunte er, als er, in das Gemach ge-

10   im] am *H1–E2*

treten, dasselbe von all' dem Flitterstaat der wilden roten Löwin geleert und statt ihrer eine anmutige und zarte Gestalt auf dem Teppich sitzend fand, das Rosenstöckchen sich gegenüber auf demselben Boden.

„Wo ist die Unselige, die hier °wohnte!" rief er, indem er verwundert um sich schaute und dann seine Blicke auf der lieblichen Erscheinung ruhen ließ, die er vor sich sah.

„Sie ist fortgewandert in die Wüste," erwiderte Jole, ohne aufzublicken, „dort will sie das Leben einer Einsiedlerin führen und büßen; denn es hat sie diesen Morgen plötzlich übernommen und darnieder geworfen gleich einem Grashalm, und ihr Gewissen ist endlich aufgewacht. Sie rief nach einem gewissen Priester Vitalis, °der ihr beistehen möchte. Allein der Geist, der in sie gefahren, ließ sie nicht länger harren; die Thörin raffte alle ihre Habe zusammen, verkaufte sie und gab das Geld den Armen, worauf sie stehenden Fußes in einem härenen Hemd und mit abgeschnittenem Haar, einen Stecken in der Hand, hinauszog, wo die Wildnis ist."

„Gepriesen seist Du, Herr, und gelobt Deine gnadenvolle Mutter!" rief Vitalis, voll fröhlicher Andacht die Hände faltend, indem es ihm wie eine Steinlast vom Herzen fiel; zugleich aber betrachtete er das Mädchen mit seinem Rosenkränzchen genauer und sprach:

„Warum sagtest Du: die Thörin? und wer bist Du? von woher kommst Du und was hast Du vor?"

Die liebliche Jole richtete jetzt ihr dunkles Auge noch tiefer zur Erde; sie beugte sich vornüber und eine hohe Schamröte übergoß ihr Gesicht, da sie sich selbst der argen Dinge schämte, die sie vor einem Manne zu sagen im Begriffe war.

„Ich bin," sagte sie, „eine verstoßene Waise, die weder Vater noch Mutter mehr hat. Dieser Teppich, diese Lampe und dieser Rosenstock sind die letzten Ueberbleibsel von meinem

---

Erbe, und damit habe ich mich hier niedergelassen, um das
Leben zu beginnen, das jene verlassen hat, welche vor mir
hier wohnte!"

„Ei, so soll Dich doch –!" rief der Mönch und schlug
os die Hände zusammen, „seht mir einmal an, wie fleißig der
Teufel ist! Und dies harmlose Tierlein hier sagt das Ding
so trocken daher, wie wenn ich nicht der Vitalis wäre! Nun,
mein Kätzchen, was willst Du thun? Sag's doch noch einmal!"

„Ich will mich der Liebe weihen und den Männern dienen,
10 so lange diese Rose lebt!" sagte sie und zeigte flüchtig auf den
Strauch; doch brachte sie die Worte kaum heraus und versank
vor °Scham °beinahe in den Boden, so duckte sie sich zusammen,
und diese natürliche Scham diente der Schelmin sehr gut, den
Mönch zu überzeugen, daß er es hier mit einer kindlichen Un-
15 schuld zu thun habe, die nur vom Teufel besessen mit beiden
Füßen in den Abgrund springen wolle. Er strich sich vor Vergnügen den Bart, einmal so zu rechter Zeit auf dem Platz erschienen zu sein, und um sein Behagen noch länger zu genießen, sagte er langsam und humoristisch:

20   „Und dann nachher, mein Täubchen?"

„Nachher will ich in die Hölle fahren als eine allerärmste
Seele, wo die schöne Frau Venus ist, oder vielleicht auch,
wenn ich einen guten Prediger finde, etwa später in ein Kloster
gehen und Buße thun!"

25   „Gut so, immer besser!" rief er, „das ist ja ein ordent-
licher Kriegsplan und gar nicht übel erraten! Denn was den
Prediger betrifft, so ist er schon da, er steht vor °Dir Du
schwarzäugiges Höllenbrätchen! Und das Kloster ist Dir auch
schon hergerichtet wie eine Mausfalle, nur daß man unge-
30 sündigt hineinspaziert, verstanden? Ungesündigt bis auf den
sauberen Vorsatz, der indessen einen erklecklichen Reueknochen
für Dein ganzes Leben abgeben und nützlich sein mag; denn

---

12   Scham] Scheu *H1–E3*
12   beinahe] beinah *H1;* beinah' *H2*
27   Dir] dir, *H1–E4*

sonst wärst Du kleine Hexe auch gar zu possierlich und scherz-
haft für eine rechte Büßerin!   Aber nun," fuhr er mit ernster
Stimme fort, „herunter vorerst mit den Rosen vom Kopf und
dann aufmerksam zugehört!"

„Nein," sagte Jole etwas kecker, „erst will ich zuhören
und dann sehen, ob ich die Rosen herunternehme.   Nachdem ich
einmal mein weibliches Gefühl überwunden, genügen Worte nicht
mehr mich abzuhalten, eh' ich die Sünde kenne, und ohne Sünde
werde ich keine Reue kennen, dies gebe ich Dir zu bedenken,
ehe Du Dich bemühst!   Aber immerhin will ich Dich anhören!"

Jetzt begann Vitalis seine schönste Predigt, die er je gehalten.   Das Mädchen hörte ihm anmutig und aufmerksam
zu und ihr Anblick übte einen erheblichen Einfluß auf die
Wahl seiner Worte, ohne daß er dessen inne ward, da die
Schönheit und Feinheit des zu bekehrenden Gegenstandes wie
von selbst eine erhöhte Beredsamkeit hervorrief.   Allein da es
ihr nicht im mindesten ernst war mit dem, was sie frevelhafter
Weise vorgab, so konnte die Rede des Mönches sie auch nicht
sehr erschüttern; ein liebliches Lachen schwebte vielmehr um
ihren Mund, und als er geendigt und sich erwartungsvoll den
Schweiß von der Stirne wischte, sagte Jole: „Ich bin nur
halb gerührt von Deinen Worten und kann mich nicht entschließen, mein Vorhaben aufzugeben; denn ich bin allzu neugierig, wie es sich in Lust und Sünden lebe!"

Wie versteinert stand Vitalis da und wußte nicht ein
einziges Wort hervorzubringen.   Es war das erste Mal, daß
ihm seine Bekehrungskunst so rund fehlgeschlagen.   Seufzend
und nachsinnend ging er im Gemach auf und nieder und besah
dann wieder die kleine Höllenkandidatin.   Die Kraft des Teufels
schien sich hier auf unheimliche Weise mit der Kraft der Unschuld zu verbinden, um ihm zu widerstehen.   Aber um so
leidenschaftlicher gedachte er dennoch obzusiegen.

„Ich geh' nicht von der Stelle," rief er endlich, „bis Du
bereust, und sollt' ich drei Tage und drei Nächte hier zubringen!"

„Das würde mich nur hartnäckiger machen," erwiderte
Jole, „ich will mir aber Bedenkzeit nehmen und die kommende
Nacht Dich wieder anhören. Jetzt bricht der Tag bald an,
geh' Deines Weges, indessen versprech' ich, nichts in der Sache
zu thun und in meinem jetzigen Zustand zu verbleiben, wogegen Du versprechen mußt, nirgends meiner Person zu er-
wähnen und nur in dunkler Nacht hieher zu kommen!"

„Es sei so!" rief Vitalis, machte sich fort und Jole
schlüpfte rasch in ihr väterliches Haus zurück.

Sie schlief nur kurze Zeit und erwartete mit Ungeduld
den Abend, weil ihr der Mönch, dem sie die Nacht durch so
nahe gewesen, noch besser gefallen hatte, als sonst aus der
Ferne. Sie sah jetzt, welch' ein schwärmerisches Feuer in seinen
Augen glühte und wie entschieden, trotz der geistlichen Kleidung,
alle seine Bewegungen waren. Wenn sie sich dazu seine Selbst-
verleugnung vergegenwärtigte, seine Ausdauer in dem einmal
Erwählten, so konnte sie nicht umhin, diese guten Eigenschaften
zu ihrem eigenen Nutzen und Vergnügen verwendet zu wünschen,
und zwar in Gestalt eines verliebten und getreuen Ehemannes.
Ihre Aufgabe war demnach, aus einem wackeren Märtyrer
einen noch besseren Ehemann zu machen.

In der kommenden Nacht fand sie Vitalis zeitig wieder
auf ihrem Teppich, und er setzte seine Bemühungen um ihre
Tugend mit unvermindertem Eifer fort. Er mußte fortwährend
dazu stehen, wenn er nicht zu einem Gebete niederkniete. Jole
dagegen machte es sich bequem; sie legte sich mit dem Ober-
leib auf den Teppich zurück, schlang die Arme um den Kopf
und betrachtete aus halb geschlossenen Augen unverwandt den
Mönch, der vor ihr stand und predigte. Einigemal schloß
sie die Augen, wie vom Schlummer beschlichen, und sobald

Vitalis das gewahrte, stieß er sie mit dem Fuße an, um sie
zu wecken.　Aber diese mürrische Maßregel fiel dennoch jedesmal milder aus, als er °beabsichtigte: denn sobald der Fuß
sich der schlanken Seite des Mädchens näherte, mäßigte er von
selbst seine Schwere und berührte nur sanft die zarten Rippen,
und dessen ungeachtet strömte dann eine gar seltsamliche Empfindung den ganzen langen Mönch hinauf, eine Empfindung,
die sich bei allen den vielen schönen Sünderinnen, mit denen
er bisher verkehrt, im entferntesten nie eingestellt hatte.

Jole nickte gegen Morgen immer häufiger ein; endlich
rief Vitalis unwillig: „Kind, Du hörst nicht, Du bist nicht
zu erwecken, Du verharrst in Trägheit!"

„Nicht doch," sagte sie, indem sie die Augen plötzlich aufschlug und ein süßes Lächeln über ihr Gesicht flog, gleichsam
als wenn der nahende Tag schon darauf zu sehen wäre, „ich
habe gut aufgemerkt, ich hasse jetzt jene elende Sünde, die mir
um so widerwärtiger geworden, als sie Dir Aergernis erregt,
lieber Mönch; denn nichts könnte mir mehr gefallen, was Dir
mißfällt!"

„Wirklich?" rief er voll Freuden, „so ist es mir doch
gelungen?　Jetzt komm' nur gleich in das Kloster, damit wir
Deiner sicher sind.　Wir wollen diesmal das Eisen schmieden,
weil es noch warm ist!"

„Du verstehst mich nicht recht," erwiderte Jole und schlug
errötend die Augen wieder zur Erde, „ich bin in Dich verliebt und habe eine zärtliche Neigung zu Dir gefaßt!"

Vitalis empfand augenblicklich, wie wenn ihm eine Hand
aufs Herz schlüge, ohne daß es ihm jedoch dünkte, weh zu
thun.　Beklemmt sperrte er die Augen und den Mund auf
und stand da.

Jole aber fuhr fort, indem sie noch röter wurde, und
sagte leise und sanft: „Nun mußt Du mir auch noch dies

03　beabsichtigte:] beabsichtigte;　*H1–H2*

neue Unheil ausreden und verbannen, um mich gänzlich vom
Uebel zu befreien, und ich hoffe, daß es Dir gelingen werde!"

Vitalis, ohne ein Wort zu sagen, machte kehrt um und
rannte aus dem Hause.   Er lief in den silbergrauen Morgen
hinaus, statt sein Lager aufzusuchen, und überlegte, ob er diese
verdächtige junge Person ein für allemal ihrem Schicksal überlassen oder versuchen solle, ihr diese letzte Grille auch noch auszutreiben, welche ihm die bedenklichste von allen und für ihn
selbst nicht ganz ungefährlich schien.   Doch eine zornige Schamröte stieg ihm ins Haupt bei dem Gedanken, daß dergleichen
für ihn selbst gefährlich sein sollte; aber dann fiel ihm gleich
wieder ein, der Teufel könnte ihm ein Netz gestellt haben, und
wenn dem so wäre, so sei dieses am besten beizeiten zu fliehen.
Aber feldflüchtig werden vor solchem federleichten Teufelsspuk?
Und wenn das arme Geschöpfchen wirklich es gut meinte und
durch einige kräftige grobe Worte von seiner letzten unzukömm-
lichen Phantasie zu heilen wäre?   Kurz, Vitalis konnte nicht
mit sich einig werden, und das um so weniger, als auf dem
Grunde seines Herzens bereits ein dunkles Wogen das Schifflein seiner Vernunft zum Schaukeln brachte.

Er schlüpfte daher in seiner Bedrängnis in ein Gottes-
häuschen, wo vor kurzem ein schönes altes Marmorbild der
Göttin Juno, mit einem goldenen Heiligenschein versehen, als
Marienbild aufgestellt worden war, um diese Gottesgabe der
Kunst nicht umkommen zu lassen.   Vor dieser Maria warf er
sich nieder und trug ihr inbrünstig seinen Zweifel vor, und er
bat seine Meisterin um ein Zeichen.   Wenn sie mit dem Kopfe
nickte, so wolle er die Bekehrung vollenden, wenn sie ihn
schüttle, so wolle er davon abstehen.

Allein das Bild ließ ihn in der grausamsten Ungewißheit
und that keins von °beiden, weder nickte es, noch schüttelte es
den Kopf.   Nur als ein rötlicher Schein vorüberziehender

28   nickte] nicke *H1*
31   beiden] beidem *H1 E1–E4*

Frühwolken über den Marmor flog, schien das Gesicht auf
das holdeste zu lächeln, mochte es nun sein, daß die alte
Göttin, die Beschützerin ehelicher Zucht und Sitte, sich bemerklich machte, oder daß die neue über die Not ihres Verehrers
₀₅ lachen mußte; denn im Grunde waren beides Frauen und
diese lächert es immer, wenn ein Liebeshandel im Anzug ist.
Aber Vitalis wurde davon nicht klüger; im Gegenteil machte
ihm die Schönheit des Anblickes noch wunderlicher zu Mut,
ja merkwürdiger Weise schien das Bild die Züge der erröten-
₁₀ den Jole anzunehmen, welche ihn aufforderte, ihr die Liebe zu
ihm aus dem Sinne zu treiben.

Indessen wandelte um die gleiche Zeit der Vater Joles
unter den Cypressen seines Gartens umher; er hatte einige
sehr schöne neue Steine erworben, deren Bildwerke ihn so früh
₁₅ auf die Beine gebracht.   Entzückt betrachtete er dieselben, indem
er sie in der aufgehenden Sonne spielen ließ.   Da war ein
nächtlicher Amethyst, worauf Luna ihren Wagen durch den
Himmel führte, nicht ahnend, daß sich Amor hinten aufgehockt,
während umherschwärmende Amoretten auf griechisch ihr zu-
₂₀ riefen: Es sitzt einer hintenauf!   Ein prächtiger Onyx zeigte
Minerva, welche achtlos sinnend den Amor auf dem Schoße
hielt, der mit seiner Hand eifrig ihren Brustharnisch polierte,
um sich darin zu spiegeln.

Auf einem Karneol endlich tummelte sich Amor als ein
₂₅ Salamander in einem vestalischen Feuer herum und setzte die
Hüterin desselben in Verwirrung und Schrecken.

Diese Scenen reizten den Alten zu einigen Distichen und
er besann sich, welches er zuerst in Angriff nehmen wolle, als
sein Töchterchen Jole blaß und überwacht durch den Garten
₃₀ kam.   Besorgt und verwundert rief er sie an und fragte, was
ihr den Schlaf geraubt habe?   Ehe sie aber antworten konnte,
zeigte er ihr seine Kleinode und °erzählte ihr den Sinn derselben.

32   erzählte] erklärte H1–E4

Da that sie einen tiefen Seufzer und sagte: „Ach, wenn alle diese großen Mächte, die Keuschheit selbst, die Weisheit und die Religion sich nicht vor der Liebe bewahren können, wie soll ich armes unbedeutendes Geschöpf mich wider sie befestigen?"

Ueber diese Worte erstaunte der alte Herr nicht wenig. „Was muß ich hören?" sagte er, „sollte Dich das Geschoß des starken Eros getroffen haben?"

„Es hat mich durchbohrt," erwiderte sie, „und wenn ich nicht binnen Tag und Nacht im Besitz des Mannes bin, welchen ich liebe, so bin ich des Todes!"

Obgleich nun der Vater gewohnt war, ihr in allem zu willfahren, was sie begehrte, so war ihm diese Eile jetzt doch etwas zu heftig und er mahnte die Tochter zu Ruhe und Besonnenheit. Letztere fehlte ihr aber keineswegs und sie gebrauchte dieselbe so gut, daß der Alte ausrief: „So soll ich denn die elendeste aller Vaterpflichten ausüben, indem ich nach dem Erwählten, nach dem Männchen auslaufe und es an der Nase zum Besten hinführe, was ich mein nenne, und ihn bitte, doch ja Besitz davon zu nehmen? Hier ist ein schmuckes Weibchen, lieber Herr, bitte, verschmäh' es nicht! Ich möchte Dir zwar lieber einige Ohrfeigen geben, aber das Töchterchen will sterben und ich muß höflich sein! Also laß Dir's doch in Gnaden belieben, genieße ums Himmels willen das Pastetchen, das sich Dir bietet! Es ist trefflich gebacken und schmilzt Dir auf der Zunge!"

„Alles das ist uns erspart," sagte Jole, „denn wenn Du es nur erlaubst, so hoffe ich ihn dazu zu bringen, daß er von selbst kommt und um mich anhält."

„Und wenn er alsdann, den ich gar nicht kenne, ein Schlingel und ein Taugenichts ist?" „„Dann soll er mit Schimpf weggejagt werden! Er ist aber ein Heiliger!""

„So geh' denn und überlaß mich den Musen!" sagte der
gute Alte.

Als der Abend kam, folgte die Nacht nicht so schnell der
Dämmerung, als Vitalis hinter Jole her im bekannten Häus-
chen erschien. Aber so war er noch nie hier eingetreten. Das
Herz klopfte ihm und er mußte empfinden, was es heiße, ein
Wesen wieder zu sehen, das einen solchen Trumpf ausgespielt
hat. Ein anderer Vitalis stieg die Treppe hinauf, als in der
Frühe heruntergestiegen war, obschon er selbst am wenigsten
davon verstand, da der arme Mädchenbekehrer und verrufene
Mönch nicht einmal den Unterschied zwischen dem Lächeln einer
Buhldirne und demjenigen einer ehrlichen Frau gekannt hatte.

Doch kam er immerhin in der guten Meinung und mit
dem alten Vorsatze, dem Ungeheuerchen jetzt endlich alle unnützen Gedanken aus dem Köpfchen zu treiben; nur schwebte
ihm vor, als ob er nach gelungenem Werke dann doch etwa
eine Pause in seiner Märtyrthätigkeit sich erlauben möchte,
zumal ihn diese sehr zu ermüden begann.

Aber es war ihm beschieden, daß in dieser verhexten Behausung stets neue Ueberraschungen seiner warteten. Als er
jetzt das Gemach betrat, war es aufs anmutigste ausgeziert
und mit allen Wohnlichkeiten versehen. Ein fein einschmei-
chelnder Blumenduft erfüllte den Raum und stimmte zu einer
gewissen sittigen Weltlichkeit; auf einem blühweißen Ruhebett,
an dessen Seide kein unordentliches Fältchen sichtbar war, saß
Jole, herrlich geschmückt, in süß bekümmerter Melancholie,
gleich einem spintisierenden Engel. Unter dem schönfaltigen
Brustkleide wogte es so rauh, wie der Sturm in einem
Milchbecher, und so schön die weißen Arme erglänzten, die sie
unter der Brust übereinander gelegt hatte, so sah doch all'
dieser Reiz so gesetzlich und erlaubt in die Welt, daß Vitali-
sens gewohnte Redekunst in seinem Halse stecken blieb.

„Du bist verwundert, schönster Mönch!" begann Jole, „diesen Staat und Putz hier zu finden! Wisse, dies ist der Abschied, den ich von der Welt zu nehmen gedenke, und damit will ich zugleich die Neigung ablegen, die ich leider zu Dir empfinden muß. Allein dazu sollst Du mir helfen nach Deinem besten Vermögen und auf die Art, wie ich mir ausgedacht habe und wie ich von Dir verlange. Wenn Du nämlich in diesem Gewande und als geistlicher Mann zu mir sprichst, so ist das immer das Gleiche, und das Gebaren eines Klerikers vermag mich nicht zu überzeugen, da ich der Welt angehöre. Ich kann nicht durch einen Mönch von der Liebe geheilt werden, da er sie nicht kennt und nicht weiß, von was er spricht. Ist es Dir daher recht ernst, mir Ruhe zu geben und mich dem Himmel zuzuwenden, so geh' in jenes Kämmerlein, wo weltliche Gewänder bereit liegen. Dort vertausche Deinen Mönchshabit mit jenen, schmücke Dich als Weltmann, setze Dich nachher zu mir, um gemeinsam mit mir ein kleines Mahl einzunehmen, und in dieser weltlichen Lage biete alsdann all' Deinen Scharfsinn und Verstand auf, mich von Dir ab- und der Gottseligkeit zuzudrängen!"

Vitalis erwiderte hierauf nichts, sondern besann sich eine Weile; sodann beschloß er, alle Beschwerde nun mit ˚einem Schlage zu enden und den Weltteufel wirklich mit seinen eigenen Waffen zu Paaren zu treiben, indem er auf Joles eigensinnigen Vorschlag einging.

Er begab sich also wirklich in das anstoßende Gemach, wo ein paar Knechtlein mit prächtigen Gewändern in Linnen und Purpur seiner harrten. Kaum hatte er dieselben angezogen, so schien er um einen Kopf höher zu sein, und er schritt mit edlem Anstand zu Jolen zurück, welche mit den Augen an ihm hing und freudevoll in die Hände klatschte.

Nun geschah aber ein wahres Wunder und eine seltsame

22 einem] Einem *H1–E4*

Umwandlung mit dem Mönch; denn kaum saß er in seinem weltlichen Staat neben dem anmutvollen Weibe, so war die nächste Vergangenheit wie weggeblasen aus seinem Gehirn und er vergaß gänzlich seines Vorsatzes. Anstatt ein einziges Wort
05 hervorzubringen, lauschte er begierig auf Joles Worte, welche seine Hand ergriffen hatte und ihm nun ihre wahre Geschichte erzählte, nämlich wer sie sei, wo sie wohne und wie es ihr sehnlichster Wunsch wäre, daß er seine eigentümliche Lebensweise verlassen und bei ihrem Vater sich um ihre Hand bewerben möchte, auf daß er ein guter und Gott gefälliger Ehe-
10 mann würde. Sie sagte noch viele wundersame Dinge in den zierlichsten Worten über eine glückliche und tugendreiche Liebesgeschichte, schloß aber mit dem Seufzer, daß sie wohl einsehe, wie vergeblich ihre Sehnsucht sei, und daß er °sich nun be-
15 mühen möge, ihr alle diese Dinge auszureden, aber nicht, bevor er sich durch Speise und Trank gehörig dazu gestärkt habe.

Nun trugen auf ihren Wink ihre Leute Trinkgefäße auf den Tisch nebst einem Körbchen mit Backwerk und Früchten. Jole mischte dem stillen Vitalis eine Schale Wein und reichte
20 ihm liebevoll etwas zu essen, so daß er sich wie zu Hause fühlte und ihm fast seine Kinderjahre in den Sinn kamen, wo er als Knäbchen zärtlich von seiner Mutter gespeist worden. Er aß und trank, und als dies geschehen, da war es ihm, als ob er nun vorerst von langer Mühsal ausruhen möchte,
25 und siehe da, mein Vitalis neigte sein Haupt zur Seite, nach Jolen hin, und schlief ohne Säumnis ein und bis die Sonne aufging.

Als er erwachte, war er allein und niemand weder zu sehen noch zu hören. Heftig sprang er auf und erschrak über
30 das glänzende Gewand, in dem er steckte; hastig stürmte er durch das Haus von oben bis unten, seine Mönchskutte zu suchen; aber nicht die kleinste Spur war davon zu finden, bis

<hr />

14　sich nun] nun sich　*H1–E3*

er in einem kleinen Höfchen Kohlen und Asche sah, auf welchen ein halbverbrannter Aermel seines Priestergewandes lag, so daß er mit Recht vermutete, dasselbe sei hier feierlich verbrannt worden.

Er steckte nun vorsichtig den Kopf bald durch diese, bald durch jene Oeffnung auf die Straße und zog sich jedesmal zurück, wenn jemand nahte. Endlich warf er sich auf das seidene Ruhebett, so bequem und lässig, als ob er nie auf einem harten Mönchslager geruht hätte; dann raffte er sich zusammen, ordnete das Gewand und schlich aufgeregt an die Hausthüre. Dort zögerte er noch ein Weilchen; plötzlich aber riß er sie weit auf und ging mit Glanz und Würde ins Freie. Niemand erkannte ihn, alles hielt ihn für einen großen Herrn aus der Ferne, welcher sich hier zu Alexandria einige gute Tage mache.

Er sah indessen weder rechts noch links, sonst würde er Jole auf der Zinne ihres Hauses gesehen haben. So ging er denn geraden Weges nach seinem Kloster, wo aber sämtliche Mönche samt ihrem Vorsteher eben beschlossen hatten, ihn aus ihrer Mitte zu verstoßen, weil das Maß seiner Sünden nun voll sei und er nur zum Aergernis und Schaden der Kirche gereiche. Als sie ihn gar in seinem weltlichen hoffärtigen Aufzuge ankommen sahen, stieß das dem Fasse ihrer Langmut vollends den Boden aus; sie besprengten und begossen ihn mit Wasser von allen Seiten und trieben ihn mit Kreuzen, Besen, Gabeln und Kochlöffeln aus dem Kloster.

Diese schnöde Behandlung wäre ihm zu anderer Zeit ein Hochgenuß und Triumph seines Märtyrtums gewesen. Jetzt lachte er zwar auch inwendig, aber in ziemlich anderm Sinne. Noch ging er einmal um die Ringmauern der Stadt herum und ließ seinen roten Mantel im Winde fliegen; eine herrliche Luft wehte vom heiligen Lande her über das blitzende Meer,

aber Vitalis wurde immer weltlicher im Gemüt, und °unver-
sehens lenkte er seinen Gang wieder in die geräuschvollen
Straßen der Stadt, suchte das Haus, wo Jole wohnte, und
erfüllte deren Willen.

05   Er wurde jetzt ein °ebenso trefflicher und vollkommener
Weltmann und Gatte, als er ein Märtyrer gewesen war; die
Kirche aber, als sie den wahren Thatbestand vernahm, war
untröstlich über den Abgang eines solchen Heiligen und wendete
alles an, den Flüchtigen wieder in ihren Schoß zu ziehen.
10 Allein Jole hielt ihn fest und meinte, er sei bei ihr gut genug
aufgehoben.

01   unversehens] unversehns *E3*
05   ebenso] eben so *H1–E3*

Dorotheas Blumenkörbchen.

Aber sich so verlieren, ist mehr sich finden.
Franciscus Ludovicus °Blosius.
Geistlicher Unterricht, Kap. 12.

Am südlichen Ufer des Pontus euxinus, unweit der Mündung des Flusses Halys, lag im Lichte des hellsten Frühlingsmorgens ein römisches Landhaus. Von den Wassern des Pontus her trug ein Nordostwind erfrischende Kühle durch die Gärten, daß es den Heiden und den heimlichen Christen so wohlig zu Mute war, wie den zitternden Blättern an den Bäumen.

In einer Laube am Meere stand abgeschieden von der übrigen Welt ein junges Paar, ein hübscher junger Mann gegenüber dem allerzartesten Mädchen.   Dieses hielt eine große, schöngeschnittene Schale empor, aus durchscheinendem rötlichen Steine gemacht, um sie von dem Jünglinge bewundern zu lassen, und die Morgensonne strahlte gar herrlich durch die Schale, deren roter Schein auf dem Gesichte des Mädchens dessen eigenes Erröten verbarg.

Es war die Patricierstochter Dorothea, um welche sich °Fabricius, der Statthalter der Provinz Kappadocien, heftig bewarb.   Da er aber ein pedantischer Christenverfolger war und Dorotheas Eltern sich von der neuen Weltanschauung an-

03   Blosius.] Blosius, *H2–E3*
21   Fabricius] Fabrizius *H1–E4*

411

gezogen fühlten und dieselbe sich fleißig anzueignen suchten, so sträubten sie sich so gut als möglich gegen das Andrängen des mächtigen Inquisitoren. Nicht daß sie etwa ihre Kinder in geistliche Kämpfe hineinziehen und deren Herzen als Kaufschillinge
05 des Glaubens verwerten wollten; hiezu waren sie zu edel und frei gesinnt. Allein sie dachten eben, ein religiöser Menschenquäler sei jederzeit auch ein schlechter Herzensbefriediger.

Diese Erwägung brauchte Dorothea selbst zwar nicht anzustellen, da sie ein anderes Schutzmittel gegen die Bewerbung
10 des Statthalters besaß, nämlich die Neigung zu dessen Geheimschreiber Theophilus, der eben jetzt bei ihr stand und seltsam in die rötliche Schale blickte.

Theophilus war ein sehr wohlgebildeter und feiner Mensch von hellenischer Abkunft, der sich aus widrigen Schicksalen em-
15 porgeschwungen und bei jedermann eines guten Ansehens genoß. Aber von der Not seiner Jugend her war ihm ein etwas mißtrauisches und verschlossenes Wesen geblieben, und indem er sich mit dem, was er sich selbst verdankte, begnügte, glaubte er nicht leicht, daß ihm irgend jemand aus freien
20 Stücken besonders zugethan sei. Er sah die junge Dorothea für sein Leben gern; aber schon der Umstand, daß der vornehmste Mann in Kappadocien sich um sie bewarb, hielt ihn ab, etwas für sich zu hoffen, und um keinen Preis hätte er neben diesem Herrn eine lächerliche Figur machen mögen.

25 Nichts desto weniger suchte Dorothea ihre Wünsche zu einem guten Ziele zu führen und sich vor der Hand so oft als möglich seiner Gegenwart zu versichern. Und da er fortwährend ruhig und gleichgültig schien, steigerte sich ihre Leidenschaft bis zu mißlichen kleinen Listen und sie suchte ihn durch
30 die Eifersucht in Bewegung zu bringen, indem sie sich mit dem Statthalter °Fabricius zu schaffen zu machen und freundlicher gegen denselben zu werden schien. Aber der arme Theophil

31 Fabricius] Fabrizius H1–E4

verstand dergleichen Spaß gar nicht, und wenn er ihn verstanden hätte, so wäre er viel zu stolz gewesen, sich eifersüchtig zu zeigen. Dennoch wurde er allmählich hingerissen und verwirrt, so daß er sich zuweilen verriet, aber sofort wieder zusammennahm und verschloß, und der zarten Verliebten blieb nichts Anderes übrig, als etwas gewaltsam vorzugehen und bei Gelegenheit das Netz unversehens zuzuziehen.

Er hielt sich in Staatsgeschäften in der pontischen Landschaft auf, und Dorothea, dies wissend, war ihren Eltern aus Cäsarea für die angebrochenen Frühlingstage auf das Landgut gefolgt. So hatte sie ihn an diesem Morgen auf mühevoll ausgedachte und kluge Weise in die Laube zu bringen gewußt, halb wie aus Zufall, halb wie mit freundlicher Absicht, daß beides ihn, das gute Geschick und die erzeigte Freundlichkeit, heiter und zutraulich stimmen sollten und es auch thaten.

Sie wollte ihm die Vase zeigen, die ihr ein wohlwollender Oheim zum Namensfest aus Trapezunt herübergesendet hatte. Ihr Gesicht strahlte in reiner Freude, den Geliebten so nah und einsam bei sich sehen und ihm etwas Schönes zeigen zu können, und auch ihm ward wirklich froh zu Mut; die Sonne ging endlich voll in ihm auf, so daß er nicht mehr hindern konnte, daß sein Mund gläubig lachte und seine Augen glänzten.

Aber die Alten haben vergessen, neben dem holden Eros die neidische Gottheit zu nennen, welche im entscheidenden Augenblicke, wenn das Glück dicht am nächsten steht, den Liebenden einen Schleier über die Augen wirft und ihnen das Wort im Munde verdreht.

Als sie ihm die Schale vertrauensvoll in die Hände gab und er fragte, wer sie geschenkt habe, da verleitete sie ein freudiger Uebermut zu der Schalkheit, daß sie antwortete: „°Fabricius!" und sie war dabei des sicheren Gefühles, daß

---

32   Fabricius] Fabrizius *H1–E4*

er den Scherz nicht mißverstehen könne.   Da sie jedoch unfähig war, ihrem froh erregten Lächeln jenen Zug von Spott über den genannten Abwesenden beizumischen, welcher den Scherz deutlich gemacht hätte, so glaubte Theophilus fest, ihre holde ehrliche Freude gelte nur dem Geschenk und dessen Geber und er sei arg in eine Falle gegangen, indem er einen Kreis übertreten, der schon geschlossen und ihm fremd sei.   Stumm und beschämt schlug er die Augen nieder, fing an zu zittern und ließ das glänzende Schaustück zu Boden fallen, wo es in Stücke zersprang.

Im ersten Schreck vergaß Dorothea ihren Scherz gänzlich und auch ein wenig den Theophilus und bückte sich nur bekümmert nach den Scherben, indem sie rief: „Wie ungeschickt!" ohne ihn anzusehen, so daß sie jene Veränderung in seinem Gesichte nicht bemerkte und keine Ahnung von seinem Mißverständnisse hatte.

Als sie sich wieder aufrichtete und sich schnell fassend zu ihm wendete, hatte sich Theophilus schon stolz zusammengerafft. Finster und gleichgültig dreinschauend, blickte er sie an, bat sie beinahe spöttisch um Verzeihung, einen vollen Ersatz für das verunglückte Gefäß verheißend, grüßte und verließ den Garten.

Erblassend und traurig sah sie seiner schlanken Gestalt nach, welche die weiße Toga fest an sich zog und den schwarzen Krauskopf wie in fern abschweifenden Gedanken zur Seite neigte.

Die Wellen des silbernen Meeres schlugen sanft und langsam gegen die Marmorstufen des Ufers, stille war es sonst weit umher und Dorothea mit ihren kleinen Künsten zu Ende.

Weinend schlich sie mit den zusammengelesenen Scherben der Schale nach ihrem Gemach, um sie dort zu verbergen.

Sie sahen sich jetzt manche Monate nicht mehr; Theophilus

kehrte unverweilt nach der Hauptstadt zurück, und als auch
Dorothea im Herbste wieder kam, vermied er sorgfältig jedes
Zusammentreffen, da ihn schon die Möglichkeit, ihr zu begegnen,
erschreckte und aufregte, und so war die ganze Herrlichkeit für
einmal dahin.

Es begab sich nun auf natürliche Art, daß sie Trost suchte
in dem neuen Glauben ihrer Eltern, und sobald diese es ver-
merkten, säumten sie nicht, ihr Kind darin zu bestärken und
sie ganz in ihre Glaubens- und Ausdrucksweisen einzuführen.

Inzwischen hatten jene scheinbaren Freundlichkeiten Dorotheas auf den Statthalter ebenfalls ihre unglückliche Wirkung
geübt, so daß °Fabricius mit verdoppelter Heftigkeit seine Bewerbung erneuerte und sich hiezu für berechtigt hielt.   Um so
betroffener war auch er, als Dorothea ihn kaum mehr anzublicken vermochte, und er ihr widerwärtiger geworden zu sein
schien, als das Unglück selbst.   Allein er zog sich deshalb
nicht zurück; vielmehr steigerte er seine Zudringlichkeit, indem
er zugleich anfing, wegen ihres neuen Glaubens zu zanken und
ihr Gewissen zu bedrängen, Schmeicheleien mit schlecht ver-
hehlten Bedrohungen vermischend.

Dorothea jedoch bekannte sich offen und furchtlos zu
ihrem Glauben und wendete sich von ihm weg, wie von einem
wesenlosen Schatten, den man nicht sieht.

Theophil hörte von all' diesem und wie das gute Mädchen
nicht die besten Tage hätte.   Am meisten überraschte ihn die
Kunde, daß sie von dem Prokonsul schlechterdings nichts wissen
wolle.   Obgleich er in Ansehung der Religion altweltlich oder
gleichgültig gesinnt war, nahm er doch kein Aergernis an dem
neuen Glauben des Mädchens und begann voll Teilnahme
sich wieder mehr zu nähern, um etwa besser zu sehen und zu
hören, wie es ihr ergehe.   Aber wo sie stand und ging,
sprach sie jetzt nichts, als in den zärtlichsten und sehnsüchtigsten

Ausdrücken von einem himmlischen Bräutigam, den sie gefunden, der in unsterblicher Schönheit ihrer warte, um sie an
seine leuchtende Brust zu nehmen und ihr die Rose des ewigen
Lebens zu reichen u. s. w.

05   Diese Sprache verstand er ganz und gar nicht; sie ärgerte
und kränkte ihn und erfüllte sein Herz mit einer seltsam pein-
lichen Eifersucht gegen den unbekannten Gott, welcher den Sinn
des schwachen Weibes bethöre; denn er konnte die Ausdrucksweise der aufgeregten und verlassenen Dorothea auf keine
10 °andere als auf alt mythologische Manier verstehen und erklären.   Gegen einen Ueberirdischen aber eifersüchtig zu sein,
verletzte seinen Stolz nicht mehr, sowie auch das Mitleid für
ein Weib verstummte, welches sich der Vereinigung mit Göttern
rühmte.   Und doch war es nur die fruchtlose Liebe zu ihm,
15 welche ihr jene Reden in den Mund gab, sowie er selbst den
Stachel der Leidenschaft fortwährend im Herzen behielt.

     So zog sich der Zustand eine kleine Weile hin, als
°Fabricius unversehens denselben gewaltsam anpackte.   Erneuerte kaiserliche Befehle zur Christenverfolgung zum Vorwand
20 nehmend, ließ er Dorothea mit ihren Eltern gefangen setzen,
die Tochter jedoch getrennt in einen Kerker werfen und um
ihren Glauben peinlich verhören.   Neugierig näherte er sich
selbst und hörte, wie sie laut die alten Götter schmähte, sich
zu Christo als dem alleinigen Herrn der Welt bekannte, dem
25 sie als Braut anverlobt sei.   Da befiel auch den Statthalter
eine grimmige Eifersucht.   Er beschloß ihre Vernichtung und
befahl sie zu martern, und, wenn sie beharre, zu töten.   Dann
ging er weg.   Sie wurde auf einen eisernen Rost gelegt,
unter welchem Kohlen in der Art entfacht waren, daß die
30 Hitze nur langsam anstieg.   Aber es that dem zarten Körper
doch weh.   Sie schrie gedämpft einige Male, indem ihre an
den Rost gefesselten Glieder sich bewegten und Thränen aus

10   andere] andere, *H1–E4*
18   Fabricius] Fabrizius *H2–E4*

ihren Augen flossen. Unterdessen hatte Theophilus, der sich
von jeder Beteiligung an solchen Verfolgungen fern zu halten
pflegte, von der Sache gehört, und war voll Unruhe und
Schrecken herbeigeeilt; die eigene Sicherheit vergessend, drängte
er sich durch das gaffende Volk, und als er nun Dorothea
selber leise klagen hörte, entriß er einem Soldaten das Schwert
und stand mit einem Sprunge vor ihrem Marterbette.

„Thut es weh, Dorothea?“ sagte er schmerzlich lächelnd,
im Begriffe, ihre Bande zu durchschneiden. Aber sie antwortete,
plötzlich wie von allem Schmerz verlassen und von größter
Wonne erfüllt: „Wie sollte es weh thun, Theophilus? Das
sind ja die Rosen meines vielgeliebten Bräutigams, auf denen
ich liege! Siehe, heute ist meine Hochzeit!“

Gleich einem feinen lieblichen Scherze schwebte es um
ihre Lippen, während ihre Augen voll Seligkeit auf ihn blickten.
Ein überirdischer Glanz schien sie samt ihrem Lager zu verklären,
eine feierliche Stille verbreitete sich, Theophilus ließ das Schwert
sinken, warf es weg und trat wiederum beschämt und betreten
zurück, wie an jenem Morgen in dem Garten am Meere.

Da brannte die Glut aufs neue, Dorothea seufzte auf
und verlangte nach dem Tode. Der wurde ihr denn auch
gewährt, so daß sie auf den Richtplatz hinausgeführt wurde,
um dort enthauptet zu werden.

Leichten Schrittes ging sie einher, gefolgt von dem ge-
dankenlosen und lärmenden Volke. Sie sah den Theophilus
am Wege stehen, der kein Auge von ihr wandte. Ihre Blicke
begegneten sich, Dorothea stand einen Augenblick still und sagte
anmutig zu ihm: „O Theophilus, wenn Du wüßtest, wie
schön und herrlich die Rosengärten meines °Herrn sind, in
welchen ich nach wenig Augenblicken wandeln werde, und wie
gut seine süßen Aepfel schmecken, die dort wachsen, Du würdest
mit mir kommen!“

29   Herrn] Herren *H2–E4*

Da erwiderte Theophilus bitter lächelnd: „Weißt Du
was, Dorothea?   Sende mir einige von Deinen Rosen und
Aepfeln, wenn Du dort bist, zur Probe!"

Da nickte sie freundlich und zog ihres Weges weiter.

Theophilus blickte ihr nach, bis die von der Abendsonne
vergoldete Staubwolke, welche den Zug begleitete, in der Ferne
verschwand und die Straße leer und stille war.   Dann ging
er mit verhülltem Haupte nach seinem Hause und bestieg wan-
kenden Schrittes dessen Zinne, von wo aus man nach dem
Argeusgebirge hinschauen konnte, auf dessen Vorhügeln einem
der Richtplatz gelegen war.   Er konnte gar wohl ein dunkles
Menschengewimmel dort erkennen und breitete sehnsüchtig seine
Arme nach jener Gegend aus.   Da glaubte er im Glanze der
scheidenden Sonne das fallende Beil aufblitzen zu sehen und
stürzte zusammen, mit dem Gesichte auf den Boden hingestreckt.
Und in der That war Dorotheas Haupt um diese Zeit gefallen.

Aber nicht lange war er reglos so gelegen, als ein heller
Glanz die Dämmerung erleuchtete und blendend unter Theophils
Hände drang, auf denen sein Gesicht lag, und in seine verschlossenen Augen sich ergoß, wie ein flüssiges Gold.   Gleichzeitig erfüllte ein feiner Wohlgeruch die Luft.   Wie von einem
ungekannten neuen Leben erfüllt, richtete der junge Mann sich
auf; ein wunderschöner Knabe stand vor ihm, mit goldenen
Ringelhaaren, in ein sternbesäetes Gewand gekleidet und mit
leuchtenden nackten Füßen, der in den ebenso leuchtenden Händen
ein Körbchen trug.   Das Körbchen war gefüllt mit den schönsten Rosen, dergleichen man nie gesehen, und in diesen Rosen
lagen drei paradiesische Aepfel.

Mit einem unendlich treuherzigen und offenen Kinder-
lächeln und doch nicht ohne eine gewisse anmutige List sagte
das Kind: „Dies schickt Dir Dorothea!" gab ihm das Körb-

chen in die Hände, indem es noch fragte: „Hältst Du's auch?"
und verschwand.

Theophilus hielt das Körbchen, das nicht verschwunden
war, wirklich in Händen; die drei Aepfel fand er leicht ange-
05 bissen von zwei zierlichen Zähnen, wie es unter den Liebenden
des Altertums gebräuchlich war. Er aß dieselben langsam auf,
den entflammten Sternenhimmel über sich. Eine gewaltige
Sehnsucht durchströmte ihn mit süßem Feuer und, das Körbchen an die Brust drückend, es mit dem Mantel verhüllend,
10 eilte er vom Hausdache herunter, durch die Straßen und in
den Palast des Statthalters, der beim Mahle saß und einen
wilden Aerger, der ihn erfüllte, mit unvermischtem Cholcher
Wein zu betäuben suchte.

Mit glänzenden Augen trat Theophilus vor ihn, ohne
15 sein Körbchen zu enthüllen, und rief vor dem ganzen Hause:
„Ich bekenne mich zu Dorotheas Glauben, die Ihr so eben
getötet habt, es ist der allein wahre!"

„So fahre der Hexe nach!" antwortete der Statthalter,
der von jähem Zorne und von einem glühenden Neide ge-
20 peinigt aufsprang und den Geheimschreiber noch in derselben
Stunde enthaupten ließ.

So war Theophilus noch am gleichen Tage für immer
mit Dorotheen vereinigt. Mit dem ruhigen Blicke der Seligen
empfing sie ihn; wie zwei Tauben, die, vom Sturme getrennt,
25 sich wieder gefunden und erst in weitem Kreise die Heimat um-
ziehen, so schwebten die Vereinigten Hand in Hand, eilig, eilig
und ohne Rasten an den äußersten Ringen des Himmels dahin,
befreit von jeder Schwere und doch sie selber. Dann trennten
sie sich spielend und verloren sich in weiter Unendlichkeit, wäh-
30 rend jedes wußte, wo das andere weile und was es denke,
und zugleich mit ihm alle Kreatur und alles Dasein mit süßer
Liebe umfaßte. Dann suchten sie sich wieder mit wachsendem

Verlangen, das keinen Schmerz und keine Ungeduld kannte; sie fanden sich und wallten wieder vereinigt dahin oder ruhten im Anschauen ihrer selbst und schauten die Nähe und Ferne der unendlichen Welt. Aber einst gerieten sie in holdestem Vergessen zu nahe an das krystallene Haus der heiligen Dreifaltig-keit und gingen hinein; dort verging ihnen das Bewußtsein, indem sie, gleich Zwillingen unter dem Herzen ihrer Mutter, entschliefen und wahrscheinlich noch schlafen, wenn sie inzwischen nicht wieder haben hinauskommen können.

Das Tanzlegendchen.

Du Jungfrau Israel, du sollst noch
fröhlich pauken, und herausgehen an den
Tanz. – Alsdann werden die Jungfrauen
fröhlich am Reigen sein, dazu die junge
Mannschaft, und die Alten miteinander.
°Jeremia 31. 4. 13.

Nach der Aufzeichnung des heiligen Gregorius war Musa
die Tänzerin unter den Heiligen. Guter Leute Kind, war sie
ein anmutvolles Jungfräulein, welches der Mutter Gottes
fleißig diente, nur von e i n e r Leidenschaft bewegt, nämlich von
einer unbezwinglichen Tanzlust, dermaßen, °daß, wenn das Kind
nicht betete, es unfehlbar tanzte. Und zwar auf jegliche Weise.
Musa tanzte mit ihren Gespielinnen, mit Kindern, mit den
Jünglingen und auch allein; sie tanzte in ihrem Kämmerchen,
im Saale, in den Gärten und auf den Wiesen, und selbst
wenn sie zum °Altar ging, so war es mehr ein liebliches Tanzen
als ein Gehen, und auf den glatten Marmorplatten vor der
Kirchenthüre versäumte sie nie, schnell ein Tänzchen zu probieren.

Ja, eines Tages, als sie sich allein in der Kirche befand,
konnte sie sich nicht enthalten, vor dem Altar einige Figuren
auszuführen und gewissermaßen der Jungfrau Maria ein nied-
liches Gebet vorzutanzen. Sie vergaß sich dabei so sehr, daß
sie bloß zu träumen wähnte, als sie sah, wie ein ältlicher aber

schöner Herr ihr entgegen tanzte und ihre Figuren so gewandt
ergänzte, daß beide zusammen den kunstgerechtesten Tanz be-
gingen.   Der Herr trug ein purpurnes Königskleid, eine goldene Krone auf dem Kopf und einen glänzend schwarzen ge-
lockten Bart, welcher vom Silberreif der Jahre wie von einem
fernen Sternenschein überhaucht war.   Dazu ertönte eine Musik
vom Chore her, weil ein halbes Dutzend kleiner Engel auf der
Brüstung desselben stand oder saß, die dicken runden Beinchen
darüber hinunterhängen ließ und die verschiedenen Instrumente
handhabte oder blies.   Dabei waren die Knirpse ganz gemüt-
lich und praktisch und ließen sich die Notenhefte von ebensoviel
steinernen Engelsbildern halten, welche sich als Zierat auf dem
Chorgeländer fanden; nur der Kleinste, ein pausbäckiger Pfeifen-
bläser, machte eine Ausnahme, indem er die Beine übereinander
schlug und das Notenblatt mit den rosigen Zehen zu halten
wußte.   Auch war der am eifrigsten: die übrigen °baumelten
mit den Füßen, dehnten, bald dieser, bald jener, knisternd die
Schwungfedern aus, daß die Farben derselben schimmerten wie
Taubenhälse, und neckten einander während des Spieles.

Ueber alles dies sich zu wundern, fand Musa nicht Zeit,
bis der Tanz beendigt war, der ziemlich lang dauerte; denn
der lustige Herr schien sich dabei so wohl zu gefallen, als die
Jungfrau, welche im Himmel herumzuspringen meinte.   Allein
als die Musik aufhörte und Musa hochaufatmend dastand, fing
sie erst an, sich ordentlich zu fürchten und sah erstaunt auf den
Alten, der weder keuchte noch warm hatte und nun zu reden
begann.   Er gab sich als David, den königlichen Ahnherrn
der Jungfrau Maria, zu erkennen und als deren Abgesandten.
Und er fragte sie, ob sie wohl Lust hätte, die ewige Seligkeit
in einem unaufhörlichen Freudentanze zu verbringen, einem
Tanze, gegen welchen der so eben beendigte ein trübseliges
Schleichen zu nennen sei?

16   baumelten] bammelten *H2*

Worauf sie sogleich erwiderte, sie wüßte sich nichts Besseres zu wünschen! Worauf der selige König David wiederum sagte: So habe sie nichts Anderes zu thun, als während ihrer irdischen Lebenstage aller Lust und allem Tanze zu entsagen und sich

os lediglich der Buße und den geistlichen Uebungen zu weihen, und zwar ohne Wanken und ohne allen Rückfall.

Diese Bedingung machte das Jungfräulein stutzig und sie sagte: Also gänzlich müßte sie auf das Tanzen verzichten? Und sie zweifelte, ob denn auch im Himmel wirklich getanzt würde?

10 Denn alles habe seine Zeit; dieser Erdboden schiene ihr gut und zweckdienlich, um darauf zu tanzen, folglich würde der Himmel wohl andere Eigenschaften haben, ansonst ja der Tod ein überflüssiges Ding wäre.

Allein David setzte ihr auseinander, wie sehr sie in dieser

15 Beziehung im Irrtum sei, und bewies ihr durch viele ˙Bibelstellen, sowie durch sein eigenes Beispiel, daß das Tanzen allerdings eine geheiligte Beschäftigung für Selige sei. Jetzt aber erfordere es einen raschen Entschluß, ja oder nein, ob sie durch zeitliche Entsagung zur ewigen Freude eingehen wolle oder nicht;

20 wolle sie nicht, so gehe er weiter; denn man habe im Himmel noch einige Tänzerinnen von nöten.

Musa stand noch immer zweifelhaft und unschlüssig und spielte ängstlich mit den Fingerspitzen am Munde; es schien ihr zu hart, von Stund' an nicht mehr zu tanzen um eines

25 unbekannten Lohnes willen.

Da winkte David, und plötzlich spielte die Musik einige Takte einer so unerhört glückseligen, überirdischen Tanzweise, daß dem Mädchen die Seele im Leibe hüpfte und alle Glieder zuckten; aber sie vermochte nicht eines zum Tanze zu regen,

30 und sie merkte, daß ihr Leib viel zu schwer und starr sei für diese Weise. Voll Sehnsucht schlug sie ihre Hand in diejenige des Königs und gelobte das, was er begehrte.

15   Bibelstellen,] Bibelstellen *H2–E4*

Auf einmal war er nicht mehr zu sehen und die musizierenden Engel rauschten, flatterten und drängten sich durch ein offenes Kirchenfenster davon, nachdem sie in mutwilliger Kinderweise ihre zusammengerollten Notenblätter den geduldigen Steinengeln um die Backen geschlagen hatten, daß es klatschte.

Aber Musa ging andächtigen Schrittes nach Hause, jene himmlische Melodie im Ohr tragend, und ließ sich ein grobes Gewand anfertigen, legte alle Zierkleidung ab und zog jenes an. Zugleich baute sie sich im Hintergrunde des Gartens ihrer Eltern, wo ein dichter Schatten von Bäumen lagerte, eine Zelle, machte ein Bettchen von Moos darin und lebte dort von nun an abgeschieden von ihren Hausgenossen als eine Büßerin und Heilige. Alle Zeit brachte sie im Gebete zu und öfter schlug sie sich mit einer Geißel; aber ihre härteste Bußübung bestand darin, die Glieder still und steif zu halten; sobald nur ein Ton erklang, das Zwitschern eines Vogels oder das Rauschen der Blätter in der Luft, so zuckten ihre Füße und meinten, sie müßten tanzen.

Als dies unwillkürliche Zucken sich nicht verlieren wollte, welches sie zuweilen, ehe sie sich dessen versah, zu einem kleinen Sprung verleitete, ließ sie sich die feinen Füßchen mit einer leichten Kette zusammenschmieden. Ihre Verwandten und Freunde wunderten sich über die °Verwandlung Tag und Nacht, freuten sich über den Besitz einer solchen Heiligen und hüteten die Einsiedelei unter den Bäumen wie einen Augapfel. Viele kamen, Rat und Fürbitte zu holen. Vorzüglich brachte man junge Mädchen zu ihr, welche etwas unbeholfen auf den Füßen waren, da man bemerkt hatte, daß alle, welche sie berührt, alsobald leichten und anmutvollen Ganges wurden.

So brachte sie drei Jahre in ihrer Klause zu; aber gegen das Ende des dritten Jahres war Musa fast so dünn und durchsichtig wie ein °Sommerwölkchen geworden. Sie lag be-

---

23   Verwandlung] Umwandlung   *H1–E4*
32   Sommerwölkchen] Sommerwölklein   *H2–E4*

ständig auf ihrem Bettchen von Moos und schaute voll Sehnsucht in den Himmel, und sie glaubte schon die goldenen Sohlen
der Seligen durch das Blau hindurch tanzen und schleifen zu sehen.

An einem rauhen Herbsttage endlich hieß es, die Heilige
liege im Sterben. Sie hatte sich das dunkle Bußkleid ausziehen und mit blendend weißen Hochzeitsgewändern bekleiden
lassen. So lag sie mit gefalteten Händen und erwartete lächelnd
die Todesstunde. Der ganze Garten war mit andächtigen
Menschen angefüllt, die Lüfte rauschten und die Blätter der
Bäume sanken von allen Seiten hernieder. Aber unversehens
wandelte sich das Wehen des Windes in Musik, in allen Baumkronen schien dieselbe zu spielen, und als die Leute emporsahen,
siehe, da waren alle Zweige mit jungem Grün bekleidet, die
Myrten und Granaten blühten und dufteten, der Boden bedeckte sich mit Blumen und ein rosenfarbiger Schein lagerte sich
auf die weiße zarte Gestalt der Sterbenden.

In diesem Augenblicke gab sie ihren Geist auf, die Kette
an ihren Füßen sprang mit einem hellen Klange entzwei, der
Himmel that sich auf weit in der Runde, voll unendlichen
Glanzes und jedermann konnte hineinsehen. Da sah man
viel tausend schöne Jungfern und junge Herren im höchsten
Schein, tanzend im unabsehbaren Reigen. Ein herrlicher König
fuhr auf einer Wolke, auf deren Rand eine kleine Extramusik
von sechs Engelchen stand, ein wenig gegen die Erde und
empfing die Gestalt der seligen Musa vor den Augen aller
Anwesenden, die den Garten füllten. Man sah noch, wie sie
in den offenen Himmel sprang, und augenblicklich tanzend sich
in den tönenden und leuchtenden Reihen verlor.

Im Himmel war eben hoher Festtag; an Festtagen aber
war es, was zwar vom heiligen Gregor von Nyssa bestritten,
von demjenigen von Nazianz aber aufrecht gehalten wird,
Sitte, die neun Musen, die sonst in der Hölle saßen, einzu-

laden und in den Himmel zu lassen, daß sie da Aushülfe
leisteten. Sie bekamen gute Zehrung, mußten aber nach verrichteter Sache wieder an den andern Ort gehen.

Als nun die Tänze und Gesänge und alle Ceremonieen
zu Ende und die himmlischen Heerscharen sich zu Tische setzten,
da wurde Musa an den Tisch gebracht, an welchem die neun
Musen bedient wurden. Sie saßen fast verschüchtert zusammen-
gedrängt und blickten mit den feurigen schwarzen oder tief-
blauen Augen um sich. Die emsige Martha aus dem Evangelium sorgte in eigener Person für sie, hatte ihre schönste
Küchenschürze umgebunden und einen zierlichen kleinen Rußfleck
an dem weißen Kinn und nötigte den Musen alles Gute freundlich auf. Aber erst, als Musa und auch die heilige Cäcilia
und noch andere kunsterfahrene Frauen herbeikamen und die
scheuen Pierinnen heiter begrüßten und sich zu ihnen gesellten,
da tauten sie auf, wurden zutraulich und es entfaltete sich ein
anmutig fröhliches Dasein in dem Frauenkreise. Musa saß
neben Terpsichore und Cäcilia zwischen Polyhymnien und
Euterpen, und alle hielten sich bei den Händen. Nun kamen
auch die kleinen Musikbübchen und schmeichelten den schönen
Frauen, um von den glänzenden Früchten zu bekommen, die
auf dem ambrosischen Tische strahlten. König David selbst
kam und brachte einen goldenen Becher, aus dem alle tranken,
daß holde Freude sie erwärmte; er ging wohlgefällig um den
Tisch herum, nicht ohne der lieblichen Erato einen Augenblick
das Kinn zu streicheln im Vorbeigehen. Als es dergestalt hoch
herging an dem Musentisch, erschien sogar unsere liebe Frau
in all' ihrer Schönheit und Güte, setzte sich auf ein Stündchen
zu den Musen und küßte die hehre Urania unter ihrem Sternen-
kranze zärtlich auf den Mund, als sie ihr beim Abschiede zu-
flüsterte, sie werde nicht ruhen, bis die Musen für immer im
Paradiese bleiben könnten.

Es ist freilich nicht so gekommen. Um sich für die er-
wiesene Güte und Freundlichkeit dankbar zu erweisen und ihren
guten Willen zu zeigen, ratschlagten die Musen untereinander
und übten in einem abgelegenen Winkel der Unterwelt einen
Lobgesang ein, dem sie die Form der im Himmel üblichen
feierlichen Choräle zu geben suchten. Sie teilten sich in zwei
Hälften von je vier Stimmen, über welche Urania eine Art
Oberstimme führte, und brachten so eine merkwürdige Vokal-
musik zuwege.

Als nun der nächste Festtag im Himmel gefeiert wurde
und die Musen wieder ihren Dienst thaten, nahmen sie einen
für ihr Vorhaben günstig scheinenden Augenblick wahr, stellten
sich zusammen auf und begannen sänftlich ihren Gesang, der
bald gar mächtig anschwellte. Aber in diesen Räumen klang
er so düster, ja fast trotzig und rauh, und dabei so sehnsuchts-
schwer und klagend, daß erst eine erschrockene Stille waltete,
dann aber alles Volk von Erdenleid und Heimweh ergriffen
wurde und in ein allgemeines Weinen ausbrach.

Ein unendliches Seufzen rauschte durch die Himmel; be-
stürzt eilten alle Aeltesten und Propheten herbei, indessen die
Musen in ihrer guten Meinung immer lauter und melancholischer
sangen und das ganze Paradies mit allen Erzvätern, Aeltesten
und Propheten, alles, was je auf grüner Wiese gegangen oder
gelegen, außer Fassung geriet. Endlich aber kam die allerhöchste
Trinität selber heran, um zum Rechten zu sehen und die
eifrigen Musen mit einem lang hinrollenden Donnerschlage zum
Schweigen zu bringen.

Da kehrten Ruhe und Gleichmut in den Himmel zurück;
aber die armen neun Schwestern mußten ihn verlassen und
durften ihn seither nicht wieder betreten.

Dieser Band enthält die beiden Zyklen Das Sinngedicht *und* Sieben Legenden *– entsprechend Band 7 der* Gesammelten Werke *(GW) von 1889. Der edierte Text folgt GW, einschließlich Seitenzählung und Zeilenumbruch. Eingegriffen wurde nur bei Druckfehlern im engeren Sinn (fehlende Buchstaben u.ä.; vgl. das Verzeichnis der Herausgebereingriffe, HKKA 23.1, S. 127). Zur Besonderheit der Titelseite sowie zur unterschiedlichen Darstellungsweise der Inhaltsverzeichnisse (S. 5 f. und S. 335) vgl. HKKA 23.1, S. 105.*

In den Fußnoten werden kritische Lesarten zu Textstellen (°) verzeichnet, die in der Überlieferungsgeschichte mit ziemlicher Sicherheit ohne Kenntnisnahme und Einwilligung des Autors geändert wurden. Dies betrifft vor allem die Abweichungen des edierten Textes von der jeweils letzten vom Autor durchkorrigierten Ausgabe: der 1. Auflage (E1) des Sinngedichts *und der 3. Auflage (E3) der* Sieben Legenden; *in besonderen Fällen wird auch direkt auf frühere Textzeugen zurückgegriffen (vgl. dazu Kap. 1.4 Text- und Variantenwiedergabe, Kap. 1.2 Textzeugen und Kap. 2.1 Variantenverzeichnis in den beiden Apparatbänden).*

Textzeugen-Siglen

Das Sinngedicht

H1	*Druckmanuskript für J1 (entspricht S. 9–174)*
J1	*Vorabdruck in der* Deutschen Rundschau *1881*
kJ	*Doppel der Korrekturbogen für J1, verwendet als*
	Druckvorlage für E1
H2	*Druckmanuskript für E1 (neuer Schluß; ab S. 298, Z. 10)*
E1	*1. Auflage (Hertz) 1882*
E2	*2. Auflage (Hertz) 1882*
E3	*3. Auflage (Hertz) 1882*
E4	*4. Auflage (Hertz) 1884*
E5	*5. Auflage (Hertz) 1888*
GW	Gesammelte Werke, *Band 7 (Hertz) 1889*

Sieben Legenden

H1	*Niederschrift von 1857/58*
H2	*Druckmanuskript von 1871*
E1	*1. Auflage (Göschen) 1872*
E2	*2. Auflage (Göschen) 1872*
E3	*3. Auflage (Göschen) 1884*
p3	*Kellers Handexemplar von E3*
E4	*4. Auflage (Hertz) 1888*
GW	Gesammelte Werke, *Band 7 (Hertz) 1889*

Diakritische Zeichen

⟨Text⟩	*Einfügung durch Herausgeber*
[Text]	*Tilgung durch Herausgeber*
Text^Text	*Unsichere Getrenntschreibung*

DETAILLIERTES INHALTSVERZEICHNIS